"船舶与海洋工程学科"军队双重建设本科系列教材丛书

舰艇装备测试与诊断

刘树勇 李婧 编著

华中科技大学出版社
中国·武汉

内容简介

本书是根据海军装备发展和人才需求而编写的一本有关舰艇装备测试与诊断的教材。全书分两部分,共十四章。第一部分介绍工程测试技术与信息处理基础知识,共六章,主要论述舰艇装备测试工作必需的基础知识,内容包括测试技术的含义及意义、工程测量基础、信号分析基础、测试系统的静态和动态特性、传感器原理、测试信号的转换与调理等。第二部分介绍舰艇装备测试与诊断技术,共八章,主要论述装备相关物理量的测试和舰船机械设备诊断技术,包括转速、温度、压力、流量、力与扭矩、振动、噪声的测试技术和机械故障诊断方法和流程等。

本书可作为高等院校轮机工程、机械工程及相近专业的教材,也可作为工程技术人员的专业参考书。

图书在版编目(CIP)数据

舰艇装备测试与诊断/刘树勇,李婧编著. —武汉:华中科技大学出版社,2022.9(2024.1重印)
ISBN 978-7-5680-8232-7

Ⅰ.①舰… Ⅱ.①刘… ②李… Ⅲ.①军用船-测试 ②军用船-故障诊断 Ⅳ.①U674.7

中国版本图书馆 CIP 数据核字(2022)第 168205 号

舰艇装备测试与诊断 刘树勇 李 婧 编著
Jianting Zhuangbei Ceshi yu Zhenduan

策划编辑:王 勇
责任编辑:姚同梅
封面设计:廖亚萍
责任监印:徐 露

出版发行:华中科技大学出版社(中国·武汉)　电话:(027)81321913
　　　　　武汉市东湖新技术开发区华工科技园　邮编:430223
录　排:武汉市洪山区佳年华文印部
印　刷:武汉邮科印务有限公司
开　本:787mm×1092mm　1/16
印　张:22.5
字　数:547千字
版　次:2024年1月第1版第2次印刷
定　价:69.80元

本书若有印装质量问题,请向出版社营销中心调换
全国免费服务热线:400-6679-118　竭诚为您服务
版权所有　侵权必究

前　言

测试技术是获取各种物理信息的基本技术,广泛应用于工业自动化、农业现代化、军事工程、环境监测等学科领域以及交通运输、医疗卫生、环境保护和人民生活的各个方面,在当今社会的发展中起着举足轻重的作用。

随着科技的进步,生产力的发展,舰艇装备向着性能精良化、操纵自动化、结构复杂化方向发展,对装备的使用和维修保障进行科学管理,确保装备形成战斗力,应用测试技术获取装备的技术状态信息是不可或缺的手段。为此,海军本科学历教育轮机工程、机械工程、能源与动力工程等专业设置了"舰艇装备测试与诊断"系列课程,培养学员具备测试技术的基本知识和进行舰艇装备测试与诊断的能力,以适应海军装备发展和人才的需求。但是,目前国内外还没有一本贴近我国海军装备实际,满足海军装备测试与诊断技术人才培养要求的合适教材,亟需一本适应教学要求的教材,本书正是适应这种需要而编写和出版的。

本书内容分为两大部分:第一部分主要阐述基本测试理论,包括误差理论、信号分析、测试系统特性、传感器原理、调理电路等,第二部分着重介绍装备物理量的测试技术和舰船机械设备诊断技术,包括温度、压力、振动和噪声的测量技术和机械设备故障诊断方法和流程。本书力求做到内容的系统性和先进性,并突出舰艇装备测试诊断的实际。

全书共十四章,主要内容及章节安排如下:

第1章介绍测试、信息与信号,测试技术的作用、发展,测试系统的组成和分类,课程的特点。

第2章介绍测量的基础知识,测量误差,测量不确定度的评定。

第3章介绍信号的分类与描述,周期信号、非周期信号频域描述,随机信号描述,数字信号处理。

第4章介绍测试系统的静态和动态特性,测试系统实现精确测量的条件,测试系统的选择原则。

第5章介绍传感器的定义、作用和分类,电阻式、电容式和电感式等形式的传感器的工作原理、特点、结构以及测量电路,传感器的选用原则。

第6章介绍信号的放大、滤波、调制和电桥。

第7章介绍接触式和非接触式转速测量技术、舰艇装备转速测量实例。

第8章介绍温度和温标,温度测量方式和分类,接触式和非接触式温度测量技术,舰艇装备温度测量实例。

第9章介绍压力的定义、计量单位、重力平衡法、弹性力平衡法和物性测量等压力测量方法,舰艇装备压力测量实例。

第10章介绍流量检测的基本概念和方法,差压式、叶轮式流量计及电磁流量计等,舰艇装备流量测量实例。

第11章介绍电阻应变式和压电式测力传感器,扭矩仪和测功器,舰艇装备力与扭矩测量实例。

第 12 章介绍振动测量原理、电学式测振仪(振动速度、加速度传感器等)、振动传感器和测点选择、舰艇装备振动测量实例。

第 13 章介绍噪声的基本参数、噪声测量仪器、噪声测量方法、舰艇装备噪声测量实例。

第 14 章介绍机械故障诊断的基本含义和作用、机械故障诊断的流程、机械故障诊断的知识库、机械故障诊断技术在舰艇装备保障中的应用。

本书每章都安排了思考题与习题,用以巩固所学到的知识。

本书由刘树勇和李婧任主编,参与编写的有张永祥、孙云岭、刘树勇、李婧和李琳。第 1、2、3 章由李婧执笔;第 4 章由张永祥执笔;第 5 章由明廷锋执笔;第 6 和 8 章由孙云岭执笔;第 7、9 和 10 章由李琳执笔;第 11、12、13 和 14 章由刘树勇执笔。全书由刘树勇副教授统稿,吴杰长教授主审。

在本书编写过程中我们参考了许多有关专著和教材,这些专著和教材已列于参考文献,在此对相关作者表示诚挚的谢意。

限于作者学识与经验,本书疏漏在所难免,望同行专家与读者批评指正。

编 者
二〇二二年一月

目 录

第1章 绪论 (1)
  1.1 测试、信息与信号 (1)
  1.2 测试技术的作用和地位 (1)
  1.3 测试系统的组成 (2)
  1.4 测试系统的分类 (3)
  1.5 测试与诊断技术的发展趋势与研究方向 (4)
  1.6 课程特点和学习要求 (5)
  思考题与习题 (6)

第2章 工程测量基础 (7)
  2.1 测量的基本概念 (7)
  2.2 测量误差 (13)
  2.3 测量不确定度评定 (16)
  思考题与习题 (29)

第3章 信号分析与处理 (30)
  3.1 信号的分类和描述 (30)
  3.2 周期信号的频域描述 (35)
  3.3 非周期信号的频域描述 (40)
  3.4 随机信号描述 (53)
  3.5 数字信号处理基础 (69)
  思考题与习题 (82)

第4章 测试系统的基本特性 (84)
  4.1 概述 (84)
  4.2 测试系统的静态特性 (84)
  4.3 测试系统的动态特性 (87)
  4.4 测试系统实现精确测量的条件 (100)
  4.5 测试系统的选择原则 (102)
  思考题与习题 (102)

第5章 传感器原理 (104)
  5.1 概述 (104)
  5.2 电阻式传感器 (105)
  5.3 电容式传感器 (114)
  5.4 电感式传感器 (121)
  5.5 磁电式传感器 (130)
  5.6 压电式传感器 (135)

5.7	光电式传感器	(143)
5.8	热电式传感器	(151)
5.9	气敏传感器	(160)
5.10	红外传感器	(162)
5.11	超声波传感器	(165)
5.12	光纤传感器	(170)
5.13	传感器的选用原则	(173)
5.14	传感器技术的发展	(173)
	思考题与习题	(174)

第 6 章 测试信号的转换与调理 (176)

- 6.1 概述 (176)
- 6.2 电桥 (176)
- 6.3 调制与解调 (185)
- 6.4 滤波 (196)
- 6.5 放大和隔离 (210)
- 思考题与习题 (215)

第 7 章 转速测量技术 (217)

- 7.1 概述 (217)
- 7.2 接触式转速测量装置 (217)
- 7.3 非接触式转速测量装置 (220)
- 思考题与习题 (223)

第 8 章 温度测量技术 (224)

- 8.1 温度和温标 (224)
- 8.2 接触式温度测量 (227)
- 8.3 非接触式温度测量 (238)
- 思考题与习题 (244)

第 9 章 压力测量技术 (245)

- 9.1 概述 (245)
- 9.2 重力平衡法 (246)
- 9.3 弹性力平衡法 (248)
- 9.4 物性测量法 (252)
- 9.5 动态压力测量的管道效应 (259)
- 思考题与习题 (259)

第 10 章 流量测量技术 (260)

- 10.1 概述 (260)
- 10.2 差压式流量计 (261)
- 10.3 叶轮式流量计 (262)
- 10.4 电磁流量计 (264)
- 10.5 超声波流量计 (265)

10.6　流体振动式流量计 …………………………………………………………… (268)
　　思考题与习题 ……………………………………………………………………… (271)
第 11 章　力与扭矩测量技术 ……………………………………………………… (272)
　　11.1　概述 …………………………………………………………………………… (272)
　　11.2　力传感器 ……………………………………………………………………… (272)
　　11.3　扭矩测量 ……………………………………………………………………… (278)
　　思考题与习题 ……………………………………………………………………… (294)
第 12 章　振动测量技术 …………………………………………………………… (295)
　　12.1　概述 …………………………………………………………………………… (295)
　　12.2　振动测量原理 ………………………………………………………………… (295)
　　12.3　测振传感器 …………………………………………………………………… (300)
　　12.4　振动传感器和测点选择 ……………………………………………………… (305)
　　思考题与习题 ……………………………………………………………………… (307)
第 13 章　噪声测量技术 …………………………………………………………… (308)
　　13.1　噪声的基本参数 ……………………………………………………………… (308)
　　13.2　测量噪声的仪器 ……………………………………………………………… (312)
　　13.3　噪声测量的方法 ……………………………………………………………… (319)
　　思考题与习题 ……………………………………………………………………… (322)
第 14 章　机械故障诊断技术的应用 ……………………………………………… (323)
　　14.1　机械故障诊断工作流程 ……………………………………………………… (323)
　　14.2　机械故障诊断知识库 ………………………………………………………… (328)
　　思考题与习题 ……………………………………………………………………… (338)
附录 A　部分热电偶与热电阻分度表 …………………………………………… (339)
参考文献 ……………………………………………………………………………… (352)

第1章 绪 论

1.1 测试、信息与信号

测试是具有实验性质的测量。实验是对未知事物的探索性认识过程,是一个动态而非静止的过程;测量是为确定被测对象的量值而进行的实验过程。测试也可理解为测量和实验的综合。

测试科学属于信息科学范畴,因而又被称为信息探测工程学。测试是人类认识自然、掌握自然规律的实践途径之一。

信息字面上有情报、资料、消息、报导、知识之意,长期以来人们都把信息看作消息的同义语,简单地把信息定义为能够带来新内容、新知识的消息。随后人们发现,信息的含义要比消息、情报的含义广泛得多,不仅消息、情报是信息,指令、代码、符号语言、文字等也都是信息。

信息的几个较为典型和著名的定义如下:

(1) 美国科学家维纳在1948年出版的奠基性著作《控制论:或关于在动物和机器中控制和通信的科学》一书中指出:"信息就是信息,不是物质,也不是能量。"

(2) 美国科学家香农在1948年发表的《通信的数学理论》一文中将信息定义为"能够用来消除不确定性的东西"。

(3) 意大利学者郎格在1975年出版的《信息论:新的趋势和未决问题》一书中提出,信息是事物之间的差异,而不是事物本身。

为了统一上述的定义,可将信息定义为"事物运动的状态和方式"。这里的"事物"和"运动"都是广义的,即"事物"泛指一切意义上的事物(包括物质和精神),"运动"也是广义的运动;"状态"和"方式"是事物运动的两个基本侧面,"状态"反映运动的相对稳定的一面,"方式"则反映运动变化的一面。

当前,信息技术已成为各行各业以及人们日常生活中不可或缺的科学和技术。

信息本身不是物质,不具有能量,而信息的传输需要依靠具有物质和能量特性的载体,我们称之为信号,也即信息蕴涵于信号之中。信号是物理性的,以各种形式存在(如电、光、温度、压力、振动等)。例如,机器的振动信号中包含着其工作状态的信息,发动机排放的烟雾中包含着其燃烧状况信息。

由此可见,信号是信息的表现形式,而信息是信号的具体内容。对应任何一个信息,总可以找到多个与其对应的信号,而一个信号也往往包含着许多信息。

1.2 测试技术的作用和地位

知识的获取往往从测量开始。人类早期在从事生产活动时,就已经开始对长度(距离)、面积、时间和质量等进行测量。最初的测量单位一般与人的生理特点相关联(如长度),或是与自然环境相关联(如时间)。统一度量衡是秦始皇的主要历史功绩之一,这说明了测量对促进生产发展和社会进步的重要性。伽利略不满足古代思想家对宇宙哲理性的定性描述,主张根据观测和实验对自然界的现象和运动规律进行定量描述,提出了以测试为基础的实验科学,开创了自然科学研究。

在早期工业生产中,由于生产效率低、自动化程度低、设备精度和加工精度要求低,人们对测试工作没有过高的要求,往往只是孤立地测量一些与时间无关的静态量,其测量方法、测量工具以及数据处理方法等都很简单。随着现代工业生产对生产效率、生产自动化程度、设备精度和加工精度要求的不断提高,以及各种机电一体化新产品、新设备的不断开发,工业企业对自动检测、自动控制、过程测量、状态监测和动态实验等产生了迫切需求,从而使现代测试技术得到了迅速发展和越来越广泛的应用。

在自动化生产过程中,监测和控制工艺流程、产品质量和设备运行状态是测试技术的重要应用之一。例如,在机械制造行业中,通过对机床的许多静态、动态参数(如工件的加工精度、切削速度、床身振动频率)等进行在线测试,从而实现加工质量控制。

当前,测试技术对促进军事装备的发展起着越来越重要的作用。在一艘舰艇上,对装备的温度、压力、流量、振幅、噪声、转速、扭矩等参数进行监测,所使用的传感器可多达上百个。

日常生活中所使用的空调器、电冰箱、洗衣机、电子热水器、安全报警器等都用到了测试技术。例如全自动洗衣机就需要对衣物质量、衣料材质、水温、水质、透光度(洗净度)、液位以及衣物烘干程度等进行测试。

总之,测试技术已广泛地应用于工农业生产、科学研究、商业贸易、国防建设、交通运输、医疗卫生、环境保护和人民生活的各个方面,是推动国民经济发展和社会进步的一项必不可少的重要基础技术。因而,先进的测试技术也就成为经济高度发展和科技现代化的重要标志之一。

1.3 测试系统的组成

由完成测试过程中各环节的专门设备组成的系统称为测试系统。

一个测试系统大体上可用图 1-1 所示的原理框图来描述,包括传感器、信号调理部分、信号显示与记录部分三个部分。

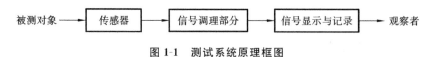

图 1-1 测试系统原理框图

传感器是测试系统中的第一级,用于从被测对象获取有用的信息,并将其转换为适合检测的量。例如将机械位移量转换成电阻、电容或电感等参数的变化,又如将振动信号转换成电压或电荷的变化。传感器所依据的物理效应千差万别,测量不同的被测物理量要采用不同的传感器。要完成一个测量任务,第一步是要能够从被测对象处取得可用于测量的信息,因此传感器在整个测试系统中是十分重要的。

信号调理是对从传感器输出的信号进行加工处理,包括对信号的转换、放大、滤波、调制与解调、整形、存储,以及其他一些专门的信号处理。需进行信号调理的原因是:从传感器输出的信号中往往夹杂着各种有害的干扰和噪声,在做进一步处理之前必须将干扰和噪声滤除,仅保留有用信号。另外,传感器的输出信号往往具有光、机、电等多种形式,而对信号的后续处理往往都采用电的方式和手段,因而需将传感器的输出信号转换为适宜于电路处理的电信号,通过信号的调理,最终获得便于传输、显示和记录以及可做进一步处理的信号。

显示和记录是将经信号调理部分处理过的信号用便于人们观察和分析的介质和手段进行记录或显示。用于显示与记录的仪器仪表有示波器、磁带机等。随着计算机技术的迅速发展与应用普及,测试系统已经普遍采用计算机来存储和显示信号,相关操作也日益简单、方便。

1.4 测试系统的分类

随着科技和生产的迅速发展,测试系统的种类不断增加,其分类方法也很多,工程上常用的几种分类方法如下。

1.4.1 按被测量随时间的变化分类

按被测量随时间的变化,测试系统可以分为以下两类。

(1) 模拟测试系统:被测量是随时间连续变化的模拟量,测试系统对被测量进行变换后输出连续变化的电压或电流信号,输出信号能直观反映出被测量的大小和极性。模拟测试系统的优点是价格低、直观性强、运行灵活、操作简单,缺点是精度较低。模拟测试系统测得的信号经 A/D(模/数)转换器变换为相应的数字信号后,既可直接输出显示,也可与计算机连接,再做进一步处理。

(2) 数字测试系统:被测量随时间的变化是不连续的,发生在一系列离散的瞬间,数值的大小和增减变化都采用数字形式。数字测试系统的优点是能够排除人为读数误差,所以读数精确,并可直接与计算机连接,实现数据处理自动化。

1.4.2 按被测量分类

常见的被测量可分为以下几类:
(1) 电学量:电压、电流、电功率、电阻、电容、频率、磁场强度、磁通密度等。
(2) 热学量:温度、热量、比热、热流、热分布、压力、压差、真空度、流量、流速、物位、液位、界面能等。
(3) 机械量:位移、形状尺寸、力、应力、力矩、重量、质量、转速、线速度、加速度等。
(4) 物性和成分量:气体成分、液体成分、固体成分、酸碱度、盐度、浓度、黏度、粒度、密度等。
(5) 光学量:光强、光通量、光照度、辐射能量等。
(6) 状态量:颜色、透明度、磨损量、裂纹、缺陷、泄漏、表面质量等。

严格地说,状态量的范围更广,但是有些状态量由于习惯归入热学量、机械量、成分量中。

按照被测量的不同,测试系统相应地可分为多种类型。

1.4.3 按被测量的检测转换方法分类

被测量通常是非电物理或化学成分量,需用某种传感器把被测量转换成电学量,以便于后续处理。将被测量转换成电学量的方法很多,最主要的有电磁转换、光电转换及其他能/电转换(包括声/电转换、辐射能/电转换、化学能/电转换等)方法。

采用电磁转换方法的测试系统有电阻式、应变式、压阻式、热阻式、电感式、互感式(差动变压器)、电容式、阻抗式(电涡流式)、磁电式、热电式、压电式、霍尔式、振频式、感应同步式、磁栅式测试系统等。

采用光电转换方法的测试系统有光电式、激光式、红外式、光栅式、光导纤维式测试系统等。

采用声/电转换方法的测试系统有超声波式测试系统;采用辐射能/电转换方法的测试系统有 X 射线式、β 射线式、γ 射线式测试系统;采用化学能/电转换方法的测试系统有各种电化学转换测试系统。

1.5 测试与诊断技术的发展趋势与研究方向

现代科学技术不断发展,为测试技术水平的提高创造了物质条件,同样,拥有高水平的测试系统又会促使新科技成果不断出现,两者是相辅相成的。测试技术的发展将主要表现在下列几个方面。

(1) 量程范围更加宽广。

科学技术的发展,要求测试系统的量程范围向宏观和微观两个方向延伸。以测量温度为例:某些学科的科学实验要求测温下限达到 15 K(约 -258 ℃);某些场合需连续监测液态金属的温度,所测温度可达 2500~30000 ℃。这就要求研制满足超高温度和超低温度测量要求的测试系统。又如压力测量,要求测量小到几十帕的微压力和大到几千兆帕的高压。

(2) 传感器朝集成化、微型化、智能化方向发展。

传感器是测试系统的关键器件。采用新原理、新材料和新工艺,具备更多优良品质的新型传感器将不断出现,例如,应用近代物理学的成就如激光、红外、超声波、微波、光纤等相关新技术的新型传感器,以及模仿生物视觉、嗅觉、味觉和听觉的各种仿生传感器等。随着微电子技术、微细(机械)加工技术和集成化工艺技术等相关技术的不断进步,传感器向着集成化、智能化、微型化、高可靠性、低成本等方向发展。

(3) 测量仪器朝高精度和多功能方向发展。

测量仪器及整个测试系统精度的提高,使测量数据的可信度也相应提高。在实际测试中,为了保证测试结果的可信度,通常做法是在相同的条件下进行若干次实验,然后对所测数据进行统计分析。测量仪器精度提高,可使实验次数减少,从而使实验经费投入减少,产品成本降低。在仪器精度提高的同时,仪器的功能也在不断扩大。虚拟仪器出现后,以往靠硬件实现的仪器功能逐渐可以用软件来实现,这使得仪器的精度更高、功能更全、维护更方便。

(4) 参数测量与数据处理朝自动化方向发展。

大型综合性实验测试参数多、任务重、耗费时间长、数据处理量大,完全靠人工操作仪器和处理数据,费时费力、效率低下,而且精度低。以计算机为核心的自动测试系统是现代测试技术发展的产物,该系统能对测试对象实现自动测量和分析处理并输出测量结果,从而促使参数测试与数据处理向自动化方向发展。

诊断技术的发展同新技术的发展密切相关。诊断技术的主要发展方向如下。

(1) 发展非平稳、非线性、弱故障信号的测量与提取技术。非平稳、强背景噪声条件下弱故障信号的传递特性、故障特征提取与信号分离仍是故障诊断研究的难点和热点问题,对故障诊断技术的突破起到重要作用。

(2) 以网络化、嵌入式技术为平台,开发远程监测诊断系统,研发的重点是现有技术的集成和融合,并向软、硬件的模块化、标准化、专业化方向发展。研发的网络监测系统可以并入企业或舰船的 MIS 网络,从而极大地提高装备管理水平,最大限度地发挥诊断功效。

(3) 发展智能故障预测与健康评估技术。尽管目前已开发了多种基于模型的故障预测技术、基于数据驱动的故障预测技术和基于信号处理的故障预测技术,但对特定的装备,还必须加以具体研究。同时,故障诊断逐渐由定性诊断向定量诊断发展,由人工干预的预测向不依赖于人工的智能化故障预测方向转变。

1.6 课程特点和学习要求

舰艇装备测试与诊断课程是一门专业基础课程,研究对象是动力、机械工程动态物理量测试等中的传感器、信号调理电路及记录显示分析设备的工作原理,测试系统的静、动态特性的评价方法,测量信号的描述、分析和处理,常见物理量的动态测试方法等。

本课程涉及的知识面较宽,在学习本课程之前,应具有数学、物理学、电子学、力学、计算机等学科的知识,以及某些相关的专业课知识储备。同时,本课程具有很强的实践性,在理论学习的同时,应密切联系实际,加强实验环节,才能较好地掌握相关知识。为此,本课程在教学环节中安排了必要的实验,以便学生通过做实验进一步加深对所学内容的消化和理解,同时培养学生运用测试技术解决工程问题的能力。

通过本课程的学习,学生应具备正确选用测试系统的能力,并初步掌握进行动态测试所需要的基本知识和技能,为在工程实际中完成测试任务打下必要的基础。

具体而言,本课程有以下学习要求:

(1) 认识测试技术的基本概念,并掌握测试系统的基本组成。

(2) 掌握测量的方法、测量误差的来源及处理方法,掌握测量不确定度的定义及评定方法。

(3) 掌握信号的分类及信号的时域和频域的描述方法,建立明确的信号的频谱概念,掌握频谱分析的基本原理和方法;了解相关分析、功率谱分析的基本原理及其应用,了解数字信号分析的基本概念。

（4）掌握测试系统的静、动态特性的评价方法和不失真测量条件，并能正确运用相关理论对测试系统进行分析和选择。

（5）掌握常用传感器的工作原理、基本特性、适用范围，以及传感器的选用原则。

（6）掌握常用信号调理方法的原理及应用。

（7）了解记录显示设备的工作原理及性能。

（8）掌握典型物理量，包括力、压力、位移、转速、温度、振幅和流量等的测试原理和方法，对动态测试技术有比较全面的了解，并能自行设计或选用测试系统，具有基本解决动力、机械工程测量问题的能力。

思考题与习题

1-1 什么是测试？
1-2 试述一个测试系统的基本组成及其各部分的功能。
1-3 举出你身边的测试技术应用的例子。
1-4 结合所学专业，谈谈你对测试重要性的认识。

第 2 章　工程测量基础

2.1　测量的基本概念

在科学研究和工程实验中,我们往往需要探求物理现象之间的数量关系。为确定被测对象的量值而进行的实验过程称为测量。测量是人类认识客观世界,获取定量信息的重要手段。测量的基本形式是比较,即将待测的未知量和预定的标准进行比较。由测量所得到的被测对象的量值表示为数值和计量单位的乘积。

2.1.1　测量方法和分类

测量可分为直接测量和间接测量两类。

2.1.1.1　直接测量

无须经过函数关系计算,直接通过测量仪器得到被测量值的测量为直接测量。直接测量又可分为直接比较测量和间接比较测量两种。

1. 直接比较测量

直接将被测物理量和标准量进行比较的测量方法称为直接比较测量。例如要测量一根圆钢的长度,最常用的办法是用一把钢皮尺和它做比较。钢皮尺(米尺)就是做长度测量用的标准。假设测得的圆钢长度是长度标准(m)的 2.4 倍,就用 2.4 m 作为圆钢长度的示值。长度测量是最简单的直接比较测量,但是,并不是任何物理量和标准之间的比较,都能直接由人的感官来完成。例如,要比较两个电阻的大小,这不是人的感官所能胜任的。可以借助于惠斯通电桥(也称单臂电桥)来进行未知电阻和标准电阻之间的比较。直接比较测量的一个显著特点是待测物理量和标准量是同一种物理量。

2. 间接比较测量

直接测量的另一种方法是间接比较测量。例如测量体温,最常用的是水银温度计。根据水银热胀冷缩的物理规律,温度越高,水银膨胀得越厉害,毛细管中的水银柱就上升得越高,水银柱的高度和体温之间有着确定的函数关系,因此可以用水银柱的高度作为被测温度的量度。这里通过热胀冷缩的规律把温度的高低转化为水银柱的长度,然后,通过对水银柱长度的比较间接得出被测温度的大小,这就是间接比较测量。可见,间接比较测量是利用仪器仪表(统称为测试系统)把原始形态的待测物理量的变化变换成与之保持已知函数关系(通常是线性关系)的另一种物理量的变化,并以人的感官所能接受的形式(通常是位置的变化),在测试系统的输出端显示出来。用弹簧测力、用直流电流表测电流等都是间接比较测量的例子。

2.1.1.2 间接测量

间接测量是在直接测量的基础上,根据已知的函数关系,得到所要测量的物理量的大小。例如,负载电阻功率无法直接测出,可以分别测出负载电阻上的电压和电流,将电压值和电流值相乘得到负载电阻功率值。

2.1.2 量、量制与量纲

2.1.2.1 量

现象、物体或物质之所以存在并被察觉,都是因为其具有一定的量。量是现象、物体和物质的可以定性区别和定量确定的一种属性。量可指一般意义上的量或特定量。一般意义上的量,如长度、时间、质量、温度、电阻、物质的量、浓度等;特定量,如棒的长度、导线的电阻、酒样中乙醇的浓度等。

我们将可直接相互比较的量称为同种量;某些同种量组合在一起成为同类量,如功、热、能,又如厚度、周长、波长。

2.1.2.2 量制

1. 基本量和导出量

量制的建立是为了简化量与量之间的关系。在量制中约定的、被认为彼此独立的量称为基本量,而由该量制基本量的函数所定义的量称为导出量。基本量和相应导出量的特定组合构成整个科学领域或某个专业领域的量制。在力学领域里,公认的基本量有三个——长度、质量和时间;在电磁学中,有一个基本量——电流;在热学中,有一个基本量——热力学温度;而在整个科学领域里,则还有物质的量和发光强度两个基本量。导出量是由几个基本量根据物理公式推导出来的。例如,根据力 F 的公式 $F=m\dfrac{\mathrm{d}^2 l}{\mathrm{d}t^2}$,导出量力由质量($m$)、长度($l$)和时间($t$)三个基本量导出。同样,还可以由基本量导出速度、压力、密度、功和功率等导出量。

2. 被测量和影响量

按量在测量中所处的地位,可将其分为被测量和影响量。被测量就是作为测量对象的特定的量,它可以理解为经测量所获得的量,也可指待测量的量。影响量不是被测量的量,而是对测量结果有影响的量。

影响量来源于环境条件和测量器具本身,如环境温度、气压、湿度、地磁场、重力场、振动、电源电压、电源频率及测量器具安装位置和本身结构变化等。因此,在进行测量时,必须考虑相关因素的影响。在建立国家计量基准的工作中,分析和确定各项影响量的大小,并设法予以消除或减小,对提高基准器的准确度具有决定性意义。

3. 有源量与无源量

有些测量对象本身具有一定的能量,无须为测量中的信号提供外加能源即可完成测量,这类量称为有源量,如温度、力、照度等。有些测量对象本身没有能量,为了能够进行测量,必须从外界获取能量,这类量称为无源量,如长度、角度等空间位置参量及硬度等材料特性参量。

电学测量中的量,如电流、电压、功率、电能、相位、频率等,通常可以直接用测量器具进行测量,都属于有源量;而电阻、电容、电感、互感等电路元件的参量,测量时必须有外接电源,都属于无源量。

2.1.2.3 量纲

在量制中,以基本量的幂的乘积形式表示,且其数字系数为1的本量值的一个量的表达式,称为量纲。量纲只能由大写的正体拉丁字母和希腊字母表示。在国家单位制中,七个基本量的量纲分别为L(长度)、M(质量)、T(时间)、I(电流)、Θ(热力学温度)、N(物质的量)和J(发光强度);导出量力的量纲为LMT^{-2}、电压的量纲为$L^2MT^{-3}I^{-1}$。

应当指出,在给定量制中,同一种量的量纲一定相同,而相同量纲的量却未必为同一种。例如,在国际单位制中,功和力矩的量纲相同,均为L^2MT^{-2},但二者却不是同一种量。在给定量制中,如果一个量的量纲的所有基本量的指数均为零,该量称为无量纲量,其量纲为1。

2.1.3 单位和单位制

为了定量表示同种量的值,采用一个公认的量作为比较的基础。用于表示同种量的大小而约定定义和采用的特定量(通常其数值为1),便称为计量单位。计量单位往往不是唯一的,如长度的单位就有米、码、英尺、市尺等。对于一个特定的量,不同单位之间都有一定的换算关系,如1米=3市尺,等等。所有的同种量均可用选定的单位与纯数之乘积来表示,这个乘积称为该量的量值。由于计量单位选取得不同,同一个量会体现出不同形式的量值。例如,一根木棒的长度可以是1米(单位:米),也可以是3市尺(单位:市尺)。两个量值的形式截然不同,而它们所表示的却是同一个量的大小(木棒的长度)。

国际计量大会统一规定了每个计量单位的代表符号,称为国际符号。通常用字母(拉丁字母或希腊字母)表示,如在国际单位制中,长度单位米的符号为m,电阻单位欧姆的符号为Ω等。我国也有非国际单位制的法定计量单位,例如角度单位度的符号(°),体积单位升的符号L等。提倡使用计量单位的国际符号。

在给定的量制中,约定选取某些独立定义的基本量单位作为基础,并根据定义方程由它们及一定的比例因数导出其他相关量的单位。这些基本量的计量单位称为基本单位,而导出的其他相关量的单位则称为导出单位。为便于应用,某些导出单位有专门的名称和符号。例如,在国际单位制中,力的单位是由基本单位千克(kg)、米(m)和秒(s)导出的导出单位,表示为$m \cdot kg \cdot s^{-2}$;而其专门名称为牛顿,符号为N。

对于给定的量制,由选定的一组基本单位和根据定义方程及一定的比例因数确定的导出单位所构成的单位体系,称为单位制。显然,所选取的基本单位不同,单位制也就不同。例如:以厘米、克、秒为基本单位的单位制,称为厘米克秒制(CGS单位制);以米、千克、秒作为基本单位的称为米千克秒制(MKS单位制);等等。

国际单位制(SI单位制)是1960年第十一届国际计量大会通过的,目前世界上最先进、科学和实用的单位制。SI单位制的构成体系见图2-1,SI基本单位的名称和符号见表2-1,SI辅助单位的名称和符号见表2-2,SI单位制中具有专门名称的导出单位见表

2-3，SI 词头见表 2-4。

$$\text{SI 单位制} \begin{cases} \text{SI 单位} \begin{cases} \text{SI 基本单位（7 个）} \\ \text{SI 辅助单位（2 个）} \\ \text{SI 导出单位（其中 19 个具有专门名称）} \end{cases} \\ \text{SI 词头}(10^{24} \sim 10^{-24} \text{ 共 20 个}) \end{cases}$$

图 2-1　SI 单位制的构成体系

表 2-1　SI 基本单位

序号	量的名称	单位名称	单位符号
1	长度	米	m
2	质量	千克	kg
3	时间	秒	s
4	电流	安[培]	A
5	热力学温度	开[尔文]	K
6	物质的量	摩[尔]	mol
7	发光强度	坎[德拉]	cd

表 2-2　SI 辅助单位

序号	量的名称	单位名称	单位符号
1	平面角	弧度	rad
2	立体角	球面度	sr

表 2-3　SI 单位制中具有专门名称的导出单位

序号	量的名称	单位名称	单位符号	其他表示
1	频率	赫[兹]	Hz	s^{-1}
2	力	牛[顿]	N	$kg \cdot m/s^2$
3	压力,压强,应力	帕[斯卡]	Pa	N/m^2
4	能量,功,热	焦[耳]	J	$N \cdot m$
5	功率,辐射通量	瓦[特]	W	J/s
6	电荷量	库[仑]	C	$A \cdot s$
7	电位,电压,电动势	伏[特]	V	W/A
8	电容	法[拉]	F	C/V
9	电阻	欧[姆]	Ω	V/A
10	电导	西[门子]	S	$Ω^{-1}$
11	磁通[量]	韦[伯]	Wb	$V \cdot s$
12	磁通[量]密度,磁感应强度	特[斯拉]	T	Wb/m^2
13	电感	亨[利]	H	Wb/A
14	摄氏温度	摄氏度	℃	—
15	光通量	流[明]	lm	$cd \cdot sr$

续表

序号	量的名称	单位名称	单位符号	其他表示
16	[光]照度	勒[克斯]	lx	lm/m²
17	[放射性]活度	贝可[勒尔]	Bq	s^{-1}
18	吸收剂量,比授[予]能,比释动能	戈[瑞]	Gy	J/kg
19	剂量当量	希[沃特]	Sv	J/kg

表 2-4 用于构成十进倍数和分数单位的 SI 词头

所表示的因数	词头名称	词头符号	所表示的因数	词头名称	词头符号
10^{21}	尧[它]	Y	10^{-1}	分	d
10^{21}	泽[它]	Z	10^{-2}	厘	c
10^{18}	艾[可萨]	E	10^{-3}	毫	m
10^{15}	拍[它]	P	10^{-6}	微	μ
10^{12}	太[拉]	T	10^{-9}	纳[诺]	n
10^{9}	吉[咖]	G	10^{-12}	皮[可]	p
10^{6}	兆	M	10^{-15}	飞[母托]	f
10^{3}	千	k	10^{-18}	阿[托]	a
10^{2}	百	h	10^{-21}	仄[普托]	z
10^{1}	十	da	10^{-24}	幺[科托]	y

我国的法定计量单位是以国际单位制的单位为基础,结合我国的实际情况,适当选用一些其他单位(见表 2-5)构成的。

表 2-5 我国法定的非国际单位制单位

量的名称	单位名称	单位符号	换算关系和说明
时间	分	min	1 min = 60 s
	[小]时	h	1 h = 60 min = 3600 s
	天(日)	d	1 d = 24 h = 86400 s
[平面]角	[角]秒	(″)	1″ = (π/648000)rad(π 为圆周率)
	[角]分	(′)	1′ = 60″ = (π/10800)rad
	度	(°)	1° = 60′ = (π/180)rad
旋转速度	转每分	r/min	1 r/min = (1/60)s^{-1}
长度	海里	n mile	1 n mile = 1852 m(只用于航程)
速度	节	kn	1 kn = 1 n mile/h = (1852/3600)m/s(只用于航行)
质量	吨	t	1 t = 10^3 kg
	原子质量单位	u	1 u ≈ 1.660540 kg × 10^{-27} kg
体积	升	L,l	1 L(l) = 1 dm^3 = 10^{-3} m^3

续表

量的名称	单位名称	单位符号	换算关系和说明
能	电子伏	eV	1 eV=1.6021892×10^{-19} J
级差	分贝	dB	
线密度	特[克斯]	tex	1 tex=10^{-6} kg/m
面积	公顷	hm^2	1 hm^2=10000 m^2

2.1.4 量值传递与溯源

为了保证全国量值统一,量值应准确、可靠,既要求量值从国家基准器逐级传递到工作计量器具,又要求量值能从工作计量器具溯源到该量值的标准器和国家基准器。如果能实现量值的传递和溯源,那就说明检测的基本途径有效。

量值传递指通过计量检定或校准,将计量基准所复现的计量单位(或其倍数、分数)逐级传递给各级计量标准直至普通检测工作计量器具。量值传递应本着精度损失小、可靠性高和简单易行的原则。一般应按国家计量检定系统的规定逐级进行传递。在某些特殊情况下,经上级计量主管部门同意,可越级进行传递。

量值传递可分为直接传递和间接传递。只有在不能直接进行传递时(如电压测量中的源和源,或表和表之间),才采用间接传递方法。这里的间接,指传递者与被传者之间必须有一个过渡,通常将其称为过渡标准、传递标准或比对标准。对过渡指示器的技术特性,在量值传递的技术文件中应有明确、具体的规定。

溯源是量值溯源的简称,指对于使用任何一种计量器具所测得的测量结果,都能通过连续的比较链,使其与计量基准所复现的计量单位联系起来,即可追溯到计量单位的源头。也可以说,溯源是量值传递的逆过程。

量值溯源与量值传递一样,一般也应根据国家计量检定系统的规定逐级进行,只不过不是由上往下,而是由下往上进行。所以,对量值溯源的基本要求,与对量值传递的基本要求是一致的。

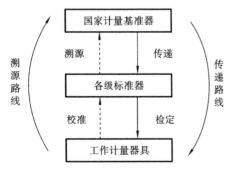

图 2-2 量值传递与溯源示意图

在测试系统中,只有当每个量值的信息数据是能溯源到计量单位量值的国际或国家基准,或者是由某计量单位的国际基准或国家基准传递时,所测量值才是准确、可靠、有效的。因此,在计量认证、实验室评审、企业计量水平检查考评,以及在新产品技术鉴定中出具有关技术数据时,都要认真审查有关计量标准器、计量器具是否有合格证书,有效期是否在检定校准周期内,甚至还要用高一级精度的计量标准检定该计量标准器或计量器具是否确实合格。计量管理系统中,量值传递系统只有在遵循溯源和反馈原理,形成了一个封闭环路系统时,才是有效的系统(见图 2-2)。

2.2 测量误差

2.2.1 基本概念

1. 真值

真值,即真实值,是指在一定时间和空间条件下,被测物理量客观存在的实际值,可分为理论真值、规定真值和相对真值。

(1) 理论真值:理论真值也称绝对真值,如平面三角形内角之和恒为180°,该值即为理论真值。

(2) 规定真值:国际上公认的基准量值,也称约定真值,如计量长度1 m的规定真值就是光在真空中 1/299 792 458 s 时间间隔内所经路径的长度。

(3) 相对真值:计量器具按精度不同分为若干等级,上一等级器具的指示值为下一等级器具的真值,此真值称为相对真值。

2. 测量误差

测量误差简称误差,定义为测量值减去参考量值之差,即

$$\Delta x = x - x' \tag{2-1}$$

式中: x 为由测量所得到的测量值; x' 为参考量值。

误差存在于一切测量中。

3. 残余误差

残余误差简称残差,定义为测量值减去被测量的最佳估计值,即

$$v = x - \bar{x} \tag{2-2}$$

式中: $\bar{x}$ 为真值的最佳估计值(也即约定真值)。

2.2.2 误差的分类

1. 按误差产生的原因分类

按误差产生的原因可以将误差分为工具误差、方法误差、环境误差和人员误差。

工具误差是因实验装置、测量仪器而产生的误差,如传感器的非线性误差等;方法误差是测量方法不正确引起的误差;环境误差是在测量过程中,因环境条件(主要指环境的温度、湿度、气压、电场、磁场及振动、气流、辐射等)的变化而产生的误差;人员误差是由测量者生理特性,以及操作熟练程度不够而引起的误差。

2. 按误差的特点和性质分类

为了便于对测量误差进行分析和处理,按照误差的特点和性质进行分类,可以将误差分为随机误差、系统误差和粗大误差。

1) 随机误差

如果在相同的测量条件下,多次测量同一物理量时,误差数值的大小、正负及其产生原因是随机变化的,带有偶然性,该误差就称为随机误差。从单次测量结果来看,随机误差是没有规律的,但就其总体而言,随机误差服从一定的统计规律。

2) 系统误差

系统误差是指在一定测量条件下进行多次重复测量时保持不变的误差(正值或负值),或者在条件变化时,按某一确定规律变化的误差。

引起系统误差的原因可能是各不相同的,但系统误差必然是由某一确定规律引起的,即当造成系统误差的某项因素发生变化(如电压升高)时,系统误差本身也按着一定的规律发生变化。成因不同,系统误差表现出的规律性也不同。

(1) 按对系统误差的掌握程度分类,系统误差分为以下两种。

① 已定系统误差:已掌握其变化规律的系统误差。

② 未定系统误差:尚未完全掌握其变化规律的系统误差。

(2) 按系统误差的变化规律,系统误差分为定值系统误差和变值系统误差。

① 定值系统误差:在一定测量条件下,误差的符号和绝对值都保持不变的系统误差。根据其符号的不同,分为恒正定值系统误差和恒负定值系统误差。

② 变值系统误差:误差的符号和绝对值均发生变化的系统误差。其按变化规律又可分为以下三种:

a. 线性变化的系统误差:这种系统误差是误差因素的线性函数。

b. 周期变化的系统误差:这种系统误差是误差因素的周期函数。例如,由偏心引起的系统误差是偏心距 e 的正弦函数。

c. 复杂规律系统误差:这种系统误差是误差因素的非线性、非周期的,规律复杂的一元或多元函数。

3) 粗大误差

粗大误差简称粗差,是指那些误差数值特别大,超出规定条件下的预计值,测量结果中有明显错误的误差。粗大误差一般是由于测量者的失误、计量器具的失准,以及影响量超出所规定的值或范围而产生的。

2.2.3 误差的表示方法

常用的误差表示方法有绝对误差、相对误差和引用误差。

1. 绝对误差

绝对误差 Δx 是指测量值 x 与真值 x_0 之差,即

$$\Delta x = x - x_0 \tag{2-3}$$

当真值为未知数时,可用测量值的算术平均值代替真值。

2. 相对误差

对于不同的测量值,用绝对误差往往很难评定测量精度的高低,此时可采用相对误差来评定。相对误差 r 是指绝对误差 Δx 与真值 x_0 的比值,通常用百分数表示,即

$$r = \frac{\Delta x}{x_0} \times 100\% \tag{2-4}$$

3. 引用误差

引用误差 r_m 是仪表中常用的一种误差表示方法,是指测量仪器的绝对误差 Δx 与仪器的满量程 x_m 的比值,同样用百分数表示,即

$$r_m = \frac{\Delta x}{x_m} \times 100\% \tag{2-5}$$

可见,引用误差实质上是一种相对误差。引用误差可用于评价某些测量仪器的准确

度高低。将仪表的引用误差取绝对值并去掉"%",即得到刻度标尺或铭牌上标注的仪表准确度等级。我国工业仪表的准确度等级分为 0.1,0.2,0.5,1.0,1.5,2.5,5.0 七个等级。

2.2.4 误差处理

1. 系统误差处理

根据系统误差产生的种种原因,不难得出下列减小系统误差的基本方法:
(1) 测量前设法消除可能消除的误差来源;
(2) 测量过程中采用适当的实验方法,如替代法、补偿法、对称法,将系统误差减小;
(3) 通过适当的附加手段引入可能的修正值,对测量结果进行修正;
(4) 由若干人进行重复测量来消除人员误差。

2. 随机误差处理

由于随机误差是在没有规律的大量微小因素共同作用下产生的,因而其出现规律不易掌握,这种误差也难以消除。但是,随机误差具有随机变量的一切特点,它的概率分布通常服从一定的统计规律。因此,可用概率统计的方法,对其分布范围做出估计,得到随机影响的不确定度。

3. 粗大误差处理

对于粗大误差,必须随时或在进行数据处理时予以鉴别,并将相应的数据剔除。消除粗大误差的根本方法就是认真负责地对待测量工作,切实保持计量器具的计量性能和保证所要求的环境条件,严格执行检测规程和操作规范,以及熟练掌握计量测试技能等。

在确定粗大误差、剔除异常值前,必须经过严格的判别。凡是未经严格判别的任何测量结果均不能随意地剔除。常用的粗大误差判别方法如下。

1) 拉伊达准则(Pauta 准则)

根据服从正态分布的数据的统计特性,如果某次测量值 x_i 的残差 $v_i = x_i - \bar{x}$ 满足

$$|v_i| > 3\hat{\sigma} \tag{2-6}$$

则认为该测量值 x_i 存在粗大误差,需要剔除。此即拉伊达准则。

式(2-6)中, $\hat{\sigma}$ 表示测量值 x_i 的标准差的估计值,有

$$\hat{\sigma} \approx \sqrt{\frac{1}{n-1}\sum v_i^2}$$

拉伊达准则是判定粗大误差存在的一种最简单的方法。但当测量次数 n 不大时,使用该准则判定粗大误差不准确。对于任意 v_i,均存在

$$v_i^2 < \sum v_i^2$$

即

$$|v_i| < \sqrt{\sum v_i^2} = \sqrt{n-1}\sqrt{\frac{\sum v_i^2}{n-1}} = \hat{\sigma}\sqrt{n-1}$$

因此,当 $n \leqslant 10$ 时,拉伊达准则将失准。

2) 格拉布斯准则(Grubbs 准则)

将一组测量数据按大小排成顺序统计量:

$$x_1 \leqslant x_2 \leqslant \cdots \leqslant x_n$$

设测量值 x_i 服从正态分布,格拉布斯导出了如下分布:

$$g = \frac{x_n - \bar{x}}{\sqrt{\frac{1}{n-1}\sum v_i^2}} \tag{2-7}$$

选定显著性水平 α(一般取 0.05,对应于 2σ),可得临界值 $g_0(n,\alpha)$,而

$$P\left[\frac{x_n - \bar{x}}{\sqrt{\frac{1}{n-1}\sum v_i^2}} \geqslant g_0(n,\alpha)\right] = \alpha \tag{2-8}$$

$\alpha = 0.05$ 时的 $g_0(n,\alpha)$ 值见表 2-6。

表 2-6 $g_0(n,\alpha)$ 值

n	$g_0(n,\alpha)$	n	$g_0(n,\alpha)$
3	1.155	11	2.355
4	1.481	12	2.412
5	1.715	13	2.462
6	1.887	14	2.507
7	2.020	15	2.549
8	2.126	20	2.709
9	2.215	30	2.908
10	2.290	50	3.128

这样就得到格拉布斯准则:若某次测量满足

$$|v_i| \geqslant g_0(n,\alpha)\hat{\sigma} \tag{2-9}$$

则认为该次的测量值 x_i 存在粗大误差,需要剔除。

粗大误差的处理是一个反复的过程,即剔除了一个粗大误差后,应重新计算平均值和标准值,再进行检验。反复进行,直到所有粗大误差全部被剔除为止。

2.3 测量不确定度评定

当测量结束时,测量者和利益相关各方最为关心的是测量是否有效,测量结果是否可信。计量界在总结大量测量实践和误差理论的基础上,引入了"测量不确定度"的概念,利用它来评定测量水平或质量,对测量结果的质量进行定量表征。测量结果的可用性在很大程度上取决于测量不确定度的大小,测量结果必须附有不确定度说明才有意义。

2.3.1 测量不确定度评定的基本知识

1. 有关不确定度的表述[①]

(1) 标准不确定度:以标准差表示的测量不确定度。

[①] 此处所介绍的术语及定义与《测量不确定度评定与表示》(JJF 1059.1—2012)中的规定相一致。

(2) 不确定度的 A 类评定(或 A 类不确定度):对在规定条件下测得的量值用统计分析的方法进行的测量不确定度分量的评定。

(3) 不确定度的 B 类评定(或 B 类不确定度):用不同于 A 类不确定度评定的方法对测量不确定度分量的评定。

(4) 合成标准不确定度:由在一个测量模型中各输入量的标准测量不确定度获得的输出量的标准测量不确定度。在测量中的输入量相关的情况下,计算合成标准不确定时必须考虑协方差。

(5) 扩展不确定度:全称为扩展测量不确定度,是合成标准不确定度与包含因子的乘积。

(6) 包含因子:为求得扩展不确定度,对合成标准不确定度所乘的大于 1 的数。包含因子的值取决于测量模型中输出量的概率分布类型及所选取的包含概率。

为避免误解和混淆,目前,国际上一致决定不再使用"随机不确定度"和"系统不确定度"这两个术语。"由随机效应导致的不确定度分量"与"由系统效应导致的不确定度分量"这两种表述可用于区分不确定度的性质,但不表明不确定度是用什么方法评定的。由系统效应引起的不确定度既可以用 B 类评定方法,也可以用 A 类评定方法得到。不确定度的性质和评定方法间没有对应关系。

不确定度评定分为 A 和 B 两类仅是为了讨论方便,并不意味着这两类评定之间存在本质上的区别,二者都基于概率分布进行,并都用方差或标准差表征不确定度。

表征由 A 类评定所得不确定度分量的方差估计值记为 u^2,由重复观测列算得。u^2 就是我们所熟知的统计方差的估计值 s^2,而 u^2 的正平方根即为估计标准差 s,记为 u,即 $u=s$,称为 A 类标准不确定度。

由 B 类评定所得的不确定度分量的方差估计值 u^2 依据有关信息评估,估计标准差为 u,称为 B 类标准不确定度。

2. 测量不确定度的来源

实际测量工作中导致不确定度的原因包括:
(1) 被测量的定义不完善;
(2) 被测量定义的复现不理想;
(3) 抽样的代表性不够,即被测样本可能不完全代表所定义的被测量;
(4) 对测量受环境影响的认识不全面,或对环境条件的测量不完善;
(5) 模拟式仪表的读数存在人为偏移;
(6) 测量仪器计量性能(如分辨率、灵敏度、死区等)存在局限性;
(7) 测量标准或标准物质提供的标准值不准确;
(8) 引用的常数或其他参数值不准确;
(9) 测量方法和测量程序中做了近似和假设;
(10) 在相同条件下,被测量在重复观测中发生了变化。

确定不确定度的来源时,需从设备(如标准物质、仪器量具)、环境(如温度、湿度、振动等)、人员、方法和被测量各方面全面考虑,做到不重复,不遗漏。重复会使所得不确定度过大,遗漏则会使所得不确定度过小。

评定不确定度前,应将所有修正值加入测量值,并将所有离群值即异常值剔除。

3. 评定模型

实际测量中,被测量 Y 常由其他量 $X_1, X_2, \cdots, X_n$,通过函数关系 f 来确定,即

$$Y = f(X_1, X_2, \cdots, X_n) \tag{2-10}$$

式中:X_i 是对 Y 产生影响的量,称为影响量或输入量;被测量 Y 也称为输出量。

输入量 $X_1, X_2, \cdots, X_n$ 本身可看作被测量,也可取决于其他量,甚至包括具有系统效应的修正值。有时输出量的模型可能简单到可表示为

$$Y = X \tag{2-11}$$

如用卡尺测量工件尺寸时,工件的尺寸等于卡尺的示值。有时输出量与输入量之间的函数关系十分复杂,甚至函数 f 不能明确地表示出来。

例如,一个阻值随温度 t 变化的电阻器两端的电压为 U,在温度 t_0 时的电阻为 R_0,电阻器的温度系数为 α,则电阻器的损耗功率 P(输出量或被测量)取决于 U, R_0, α 和 t(输入量或影响量),即有

$$P = f(U, R_0, \alpha, t) = \frac{U^2}{R_0}\{1 + \alpha(t - t_0)\} \tag{2-12}$$

如果数据表明,函数 f 没能将测量过程模型化至满足测量的准确度要求,则必须在 f 中增加输入量。例如,在电阻器的功率测量中,为提高准确度,可以增加电阻温度系数的二次关系,于是模型为

$$P = f(U, R_0, \alpha, \beta, t) = \frac{U^2}{R_0}\{1 + \alpha(t - t_0) + \beta(t - t_0)^2\} \tag{2-13}$$

式中:α, β 分别为电阻器的一次、二次温度系数。

评定模型可用已知的物理公式求得,也可用实验方法确定,甚至可用数值方程给出。数值方程表示在给定测量单位的条件下数值之间的关系,而无物理量之间的关系。

输入量 $X_1, X_2, \cdots, X_n$ 可以是当前直接测定的量,它们的值与不确定度可通过单一观测、重复观测或依据经验对信息的估计得到,可包含测量仪器读数的修正值,以及对周围温度、大气压、湿度等影响的修正量,以及由外部引入的量,如:已校准的测量标准、有证标准物质、由资料所得的参考数据。

例如,输入量 X_i 的估计值为 x_i,则被测量 Y 的估计值为

$$y = f(x_1, x_2, \cdots, x_n) \tag{2-14}$$

x_i 的不确定度是 y 的不确定度的来源,y 的不确定度取决于 x_i 的不确定度,为此应首先评定 x_i 的不确定度。

2.3.2 标准不确定度的 A 类评定

1. 单次测量结果标准差与平均值标准差

对被测量 X,在重复性条件下进行 n 次独立重复测量,得到一系列测量值 $x_1, x_2, \cdots, x_n$,其算术平均值 $\bar{x}$ 为

$$\bar{x} = \frac{1}{n}\sum_{i=1}^{n} x_i \tag{2-15}$$

$s(x_i)$ 为单次测量的标准差,由贝塞尔公式计算得到:

$$s(x_i) = \sqrt{\frac{1}{n-1}\sum_{i=1}^{n}(x_i - \bar{x})^2} \tag{2-16}$$

$s(\bar{x})$ 为测量值的算术平均值的标准差,其值的推导过程如下所述。

因测量是在重复性条件下进行的,故每次测量的方差相同,有

$$D(x_1)=D(x_2)=\cdots=D(x_n)=\sigma^2 \quad (2-17)$$

则测量值的算术平均值 $\bar{x}$ 的方差为

$$D(\bar{x})=\frac{1}{n^2}[D(x_1)+D(x_2)+\cdots+D(x_n)]=\frac{\sigma^2}{n} \quad (2-18)$$

因而,$\bar{x}$ 的标准差为

$$s(\bar{x})=\sqrt{D(\bar{x})}=\frac{\sigma}{\sqrt{n}}=\frac{s(x_i)}{\sqrt{n}} \quad (2-19)$$

某物理量的测量值若已消除了系统误差,只存在随机误差,则测量值散布在期望值附近。取若干组测量值时,它们各自的平均值也散布在期望值附近,但比单个测量值更靠近期望值。也就是说,由多次测量所得的平均值比一次测量值更准确。随着测量次数的增多,平均值收敛于期望值。因此,通常以样本测量值的算术平均值 $\bar{x}$ 作为测量值的估计值(即测量结果),以样本测量值的标准差 $s(\bar{x})$ 作为测量结果的标准不确定度,此即 A 类标准不确定度。

如果是取 n 次独立重复观测中的 m 次测量所得测量值的算术平均值 $\bar{x}_m(1\leqslant m\leqslant n)$ 作为测量结果,则 $\bar{x}_m$ 对应的 A 类不确定度为 $s(x_i)/\sqrt{m}$。

所以,当测量结果 x 取测量列的任一测量值 x_i 时,所对应的 A 类评定标准不确定度为

$$u_A(x)=u(x_i)=s(x_i) \quad (2-20)$$

当测量结果 x 取 n 次的算术平均值 $\bar{x}$ 时,所对应的 A 类评定标准不确定度为

$$u_A(x)=u(\bar{x})=s(x_i)/\sqrt{n} \quad (2-21)$$

当测量结果 x 取其中的 $m(m\leqslant n)$ 次测量所得测量值的平均值 $\bar{x}_m$ 时,所对应的 A 类评定标准不确定度为

$$u_A(x)=u(\bar{x}_m)=s(x_i)/\sqrt{m} \quad (2-22)$$

$u(x_i),u(\bar{x}),u(\bar{x}_m)$ 的自由度是相同的,均为

$$v=n-1 \quad (2-23)$$

只有重复测量次数 n 充分大,才能使 A 类不确定度的评定可靠。一般认为 n 应大于 5。但也要视实际情况而定,当该不确定度分量对合成不确定度的贡献较小时,n 小一些影响也不大。

例 2-1 对一标准活塞压力计的活塞有效面积 S 进行检定。在各种压力下进行 10 次测量所得到的活塞有效面积 S 与工作基准活塞面积 S_0 之比 l_i 如表 2-7 所示。

表 2-7 活塞有效面积 S 与工作基准活塞面积 S_0 之比 l_i 的值

序 号	l_i	序 号	l_i
1	0.250670	6	0.250673
2	0.250670	7	0.250671
3	0.250675	8	0.250671
4	0.250675	9	0.250670
5	0.250673	10	0.250670

(1) 测量结果的最佳估计值为

$$\bar{l} = \frac{\sum_{i=1}^{n} l_i}{n} = \frac{\sum_{i=1}^{10} l_i}{10} = 0.250672$$

(2) 单次测量的实验标准差为

$$s(l_i) = \sqrt{\frac{\sum_{i=1}^{n}(l_i - \bar{l})^2}{n-1}} = 2.05 \times 10^{-6}$$

(3) 测量结果的 A 类标准不确定度为

$$u_A(\bar{l}) = \frac{s(l_i)}{\sqrt{n}} = 0.63 \times 10^{-6}$$

(4) 活塞有效面积 S 的标准不确定度为

$$u_A(S) = u(\bar{l})S_0 = 0.63 \times 10^{-6} S_0$$

2. 其他方法

在重复性条件下,对被测量 X 进行 n 次独立测量。单次测量的标准差估计值 $s(x_i)$ 也可采用极差法和残差法两种方法求得;测量值的算术平均值 $\bar{x}$ 的标准差估计值按式 (2-19) 求得。$s(x_i)$ 和 $s(\bar{x})$ 分别是 A 类评定标准不确定度 $u_A(x_i)$ 和 $u_A(\bar{x})$。

1) 极差法

在被测量 X 的测量值 x_i 接近正态分布的前提下,单次测量的标准差 $s(x_i)$ 可按下式近似地评定:

$$s(x_i) = \frac{R}{d_n} \tag{2-24}$$

式中:R 为 x_i 中最大值与最小值之差,即

$$R = x_{i\max} - x_{i\min} \tag{2-25}$$

系数 d_n 的值如表 2-8 所示。

表 2-8 极差法 d_n 值

n	2	3	4	5	6	7	8	9	10	15
d_n	1.13	1.69	2.06	2.33	2.53	2.70	2.85	2.97	3.08	3.47

2) 最大残差法

用最大残差法求单次测量的标准差(估计值)的公式为

$$s(x_i) = c_n v_{i\max} \tag{2-26}$$

系数 c_n 的值如表 2-9 所示。

表 2-9 最大残差法 c_n 值

n	2	3	4	5	6	7	8	9	10	15
c_n	1.77	1.02	0.83	0.74	0.68	0.64	0.61	0.59	0.57	0.51

极差法和最大残差法得到的标准不确定度的自由度 v 的值如表 2-10 所示,与贝塞尔法相比,得到不确定度的自由度下降了,也就是说不确定度评定的可靠性有所降低。

表 2-10　自由度 v 的值

测量次数 n	2	3	4	5	6	7	8	9	10
极差法	0.9	1.8	2.7	3.6	4.5	5.3	6.0	6.8	7.5
最大残差法	0.9	1.8	2.7	3.6	4.4	5.0	5.6	6.2	6.8

2.3.3　标准不确定度的 B 类评定

1. B 类评定不确定度信息的来源

如果有足够多的时间和资源，人们可以对造成不确定度的原因进行详尽的统计研究。譬如，采取各种不同类型的仪器、不同的测量方法、将同一测量方法应用到不同条件下以及对测量理论模型做不同近似来进行研究。这样所有的不确定度分量就都可用测量列的统计标准差来表征，即所有不确定度分量都可以通过 A 类评定得到。然而，这样的研究并非经济可行，很多不确定度分量实际上还必须用别的方法来评定。

如果被测量 X 的估计值 x_i 不是由重复测量得到的，则其标准不确定度 $u(x_i)$ 可用 x_i 的可能变化的有关信息或资料来评定。这就是 B 类评定。用于 B 类评定的信息来源一般有以下几个：

（1）以前的测量数据；
（2）对有关技术资料和测量仪器特性的了解和经验；
（3）生产部门提供的技术说明文件；
（4）校准证书、检定证书或其他文件提供的数据，包括目前暂时在使用的极限误差数据等；
（5）手册或某些资料给出的参考数据；
（6）检定规程、校准规范或测试标准中给出的数据。
（7）其他有用的信息。

用这类方法得到的估计方差 $u^2(x_i)$ 可简称为 B 类方差。

2. 标准不确定度 B 类评定方法

B 类评定常用的方法是 k 倍标准差法。采用该方法的前提是，根据经验和有关信息或资料可求得置信区间和包含因子。k 倍标准差法即，先分析或判断测量值落入的区间 $[\bar{x}-a, \bar{x}+a]$，并估计区间内测量值的概率分布，再按置信概率 p 来估计包含因子 k_p，则 B 类标准不确定度 $u_B(x_i)$ 为

$$u_B(x_i) = \frac{a}{k_p} \tag{2-27}$$

例 2-2　校准证书说明，标称值为 1 kg 的不锈钢砝码的质量 m 的校准值为 1000.000325 g，该值的不确定度按 3 倍标准差为

$$U(m) = 240 \; \mu g$$

于是 m 的 B 类标准不确定度为

$$u_B(m) = U(m)/3 = 80 \; \mu g$$

3. 包含因子的确定方法

1）正态分布下包含因子的确定

如果 x_i 的扩展不确定度不是按标准差 $s(x_i)$ 的 k 倍给出，而是给出了置信概率 p 和

置信区间的半宽 U_p，一般按正态分布考虑来评定其标准不确定度 $u(x_i)$，有特别说明按其他分布考虑时除外。按正态分布考虑来评定 x_i 的 B 类标准不确定度的公式为

$$u_B(x_i) = \frac{U_p}{k_p} \qquad (2\text{-}28)$$

正态分布的置信概率 p 与包含因子 k_p 之间的关系如表 2-11 所示。

表 2-11 正态分布的置信概率 p 与包含因子 k_p 之间的关系

$p/\%$	50	68.27	90	95	95.45	99	99.73
k_p	0.675	1	1.645	1.960	2	2.576	3.0

例 2-3 校准证书给出标称值 10 Ω 的标准电阻器的电阻 R_s，在 23 ℃ 时为

$$R_s = (10.000742 \pm 0.000129)\Omega$$
$$= [(10.000742 - 0.000129)\Omega, (10.000742 + 0.000129)\Omega]$$

同时校准证书说明置信概率为 $p = 99\%$，因此电阻器的电阻 B 类标准不确定度为

$$u_B(R_s) = U(R_s)/2.58 = 129\ \mu\Omega/2.58 = 50\ \mu\Omega$$

2）t 分布下包含因子的确定

如果已知 x_i 的扩展不确定度 U_p 和置信概率 p，而且给出了有效自由度 v_{eff} 或包含因子 k_p，此时必须按 t 分布处理：

$$u_B(x_i) = \frac{U_p}{k_p(v_{eff})} \qquad (2\text{-}29)$$

这种情况常出现在标准仪器的校准证书上。

3）其他几种常见的分布下包含因子的确定

除正态分布和 t 分布外的其他常见分布的情况可参考 JJF 1059.1—2012 的附录 B。

如已知测量参数 X 之值 x_i 落于 $[x-a, x+a]$ 区间内的概率 p 为 100%，即全部落在此区间内，通过对 x_i 的分布的估计，则包含因子 k_p 与 B 类标准不确定度之间的关系如表 2-12 所示。可以由式(2-27)得出 B 类标准不确定度。

表 2-12 常用非正态分布的包含因子 k 与 B 类标准不确定度 $u_B(x_i)$

分布类别	$p/\%$	k	$u_B(x_i)$
三角分布		$\sqrt{6}$	$a/\sqrt{6}$
矩形（均匀）分布		$\sqrt{3}$	$a/\sqrt{3}$
梯形分布($\beta=0.71$)	100	2	$a/2$
反正弦分布		$\sqrt{2}$	$a/\sqrt{2}$
两点分布		1	a

当测量仪器检定证书上给出准确度级别时，可按检定系统或检定规程所规定的该等别的测量不确定度的大小或该级别的最大允许误差进行评定。按"等"使用的仪器的不确定度计算一般采用正态分布或 t 分布；按"级"使用的仪器一般采用均匀分布，得到示值允许误差引起的不确定度分量。

例 2-4 已知纯铜在 20 ℃ 时的膨胀系数为 $x = 16.52 \times 10^{-6}\ ℃^{-1}$，此值的变化半范围为 $a = 0.40 \times 10^{-6}\ ℃^{-1}$，按 x 在 $[(16.52-0.40) \times 10^{-6}\ ℃^{-1}, (16.52+0.40) \times 10^{-6}\ ℃^{-1}]$ 区间内均匀分布来评定 x 的标准不确定度：

$$u(x) = 0.40 \times 10^{-6} \, ℃^{-1} / \sqrt{3}$$
$$= 0.23 \times 10^{-6} \, ℃^{-1}$$

4. B类评定的标准不确定度自由度

B类评定的标准不确定度 $u(x_i)$ 的自由度为

$$v \approx \frac{1}{2} \frac{u^2(x_i)}{\sigma^2[u(x_i)]} \tag{2-30}$$

式中：$\sigma[u(x_i)]$ 为 $u(x_i)$ 的标准差。

$\sigma[u(x_i)]/u(x_i)$ 称为相对不确定度，也称为不确定度 $u(x_i)$ 的不可靠程度。由式(2-30)可知：当 $\sigma[u(x_i)]/u(x_i) = 25\%$ 时，$v = 8$；当 $\sigma[u(x_i)]/u(x_i) = 50\%$ 时，$v = 2$。

2.3.4 合成标准不确定度

设被测量 Y 的估计值 y 的输入量为 $x_1, x_2, \cdots, x_n$ 的函数，即

$$y = f(x_1, x_2, \cdots, x_n) \tag{2-31}$$

y 的标准不确定度是由输入量 $x_1, x_2, \cdots, x_n$ 的标准不确定度合成而求得的，称为合成不确定度，记为 $u_c(y)$，它表征合理赋予被测量估计值 y 的分散性。

1. 输入量不相关时不确定度的合成

当各输入量 $x_1, x_2, \cdots, x_n$ 无关时，有

$$u_c^2(y) = \sum_{i=1}^n \left(\frac{\partial f}{\partial x_i}\right)^2 u^2(x_i) \tag{2-32}$$

式中：$u(x_i)$ 是输入量 x_i 的 A 类评定标准不确定度或 B 类标准不确定度。

令

$$\frac{\partial f}{\partial x_i} = c_i \tag{2-33}$$

c_i 称为不确定度传播系数或灵敏度系数，它描述了输出估计值 y 随输入量 x_i 的变化而变化的程度。当 x_i 改变 $u(x_i)$ 时，y 变化，记为

$$\frac{\partial f}{\partial x_i} u(x_i) = c_i \cdot u(x_i) \tag{2-34}$$

则

$$u_c = \sqrt{\sum u_i^2(y)} \tag{2-35}$$

几种特例如下：

(1) 当 $y = k_1 x_1 + k_2 x_2 + \cdots + k_N x_N$（$k_i$ 为常数）时，有

$$u_c^2 = k_1^2 u^2(x_1) + k_2^2 u^2(x_2) + \cdots + k_N^2 u^2(x_N) \tag{2-36}$$

(2) 当 $y = \pm x_1 \pm x_2 \pm \cdots \pm x_N$ 时，有

$$u_c^2 = u^2(x_1) + u^2(x_2) + \cdots + u^2(x_N) \tag{2-37}$$

即 y 由 $x_1, x_2, \cdots, x_n$ 相加减得来时，y 的不确定度的平方等于 $x_1, x_2, \cdots, x_n$ 的不确定度的平方和。

(3) 当 $y = x_1^{p_1} x_2^{p_2} \cdots x_N^{p_N}$（$p_i$ 为常数）时，有

$$(u_c/y)^2 = p_1^2 \{u(x_1)/x_1\}^2 + p_2^2 \{u(x_2)/x_2\}^2 + \cdots + p_N^2 \{u(x_N)/x_N\}^2 \tag{2-38}$$

(4) 当 $y = x_1^{\pm 1} x_2^{\pm 1} \cdots x_N^{\pm 1}$（$p_i$ 为常数）时，有

$$(u_c/y)^2 = \{u(x_1)/x_1\}^2 + \{u(x_2)/x_2\}^2 + \cdots + \{u(x_N)/x_N\}^2 \tag{2-39}$$

即 y 是由 $x_1, x_2, \cdots, x_n$ 相乘除而得来的时，y 的相对不确定度的平方等于 $x_1, x_2, \cdots, x_n$ 的相对不确定度的平方和。

(5) 当 $y = x^n$（n 为正整数）时，有

$$u_c/y = n \cdot u(x)/x \tag{2-40}$$

即当 y 为 x 的 n 次幂时，y 的相对不确定度等于 x 的相对不确定度的 n 倍。

例 2-5 已知 $y = x_1 + x_2$，且 x_1 与 x_2 无关，$u(x_1) = 1.0$ mm，$u(x_2) = 2.0$ mm，则

$$u_c(y) = \sqrt{u^2(x_1) + u^2(x_2)} = 2.2 \text{ mm}$$

例 2-6 被测电压的已修正测量结果为：

$$U = \bar{U} + \Delta v$$

而重复测量的平均值及其 A 类评定不确定度为

$$\bar{U} = 0.928571 \text{ V}$$

$$u(\bar{U}) = s(\bar{U}) = 12.0 \text{ μV}$$

修正值及其 B 类评定不确定度为

$$\Delta \bar{U} = 0$$

$$u(\Delta \bar{U}) = 8.7 \text{ μV}$$

$U = \bar{U} + \Delta \bar{U}$ 与 $\Delta \bar{U}$ 无关，且

$$\frac{\partial U}{\partial \bar{U}} = 1, \quad \frac{\partial U}{\partial (\Delta \bar{U})} = 1$$

故合成标准不确定度为

$$u_c = \sqrt{u^2(\bar{U}) + u^2(\Delta \bar{U})}$$

$$= \sqrt{12.0^2 + 8.7^2} \text{ μV} = 14.8 \text{ μV}$$

2. 相关输入量

对 $y = f(x_1, x_2, \cdots, x_n)$，$y$ 的合成标准不确定度 u_c 满足

$$u_c^2 = u_c^2(y) = \sum_{i=1}^{N} \left(\frac{\partial f}{\partial x_i}\right)^2 u^2(x_i) + \sum_{i=1}^{N-1} \sum_{j=i+1}^{N} \frac{\partial f}{\partial x_i} \frac{\partial f}{\partial x_j} r(x_i, x_j) u(x_i) u(x_j) \tag{2-41}$$

式中：$r(x_i, x_j)$ 为 x_i, x_j 的估计相关系数，$-1 \leqslant r(x_i, x_j) \leqslant 1$。

式(2-41)亦可写为

$$u_c^2 = \sum_{i=1}^{N} \left(\frac{\partial f}{\partial x_i}\right)^2 u^2(x_i) + \sum_{i=1}^{N-1} \sum_{j=i+1}^{N} \frac{\partial f}{\partial x_i} \frac{\partial f}{\partial x_j} u(x_i, x_j) \tag{2-42}$$

式中：$u(x_i, y_i)$ 为 x_i, x_j 的估计协方差，且有

$$u(x_i, x_j) = r(x_i, x_j) u(x_i) u(x_j)$$

式(2-42)称为不确定度传播律。对无关输入量，因各 $r(x_i, x_j) = 0$，得计算公式

$$u_c = \sqrt{\sum u_i^2(y)} \tag{2-43}$$

若 $r(x_i, x_j) = 1$，且 $\partial f/\partial x_i, \partial f/\partial x_j$ 同号，或 $r(x_i, x_j) = -1$，且 $\partial f/\partial x_i, \partial f/\partial x_j$ 异号），则

$$u_c = \sum u_i(y) \tag{2-44}$$

例 2-7 标准值 R_i 均为 $1 \text{ k}\Omega$ 的 10 个电阻器，用一个值为 R_s 的标准电阻器校准时，

设校准不确定度可忽略,校准证书给出 $u(R_s)=100$ mΩ,现将此 10 个电阻器用电阻可忽略的导线串联,则串联电阻为

$$R = \sum R_i$$

因 $r(R_i,R_j)=r(R_s,R_s)=1$, $\partial R/\partial R_i=\partial R/\partial R_j=1$, $u(R_i)=u(R_s)$

故

$$u_c = \sum_i u_i(y) = \sum_i u(R_i) = 10u(R_s) = 1.0 \text{ Ω}$$

3. 相关系数

求合成标准不确定度时要考虑相关系数,ξ,η 间的相关系数估计为 $r(\xi,\eta)$,其值在 $[-1,1]$ 区间内。

当两个量之间的相关系数大于 0 时,称这两个量正相关,即一个量取值增大时,另一个量取值也增大;当两个量之间的相关系数小于 0 时,称这两个量负相关,即一个量取值增大时,另一个量取值减小;当两个量之间的相关系数等于 0 时,称这两个量无关,即一个量取值增大时,另一个量取值可能增大,也可能减小,它们的取值彼此无关。

在实际工作中,考虑相关系数时可用判断法,即由测量人员根据测量条件分析、判断两个量的相关程度,确定两个量的相关关系属于上述三种情况中的哪一种。

2.3.5 扩展不确定度的评定及报告形式

2.3.5.1 扩展不确定度的评定

1. 扩展不确定度评定基础

不确定度报告可以采用以合成标准不确定度表示的测量结果,如某些基本计量研究的测量结果、基本物理常数的测量结果等。

在商业、工业、规范应用中,在涉及健康与安全的情况下,就须将合成标准不确定度乘以包含因子 k,得出扩展不确定度,即展伸不确定度 U,其表达式为

$$U = ku_c(y) \tag{2-45}$$

于是,测量结果按约定可表示为

$$Y = y \pm U \tag{2-46}$$

式(2-46)的意义为:赋予被测量 Y 的值的最佳估计值区间 $[y-U, y+U]$ 可望包含合理赋予 Y 的值分布的大部分,此区间也记为

$$y - U \leqslant Y \leqslant y + U \tag{2-47}$$

2. 包含因子

为了确定 U,要找到包含因子 k。k 的确定方法有以下两种。

(1) 按 t 分布临界值确定,即

$$k = t_p(v) \tag{2-48}$$

式中:p 为置信概率,所用 p 值应说明;v 为合成自由度,它按韦尔奇-萨特思韦特公式(简称 W-S 公式)的合成有效自由度计算得到:

$$v = v_{\text{eff}} = u_c^4(y) / \sum \frac{u_i^4(y)}{v_i} \tag{2-49}$$

式中：v_i 为 $u(x_i)$ 的自由度。

(2) 赋予法　自由度 v_i 在测量工作中应给出，当由于某些原因（如以前的历史资料缺少）而无法知道某个 v_i 时，则无法按 W-S 公式计算，此时，取 $k=2 \sim 3$。确定 v 时所用 k 值应予以说明。

2.3.5.2　不确定度报告

1. 不确定度报告编写的一般准则

报告测量结果及其不确定度时，要求提供的信息宁多勿少，一般应提供以下信息：

(1) 清楚描述实验观测值和输入数据，以及确定测量结果及其不确定度所用的方法；

(2) 列出所有不确定度分量，用文件说明它们的评定方法；

(3) 提供数据分析方法，以使每个重要步骤易于效仿，如需要，应使结果的计算可以校核；

(4) 给出用于分析的全部修正量、常数及其来源。

在描述测量结果及其不确定度获得方法和过程的详细报告中，应该做到以下几点：

(1) 给出各输入估计值 x_i 及其标准不确定度 $u(x_i)$，并说明它们是如何得来的；

(2) 给出所有相关输入估计值的估计协方差或估计相关系数，及用以获得它们的方法；

(3) 给出各 $u(x_i)$ 的自由度，并说明它们是如何得来的；

(4) 给出函数 $Y=f(x_1,x_2,\cdots,x_n)$ 及偏导数 $\partial f/\partial x_i$，此偏导数也可由实验定出。当函数关系复杂或仅为计算程序时，f 可用术语或程序描述。

2. 专门准则

1) 合成标准不确定度

当报告测量结果为 y，且报告不确定度为合成标准不确定度 $u_c(y)$ 时，应做到以下几点：

(1) 给出被测量 Y 的定义方法的充分描述；

(2) 给出 Y 的估计值 y 及 $u_c(y)$，并写出它们的单位；

(3) 当需要时，给出相对合成标准不确定度 $u_c(y)/|y|$，$|y| \neq 0$；

(4) 给出不确定度报告编写的一般准则的具体内容，或介绍已发表的包含该准则的文献；

(5) 给出含有 $u_c(y)$ 的合成自由度 v。

对有需要的用户，还可分别给出 A 类、B 类的合成标准不确定度 u_{ca}、u_{cb} 及它们的自由度。

对于上述第(2)点中的 y 及 $u_c(y)$，可用下面四种形式之一报告（以报告的量是名义值为 100 g 的质量标准的质量 m_s 为例说明）：

① $m_s=100.02147\text{ g}$，其合成标准不确定度 $u_c=0.35\text{ mg}$；

② $m_s=100.02147(35)\text{ g}$，括号中数值为合成标准不确定度 u_c 的数值，u_c 与测量结果有相同的小数点位数，括号内为小数点后的两位数值；

③ $m_s=100.02147(0.00035)\text{ g}$，括号中的数值为合成标准不确定度 u_c 的数值，u_c 与测量结果有相同的计量单位；

④ $m_s = (100.02147 \pm 0.00035)$ g,其中加减号后面的数值是合成标准不确定度 u_c 的数值,并不表示置信区间。

其中最后一种应避免使用,因为习惯上它用以表示高置信概率的区间。

2) 扩展不确定度

报告 y 及 U 时,应做到以下几点:

(1) 给出被测量 Y 的定义方法的充分描述;

(2) 说明测量结果 $Y = y \pm U$,给出 y,U 的单位;

(3) 当需要时,给出相对扩展不确定度 $U/|y|(|y| \neq 0)$;

(4) 给出用以获得 U 的 k 值,或为方便用户给出 k,$u_c(y)$;

(5) 给出与区间 $[y-U, y+U]$ 相连的置信概率,并说明它是如何确定的;

(6) 给出不确定度报告编写的一般准则的具体内容,或介绍已发表的包含该准则的文献。

对 y 及 U,应按下列方式说明(以报告的量是名义值为 100 g 的质量标准的质量 m_s 为例):$m_s = (100.02147 \pm 0.00035)$ g,其中加减号后面的数是扩展不确定度 $U = ku_c$ 的数值,U 的大小取决于合成标准不确定度 $u_c = 0.35$ mg 和包含因子 $k = 2.26$,k 的值基于自由度 $v = 9$、确定置信概率 95% 区间的 t 分布。

当 y 在前面已报告,仅报告 U 时,按下列方式说明:测量结果的扩展不确定度 $U = 0.79$ mg。$U = ku_c$,而合成标准不确定度 $u_c = 0.35$ mg,自由度 $v = 9$,包含因子 $k = t_p(v) = 95\%$,从而确定置信概率的置信区间。

当包含因子用赋予法给出(如 $k = 2$,$U = ku_c = 2$)时,报告 y 及 U 的形式为

$$m_s = (100.02147 \pm 0.00035) \text{ g}, \quad k = 2$$

此时若仅报告 U,形式为

$$U = 0.70 \text{ mg}, \quad k = 2$$

3) $u_c(y)$,U 的有效数字位数

报告的 $u_c(y)$,U(或它们的相对形式)的有效数字最多为两位,中间计算的不确定度的有效数字可适当多取几位。计算所得不确定度用于报告时,多的数字做最后一次舍入,这时用 1/3 法则是适宜的,即当取至整数位时,将小于 1/3 的小数舍去,大于 1/3 的小数进 1。例如,y 的报告值末位与不确定度的报告值末位对齐。

$u_c(y) = 10.47$ mΩ 时取其值为 11 mΩ,$u_c(y) = 28.05$ Hz 时取其值为 28 Hz;$u_c(y) = 27$ mΩ,则 $y = 10.05762$ Ω 应修约为 10.058 Ω。

2.3.6 实例分析

某恒温容器温度测控系统,用热电偶数字温度计测量容器内部的实际温度,系统设定温度要求为 400 ℃。所用的测量仪器是带 K 型热电偶的数字式温度计,从仪器说明书查得:分辨率为 0.1 ℃,准确度为 ±0.6 ℃。热电偶校准证书表明其不确定度为 2.0 ℃(置信概率为 99%),在 400 ℃ 时的修正值为 0.5 ℃。当恒温容器的指示器表明温度调控到示值 400 ℃ 时,半小时后从数字温度计上重复测得 10 个显示值 t(见表 2-13),试分析评定其测量不确定度。

表 2-13 测量数据记录表

测量次数 i	1	2	3	4	5	6	7	8	9	10
测量值 t_i/℃	401.0	400.1	400.9	399.4	398.8	400.0	401.0	402.0	399.9	399.0
$\sum$	4002.1									
$\bar{t}$	400.21									

测量不确定度的分析评定步骤如下。

(1) 建立测量过程数学模型。

容器内部某处温度 T 与数字温度计显示值 t 和热电偶修正值 B 之间的函数关系为

$$T = t + B$$

(2) 分析测量不确定度,包括:

① 各种随机因素引入的标准不确定度;

② 数字温度计不准确引入的标准不确定度;

③ 热电偶校准时引入的标准不确定度。

(3) 评定标准不确定度。

① 随机因素引入的标准不确定度 μ_1。

按 A 类方法评定,由实测数据求得的样本标准偏差 $s(t_i)$ 为

$$s(t_i) = \sqrt{\frac{1}{n-1} \sum_{i=1}^{n} (t_i - \bar{t})^2} = 1.01 \text{ ℃}$$

则随机因素引入的标准不确定度为

$$\mu_1 = \frac{s(t_i)}{\sqrt{n}} = \frac{1.01 \text{ ℃}}{\sqrt{10}} = 0.32 \text{ ℃}$$

② 数字温度计不准确引入的标准不确定度 μ_2。

按 B 类方法评定:由技术说明书可知,数字温度计的准确度为 ± 0.6 ℃,故确定最大允许误差区间的半宽 a_2 为 0.6 ℃。假设测量值在该区间内均匀分布,则数字温度计不准确引入的标准不确定度为

$$\mu_2 = \frac{a_2}{k_2} = \frac{0.6 \text{ ℃}}{1.73} = 0.35 \text{ ℃}$$

③ 热电偶校准时引入的标准不确定度 μ_3。

按 B 类方法评定:从热电偶的校准证书可知,400 ℃ 时的修正值为 0.5 ℃,其不确定度为 2.0 ℃,置信概率为 99%,包含因子 $k_3 = 2.58$,故热电偶校准时引入的标准不确定度为

$$\mu_3 = \frac{a_3}{k_3} = \frac{2.0 \text{ ℃}}{2.58} = 0.78 \text{ ℃}$$

④ 计算合成标准不确定度。

由于上述三项标准不确定度分量之间不相关,所以合成标准不确定度为

$$\mu_c = \sqrt{\mu_1^2 + \mu_2^2 + \mu_3^2} = \sqrt{0.32^2 + 0.35^2 + 0.78^2} \text{ ℃} = 0.91 \text{ ℃}$$

⑤ 确定扩展不确定度(总不确定度)。

取包含因子 $k = 2$,故扩展不确定度为

$$U = k\mu_c = 2 \times 0.91 \text{ ℃} = 1.8 \text{ ℃}$$

思考题与习题

2-1 什么是测量误差？误差有哪几种类型和表示方法？

2-2 不确定度的术语有哪些？产生测量不确定度的原因是什么？

2-3 某传感器的精度为2%，满刻度值为50 mV，零位值为10 mV，求可能出现的最大误差。当传感器使用在满刻度值1/2和1/8时，计算可能产生的百分误差，由计算结果说明能得出什么结论。

2-4 对某量进行15次重复测量，测量的数据分别为：20.42，20.43，20.40，20.43，20.42，20.43，20.39，20.30，20.40，20.43，20.42，20.41，20.39，20.39，20.40，试判断测量数据中是否存在粗大误差（$p=99\%$）。

2-5 某电压表精度等级为1.5级，试计算它在0~100 V量程内的最大绝对误差。

2-6 在等精度测量条件下对某透平机转速进行20次测量，获得一系列测定值（单位：r/min）：4753.1，4757.5，4752.7，4752.8，4752.1，4749.2，4750.6，4751.0，4753.9，4751.2，4751.2，4752.3，4748.4，4752.5，4754.7，4750.0，4751.0，4752.1，4753.3，4750.3。

在判断是否存在粗大误差后，求该透平机转速（设测量结果的置信概率 $p=95\%$）。

2-7 用一把卡尺测量一个工件的长度，在相同条件下重复测量7次，测量值为：25.3，25.2，24.9，25.0，27.3，25.1，25.4（单位是cm）。检定证书上注明，卡尺经检定合格，其最大允许误差为±0.1 cm，要求报告该件长度及其扩展不确定度。

第 3 章　信号分析与处理

被测物理量可以通过测量装置变成容易测量、记录和分析的电信号。一个信号包含着反映被测系统的状态或特性的某些有用的信息,它是人们认识客观事物内在规律、研究事物之间相互关系、预测未来发展的依据。信号分析与处理是采取物理的或数学的方法从信号中提取有用信息的过程。

信号的分析与处理是相互关联的,两者之间没有明确的界限。通常把研究信号的构成和特征值的过程称为信号分析,把信号经过必要的变换或运算(滤波、变换、估计、识别等)以获得所需信息的过程称为信号处理。信号分析与处理主要有两个方面的任务:其一是分析信号本身的特性(类别、构成及特征参数等),从信号中提取有用的信息,从而了解被测对象的物理本质;其二是分析信号依附系统的动态特性,寻求具有良好动态特性的系统,以利于有用信息的提取。

3.1　信号的分类和描述

3.1.1　信号的分类

在数学分析中,信号往往被描述为一个函数或序列;在计算机处理中,信号可能表现为一幅波形图。

处理信号的方法在很大程度上依赖于信号的属性,有些方法只适用于某类信号,为此对信号进行分类非常必要。按信号值随时间变化的规律,信号可分为确定性信号与随机信号;按幅值和能量,信号可分为能量信号与功率信号;按连续性,信号可分为模拟信号与数字信号;等等。为使描述方便,通常将信号表示为时间的函数。在这里,时间是广义的,可以理解为时间、空间或其他自变量。

3.1.1.1　确定性信号与随机信号

1. 确定性信号

确定性信号的时间函数 $x(t)$ 能用明确的数学关系式表示,任一瞬时信号都有一个完全确定的数值;随机信号的幅值、频率、相位变化不可预知,所描述的物理现象是一种随机过程。确定性信号和随机信号的分类如图 3-1 所示。

1) 周期信号

周期信号是按一定的时间 T(称为周期)自行重复变化的信号,可表示为

$$x(t)=x(t+T)=x(t+2T)=\cdots=x(t+nT) \tag{3-1}$$

式中: $n=\pm 1,\pm 2,\cdots$。

(1) 简谐周期信号　正弦信号和余弦信号是最简单的周期信号,称为简谐周期信号,如图 3-2(a)所示。其数学表达式为

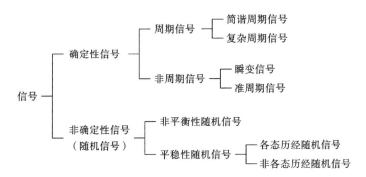

图 3-1 确定性信号和随机信号的分类

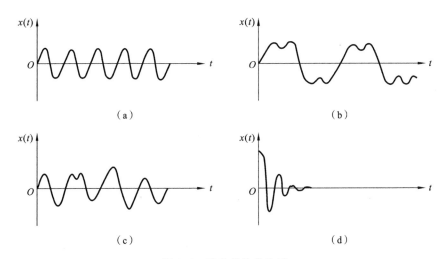

图 3-2 确定性信号波形
(a) 简谐周期信号;(b) 复杂周期信号;(c) 准周期信号;(d) 瞬变信号

$$x(t)=A\sin(2\pi ft+\varphi) \tag{3-2}$$

式中:A 为幅值;f 为频率;φ 为初相位。

例如,交流发电机的输出电压信号、轴系不平衡旋转的振动信号等都是简谐周期信号。

(2) 复杂周期信号　由两个或两个以上简谐周期信号叠加而成的周期信号,如图 3-2(b)所示。复杂周期信号有一个最长基本周期,与该基本周期频率一致的谐波称为基波,其他谐波为基波频率的整数倍。复杂周期信号的数学表达式为

$$x(t)=\sum_{i=1}^{n}A_i\sin(2\pi f_i t+\varphi_i) \tag{3-3}$$

例如,柴油机的缸内压力信号是复杂周期信号。

2) 非周期信号

非周期信号不存在基本周期,是在时间上永不重复的信号。非周期信号可分为准周期信号和瞬变信号两种。

(1) 准周期信号　准周期信号是由有限个简谐信号合成的,如图 3-2(c)所示。其数学表达式形如式(3-3),但是组成该信号的简谐信号中任何两个谐波的频率之比都不是公倍数关系,同时在任何情况下也都不是有理数。准周期信号不具有基本周期。

例如信号 $x(t)=\sin(t)+\sin\sqrt{t}$ 是由两个正弦信号合成的,其频率比不是有理数,是

准周期信号。又如多机组舰艇发动机不同步时的振动响应信号通常是准周期信号。

(2) 瞬变信号　瞬变信号包括持续几个周期的衰减信号(见图 3-2(d))和不同形式的单个脉冲冲激信号。它们的共同特点是过程突然发生、时间极短、能量很大。

例如,锤子的敲击力、承载缆绳断裂时的应力变化、热电偶插入加热炉时温度的变化等,这些信号都属于瞬变信号,并且可用数学关系式描述。

2. 随机信号

随机信号是一种不能准确预测未来瞬时值,也无法用数学关系式来描述的信号。但是,随机信号服从统计规律,可以用概率统计方法进行分析。

随机信号所描述的物理现象是一种随机过程。例如,汽车奔驰时所产生的振动、飞机在大气流中的浮动、树叶的随风飘荡、环境噪声等。

3.1.1.2　能量信号与功率信号

1. 能量信号

在非电学量测量中,常把被测信号转换为电压或电流信号来处理。电压信号 $x(t)$ 加到电阻 R 上,其瞬时功率 $E(t)=x^2(t)/R$。当 $R=1$ 时,$E(t)=x^2(t)$。瞬时功率对时间的积分就是信号在该积分时间内的能量,即信号 $x(t)$ 的能量为

$$E = \int_{t_1}^{t_2} x^2(t)\,\mathrm{d}t \tag{3-4}$$

当 $x(t)$ 满足条件

$$\int_{-\infty}^{\infty} x^2(t)\,\mathrm{d}t < \infty \tag{3-5}$$

时,亦即信号 $x(t)$ 具有有限能量时,则称信号 $x(t)$ 为有限能量信号,简称能量信号。如矩形脉冲信号、减幅正弦信号、衰减指数信号等均属于这类信号。能量信号仅在有限时间区段内有值,或在有限时间区段内其幅值可衰减至小于给定的误差或趋近于零。

2. 功率信号

信号的功率定义为单位时间上信号的能量,即信号 $x(t)$ 的平均功率为

$$P = \frac{1}{2T}\int_{-T}^{T} x^2(t)\,\mathrm{d}t \tag{3-6}$$

当 $x(t)$ 满足条件

$$0 < \lim_{T \to \infty} \frac{1}{2T}\int_{-T}^{T} x^2(t)\,\mathrm{d}t < \infty \tag{3-7}$$

时,亦即信号 $x(t)$ 具有有限(非零)平均功率时,则称信号 $x(t)$ 为有限平均功率信号,简称功率信号。

如周期信号是能量无限大的信号,但其功率是有限的,所以周期信号是功率信号。

显而易见,一个能量信号具有零平均功率,而一个功率信号具有无限大能量。

3.1.1.3　连续时间信号与离散时间信号

1. 连续时间信号

在所讨论的时间区间内,若信号在任意时刻(包含数学上定义的第一类间断点)都可给出确定的函数值(幅值),则称之为连续时间信号,或称之为模拟信号,如图 3-3 所示。

所谓第一类间断点,应满足条件:函数在间断点处存在左极限与右极限;左极限与右极限不等,即 $x(t_0^-) \neq x(t_0^+)$;间断点收敛于左极限与右极限函数值的中点。

对连续时间信号来说,信号的自变量(时间 t 或其他变量)是连续的,而信号的幅值可以是连续的,也可以是离散的。自变量和幅值均连续的信号称为模拟信号(见图 3-3(a)),自变量连续、幅值离散的信号称为量化信号(见图 3-3(b))。图 3-3(b)中的 $x_2(t)$ 为

$$x_2(t) = \begin{cases} 0, & t < -1 \\ 1, & -1 \leqslant t \leqslant 1 \\ -1, & 1 \leqslant t \leqslant 3 \\ 0, & t > 3 \end{cases} \quad (3-8)$$

自变量 t 的范围是连续的 $(-\infty, \infty)$,而其函数值或信号的幅值只取 $-1, 0, 1$。

信号 $x_2(t)$ 在 $t=-1, t=1$ 和 $t=3$ 处有间断点,则函数在间断点的值等于其左极限与右极限之和的 $1/2$,即分别为 $1/2, 0, -1/2$。由此,信号在定义域 $(-\infty, \infty)$ 内有确定的函数值。

图 3-3(c)所示的单位阶跃信号的函数定义式为

$$u(t) = \begin{cases} 0, & t < 0 \\ 1/2, & t = 0 \\ 1, & t > 0 \end{cases} \quad (3-9)$$

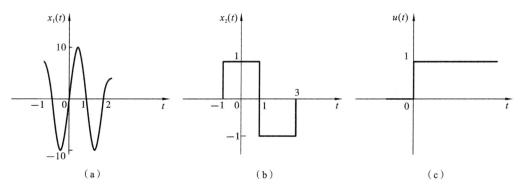

图 3-3 连续时间信号

(a) 模拟信号;(b) 量化信号;(c) 单位阶跃信号

正弦信号、直流信号、阶跃信号、锯齿波信号、矩形脉冲信号、截断信号等,都称为连续时间信号。

2. 离散时间信号

离散时间信号又称为时域离散信号或时间序列,它只有在离散的时间点上才有确定值。

离散时间信号又可分为两种:时间离散而幅值连续(可能取各种值,不是有限的)的信号,称为采样信号;时间离散而且信号幅值离散(量化)的信号,称为数字信号。

离散时间信号可以从实验中直接得到,如每隔 10 min 测量一次室温,则记录的温度信号就是直接得到的离散信号;离散时间信号也可以由连续时间信号采样得到,如图 3-4(b)是对图 3-4(a)中连续信号 $x(t)$ 进行等时采样($t=n\Delta t, n=0,1,2,\cdots$)而得到的离散时间信号,用时间序列值表示为 $x(n), n=0,1,2,\cdots$,信号只能在离散的时刻取值。

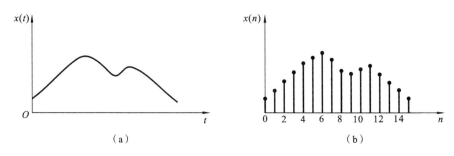

图 3-4　从连续时间信号中得到离散时间信号

(a) 连续时间信号；(b) 离散时间信号

表 3-1 列出了上述四种时间与幅值的连续性不同的信号。

表 3-1　连续信号和离散信号的四种形式

时间	幅值	
	连续	离散
连续	模拟信号	量化信号
离散	采样信号	数字信号

3.1.2　信号的时域描述与频域描述

描述一个信号的变化过程的方法通常有时域方法和频域方法两种。直接观测或记录的信号一般为随时间变化的物理量，这种以时间为自变量，用信号的幅值随时间变化的函数或图形来描述信号的方法称为信号的时域描述。信号的时域描述主要反映信号的幅值随时间变化的特征。信号的时域描述不能明显揭示信号的频域特征，为了研究信号的频域结构和各种频域成分的幅值、相位关系，应进行信号的频域描述。信号的频域描述是把以时间为自变量的时域信号通过数学变换变成以频率为自变量的频域信号，反映原时域信号的频率组成及其幅值、相位之大小。

具体是采用时域法还是频域法来描述信号，完全取决于不同测试任务的需要。例如，评定机器的振动烈度，需用振动速度的均方根值作为判据，可采用时域法；而寻找振源时需要掌握振动信号的频率分量，此时需要采用频域法。时域描述直观地反映信号随时间变化的情况，频域描述则侧重描述信号的组成成分。两种描述能相互转换，而且包含同样的信息量。

3.2 周期信号的频域描述

从数学分析知,任一周期函数 $x(t)$,在有限区间 $(t, t+T)$ 内均满足狄里赫利条件,可以分解成正交函数线性组合的无穷级数。也就是说,在有限区间上,满足狄里赫利条件的周期函数 $x(t)$ 可以展开成傅里叶级数。傅里叶级数有两种表达式。

3.2.1 傅里叶级数的三角函数表达式

傅里叶级数的三角函数表达式为

$$x(t) = \frac{a_0}{2} + \sum_{n=1}^{\infty}(a_n \cos n\omega_0 t + b_n \sin n\omega_0 t) \quad n = 1, 2, \cdots \quad (3\text{-}10)$$

式中:ω_0 为基波角频率,$\omega_0 = \frac{2\pi}{T}$;$T$ 为周期;a_0, a_n, b_n 为傅里叶系数($n=1,2,3,\cdots$),其中 a_0 为直流分量,有

$$a_0 = \frac{2}{T}\int_{-\frac{T}{2}}^{\frac{T}{2}} x(t)\mathrm{d}t \quad (3\text{-}11)$$

a_n 为余弦分量的幅值,有

$$a_n = \frac{2}{T}\int_{-\frac{T}{2}}^{\frac{T}{2}} x(t)\cos n\omega_0 t \mathrm{d}t \quad (3\text{-}12)$$

b_n 为正弦分量的幅值,有

$$b_n = \frac{2}{T}\int_{-\frac{T}{2}}^{\frac{T}{2}} x(t)\sin n\omega_0 t \mathrm{d}t \quad (3\text{-}13)$$

将式(3-10)中同频率项合并,可得到 $x(t)$ 的另一种形式的傅里叶级数表达式:

$$x(t) = \frac{a_0}{2} + \sum_{n=1}^{\infty} A_n \cos(n\omega_0 t + \varphi_n) \quad (3\text{-}14)$$

式中:A_n 为各频率分量的幅值,有

$$A_n = \sqrt{a_n^2 + b_n^2} \quad (3\text{-}15)$$

φ_n 为各频率分量的相位,有

$$\varphi_n = -\arctan\frac{b_n}{a_n} \quad (3\text{-}16)$$

以上分析表明,满足狄里赫利条件的任何周期信号均可分解成直流分量和许多简谐分量,且这些简谐分量的角频率必定是基波角频率的整数倍。通常把角频率为 ω_0 的分量称为基波,频率为 $2\omega_0, 3\omega_0 \cdots$ 的分量分别称为二次谐波、三次谐波等,幅值 A_n 和相位 φ_n 与频率 $n\omega_0$ 有关。

将组成 $x(t)$ 的各频率谐波信号的三要素(即 A_n, ω, φ_n)用两个坐标图表示出来,即以频率 ω 为横坐标,分别以幅值 A_n 和相位 φ_n 为纵坐标作图。A_n-ω 关系图称为信号幅频谱图(a_n-ω 关系图和 b_n-ω 关系图分别称为实频、虚频谱图),简称幅频谱;φ_n-ω 关系图称为相频谱图,简称相频谱。两者统称为信号的三角级数频谱图,简称频谱。从频谱图可清楚而直观地看出周期信号的频率分量组成、各分量幅值及相位的大小,从而揭示信号的频率信息。

例 3-1 周期方波信号 $x(t)$ 的波形如图 3-5(a)所示,求相应的傅里叶级数展开式,绘

出信号 $x(t)$ 的幅频谱和相频谱。

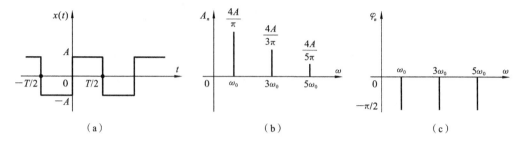

图 3-5 周期方波信号的波形、幅频谱和相频谱
(a) 时域图；(b) 幅频谱；(c) 相频谱

解 信号 $x(t)$ 在一个周期中的表达式为

$$x(t)=\begin{cases} -A, & -\dfrac{T}{2}\leqslant t\leqslant 0 \\ A, & 0\leqslant t\leqslant \dfrac{T}{2} \end{cases}$$

根据傅里叶系数 a_0,a_n,b_n 的计算公式，有

$$a_0=\frac{2}{T}\int_{-T/2}^{T/2}x(t)\mathrm{d}t=0$$

$$a_n=\frac{2}{T}\int_{-T/2}^{T/2}x(t)\cos n\omega_0 t\mathrm{d}t=0$$

本例中，$x(t)$ 为奇函数，而一个奇函数在上、下对称区间上的积分值等于零，因此有 $a_0=0$。而 $\cos n\omega_0 t$ 为偶函数，两者的积 $x(t)\cos n\omega_0 t$ 也为奇函数，同理也有 $a_n=0$。

$$\begin{aligned} b_n &= \frac{2}{T}\int_{-T/2}^{T/2}x(t)\sin n\omega_0 t\mathrm{d}t = \frac{2}{T}\left(\int_{-T/2}^{0}-A\sin n\omega_0 t\mathrm{d}t + \int_{0}^{T/2}A\sin n\omega_0 t\mathrm{d}t\right) \\ &= \frac{2A}{T}\int_{0}^{T/2}\frac{1}{n\omega_0}\cos n\omega_0 t\bigg|_{-T/2}^{0} + \frac{1}{n\omega_0}(-\cos n\omega_0 t)\bigg|_{0}^{T/2} \\ &= \frac{2A}{n\pi}(1-\cos n\pi)=\begin{cases}\dfrac{4A}{n\pi}, & n=1,3,5,\cdots \\ 0, & n=2,4,6,\cdots\end{cases} \end{aligned}$$

有

$$x(t)=\frac{4A}{\pi}\sum_{n=1}^{\infty}\frac{\sin n\omega_0 t}{n}=\frac{4A}{\pi}\sum_{n=1}^{\infty}\frac{\cos\left(n\omega_0 t-\dfrac{\pi}{2}\right)}{n},\quad n=1,3,5,\cdots$$

由 $x(t)$ 的傅里叶级数展开式可作出周期方波的幅频谱和相频谱，分别如图 3-5(b) 和 (c) 所示。

3.2.2 傅里叶级数的复指数函数表达式

傅里叶级数也可以写成复指数函数形式。根据欧拉公式

$$\begin{cases}\cos\omega t=\dfrac{1}{2}(\mathrm{e}^{-\mathrm{j}\omega t}+\mathrm{e}^{\mathrm{j}\omega t}) \\ \sin\omega t=\dfrac{\mathrm{j}}{2}(\mathrm{e}^{-\mathrm{j}\omega t}-\mathrm{e}^{\mathrm{j}\omega t})\end{cases} \tag{3-17}$$

将式(3-17)代入式(3-10)，可得到

$$x(t) = \frac{a_0}{2} + \sum_{n=1}^{\infty}\left[\frac{1}{2}(a_n+jb_n)e^{-jn\omega_0 t} + \frac{1}{2}(a_n-jb_n)e^{jn\omega_0 t}\right] \quad (3\text{-}18)$$

令

$$\begin{cases} C_n = \frac{1}{2}(a_n - jb_n), & n=1,2,3,\cdots \\ C_{-n} = \frac{1}{2}(a_n + jb_n), & n=1,2,3,\cdots \\ C_0 = \frac{a_0}{2} \end{cases} \quad (3\text{-}19)$$

则

$$x(t) = C_0 + \sum_{n=1}^{\infty} C_{-n} e^{-jn\omega_0 t} + \sum_{n=1}^{\infty} C_n e^{jn\omega_0 t}, \quad n=1,2,3,\cdots \quad (3\text{-}20)$$

或

$$x(t) = \sum_{n=-\infty}^{\infty} C_n e^{jn\omega_0 t}, \quad n = 0, \pm 1, \pm 2, \cdots \quad (3\text{-}21)$$

式(3-20)和式(3-21)即为傅里叶级数的两种复指数函数表达式。

将式(3-11)、式(3-12)和式(3-13)代入 C_n 的表达式(见式(3-19)),求得

$$\begin{aligned} C_n &= \frac{1}{T}\left[\int_{-\frac{T}{2}}^{\frac{T}{2}} x(t)\cos n\omega_0 t \,dt - j\int_{-\frac{T}{2}}^{\frac{T}{2}} x(t)\sin n\omega_0 t \,dt\right] \\ &= \frac{1}{T}\left[\int_{-\frac{T}{2}}^{\frac{T}{2}} x(t)(\cos n\omega_0 t \,dt - j\sin n\omega_0 t \,dt)\right] \\ &= \frac{1}{T}\int_{-\frac{T}{2}}^{\frac{T}{2}} x(t) e^{-jn\omega_0 t} \,dt \end{aligned} \quad (3\text{-}22)$$

C_n 一般为复数,称为复数傅里叶系数,可以写成

$$C_n = |C_n| e^{j\varphi_n} = \text{Re}C_n + j\text{Im}C_n \quad (3\text{-}23)$$

式中:$|C_n|$ 和 φ_n 分别为 C_n 的模与相位,$\text{Re}C_n$ 和 $\text{Im}C_n$ 分别表示 C_n 的实部和虚部,且有

$$|C_n| = \sqrt{(\text{Re}C_n)^2 + (\text{Im}C_n)^2} \quad (3\text{-}24)$$

$$\varphi_n = \arctan \frac{\text{Im}C_n}{\text{Re}C_n} \quad (3\text{-}25)$$

可以证明,C_n 与 C_{-n} 复共轭,即 $C_n = C_{-n}^*$,因此有

$$|C_n| = |C_{-n}| \quad (3\text{-}26)$$

$$\varphi_n = -\varphi_{-n} \quad (3\text{-}27)$$

分别作 $|C_n|$-ω 幅频谱(复数频谱)和 φ_n-ω 相频谱。比较傅里叶级数取两种不同形式时的频谱(见图 3-6)可知:由三角函数表达的傅里叶级数的频谱为单边谱,角频率 ω 的变化范围为 $0 \sim +\infty$;而以复指数函数表达的傅里叶级数的频谱为双边谱,角频率 ω 的变化范围为 $-\infty \sim +\infty$;两种形式的幅频谱在幅值上的关系是 $|C_n| = \frac{1}{2}A_n$,即双边谱中各谐波的幅值为单边谱中各对应谐波幅值的一半。

在双边谱中将频率的范围扩大到负方向,将出现"负频率"的现象。在工程实际中,负频率是不存在的。负频率的出现完全是因为出于数学计算的需要,将信号看成由函数产生的缘故。在工程处理中,一般将负频率段的频谱对应叠加到正频率段上,分析信号的实频谱。

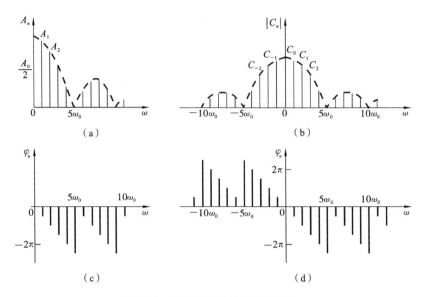

图 3-6 周期信号频谱的两种形式

(a) 单边幅频谱；(b) 双边幅频谱；(c) 单边相频谱；(d) 双边相频谱

例 3-2 已知周期矩形脉冲信号 $x(t)$ 的脉冲宽度为 τ，脉冲幅度为 E，周期为 T，如图 3-7 所示，求该信号的复指数形式的傅里叶级数展开式，并绘出其幅频谱和相频谱。

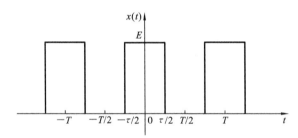

图 3-7 周期矩形脉冲信号

解 信号 $x(t)$ 在一个周期中的表达式为

$$x(t)=\begin{cases} E, & |t|\leqslant \dfrac{\tau}{2} \\ 0, & \dfrac{\tau}{2}<|t|<\dfrac{T}{2} \end{cases}$$

根据式(3-22)，复指数傅里叶系数 C_n 为

$$C_n = \frac{1}{T}\int_{-\frac{T}{2}}^{\frac{T}{2}} x(t)\mathrm{e}^{-\mathrm{j}n\omega_0 t}\mathrm{d}t = \frac{1}{T}\int_{-\frac{\tau}{2}}^{\frac{\tau}{2}} E\mathrm{e}^{-\mathrm{j}n\omega_0 t}\mathrm{d}t = \frac{E\tau}{T}\mathrm{sinc}\left(\frac{n\omega_0\tau}{2}\right)$$

定义 $\mathrm{sinc}(t)=\dfrac{\sin t}{t}(-\infty<t<\infty)$，$\mathrm{sinc}(t)$ 称为闸门函数、滤波函数或内插函数，在信号分析中很有用。$\mathrm{sinc}(t)$ 的图象如图 3-8 所示。$\mathrm{sinc}(t)$ 是一个偶函数，以 2π 为周期做衰减振荡，当 $t=\pm\pi,\pm 2\pi,\cdots,\pm n\pi$ 时，函数值为零；当 $t=0$ 时，函数值为1。

根据式(3-21)，周期矩形脉冲信号的复指数形式的傅里叶级数展开式为

$$x(t) = \sum_{n=-\infty}^{\infty} C_n \mathrm{e}^{\mathrm{j}n\omega_0 t} = \frac{E\tau}{T}\sum_{n=-\infty}^{\infty} \mathrm{sinc}\left(\frac{n\omega_0\tau}{2}\right)\mathrm{e}^{\mathrm{j}n\omega_0 t}, \quad n=0,\pm 1,\pm 2,\cdots$$

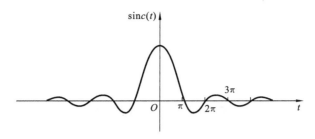

图 3-8 sinc(t)函数

可见,各谐波分量的幅值和相位分别为

$$|C_n| = \frac{E\tau}{T}\left|\text{sinc}\left(\frac{n\omega_0\tau}{2}\right)\right|$$

$$\varphi_n = \begin{cases} 0, & \frac{4k\pi}{\tau} \leqslant |n\omega_0| < \frac{2(2k+1)\pi}{\tau} \\ \pm\pi, & \frac{2(2k+1)\pi}{\tau} \leqslant |n\omega_0| < \frac{4(k+1)\pi}{\tau} \end{cases} \quad (k=0,1,2,\cdots)$$

周期矩形脉冲信号的复指数形式的幅频谱如图 3-9(a)所示,相频谱如图 3-9(b)所示。幅频谱的谱线顶点的包络线为$|\text{sinc}(t)|$函数,谱线之间的间隔取决于信号周期T,过零点位置取决于脉冲宽度τ。

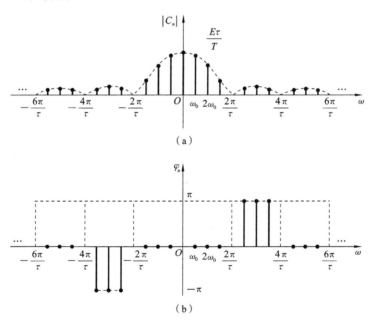

图 3-9 周期矩形脉冲信号复指数形式的幅频谱和相频谱

3.2.3 周期信号频谱的特点

1. 离散性

周期信号的频谱是离散谱,幅值只在$n\omega_0(n=0,1,2,\cdots)$离散点上取值(实频谱)或只在$n\omega_0(n=0,\pm1,\pm2,\cdots)$离散点上取值(复频谱)。

2. 谐波性

每条谱线只出现在频率为基波频率 $\left(\omega_0 = \dfrac{2\pi}{T}\right)$ 的整数倍处,基波频率是诸分量频率的公约数,相邻谱线间隔为 ω_0。

3. 收敛性

常见的周期信号幅值总的趋势是随谐波次数的增高而减小,由于这种收敛性,实际测量中可以在一定误差允许范围内忽略那些次数过高的谐波分量。

3.3 非周期信号的频域描述

如前文所述,非周期信号包括准周期信号和瞬变信号两种,其频谱各有其特点。

准周期信号是由有限个简谐信号合成的,其频谱也是离散的。准周期信号各简谐分量的频率比不是有理数,不存在基频,各谱线不是等间隔分布的。

通常所说的非周期信号是指瞬变信号,也称时限信号。下面讨论这类非周期信号的频谱。

3.3.1 傅里叶变换与连续频谱

周期为 T 的信号 $x(t)$ 的频谱是离散的。非周期信号可以看作周期 T 为无穷大的周期信号。当周期 T 趋于无穷大时,则谱线间隔 $\Delta\omega = \omega_0 = \dfrac{2\pi}{T}$ 趋于无穷小,谱线无限接近,变量 ω 连续取值,以致离散谱线的顶点最后演变成一条连续曲线,从而离散的频谱就变为连续频谱。所以,非周期信号的频谱是连续的。

设有一个周期信号 $x(t)$,其在 $\left(-\dfrac{T}{2}, \dfrac{T}{2}\right)$ 区间内的复指数函数形式的傅里叶级数的展开式为

$$x(t) = \sum_{n=-\infty}^{\infty} C_n e^{jn\omega_0 t} \tag{3-28}$$

式中

$$C_n = \frac{1}{T} \int_{-\frac{T}{2}}^{\frac{T}{2}} x(t) e^{-jn\omega_0 t} dt \tag{3-29}$$

将式(3-29)代入式(3-28),得

$$x(t) = \sum_{n=-\infty}^{\infty} \left(\frac{1}{T} \int_{-\frac{T}{2}}^{\frac{T}{2}} x(t) e^{-jn\omega_0 t} dt \right) e^{jn\omega_0 t} \tag{3-30}$$

当周期 $T \to \infty$ 时,区间 $\left(-\dfrac{T}{2}, \dfrac{T}{2}\right)$ 变成 $(-\infty, \infty)$,谱线间隔 $\Delta\omega = \omega_0 = \dfrac{2\pi}{T}$ 趋于无穷小,即 $\omega_0 \to d\omega \to 0$。离散频率 $n\omega_0 (n = 0, \pm 1, \pm 2, \cdots)$ 变为连续频率 ω,即 $n\omega_0 \to \omega$。于是由式(3-30)得到

$$x(t) = \int_{-\infty}^{\infty} \left(\frac{d\omega}{2\pi} \int_{-\infty}^{\infty} x(t) e^{-j\omega t} dt \right) e^{j\omega t} = \frac{1}{2\pi} \int_{-\infty}^{\infty} \left(\int_{-\infty}^{\infty} x(t) e^{-j\omega t} dt \right) e^{j\omega t} d\omega \tag{3-31}$$

由于时间 t 是积分变量,故积分之后得到的仅是 ω 的函数,记

$$X(\omega) = \int_{-\infty}^{\infty} x(t) e^{-j\omega t} dt \tag{3-32}$$

则式(3-31)可写为

$$x(t) = \frac{1}{2\pi}\int_{-\infty}^{\infty} X(\omega) e^{j\omega t} d\omega \tag{3-33}$$

将 $X(\omega)$ 称为 $x(t)$ 的傅里叶变换,而将 $x(t)$ 称为 $X(\omega)$ 的傅里叶逆变换,分别记为 $X(\omega)=F[x(t)]$ 和 $x(t)=F^{-1}[X(\omega)]$,两者之间存在着一一对应的关系,式(3-32)和式(3-33)称为傅里叶变换对,将这种变换对关系记为

$$x(t) \Leftrightarrow X(\omega) \tag{3-34}$$

非周期信号 $x(t)$ 存在傅里叶变换的充分条件是 $x(t)$ 在区间 $(-\infty, \infty)$ 上绝对可积,即

$$\int_{-\infty}^{\infty} |x(t)| dt < \infty$$

但上述条件并非必要条件,在引入广义函数的概念后,许多不满足绝对可积条件的非周期信号也能进行傅里叶变换。

将 $\omega=2\pi f$ 代入式(3-32)和式(3-33),则有

$$X(f) = \int_{-\infty}^{\infty} x(t) e^{-j2\pi ft} dt \tag{3-35}$$

$$x(t) = \int_{-\infty}^{\infty} X(f) e^{j2\pi ft} df \tag{3-36}$$

这样就避免了在傅里叶变换中出现常数因子 $\frac{1}{2\pi}$,使公式形式简化。相应的傅里叶变换对关系为

$$x(t) \Leftrightarrow X(f) \tag{3-37}$$

由式(3-36)可知,一个非周期信号 $x(t)$ 可分解成频率 f 连续变化的谐波的叠加,式中的 $X(f)df$ 是 $e^{j2\pi ft}$ 的系数,决定着该信号的幅值和相位。对于不同的频率,由于 $X(f)df$ 项中的 df 是相同的,$X(f)$ 反映不同谐波分量的幅值与相位,因此称 $X(f)$(或 $X(\omega)$,当变量为 ω 时)为 $x(t)$ 的连续频谱函数。

$X(f)$ 一般为实变量 f 的复函数,可以写成

$$X(f) = |X(f)| e^{j\varphi(f)} \tag{3-38}$$

上式中 $|X(f)|$(或 $|X(\omega)|$)称为非周期信号 $x(t)$ 的幅频谱函数,$\varphi(f)$(或 $\varphi(\omega)$)称为非周期信号 $x(t)$ 的相频谱函数。

非周期信号的幅频谱函数 $|X(f)|$ 与周期信号的幅频谱函数 $|C_n|$ 在名称上相同,但 $|X(f)|$ 是连续的,而 $|C_n|$ 为离散的。此外,两者在量纲上也不一样。$|C_n|$ 与信号幅值量纲一致,而由式(3-36)可知,$|X(f)|$ 的量纲与信号量纲不一致,信号 $x(t)$ 与 $X(f)df$ 的量纲一致,$|X(f)|$ 是单位频宽上的幅值。所以更确切地说,$X(f)$ 是频谱密度函数。

与周期信号的频谱函数一样,非周期信号的频谱函数通常也采用图形进行描述,该图形称为频谱图(简称频谱),其中 $|X(f)|$-f 关系图为幅频谱;$\varphi(f)$-f 关系图为相频谱;Re$X(f)$-f 关系图称为实频谱,Im$X(f)$-f 关系图称为虚频谱。

例 3-3 求图 3-10 所示矩形窗函数 $w(t)$ 的频谱,已知

$$w(t) = \begin{cases} 1, & |t| < \frac{\tau}{2} \\ 0, & \text{其他} \end{cases}$$

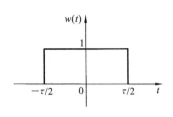

图 3-10 矩形窗函数

解 根据式(3-35),得函数 $w(t)$ 的傅里叶变换为

$$W(f) = \int_{-\infty}^{\infty} w(t) e^{-j2\pi ft} dt = \int_{-\tau/2}^{\tau/2} 1 \cdot e^{-j2\pi ft} dt$$

$$= \frac{-1}{j2\pi f} e^{-j2\pi ft} \Big|_{-\tau/2}^{\tau/2} = \frac{-1}{j2\pi f}(e^{-j\pi f\tau} - e^{j\pi f\tau})$$

$$= \tau \frac{\sin(\pi f\tau)}{\pi f\tau} = \tau \mathrm{sinc}(\pi f\tau)$$

其幅频谱函数和相频谱函数分别为

$$|W(f)| = \tau |\mathrm{sinc}(\pi f\tau)|$$

$$\varphi(f) = \begin{cases} 0, & \mathrm{sinc}(\pi f\tau) > 0 \\ \pm\pi, & \mathrm{sinc}(\pi f\tau) < 0 \end{cases}$$

矩形窗函数的频谱是连续谱,如图 3-11 所示。由于矩形窗函数的频谱是实数,因此,通常采用实频谱图来反映该信号的频域结构,如图 3-12 所示。

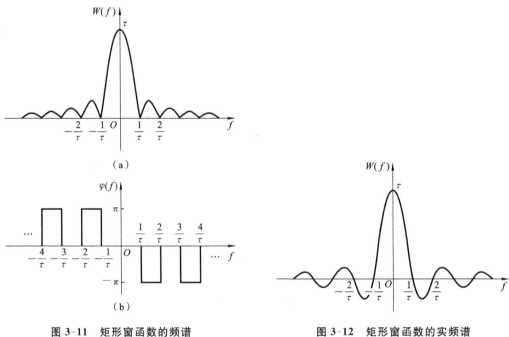

图 3-11 矩形窗函数的频谱
(a) 幅频谱;(b) 相频谱

图 3-12 矩形窗函数的实频谱

矩形窗函数在时域内只存在于有限时间内,而在频域内却以 $\mathrm{sinc}(\pi f\tau)$ 函数规律分布在无限宽的频域范围内,大部分能量集中在原点与第一个零幅值点之间,因此称这段频率范围为矩形窗函数的频带宽度,简称频宽。

3.3.2 傅里叶变换的性质

一个信号的时域描述 $x(t)$ 和频域描述 $X(\omega)$ 依靠傅里叶变换来确立彼此间一一对应的关系。熟悉傅里叶变换的性质,有助于了解信号在某个域中的变化和运算将在另一域中产生何种相应的变化和运算关系。

1. 线性叠加性

若 $x_1(\omega) \Leftrightarrow X_1(\omega), x_2(\omega) \Leftrightarrow X_2(\omega)$,则对应任意常数 a_1, a_2,有

$$a_1 x_1(t) + a_2 x_2(t) \Leftrightarrow a_1 X_1(\omega) + a_2 X_2(\omega) \tag{3-39}$$

式(3-39)说明时域信号增大 a 倍时,频域信号的频谱函数也增大 a 倍;在时域中,n 个信号合成后的频谱函数等于各个信号频谱函数之和。

2. 时移特性

若 $x(t) \Leftrightarrow X(\omega)$,则

$$x(t \pm t_0) \Leftrightarrow X(\omega) e^{\pm j\omega t_0} \tag{3-40}$$

证明 对函数 $x(t \pm t_0)$ 进行傅里叶变换,有

$$F[x(t \pm t_0)] = \int_{-\infty}^{\infty} x(t \pm t_0) e^{-j\omega t} dt \tag{3-41}$$

令 $u = t \pm t_0$,则有

$$F[x(t \pm t_0)] = \int_{-\infty}^{\infty} x(u) e^{-j\omega(u \mp t_0)} du = X(\omega) e^{\pm j\omega t_0}$$

时移特性说明,将信号 $x(t)$ 在时域中沿时间轴平移一个常值 t_0,使其成为时延信号 $x(t \pm t_0)$,在频域其幅频谱不变,而相频谱中相位改变 ωt_0。

3. 频移特性

若 $x(t) \Leftrightarrow X(\omega)$,则

$$e^{\pm j\omega_0 t} x(t) \Leftrightarrow X(\omega \mp \omega_0) \tag{3-42}$$

证明 对函数 $e^{\pm j\omega_0 t} x(t)$ 进行傅里叶变换,有

$$F[e^{\pm j\omega_0 t} x(t)] = \int_{-\infty}^{\infty} e^{\pm j\omega_0 t} x(t) e^{-j\omega t} dt = \int_{-\infty}^{\infty} x(t) e^{-j(\omega \mp \omega_0)t} dt = X(\omega \mp \omega_0)$$

频移特性说明,函数 $x(t)$ 在时域乘以 $e^{\pm j\omega_0 t}$,则在频域中频谱整体沿频率轴移动一个常值 ω_0。

4. 对称性

若 $x(t) \Leftrightarrow X(\omega)$,则

$$X(t) \Leftrightarrow 2\pi x(-\omega) \tag{3-43}$$

证明 由傅里叶逆变换式(3-33),有

$$x(t) = \frac{1}{2\pi} \int_{-\infty}^{\infty} X(\omega) e^{j\omega t} d\omega$$

以 $-t$ 替换 t 得

$$x(-t) = \frac{1}{2\pi} \int_{-\infty}^{\infty} X(\omega) e^{-j\omega t} d\omega$$

将 ω 和 t 位置互换,两边乘以 2π,得

$$2\pi x(-\omega) = \int_{-\infty}^{\infty} X(t) e^{-j\omega t} dt = F[X(t)]$$

如果 $x(t)$ 是奇函数,即 $x(-t) = -x(t)$,相应地 $x(-\omega) = -x(\omega)$,于是有 $X(t) \Leftrightarrow -2\pi x(\omega)$;

如果 $x(t)$ 是偶函数,即 $x(t) = x(-t)$,相应地 $x(-\omega) = x(\omega)$,于是有 $X(t) \Leftrightarrow 2\pi x(\omega)$。

应用对称性,利用已知的傅里叶变换对即可得到相应的变换对。图 3-13 是时间波形与其频谱的对称性应用举例。

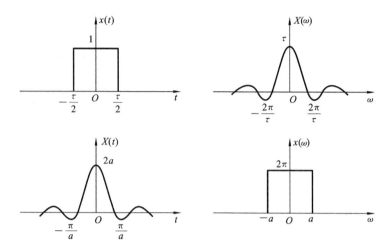

图 3-13　时间波形与其频谱的对称性应用举例

5. 尺度变换特性

若 $x(t) \Leftrightarrow X(\omega)$，则

$$x(at) \Leftrightarrow \frac{1}{a} X\left(\frac{\omega}{a}\right), \quad a > 0 \tag{3-44}$$

证明　$x(at)$ 的傅里叶变换为

$$F[x(at)] = \int_{-\infty}^{\infty} x(at) e^{-j\omega t} dt$$

令 $t' = at$，有

$$F[x(at)] = \frac{1}{a} \int_{-\infty}^{\infty} x(t') e^{-j\omega \frac{t'}{a}} dt' = \frac{1}{a} X\left(\frac{\omega}{a}\right)$$

尺度变换特性说明，若信号变化加快 a 倍，即信号 $x(t)$ 沿时间轴压缩到原来的 $\frac{1}{a}$ ($a > 1$)，变为信号 $x(at)$，则在频域中的频谱函数在频域坐标系中将展宽 a 倍，频带加宽，幅值降低；反之若信号 $x(t)$ 在时域扩展，即 $a < 1$，则其频谱频带变窄，幅值增大。

6. 微分特性

若 $x(t) \Leftrightarrow X(\omega)$，则

$$\frac{d^n x(t)}{dt^n} \Leftrightarrow (j\omega)^n X(\omega) \tag{3-45}$$

证明　由傅里叶逆变换式(3-33)，即

$$x(t) = \frac{1}{2\pi} \int_{-\infty}^{\infty} X(\omega) e^{j\omega t} d\omega$$

对上式求 n 阶微分得

$$\frac{d^n x(t)}{dt^n} = \frac{1}{2\pi} \int_{-\infty}^{\infty} X(\omega) (j\omega)^n e^{j\omega t} d\omega$$

比较以上两式可得

$$F[x(t)] = X(\omega)$$

及

$$F\left[\frac{d^n x(t)}{dt^n}\right] = (j\omega)^n X(\omega)$$

微分特性说明,在频域对频谱函数 $X(\omega)$ 乘以 $j\omega$,相当于对时域原函数 $x(t)$ 进行微分运算。

7. 积分特性

若 $x(t) \Leftrightarrow X(\omega)$,则

$$\int_{-\infty}^{t} x(t) \mathrm{d}t \Leftrightarrow \frac{1}{j\omega} X(\omega) \tag{3-46}$$

证明 令

$$x(t) = \frac{\mathrm{d}z(t)}{\mathrm{d}t}$$

由微分特性,有

$$X(\omega) = j\omega Z(\omega)$$

于是得 $z(t)$ 的频谱函数为

$$Z(\omega) = \frac{1}{j\omega} X(\omega)$$

积分特性说明,在频域对 $X(\omega)$ 乘以 $\frac{1}{j\omega}$,相当于在时域对其原函数 $x(t)$ 进行积分运算。

8. 奇偶虚实性

一般 $X(\omega)$ 是实变量 ω 的复变函数,它可以写成

$$X(\omega) = \int_{-\infty}^{\infty} x(t) \mathrm{e}^{-j\omega t} \mathrm{d}t = \mathrm{Re}X(\omega) - j\mathrm{Im}X(\omega) \tag{3-47}$$

式中:
$$\mathrm{Re}X(\omega) = \int_{-\infty}^{\infty} x(t) \cos\omega t \, \mathrm{d}t$$

$$\mathrm{Im}X(\omega) = \int_{-\infty}^{\infty} x(t) \sin\omega t \, \mathrm{d}t$$

余弦函数是偶函数,正弦函数是奇函数。由式(3-47)可知,如果 $x(t)$ 是实函数,则 $X(\omega)$ 一般为具有实部和虚部的复函数,且实部为偶函数,即 $\mathrm{Re}X(\omega) = \mathrm{Re}X(-\omega)$,虚部为奇函数,即 $\mathrm{Im}X(\omega) = -\mathrm{Im}X(-\omega)$。

如果 $x(t)$ 为实偶函数,则 $\mathrm{Im}X(\omega) = 0$,$X(\omega)$ 将是实偶函数,即 $X(\omega) = \mathrm{Re}X(\omega) = X(-\omega)$。如果 $x(t)$ 为实奇函数,则 $\mathrm{Re}X(\omega) = 0$,$X(\omega)$ 将是虚奇函数,即 $X(\omega) = -j\mathrm{Im}X(\omega) = -X(-\omega)$。

了解奇偶虚实性有助于估计傅里叶变换的相应图形性质,减少不必要的计算。

9. 卷积特性

两个函数 $x_1(t)$ 与 $x_2(t)$ 的卷积定义式为

$$x_1(t) * x_2(t) = \int_{-\infty}^{\infty} x_1(\tau) x_2(t-\tau) \mathrm{d}\tau \tag{3-48}$$

卷积是一种表征时不变线性系统输入/输出关系的特别有效的手段。但进行卷积积分有时不太容易,可以利用傅里叶变换的卷积特性(或称卷积定理),使计算工作大为简化。

1) 时域卷积特性

若 $x_1(t) \Leftrightarrow X_1(\omega)$,$x_2(t) \Leftrightarrow X_2(\omega)$,则

$$x_1(t) * x_2(t) \Leftrightarrow X_1(\omega) X_2(\omega) \tag{3-49}$$

证明 根据式(3-32)求卷积 $x_1(t) * x_2(t)$ 的傅里叶变换：

$$F[x_1(t) * x_2(t)] = \int_{-\infty}^{\infty} \left[\int_{-\infty}^{\infty} x_1(\tau) x_2(t-\tau) d\tau \right] e^{-j\omega t} dt$$

$$= \int_{-\infty}^{\infty} x_1(\tau) \left[\int_{-\infty}^{\infty} x_2(t-\tau) e^{-j\omega t} dt \right] d\tau$$

$$= \int_{-\infty}^{\infty} x_1(\tau) X_2(\omega) e^{-j\omega \tau} d\tau$$

$$= X_1(\omega) X_2(\omega)$$

时域卷积特性说明，时域中两个函数卷积的频谱函数是这两个函数频谱函数的乘积。

2) 频域卷积特性

若 $x_1(t) \Leftrightarrow X_1(\omega), x_2(t) \Leftrightarrow X_2(\omega)$，则

$$x_1(t) x_2(t) \Leftrightarrow \frac{1}{2\pi} X_1(\omega) * X_2(\omega) \tag{3-50}$$

频域卷积特性说明，时域中两个函数相乘，其积的频谱函数是这两个函数的频谱函数的卷积(再除以 2π)。

若以频率 f 代替 ω，$x_1(t) \Leftrightarrow X_1(f), x_2(t) \Leftrightarrow X_2(f)$，则时域卷积特性和频域卷积特性分别为

$$x_1(t) * x_2(t) \Leftrightarrow X_1(f) X_2(f) \tag{3-51}$$

$$x_1(t) x_2(t) \Leftrightarrow X_1(f) * X_2(f) \tag{3-52}$$

表 3-2 列出了傅里叶变换的几种主要性质。

表 3-2 傅里叶变换的主要性质

序号	主 要 性 质	傅里叶变换表达
1	线性叠加性	$a_1 x_1(t) + a_2 x_2(t) \Leftrightarrow a_1 X_1(\omega) + a_2 X_2(\omega)$
2	时移特性	$x(t \pm t_0) \Leftrightarrow X(\omega) e^{\pm j\omega t_0}$
3	频移特性	$e^{\pm j\omega_0 t} x(t) \Leftrightarrow X(\omega \mp \omega_0)$
4	对称性	$X(t) \Leftrightarrow 2\pi x(-\omega)$
5	尺度变换特性	$x(at) \Leftrightarrow \frac{1}{a} X\left(\frac{\omega}{a}\right), a > 0$
6	微分特性	$\frac{d^n x(t)}{dt^n} \Leftrightarrow (j\omega)^n X(\omega)$
7	积分特性	$\int_{-\infty}^{t} x(t) dt \Leftrightarrow \frac{1}{j\omega} X(\omega)$
8	奇偶虚实性	实偶函数 $\Leftrightarrow$ 实偶函数 实奇函数 $\Leftrightarrow$ 虚奇函数 虚偶函数 $\Leftrightarrow$ 虚偶函数 虚奇函数 $\Leftrightarrow$ 实奇函数
9	卷积特性	$x_1(t) * x_2(t) \Leftrightarrow X_1(\omega) X_2(\omega)$ $x_1(t) x_2(t) \Leftrightarrow \frac{1}{2\pi} X_1(\omega) * X_2(\omega)$

3.3.3 几种典型信号的频谱

1. 矩形窗信号的频谱

矩形窗函数是指在时域有限区间内取恒定值,而在其他区间内为零的函数,其形状如同窗口一般。矩形窗信号的频谱在例 3-3 中已经讨论,它以 $\text{sinc}(\pi f\tau)$ 函数规律在频域中分布。由此可见,一个在时域有限区间内有值的信号(称为时域有限信号),其频谱却延伸至无限频率。若在时域中截取信号的一段记录长度,则时域有限信号相当于原信号和矩形窗函数之乘积,根据频域卷积定理,所得频谱将是原信号频域函数与 $\text{sinc}(\theta)$ 的卷积,它是连续的、频率无限延伸的频谱。

2. 单位脉冲信号的频谱

δ 函数表示一个理想的瞬时触发脉冲,称之为单位脉冲函数或单位冲激函数。δ 函数完全不同于普通函数,又称之为广义函数。

1) δ 函数的含义

如果在某一理想条件下,如图 3-14 所示,在 ε 时间内,激发出一个方波 $S_\varepsilon(t)$,并且设方波面积为 1,则有

$$S_\varepsilon(t) = \begin{cases} 1/\varepsilon, & 0 \leqslant t \leqslant \varepsilon \\ 0, & t > \varepsilon \text{ 或 } t < 0 \end{cases}$$

当 ε 变小时,方波 $S_\varepsilon(t)$ 的高度变大;当 $\varepsilon \to 0$ 时,方波的极限就称为单位脉冲函数。

从函数的极限角度看

$$\delta(t) = \begin{cases} \infty, & t = 0 \\ 0, & t \neq 0 \end{cases}$$

从面积角度看

$$\int_{-\infty}^{\infty} \delta(t) \mathrm{d}t = \lim_{\varepsilon \to 0} \int_{-\infty}^{\infty} S_\varepsilon(t) \mathrm{d}t = 1 \tag{3-53}$$

从物理意义上看,δ 函数是一个理想函数,其表示的信号是一种物理不可实现的信号,因为无论如何,当用任何工具产生脉冲力时,其延续时间均不可能为零。

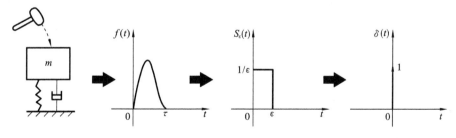

图 3-14 脉冲力与 δ 函数

2) δ 函数的性质

(1) 积分筛选特性 当 δ 函数与一个在 $t=0$ 处连续且有界的信号 $x(t)$ 相乘时,二者之积的积分只有在 $t=0$ 处不为零,而为 $x(0)$,其余各点之乘积及积分均为零,从而有

$$\int_{-\infty}^{\infty} \delta(t)x(t) \mathrm{d}t = \int_{-\infty}^{\infty} \delta(t)x(0) \mathrm{d}t = x(0) \int_{-\infty}^{\infty} \delta(t) \mathrm{d}t = x(0) \tag{3-54}$$

类似地,有

$$\int_{-\infty}^{\infty} \delta(t-t_0)x(t)\mathrm{d}t = \int_{-\infty}^{\infty} \delta(t-t_0)x(t_0)\mathrm{d}t$$
$$= x(t_0)\int_{-\infty}^{\infty} \delta(t-t_0)\mathrm{d}t = x(t_0) \tag{3-55}$$

式(3-54)和式(3-55)表明,当连续时间函数 $x(t)$ 与 $\delta(t)$ 或与 $\delta(t-t_0)$ 相乘,并在 $(-\infty,\infty)$ 时间内积分时,可得到 $x(t)$ 在 $t=0$ 点的函数值 $x(0)$ 或者 $t=t_0$ 点的函数值 $x(t_0)$,即筛选出 $x(0)$ 或 $x(t_0)$。

(2) 乘积(抽样)特性　若函数 $x(t)$ 为任意连续函数,则有
$$x(t)\delta(t) = x(0)\delta(t) \tag{3-56}$$
$$x(t)\delta(t-t_0) = x(t_0)\delta(t-t_0) \tag{3-57}$$

(3) 卷积特性　任意连续函数 $x(t)$ 和 $\delta(t)$ 的卷积是一种最简单的卷积积分,结果就是该连续函数 $x(t)$,即
$$x(t) * \delta(t) = \int_{-\infty}^{\infty} x(\tau)\delta(t-\tau)\mathrm{d}\tau = x(t) \tag{3-58}$$

证明　因为 $\delta(t)$ 具有偶函数的性质,$\delta(t)=\delta(-t)$,所以有
$$x(t) * \delta(t) = \int_{-\infty}^{\infty} x(\tau)\delta(t-\tau)\mathrm{d}\tau$$
$$= \int_{-\infty}^{\infty} x(\tau)\delta(\tau-t)\mathrm{d}\tau$$
$$= x(t)$$

同理,对于时延函数 $\delta(t\pm t_0)$,有
$$x(t) * \delta(t\pm t_0) = \int_{-\infty}^{\infty} x(\tau)\delta(t\pm t_0-\tau)\mathrm{d}\tau = x(t\pm t_0) \tag{3-59}$$

图 3-15 为连续函数与函数 $\delta(t\pm t_0)$ 的卷积结果示例。由图可见,函数 $x(t)$ 和函数 $\delta(t\pm t_0)$ 卷积的几何意义就是使信号 $x(t)$ 延迟时间 $\pm t_0$。

3) δ 函数的频谱

对 $\delta(t)$ 进行傅里叶变换,有
$$\Delta(\omega) = \int_{-\infty}^{\infty} \delta(t)\mathrm{e}^{-\mathrm{j}\omega t}\mathrm{d}t = \mathrm{e}^{-\mathrm{j}\omega \times 0} = 1 \tag{3-60}$$

由式(3-60)可见,$\delta(t)$ 具有等强度、无限宽广的频谱,这种频谱称为均匀谱或白色谱,如图 3-16 所示。

其逆变换为
$$\delta(t) = \frac{1}{2\pi}\int_{-\infty}^{\infty} \Delta(\omega)\mathrm{e}^{\mathrm{j}\omega t}\mathrm{d}\omega = \frac{1}{2\pi}\int_{-\infty}^{\infty} \mathrm{e}^{\mathrm{j}\omega t}\mathrm{d}\omega \tag{3-61}$$

即可得
$$\delta(t) \Leftrightarrow 1$$

对于频域的 $\delta(\omega)$,由傅里叶逆变换定义可得
$$F^{-1}[\delta(\omega)] = \frac{1}{2\pi}\int_{-\infty}^{\infty} \delta(\omega)\mathrm{e}^{\mathrm{j}\omega t}\mathrm{d}\omega = \frac{1}{2\pi}\int_{-\infty}^{\infty} \delta(\omega)\mathrm{d}\omega = \frac{1}{2\pi} \tag{3-62}$$

式(3-62)表明直流信号的傅里叶变换是冲激函数,可得
$$1 \Leftrightarrow 2\pi\delta(\omega) \tag{3-63}$$

利用傅里叶变换的时移特性和频移特性,可得

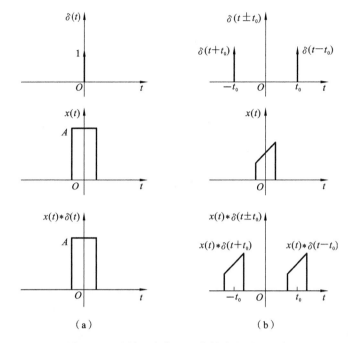

(a)　　　　　　　　　　　(b)

图 3-15　连续函数与 δ 函数的卷积结果示例

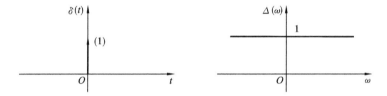

图 3-16　δ 函数及其频谱

$$\delta(t\pm t_0)\Leftrightarrow e^{\pm j\omega t_0} \tag{3-64}$$

$$e^{\mp j\omega_0 t}\Leftrightarrow \delta(\omega\pm\omega_0) \tag{3-65}$$

3. 单边指数信号的频谱

单边指数函数的时域表示为

$$x(t)=\begin{cases}e^{-\alpha t}, & t\geqslant 0,\alpha>0\\ 0, & t<0,\alpha>0\end{cases}$$

其频谱函数为

$$X(\omega)=\int_{-\infty}^{\infty}x(t)e^{-j\omega t}dt=\int_{0}^{\infty}e^{-\alpha t}e^{-j\omega t}dt$$

$$=\int_{0}^{\infty}e^{-(\alpha+j\omega)t}dt=\frac{1}{\alpha+j\omega} \tag{3-66}$$

幅频谱和相频谱函数分别为

$$|X(\omega)|=\frac{1}{\sqrt{\alpha^2+\omega^2}} \tag{3-67}$$

$$\varphi(\omega)=-\arctan\left(\frac{\omega}{\alpha}\right) \tag{3-68}$$

单边指数函数曲线及频谱如图 3-17 所示。

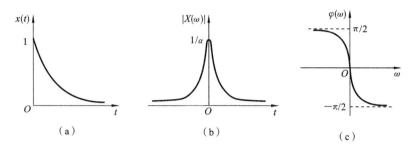

图 3-17 单边指数函数曲线及频谱

4. 符号函数信号的频谱

符号函数的定义为

$$\text{sgn}(t)=\begin{cases}-1, & t<0 \\ 0, & t=0 \\ 1, & t>0\end{cases} \quad (3\text{-}69)$$

诸如符号函数信号、直流信号之类不满足绝对可积条件的信号,不能直接进行傅里叶变换,但可以借助于广义函数理论,将其函数作为某种函数的极限形式处理后进行傅里叶变换。

令 $\text{sgn}(t)=\lim\limits_{\alpha\to 0}\text{e}^{-\alpha|t|}\text{sgn}(t)$,则其频谱函数为

$$\text{SGN}(\omega)=\lim_{\alpha\to 0}\int_{-\infty}^{\infty}\text{e}^{-\alpha|t|}\text{sgn}(t)\text{e}^{-\text{j}\omega t}\text{d}t=\lim_{\alpha\to 0}\left(\frac{-1}{\alpha-\text{j}\omega}+\frac{1}{\alpha+\text{j}\omega}\right)$$
$$=\frac{2}{\text{j}\omega}=-\text{j}\frac{2}{\omega} \quad (3\text{-}70)$$

幅频谱函数和相频谱函数分别为

$$|F(\omega)|=\frac{2}{|\omega|} \quad (3\text{-}71)$$

$$\varphi(\omega)=\begin{cases}-\pi/2, & \omega>0 \\ \pi/2, & \omega<0\end{cases} \quad (3\text{-}72)$$

符号函数曲线及频谱如图 3-18 所示。

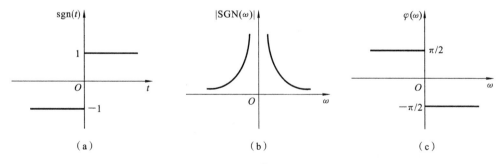

图 3-18 符号函数曲线及频谱

5. 单位阶跃信号的频谱

单位阶跃信号可用符号函数表示为

$$u(t)=\frac{1}{2}+\frac{1}{2}\operatorname{sgn}(t) \tag{3-73}$$

其频谱函数为

$$U(\omega)=\pi\delta(\omega)+\frac{1}{j\omega} \tag{3-74}$$

单位阶跃函数曲线及频谱如图 3-19 所示。

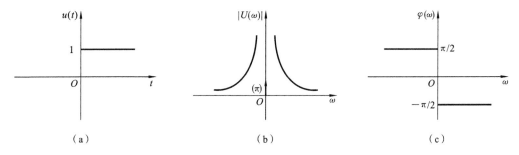

图 3-19 单位阶跃函数曲线及频谱

6. 正弦、余弦信号的频谱

根据欧拉公式,正弦函数可表示为

$$x(t)=\sin\omega_0 t=\frac{j}{2}(e^{-j\omega_0 t}-e^{j\omega_0 t})$$

其频谱函数为

$$X(\omega)=j\pi[\delta(\omega+\omega_0)-\delta(\omega-\omega_0)] \tag{3-75}$$

类似地,余弦函数可表示为

$$x(t)=\cos\omega_0 t=\frac{1}{2}(e^{-j\omega_0 t}+e^{j\omega_0 t})$$

其频谱函数为

$$X(\omega)=\pi[\delta(\omega+\omega_0)+\delta(\omega-\omega_0)] \tag{3-76}$$

根据傅里叶变换的奇偶虚实性,正弦函数在时域中为实奇函数,在频域中为虚奇函数;余弦函数在时域中为实偶函数,在频域中也为实偶函数。正弦、余弦函数曲线及频谱如图 3-20 所示。

7. 一般周期信号的频谱

一般周期函数可以表示成复指数函数和的形式,对其进行傅里叶变换可得到频谱。

设周期函数 $x(t)$ 可表示为复指数形式的傅里叶级数,有

$$x(t)=\sum_{n=-\infty}^{\infty}C_n e^{jn\omega_0 t}$$

式中 $\quad\omega_0=\dfrac{2\pi}{T},\quad C_n=\dfrac{1}{T}\int_{-\frac{T}{2}}^{\frac{T}{2}}x(t)e^{-jn\omega_0 t}dt$

对 $x(t)$ 进行傅里叶变换,则有

$$X(\omega)=F[x(t)]=F\left[\sum_{n=-\infty}^{\infty}C_n e^{jn\omega_0 t}\right]=\sum_{n=-\infty}^{\infty}C_n F[e^{jn\omega_0 t}]$$

$$=2\pi\sum_{n=-\infty}^{\infty}C_n\delta(\omega-n\omega_0) \tag{3-77}$$

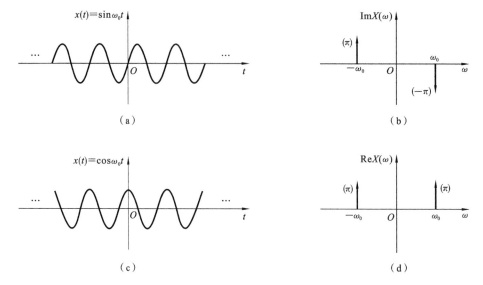

图 3-20 正弦、余弦函数曲线及频谱

式(3-77)表明,一般周期函数的频谱是一个间隔为 ω_0 的冲激序列,其中在 $n\omega_0$ 频率处的冲激强度(频谱幅度)等于其傅里叶系数的 2π 倍。

8. 周期单位冲激序列的频谱

周期为 T 的单位冲激序列的表达式为

$$\delta_T(t) = \sum_{n=-\infty}^{\infty} \delta(t-nT) \tag{3-78}$$

因为 $\delta_T(t)$ 为周期函数,可以把 $\delta_T(t)$ 表示为傅里叶级数的复指数函数形式:

$$\delta_T(t) = \sum_{n=-\infty}^{\infty} C_n e^{jn\omega_0 t}$$

式中

$$\omega_0 = \frac{2\pi}{T}$$

傅里叶系数 C_n 为

$$\begin{aligned} C_n &= \frac{1}{T} \int_{-\frac{T}{2}}^{\frac{T}{2}} \delta_T(t) e^{-jn\omega_0 t} dt \\ &= \frac{1}{T} \int_{-\frac{T}{2}}^{\frac{T}{2}} \sum_{n=-\infty}^{\infty} \delta(t-nT) e^{-jn\omega_0 t} dt \\ &= \frac{1}{T} \end{aligned}$$

于是,有

$$\delta_T(t) = \frac{1}{T} \sum_{n=-\infty}^{\infty} e^{jn\omega_0 t} \tag{3-79}$$

对式(3-79)两边做傅里叶变换,得

$$X(\omega) = \frac{2\pi}{T} \sum_{n=-\infty}^{\infty} \delta(\omega - n\omega_0) = \omega_0 \sum_{n=-\infty}^{\infty} \delta(\omega - n\omega_0) \tag{3-80}$$

周期单位冲激序列及其频谱如图 3-21 所示。

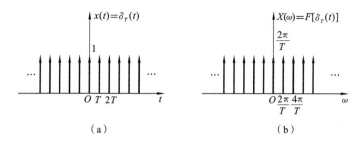

图 3-21 周期单位冲激序列及其频谱

可见周期单位冲激序列的频谱仍是周期冲激序列。时域周期为 T，频域周期为 $\omega_0 = \dfrac{2\pi}{T}$；时域冲激强度为 1，频域冲激强度为 ω_0。

表 3-3 总结了典型信号的傅里叶变换对。

表 3-3 典型信号的傅里叶变换对

序号	傅里叶变换对	序号	傅里叶变换对
1	$w(t) \Leftrightarrow \tau \mathrm{sinc}\left(\dfrac{\omega\tau}{2}\right)$	10	$\mathrm{e}^{-\alpha|t|} \Leftrightarrow \dfrac{2\alpha}{\alpha^2+\omega^2},\alpha>0$
2	$\delta(t) \Leftrightarrow 1$	11	$\dfrac{1}{\alpha^2+t^2} \Leftrightarrow \mathrm{e}^{-\alpha|\omega|}$
3	$\delta(t\pm t_0) \Leftrightarrow \mathrm{e}^{\pm j\omega t_0}$	12	$\cos\omega_0 t \Leftrightarrow \pi[\delta(\omega+\omega_0)+\delta(\omega-\omega_0)]$
4	$1 \Leftrightarrow 2\pi\delta(\omega)$	13	$\sin\omega_0 t \Leftrightarrow \mathrm{j}\pi[\delta(\omega+\omega_0)-\delta(\omega-\omega_0)]$
5	$\mathrm{e}^{\pm j\omega_0 t} \Leftrightarrow \delta(\omega\pm\omega_0)$	14	$\sum\limits_{n=-\infty}^{\infty}\delta(t-nT) \Leftrightarrow \omega_0\sum\limits_{n=-\infty}^{\infty}\delta(\omega-n\omega_0),\omega_0=\dfrac{2\pi}{T}$
6	$\mathrm{e}^{-\alpha t} \Leftrightarrow \dfrac{1}{\alpha+\mathrm{j}\omega},\alpha>0$	15	$\sum\limits_{n=-\infty}^{\infty}C_n\mathrm{e}^{jn\omega_0 t} \Leftrightarrow 2\pi\sum\limits_{n=-\infty}^{\infty}C_n\delta(\omega-n\omega_0)$
7	$\mathrm{sgn}(t) \Leftrightarrow \dfrac{2}{\mathrm{j}\omega}$	16	$\dfrac{\mathrm{d}^n\delta(t)}{\mathrm{d}t^n} \Leftrightarrow (\mathrm{j}\omega)^n$
8	$u(t) \Leftrightarrow \pi\delta(\omega)+\dfrac{1}{\mathrm{j}\omega}$	17	$|t| \Leftrightarrow \dfrac{-2}{\omega^2}$
9	$\mathrm{e}^{-\alpha t}u(t) \Leftrightarrow \dfrac{1}{\mathrm{j}\omega+\alpha},\alpha>0$	18	$t^n \Leftrightarrow 2\pi\mathrm{j}^n\dfrac{\mathrm{d}^n\delta(\omega)}{\mathrm{d}\omega^n}$

3.4 随机信号描述

3.4.1 概述

随机信号不可能用明确的数学关系式来描述，无法预测它在某个任意时刻的精确数值。在条件不变的情况下多次重复观测不可能得到完全相同的结果,即随机信号不可能重复出现。这种不确定性信号貌似没有规律,但却服从统计规律,所以采用统计方法来分析。

随机信号是一类十分重要的信号,这是因为:随机信号是常见的信号,如机械振动、语音、噪声等,前面所研究过的确定性信号仅仅是在一定条件下所出现的特殊信号,或是在忽略某些次要的随机因素后抽象出的模型;有时需从随机信号中提取有用信息,以噪声信号为例,噪声常以干扰形式混在有用信号之中,甚至可能淹没有用信号,需要采取措施将有用信号从噪声中提取出来;对一些不易用确定规律表示的信号或数据,有时也将其当成随机信号处理,如模数转换器中的量化误差。因此,研究随机信号具有普遍、现实的意义。

若把产生随机信号的物理现象看成一个随机过程,则对此随机过程进行一段时间的观测后,所获得的记录结果 $x_i(t)$ 称为一个样本函数。在同样条件下,对该过程进行重复观测,可以得到互不相同的许多样本函数 $x_1(t),x_2(t),\cdots,x_i(t),\cdots$,如图 3-22 所示。这些样本函数的全体称为总体或集合。记为

$$\{x(t)\}=\{x_1(t),x_2(t),\cdots,x_i(t),\cdots\} \tag{3-81}$$

$\{x(t)\}$ 表示一个随机过程,$x_i(t)$ 表示序号为 i 的某一个样本函数。一般来说,任何一个样本函数都无法恰当地代表随机过程 $\{x(t)\}$。随机过程在某一时刻 t_i 的值是一个随机变量,$\{x(t_i)\}$ 为该随机变量的总体。

随机信号的统计特征参数如均值、均方值、方差、概率密度函数、概率分布函数等都是按集合平均(或称总体平均)来计算的。按集合平均来计算某一时刻 t_i 的统计参数的平均值,就是将 t_i 时刻总体中各样本函数的瞬时值相加,然后除以样本函数的个数。例如,根据图 3-22 按集合平均来计算时刻 t_1 的均值 $\mu_x(t_1)$ 和均方值 $\psi_x^2(t_1)$,得

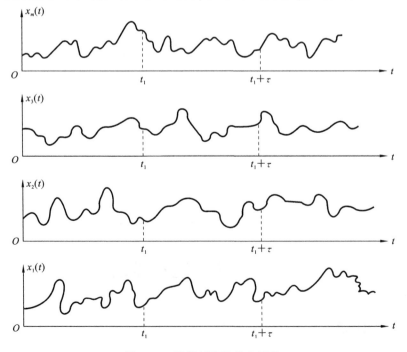

图 3-22 随机过程的样本函数

$$\mu_x(t_1) = \lim_{N \to \infty} \frac{1}{N} \sum_{i=1}^{N} x_i(t_1) \tag{3-82}$$

$$\psi_x^2(t_1) = \lim_{N \to \infty} \frac{1}{N} \sum_{i=1}^{N} x_i^2(t_1) \tag{3-83}$$

式中：N 为样本总数。

随机过程可分为平稳随机过程和非平稳随机过程两种。所谓平稳随机过程是指统计特征参数不随时间变化而变化的随机过程，反之则称为非平稳随机过程。在平稳随机过程中，若任一单个样本函数的时间平均统计特征等于该过程的集合平均统计特征，则该平稳随机过程就称为各态历经随机过程或遍历随机过程，如各态历经随机过程的均值 μ_x 和均方值 ψ_x^2 分别为

$$\mu_x = \lim_{T \to \infty} \frac{1}{T} \int_0^T x(t) \mathrm{d}t = \lim_{N \to \infty} \frac{1}{N} \sum_{i=1}^{N} x_i(t_m) \tag{3-84}$$

$$\psi_x^2 = \lim_{T \to \infty} \frac{1}{T} \int_0^T x^2(t) \mathrm{d}t = \lim_{N \to \infty} \frac{1}{N} \sum_{i=1}^{N} x_i^2(t_m) \tag{3-85}$$

式(3-84)和式(3-85)中后面一个等号的左侧为在观测时间 T 内的时间平均值，积分号中的 $x(t)$ 为任一样本函数，右侧为所有样本函数在任意时刻 t_m 的集合平均值。

各态历经随机过程在实际应用中是很重要的随机过程。工程实践中，大部分随机过程都可以近似地认为是具有各态历经性的随机过程，这样就不需要做大量重复实验，只需根据任意一个样本函数按时间平均的方法获取总体的统计特征。在本书中仅讨论各态历经随机过程。

3.4.2 随机信号的主要特征参数

随机信号的主要特征参数有均值、均方值、方差以及概率密度函数等。

1. 均值

均值 μ_x 表示信号幅值的算术平均值或数学期望值，也可称之为信号的直流分量。基于随机过程的各态历经性，可用时间间隔 T 内的幅值平均值表示均值，即

$$\mu_x = E[x(t)] = \lim_{T \to \infty} \frac{1}{T} \int_0^T x(t) \mathrm{d}t \tag{3-86}$$

均值 μ_x 表达了信号变化的中心趋势。

2. 均方值和均方根值

信号 $x(t)$ 的均方值（$E[x^2(t)]$）也称平均功率（ψ_x^2），有

$$\psi_x^2 = E[x^2(t)] = \lim_{T \to \infty} \frac{1}{T} \int_0^T x^2(t) \mathrm{d}t \tag{3-87}$$

均方值的平方根 ψ_x 称为均方根值。

均方值和均方根值都是描述动态信号强度的指标。幅值的平方具有能量的含义，因此均方值表示了单位时间内的平均功率。尽管并非所有信号的均方值都有功率量纲，但在信号分析中仍形象地称之为信号功率。而信号的均方根值由于有幅值的量纲，在工程中又称为有效值。

3. 方差和标准差

方差 σ_x^2 用来描述信号 $x(t)$ 相对于其均值的波动情况，反映信号的动态分量，其数学

表达式为

$$\sigma_x^2 = E[(x(t)-E[x(t)])^2] = \lim_{T\to\infty}\frac{1}{T}\int_0^T[x(t)-\mu_x]^2\mathrm{d}t \tag{3-88}$$

方差的平方根 σ_x 称为标准差。

可以证明:σ_x^2、ψ_x^2、μ_x^2 具有以下关系:

$$\psi_x^2 = \sigma_x^2 + \mu_x^2 \tag{3-89}$$

在工程实际中,常常以有限长的样本记录来替代无限长的样本记录。用有限长的样本函数计算出来的特征参数均为理论参数的估计值,因此随机过程的均值、均方值和方差的估计值计算式为

$$\hat{\mu}_x = \frac{1}{T}\int_0^T x(t)\mathrm{d}t \tag{3-90}$$

$$\hat{\psi}_x^2 = \frac{1}{T}\int_0^T x^2(t)\mathrm{d}t \tag{3-91}$$

$$\hat{\sigma}_x^2 = \frac{1}{T}\int_0^T [x(t)-\hat{\mu}_x]^2\mathrm{d}t \tag{3-92}$$

4. 概率密度函数

随机信号的概率密度函数定义为

$$p(x) = \lim_{\Delta x\to 0}\frac{P[x<x(t)\leqslant x+\Delta x]}{\Delta x} \tag{3-93}$$

对于各态历经过程,有

$$p(x) = \lim_{\Delta x\to 0}\frac{1}{\Delta x}\left[\lim_{T\to\infty}\frac{T_x}{T}\right] \tag{3-94}$$

式中:$P[x<x(t)\leqslant x+\Delta x]$ 表示瞬时值落在增量 Δx 范围内的概率;$T_x = \Delta t_1 + \Delta t_2 + \cdots$ 表示信号瞬时落在 $(x, x+\Delta x)$ 区间的时间;T 为分析时间;所求得的概率密度函数 $p(x)$ 是信号 $x(t)$ 的幅值 x 的函数。图 3-23 中左边为信号 $x(t)$ 的时域图形;右边则表示 $p(x)$-x 关系,此时横坐标为幅值 x,故而有时将信号的概率密度分析称为幅值域分析。

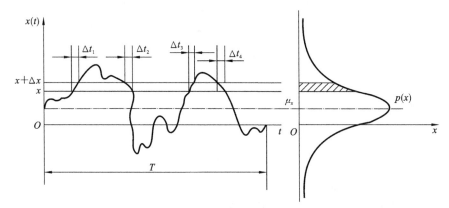

图 3-23 概率密度函数的计算

当用概率密度函数表示均值、均方值及方差时,根据概率论关于矩函数的计算,有:

一阶原点矩为

$$\mu_x = \int_{-\infty}^{\infty} xp(x)\mathrm{d}x \tag{3-95}$$

二阶原点矩为

$$\psi_x^2 = \int_{-\infty}^{\infty} x^2 p(x)\mathrm{d}x \tag{3-96}$$

二阶中心矩为
$$\sigma_x^2 = \int_{-\infty}^{\infty} (x-\mu_x)^2 p(x)\mathrm{d}x \tag{3-97}$$

可以看出：均值 μ_x 是信号 $x(t)$ 在所有幅值 x 上的加权线性和；均方值 ψ_x^2 是在所有幅值 x^2 上的加权线性和；方差则是在所有幅值 $(x-\mu_x)^2$ 上的加权线性和。

5. 概率分布函数

概率分布函数是信号幅值 x 小于或等于某值 R 的概率，其定义为
$$F(x) = \int_{-\infty}^{R} p(x)\mathrm{d}x \tag{3-98}$$

概率分布函数又称累积概率函数，表示落在某一区间的概率，也可写成
$$F(x) = P \quad (-\infty < x \leqslant R) \tag{3-99}$$

典型信号的概率密度函数及概率分布函数如图 3-24 所示。

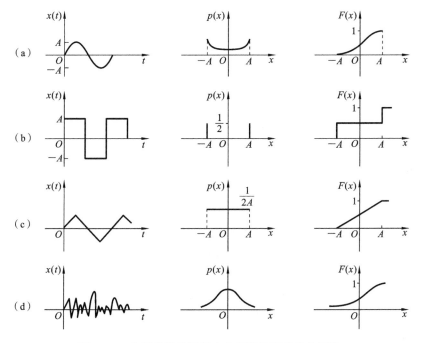

图 3-24 典型信号的概率密度函数及概率分布函数
(a) 正弦波；(b) 方波；(c) 三角波；(d) 白噪声

3.4.3 相关分析

3.4.3.1 相关的概念

在测试技术领域中，无论分析两个随机变量之间的关系，还是分析两个信号之间的关系或同一个信号在一定时移前、后之间的函数关系，都需要应用相关分析。相关是指客观事物变化量之间的相依关系。在统计学中用相关系数 ρ_{xy} 来描述两个变量 x, y 之间的相关性，即

$$\rho_{xy} = \frac{c_{xy}}{\sigma_x \sigma_y} = \frac{E[(x-\mu_x)(y-\mu_y)]}{\{E[(x-\mu_x)^2]E[(y-\mu_y)^2]\}^{\frac{1}{2}}} \tag{3-100}$$

式中:c_{xy}是两个随机变量波动量之积的数学期望,称为协方差或相关性,表征 x,y 之间的关联程度;σ_x,σ_y 分别为随机变量 x,y 的标准差,是随机变量波动量平方的数学期望的平方根。

ρ_{xy} 是一个无量纲的系数,$-1 \leqslant \rho_{xy} \leqslant 1$。当 $|\rho_{xy}|=1$ 时,x,y 两变量是理想线性相关的;当 $\rho_{xy}=0$ 时,x,y 两变量完全无关;当 $0<|\rho_{xy}|<1$ 时,x,y 两变量之间部分相关。图 3-25 表示了 x,y 两变量的不同相关关系。

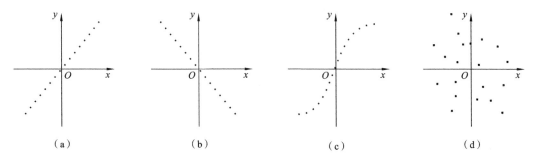

图 3-25 变量 x,y 间的不同相关关系
(a) $\rho_{xy}=1$;(b) $\rho_{xy}=-1$;(c) $0<\rho_{xy}<1$;(d) $\rho_{xy}=0$

自然界中的事物总有相互关联的现象,不一定是线性相关,也不一定是完全无关。例如,玻璃管温度计液面高度与环境温度相互关联,人的身高与体重相互关联,工程结构载荷与应变相互关联,等等。

3.4.3.2 相关函数

如果所研究的随机变量 x,y 是与时间有关的函数,即 $x(t)$ 与 $y(t)$,这时可以引入一个与时移 τ 有关的量 $\rho_{xy}(\tau)$,称为相关系数,并有

$$\rho_{xy}(\tau) = \frac{\int_{-\infty}^{\infty} x(t)y(t+\tau)dt}{\left[\int_{-\infty}^{\infty} x^2(t)dt \int_{-\infty}^{\infty} y^2(t)dt\right]^{\frac{1}{2}}} \quad (3\text{-}101)$$

相关函数定义为

$$R_{xy}(\tau) = \int_{-\infty}^{\infty} x(t)y(t+\tau)dt \quad (3\text{-}102)$$

或

$$R_{yx}(\tau) = \int_{-\infty}^{\infty} y(t)x(t+\tau)dt \quad (3\text{-}103)$$

显然,相关函数是两个信号之间的时差 τ 的函数。通常将 $R_{xy}(\tau)$ 和 $R_{yx}(\tau)$ 称为互相关函数。它描述了两个不同信号在时差为 τ 的两个不同时刻取值的相关程度。

如果 $x(t)=y(t)$,则称 $R_x(\tau)=R_{xx}(\tau)$ 为自相关函数,即

$$R_x(\tau) = \int_{-\infty}^{\infty} x(t)x(t+\tau)dt \quad (3\text{-}104)$$

它描述了一个信号在时差为 τ 的两个不同时刻取值的相关程度。

若 $x(t)$ 与 $y(t)$ 为功率信号,则其相关函数的定义为

$$R_{xy}(\tau) = \lim_{T \to \infty} \frac{1}{T} \int_0^T x(t)y(t+\tau)dt \quad (3\text{-}105)$$

$$R_{yx}(\tau) = \lim_{T \to \infty} \frac{1}{T} \int_0^T y(t)x(t+\tau)\mathrm{d}t \qquad (3\text{-}106)$$

$$R_x(\tau) = \lim_{T \to \infty} \frac{1}{T} \int_0^T x(t)x(t+\tau)\mathrm{d}t \qquad (3\text{-}107)$$

由以上分析可知,能量信号与功率信号的相关函数的量纲不同,前者为能量,而后者为功率。

3.4.3.3 相关函数的性质

1. 自相关函数的性质

(1) 自相关函数是 τ 的偶函数,满足下式:
$$R_x(\tau) = R_x(-\tau) \qquad (3\text{-}108)$$

(2) $\tau=0$ 时的自相关函数值 $R_x(0)$ 是自相关函数 $R_x(\tau)$ 的最大值,并等于信号的均方值 ψ_x^2,即
$$R_x(0) = \psi_x^2 \qquad (3\text{-}109)$$

(3) 在 $\tau \to \infty$ 处的自相关函数值 $R_x(\infty)$ 为自相关函数的最小值(说明随着 τ 的增大相关程度降低),且等于均值的平方 μ_x^2,即
$$R_x(\infty) = \mu_x^2 \qquad (3\text{-}110)$$

由此可见,均值为零的随机信号的自相关函数将随 $|\tau|$ 值增大而很快趋于零。

(4) 周期信号的自相关函数仍然是同频率的周期信号,但不具有原信号的相位信息。例如,正弦信号 $x(t) = A\sin(\omega t + \varphi)$ 的自相关函数为 $R_x(\tau) = (A^2\cos\omega\tau)/2$。

2. 互相关函数的性质

(1) 互相关函数 $R_{xy}(\tau)$ 是实函数。

(2) 互相关函数不是 τ 的偶函数,也不是 τ 的奇函数,而满足
$$R_{xy}(-\tau) = R_{yx}(\tau) \qquad (3\text{-}111)$$

在图形上,$R_{xy}(-\tau)$ 与 $R_{yx}(\tau)$ 的函数曲线关于坐标轴对称,如图 3-26 所示。

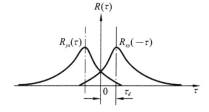

图 3-26 互相关函数的对称性

(3) 两同频周期信号的互相关函数仍然是同频率的周期信号,且保留了原信号的相位信息。例如,两正弦信号 $X\sin(\omega t)$ 与 $Y\sin(\omega t - \varphi)$ 的互相关函数为
$$R_{xy}(\tau) = XY\cos(\omega\tau - \varphi)$$

(4) 两个不同频周期信号互不相关。

例 3-4 求正弦函数 $x(t) = A\sin(\omega t + \varphi)$ 的自相关函数,该正弦函数的周期 $T = 2\pi/\omega$。

解 正弦函数 $x(t)$ 是一个均值为零的各态历经随机函数,其各种平均值可用一个周期内的平均值来表示。该正弦函数的自相关函数为
$$\begin{aligned} R_x(\tau) &= \frac{1}{T}\int_0^T x(t)x(t+\tau)\mathrm{d}t \\ &= \frac{1}{T}\int_0^T A\sin(\omega t + \varphi)A\sin[\omega(t+\tau) + \varphi]\mathrm{d}t \end{aligned}$$

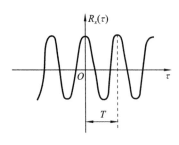

图 3-27 正弦函数的自相关函数的波形

令 $\omega t+\varphi=a$，则 $\mathrm{d}t=\mathrm{d}a/\omega$，上式可写为

$$R_x(\tau)=\frac{A^2}{\omega T}\left[\int_0^{2\pi}\sin a\sin(a+\omega\tau)\mathrm{d}a\right]$$

$$=\frac{A^2}{2\pi}\left[\int_0^{2\pi}\cos\omega\tau\sin^2 a\mathrm{d}a+\int_0^{2\pi}\sin\omega\tau\cos a\sin a\mathrm{d}a\right]$$

$$=\frac{A^2}{2\pi}\left[\cos\omega\tau\int_0^{2\pi}\sin^2 a\mathrm{d}a+\sin\omega\tau\int_0^{2\pi}\cos a\sin a\mathrm{d}a\right]$$

$$=\frac{A^2}{2}\cos\omega\tau$$

此例表明，正弦函数的自相关函数是一个余弦函数，在 $\tau=0$ 时具有最大值，但它不随时移 τ 的增大而衰减至零。它保留了原正弦函数的幅值和频率信息，但失去了原正弦函数的相位信息。正弦函数的自相关函数 $R_x(\tau)$ 的波形如图 3-27 所示。

例 3-5 已知两个同频正弦信号

$$x(t)=A\sin(\omega t+\theta)$$
$$y(t)=B\sin(\omega t+\theta-\varphi)$$

求其互相关函数。

解 因为 $x(t)$ 和 $y(t)$ 是周期函数，故可用一个共同周期内的平均值代替它们在整个时间历程内的平均值。二者的互相关函数为

$$R_{xy}(\tau)=\frac{1}{T}\int_0^T A\sin(\omega t+\theta)B\sin[\omega(t+\tau)+\theta-\varphi]\mathrm{d}t$$

令

$$\omega t+\theta=\alpha,\quad \omega\tau-\varphi=\beta$$

有

$$\omega\mathrm{d}t=\mathrm{d}\alpha$$

则

$$R_{xy}(\tau)=\frac{AB}{\omega T}\int_0^{2\pi}\sin\alpha\sin(\alpha+\beta)\mathrm{d}\alpha$$

$$=\frac{AB}{2\pi}\int_0^{2\pi}\frac{1}{2}[\cos\beta-\cos(2\alpha+\beta)]\mathrm{d}\alpha$$

$$=\frac{AB}{2}\cos(\omega\tau-\varphi)$$

由此例可知，两个同频正弦信号的互相关函数保留了这两个信号的频率 ω、幅值 A、B 和相位角 φ 的信息。图 3-28 所示为 $x(t)$，$y(t)$ 及互相关函数 $R_{xy}(\tau)$ 的波形。

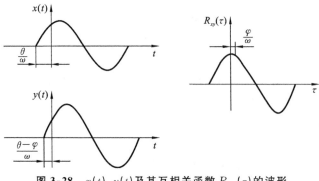

图 3-28 $x(t)$，$y(t)$ 及其互相关函数 $R_{xy}(\tau)$ 的波形

3.4.3.4 相关函数的工程应用

相关函数在工程中有着广泛的用途。下面介绍自相关函数和互相关函数的一些典型应用。

1. 不同类别信号的辨识

工程中常会遇到各种不同类别的信号,这些信号的类型从时域上往往难以识别,而利用自相关函数则可以十分简单地加以识别。图 3-29 给出了几种典型信号的时域波形和

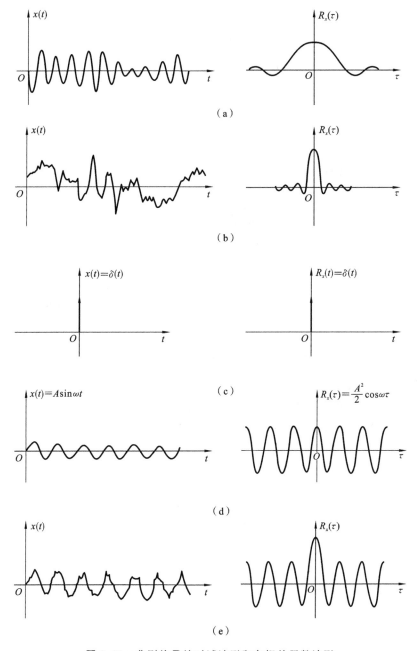

图 3-29 典型信号的时域波形和自相关函数波形

自相关函数波形,其中:图(a)所示为一个窄带随机信号,它的自相关函数具有较慢的衰减特性;图(b)所示为一个宽带随机信号,其自相关函数相较于窄带随机信号衰减较快;图(c)所示为一个具有无限带宽的脉冲函数,它的自相关函数具有最快的衰减速度,且也是一个脉冲函数;图(d)所示为一正弦信号,其自相关函数也是一个周期函数,且永远不衰减;图(e)则是周期信号与随机信号叠加的情形,其自相关函数也由两部分组成,一部分为不衰减的周期信号部分,另一部分为由随机信号所确定的衰减部分(衰减速度取决于该随机信号本身的性质)。

利用信号的自相关函数特征来区分其类别在工程中有着重要的意义。例如,利用自相关函数分析导致机械加工表面粗糙度的周期性因素。图 3-30 是用电感式轮廓仪测量工件表面粗糙度的示意图。金刚石触针将工件表面的凹凸不平度通过电感式传感器转换为时域信号,再经过相关分析得到自相关函数波形。可以看出,这是一种随机信号中混杂着周期信号的波形,随机信号在原点处有较大相关性,这种相关性随 τ 值的增大而减小,此后呈现出周期性,这显示出造成表面粗糙度的原因中包含了某种周期因素,如沿工件轴向可能是走刀运动的周期性,沿工件切向则可能是主轴回转振动的周期性等。

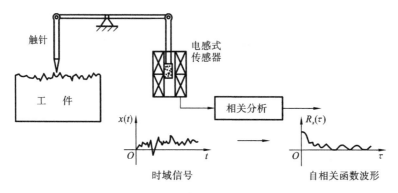

图 3-30 机械加工表面粗糙度的自相关分析

2. 相关测速和测距

利用互相关函数可以测量物体运动或信号传播的速度和距离。例如,图 3-31 是利用互相关函数测量物体运动速度的示意图。当运动物体通过固定距离为 l 的两个光电检测器时,检测器可获得对应的两个信号 $x(t)$ 和 $y(t)$,经互相关处理得到相关函数 $R_{xy}(\tau)$。根据函数 $\rho_{xy}(\tau)$ 峰值的滞后时间 τ_0,即可求得运动物体的速度 $v=l/\tau_0$。由于该方法可实现非接触测量,因此宜用于测量风洞气流、炮弹、汽车等的运动速度。

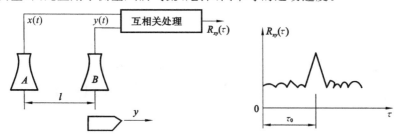

图 3-31 利用互相关函数测速度

3. 信号源定位

采用相关分析还可以确定物体或信号源的位置。图 3-32 所示为用互相关法测定船只位置的原理。利用无线信号发射器发送一定的样本信号,该信号的一部分由被测物体(本例中为船只)反射并在一定时间 T 之后被无线信号发射器所在的信号发射站的接收器接收。对被反射的信号与发送的信号做相关运算,其中发送的信号被延迟时间 τ。当 $\tau=T$ 时,两信号的互相关函数有最大值。由此可求得时间 τ,进而可根据式(3-112)求得船只的直线距离 l:

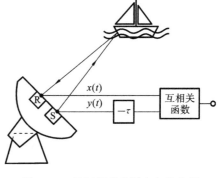

图 3-32 用互相关法测定船只位置

S—发射器;R—接收器

$$l = 0.5Tc \qquad (3\text{-}112)$$

式中:c 为信号光速。

图 3-33 所示为利用互相关分析方法确定深埋在地下的输油管漏损位置的示意图。在输油管表面沿轴向放置传感器(例如拾音器、加速度计等)1 和 2,油管漏损处 K 可视为向两侧传播声波的声源,因两传感器的放置位置到漏损处的距离不等,则油管漏油处的声波传至两传感器就有时差。对两传感器测得的音响信号 $x_1(t)$ 和 $x_2(t)$ 进行互相关分析,找出互相关值最大处的延时 τ,即可由式(3-113)确定油管破损位置:

$$s = \frac{1}{2}v\tau \qquad (3\text{-}113)$$

式中:s 为两传感器的中心至漏损处的距离;v 为声波通过管道的传播速度。

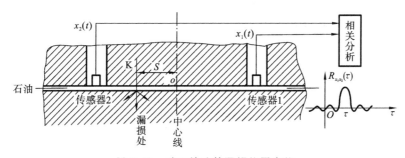

图 3-33 地下输油管漏损位置定位

3.4.4 功率谱分析

信号的时域描述是信号时间历程的自然记录,频域描述则反映了信号的频谱结构组成。这两种描述是相互唯一对应的,其所包含的信息内容也是等价的。上述讨论的相关函数用于描述时域中的随机信号,如果对相关函数应用傅里叶变换,则可得到一种相应频域中描述随机信号的方法,这种傅里叶变换函数称为功率谱密度函数。功率谱密度函数又分为自功率谱密度函数与互功率谱密度函数。

3.4.4.1 自功率谱密度函数

1. 定义及其物理意义

设 $x(t)$ 为一零均值的随机过程,且 $x(t)$ 中无周期性分量,则对于自相关函数 $R_x(\tau)$,

当 $\tau \to \infty$ 时,有 $R_x(\tau) = 0$。于是,该自相关函数 $R_x(\tau)$ 满足傅里叶变换的条件 $\int_{-\infty}^{\infty} |R_x(\tau)| \mathrm{d}\tau < \infty$。对 $R_x(\tau)$ 做傅里叶变换,可得

$$S_x(f) = \int_{-\infty}^{\infty} R_x(\tau) \mathrm{e}^{-\mathrm{j}2\pi f\tau} \mathrm{d}\tau \tag{3-114}$$

其逆变换为

$$R_x(\tau) = \int_{-\infty}^{\infty} S_x(f) \mathrm{e}^{\mathrm{j}2\pi f\tau} \mathrm{d}f \tag{3-115}$$

$S_x(f)$ 称为 $x(t)$ 的自功率谱密度函数,简称自谱密度函数。自功率谱密度函数 $S_x(f)$ 与自相关函数 $R_x(\tau)$ 是一个傅里叶变换对,即 $R_x(\tau) \Leftrightarrow S_x(f)$。式(3-114)和式(3-115)称为维纳-辛钦公式。

$S_x(f)$ 与 $R_x(\tau)$ 是相互唯一对应的,$S_x(f)$ 中包含 $R_x(\tau)$ 的全部信息。因为 $R_x(\tau)$ 是实偶函数,$S_x(f)$ 也为实偶函数,由此常用在 $f = 0 \sim \infty$ 范围内来表示信号的全部功率谱,并把 $G_x(f)(G_x(f) = 2S_x(f))$ 称为 $x(t)$ 信号的单边功率谱,如图 3-34 所示。

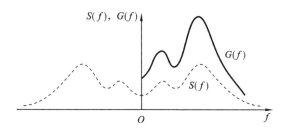

图 3-34 单边功率谱和双边功率谱

以下解释 $S_x(f)$ 的物理意义。

令 $\tau = 0$,根据式(3-115)有

$$R_x(0) = \int_{-\infty}^{\infty} S_x(f) \mathrm{e}^0 \mathrm{d}f = \int_{-\infty}^{\infty} S_x(f) \mathrm{d}f \tag{3-116}$$

而根据自相关函数的定义,当 $\tau = 0$ 时,有

$$R_x(0) = \lim_{T \to \infty} \frac{1}{T} \int_0^T x(t)x(t+0) \mathrm{d}t = \lim_{T \to \infty} \frac{1}{T} \int_0^T x^2(t) \mathrm{d}t \tag{3-117}$$

由式(3-116)和式(3-117),可得到

$$R_x(0) = \int_{-\infty}^{\infty} S_x(f) \mathrm{d}f = \lim_{T \to \infty} \frac{1}{T} \int_0^T x^2(t) \mathrm{d}t \tag{3-118}$$

由此可见,$S_x(f)$ 曲线和频率轴所包围的面积就是信号的平均功率,$S_x(f)$ 就是信号的功率密度沿频率轴的分布。

2. 巴塞伐尔定理

在时域中计算的信号总能量,等于在频域中计算的信号总能量,这就是巴塞伐尔定理,用数学公式表示为

$$\int_{-\infty}^{\infty} x^2(t) \mathrm{d}t = \int_{-\infty}^{\infty} |X(f)|^2 \mathrm{d}f \tag{3-119}$$

式(3-119)又称能量等式。巴塞伐尔定理式可以用傅里叶变换的卷积公式导出。

设有

$$x(t) \Leftrightarrow X(f)$$

$$h(t) \Leftrightarrow H(f)$$

按照频域卷积定理,有

$$x(t)h(t) \Leftrightarrow X(f) * H(f)$$

即

$$\int_{-\infty}^{\infty} x(t)h(t)e^{-j2\pi kt}dt = \int_{-\infty}^{\infty} X(f)H(k-f)df$$

令 $k = 0$,得

$$\int_{-\infty}^{\infty} x(t)h(t)dt = \int_{-\infty}^{\infty} X(f)H(-f)df$$

又令 $h(t) = x(t)$,得

$$\int_{-\infty}^{\infty} x(t)^2 dt = \int_{-\infty}^{\infty} X(f)X(-f)df$$

$x(t)$ 是实函数,则 $X(-f) = X^*(f)$,所以

$$\int_{-\infty}^{\infty} x(t)^2 dt = \int_{-\infty}^{\infty} X(f)X^*(f)df = \int_{-\infty}^{\infty} |X(f)|^2 df$$

$|X(f)|^2$ 称为能谱密度,它是沿频率轴的能量分布密度。这样,在整个时间轴上信号平均功率计算式为

$$P = \lim_{T \to \infty} \frac{1}{T} \int_0^T x(t)^2 dt = \int_{-\infty}^{\infty} \lim_{T \to \infty} \frac{1}{T} |X(f)|^2 df \tag{3-120}$$

式(3-120)是巴塞伐尔定理的另一种表达形式。根据式(3-118),自功率谱密度函数与幅频谱函数之间的关系为

$$S_x(f) = \lim_{T \to \infty} \frac{1}{T} |X(f)|^2 \tag{3-121}$$

利用这种关系,就可以通过直接对时域信号做傅里叶变换来计算功率谱密度。

3.4.4.2 互功率谱密度函数

与自功率谱密度函数的定义相类似,如果两随机信号 $x(t)$ 和 $y(t)$ 的互相关函数 $R_{xy}(\tau)$ 满足傅里叶变换的条件 $\int_{-\infty}^{\infty} |R_{xy}(\tau)|d\tau < \infty$,则定义 $R_{xy}(\tau)$ 的傅里叶变换

$$S_{xy}(f) = \int_{-\infty}^{\infty} R_{xy}(\tau)e^{-j2\pi f\tau}d\tau \tag{3-122}$$

为信号 $x(t)$ 和 $y(t)$ 的互功率谱密度函数,简称互谱密度函数或互功率谱函数。

$S_{xy}(f)$ 的傅里叶逆变换为

$$R_{xy}(\tau) = \int_{-\infty}^{\infty} S_{xy}(f)e^{j2\pi f\tau}df \tag{3-123}$$

式(3-122)和式(3-123)也称为维纳-辛钦公式。

互功率谱密度函数与互相关函数也是一个傅里叶变换对,即

$$R_{xy}(f) \Leftrightarrow S_{xy}(f)$$

定义信号 $x(t)$ 和 $y(t)$ 的互功率谱密度为

$$P = \lim_{T \to \infty} \int_0^T x(t)y(t)dt = \int_{-\infty}^{\infty} \left[\lim_{T \to \infty} \frac{1}{T} Y(f)X^*(f)\right]df \tag{3-124}$$

由式(3-124)可得互功率谱密度函数与幅频谱函数的关系为

$$S_{xy}(f) = \lim_{T \to \infty} \frac{1}{T} Y(f) X^*(f) \tag{3-125}$$

当信号 $x(t)$ 和 $y(t)$ 的顺序调换时,$S_{yx}(f) \neq S_{xy}(f)$。根据 $R_{xy}(-\tau) = R_{yx}(\tau)$ 及维纳-辛钦公式,可以证明

$$S_{xy}(-f) = S_{xy}^*(f) = S_{yx}(f) \tag{3-126}$$

其中

$$S_{yx}(f) = \lim_{T \to \infty} \frac{1}{T} X(f) Y^*(f) \tag{3-127}$$

$S_{xy}^*(f)$ 为 $S_{xy}(f)$ 的共轭复数,$Y^*(f)$ 为 $Y(f)$ 的共轭复数。

$S_{xy}(f)$ 也是含正、负频率的双边互功率谱密度函数,实用中常取只含非负频率的单边互功率谱密度函数 $G_{xy}(f)$,由此规定

$$G_{xy}(f) = 2S_{xy}(f), \quad f \geq 0 \tag{3-128}$$

互功率谱密度函数一般是关于频率 f 的复函数,可以写成

$$S_{xy}(f) = |S_{xy}(f)| e^{-j\varphi_{xy}(f)} \tag{3-129}$$

式中

$$|S_{xy}(f)| = \sqrt{(\mathrm{Re}S_{xy}(f))^2 + (\mathrm{Im}S_{xy}(f))^2} \tag{3-130}$$

$$\varphi_{xy}(f) = \arctan \frac{\mathrm{Im}S_{xy}(f)}{\mathrm{Re}S_{xy}(f)} \tag{3-131}$$

3.4.4.3 功率谱密度的估计

以上介绍了自功率谱密度和互功率谱密度的理论计算公式,但在实际的工程应用中,不可能也没有必要计算无限长的时间内整个随机过程的自功率谱和互功率谱。只能采用有限长度的样本进行计算,即采用自功率谱和互功率谱的估计值代替理论值。

分别定义自功率谱和互功率谱的估计值:

$$\hat{S}_x(f) = \frac{1}{T} |X(f)|^2 \tag{3-132}$$

$$\hat{S}_{xy}(f) = \frac{1}{T} X^*(f) Y(f) \tag{3-133}$$

$$\hat{S}_{yx}(f) = \frac{1}{T} Y^*(f) X(f) \tag{3-134}$$

通常采用计算机基于快速傅里叶变换(FFT)做数字运算,相应的计算公式为

$$\hat{S}_x(k) = \frac{1}{N} |X(k)|^2 \tag{3-135}$$

$$\hat{S}_{xy}(k) = \frac{1}{N} X^*(k) Y(k) \tag{3-136}$$

$$\hat{S}_{yx}(k) = \frac{1}{N} Y^*(k) X(k) \tag{3-137}$$

这种计算功率谱密度估计值的方法称为周期图法,它是一种最简单、常用、计算效率高的功率谱估计方法。当数据点 N 很大时,直接由式(3-135)至式(3-137)计算自功率谱密度或互功率谱密度估计值误差较大,需要进行改进。以下以自功率谱密度的估计值计算为例进行说明。

用周期图法计算自功率谱的估计值,当数据点 N 很大时,自功率谱估计值的方差等于待估的自功率谱值,即 $\lim_{N\to\infty}\mathrm{Var}[\hat{S}_x(f)] = \hat{S}_x(f)$,因而自功率谱不是无偏估计值。如此大的随机误差是不被接受的,这样的估计值也不能用。

为了减小随机误差,需要对功率谱密度估计值进行平滑处理。最简单且常用的平滑方法是"分段平均",即将 N 个数据点分成 L 段,各段不重叠,每段数据点数为 $M=\dfrac{N}{L}$,然后分别用周期图法分别计算各段的功率谱密度估计值 $\hat{S}_x^i(f)$,再对各段估计值求平均值,将所得结果作为最后的功率谱密度估计值,即

$$\hat{S}_{xM}(f) = \frac{1}{L}\sum_{i=1}^{L}\hat{S}_x^i(f) \tag{3-138}$$

式中

$$\hat{S}_x^i(f) = \frac{1}{M}|X^i(f)|^2 \tag{3-139}$$

当各段周期图不相关时,可以证明 $\hat{S}_{xM}(f)$ 的方差约为 $\hat{S}_x(f)$ 方差的 $\dfrac{1}{L}$,即

$$\mathrm{Var}[\hat{S}_{xM}(f)] = \frac{1}{L}\mathrm{Var}[\hat{S}_x(f)] \tag{3-140}$$

可见,当分段数 L 增加时,估计的方差会减小。但是,当原始信号的长度一定时,分段数增加,每段中的数据点便会减少,这样将使偏度误差增大,频率分辨率降低。因此通常要综合考虑分段数与每段数据点数这两个因素。一般是根据频率分辨率 Δf 的要求选定 M($M < \dfrac{1}{\Delta f T_0}$,$T_0$ 为采样频率),然后由允许的方差来确定数据点数 $N=LM$。为进一步增强平滑效果,可使相邻段重叠,使得在相同数据点 N 分段数增加。

如前所述,周期图法的优点是算法简单、计算效率高,它用于观测数据序列较长的场合时能够发挥计算效率高的优点,同时能得到足够的功率谱密度估计精度。对于短记录数据序列或瞬变信号,周期图法无能为力,可以选用其他方法。

3.4.4.4 功率谱的工程应用

功率谱的应用主要基于它的物理含义和数学特性,以下仅讨论其两个方面的应用。

(1) 作为工业设备状况分析和故障诊断的依据。

图 3-35 是对测取的汽车变速箱振动加速度信号进行处理后所得的功率谱,其中图(a)是变速箱正常工作时的功率谱,图(b)为变速箱不正常工作时的功率谱。一般来说,正常运行的机器的功率谱是稳定的,且各谱线对应于不同零部件不同运转状态的振源。机器运行不正常(如轴系动不平衡、轴承局部失效、齿轮不正常等),会引起相应谱线的变动。与图 3-35(a)相比,图 3-35(b)在 9.2 Hz 和 18.4 Hz 两处出现额外谱线,这反映了发动机的某些不正常,且指明了异常功率消耗对应的频率,为寻找与此功率相对应的故障部位提供了依据。

(2) 利用功率谱求取信号传递系统的频率响应函数。

线性系统的传递函数 $H(s)$ 和频率响应函数 $H(f)$ 是非常重要的概念,在机器故障诊断等多个领域常要用到它们。例如,当信号由一个复杂系统传输时,就必须考虑系统各环节的传递函数。

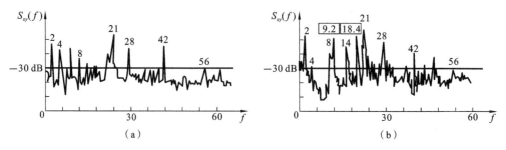

图 3-35 汽车变速箱振动加速度信号的功率谱

一个线性系统的输出 $y(t)$ 等于输入 $x(t)$ 和系统脉冲响应 $h(t)$ 的卷积,即

$$y(t)=x(t)*h(t) \tag{3-141}$$

根据卷积定理,式(3-141)在频域中转换为

$$Y(f)=H(f)X(f) \tag{3-142}$$

将输出与输入的傅里叶变换之比作为频率响应函数 $H(f)$,它反映了系统的传递特性,按定义有

$$H(f)=\frac{Y(f)}{X(f)} \tag{3-143}$$

利用自功率谱和互功率谱也可以求取频率响应函数。由式(3-121)和式(3-125),有

$$\frac{S_y(f)}{S_x(f)}=\frac{|Y(f)|^2}{|X(f)|^2}=|H(f)|^2 \tag{3-144}$$

$$\frac{S_{xy}(f)}{S_x(f)}=\frac{X^*(f)Y(f)}{X^*(f)X(f)}=H(f) \tag{3-145}$$

由此可见,通过输出与输入信号的自功率谱之比可得到频率响应函数中的幅频特性,但得不到相频特性。而通过输出和输入信号的互功率谱密度与输入信号的自功率谱密度之比,可得到系统频率响应函数的幅频与相频特性。一般采用式(3-145)计算频率响应函数 $H(f)$。

在线性系统不受任何噪声干扰的理想情况下(见图 3-36(a)),频率响应函数 $H(f)$ 可以直接按式(3-143)计算,也可以利用功率谱密度按式(3-145)计算。但实际情况下,由于输入与输出中均有噪声混入,如图 3-36(b)所示,直接按式(3-143)计算 $H(f)$ 误差较大。该系统的输入为

$$x_\Sigma(t)=x(t)+n(t) \tag{3-146}$$

式中:$n(t)$ 为噪声干扰输入。输出为

$$y_\Sigma(t)=y_x(t)+y_n(t)+m(t) \tag{3-147}$$

式中:$y_x(t)$ 为由信号 $x(t)$ 所引起的输出;$y_n(t)$ 为由输入噪声 $n(t)$ 所引起的输出;$m(t)$ 为在系统输出端引入的干扰噪声。如果按式(3-143)计算,即

$$H(f)=\frac{Y_\Sigma(f)}{X_\Sigma(f)}=\frac{Y_x(f)+Y_n(f)+M(f)}{X(f)+N(f)} \tag{3-148}$$

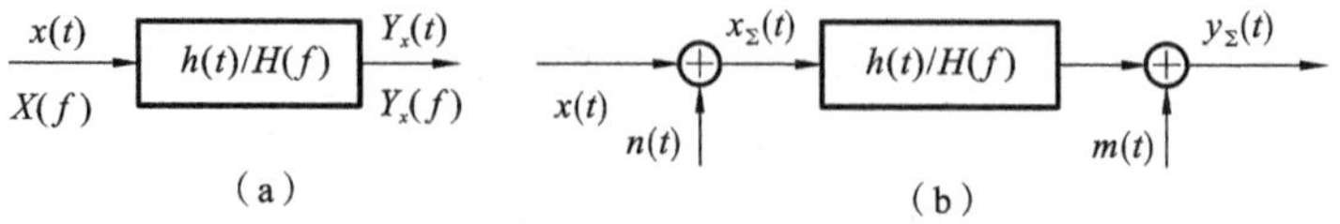

图 3-36 频率响应函数的求取

所得结果将与理想情况下系统频率响应函数有较大的误差,造成误差的主要原因是在输入和输出端引入了噪声。

利用自功率谱和互功率谱求取频率响应函数不会受到系统干扰的影响,计算精度高。这是因为随机信号与有用信号互不相关,二者之间的互相关函数也是零,相对应的互功率谱密度函数 $S_{xy}(f)$ 可排除随机噪声的影响。虽然如此,利用式(3-145)求取 $H(f)$ 时,输入信号的自功率谱密度函数仍然无法排除输入端噪声的影响,从而形成一定的测量误差。

3.4.4.5 相干函数

1. 定义

若信号 $x(t)$ 的自功率谱密度函数为 $S_x(f)$,$y(t)$ 的自功率谱密度函数为 $S_y(f)$,两信号的互功率谱密度函数为 $S_{xy}(f)$,则它们之间的相干函数为

$$\gamma_{xy}^2(f) = \frac{|S_{xy}(f)|^2}{S_x(f)S_y(f)} \tag{3-149}$$

2. 含义和应用

相干函数是在频域内鉴别两信号相关程度的指标。如在一测试系统中,为了评价其输入信号与输出信号间的因果性,即输出信号的功率谱密度有多大一部分是所测输入信号引起的响应,可用相干函数来描述。

设一个线性系统的输入信号为 $x(t)$,其输出信号为 $y(t)$,则它们的功率谱与频率响应函数满足式(3-144)和式(3-145)。将这两个公式代入式(3-149),得

$$\gamma_{xy}^2(f) = \frac{|H(f)S_x(f)|^2}{S_x(f)S_y(f)} = \frac{S_y(f)S_x(f)}{S_x(f)S_y(f)} = 1 \tag{3-150}$$

所以,在线性系统中,输出响应与输入激励的功率谱密度关系使相干函数为1。这表明输出是完全由输入引起的线性响应。

若系统的输入与输出完全不相关,即 $R_{xy}(\tau)=0$,则 $S_{xy}(f)=0$,从而使 $\gamma_{xy}^2(f)=0$。通常,在一般的测试过程中,有

$$0 < \gamma_{xy}^2(f) < 1 \tag{3-151}$$

这表明有三种可能性:

(1) 联系 $x(t)$ 和 $y(t)$ 的系统不完全是线性的;
(2) 系统的输出 $y(t)$ 是由 $x(t)$ 和其他信号共同引起的;
(3) 在输出端有噪声干扰混入。

所以 $\gamma_{xy}^2(f)$ 的数值表征了 $y(t)$ 与 $x(t)$ 线性相关的程度。

3.5 数字信号处理基础

数字信号处理是利用计算机或专用信号处理设备,以数值计算的方法对信号做采集、变换、综合、估值与识别等处理,从而达到提取有用信息并付诸各种应用的目的。与模拟信号处理相比较,数字信号处理具有计算速度快、精度高、灵活性强、可靠度高以及易于实现系统的集成等优点。由于数字信号处理的这些突出优点,该技术在现代测试、自动控制、故障诊断等几乎所有的工程技术领域得到了广泛应用。

20世纪40年代末Z变换理论的出现,使得人们可以用离散序列表示波形,为数字信号处理技术的产生和发展奠定了理论基础;20世纪50年代电子计算机的出现及大规模集成电路技术的飞速发展,为数字信号处理技术的产生和发展奠定了物质基础;20世纪60年代一些高效信号处理算法的出现,尤其是1965年快速傅里叶变换(FFT)理论的问世,为数字信号处理技术的产生和发展奠定了技术基础。40多年来,随着计算机和信息技术的飞速发展,数字信号处理技术也得到了迅猛的发展,已形成了一门新兴的学科。

数字信号处理的基本步骤如图3-37所示。模拟信号经调理(放大、滤波、调制、隔直等)后变成适合做模/数(A/D)转换的形式,A/D转换装置将其转换成在时间上离散、幅值上量化、长度上有限的离散序列 $x(n)$。一旦将模拟信号转换成数字信号,就可在通用计算机或专用数字信号处理器中对其进行分析与处理。运算结果可以直接以数字形式输出,也可经数/模(D/A)转换以模拟形式输出。

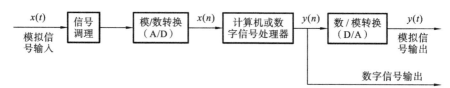

图 3-37 数字信号处理的基本步骤

3.5.1 连续时间信号的采样

3.5.1.1 采样过程和采样信号

将模拟信号 $x(t)$(见图3-38(a))转换为离散信号,必须将自变量的取值进行离散。用于采样的采样器一般为电子开关,其工作过程如图3-38(b)所示。采样开关每隔 T_s 短暂闭合一次,接通连续信号 $x(t)$,实现一次取样。若每次开关闭合时间为 τ,则采样器的输出将是周期为 T_s、宽度为 τ 的脉冲序列,其波形如图3-38(c)所示。$s(t)$ 的幅值等于该脉冲所在时刻相应连续信号 $x(t)$ 的幅值,即脉冲序列 $s(t)$ 被连续信号 $x(t)$ 所调制。将采样信号记为 $x_s(t)$,其可表示为

$$x_s(t) = x(t)s(t) \tag{3-152}$$

其波形如图3-38(e)所示。

由于脉冲宽度 $\tau \ll T_s$,为便于数学处理,假设 $\tau \to 0$,这样脉冲序列将成为冲激序列,如图3-38(d)所示。用于采样的理想冲激序列可表示为

$$\delta_T(t) = \sum_{n=-\infty}^{\infty} \delta(t - nT_s) \tag{3-153}$$

式中:T_s 称为采样间隔,或采样周期。$\dfrac{1}{T_s} = f_s$,称为采样频率。

将式(3-153)代入式(3-152),得采样信号 $x_s(t)$ 为

$$x_s(t) = x(t)\delta_T(t) = x(t)\sum_{n=-\infty}^{\infty} \delta(t - nT_s) = \sum_{n=-\infty}^{\infty} x(nT_s)\delta(t - nT_s) \tag{3-154}$$

采样间隔 T_s 的选择是一个重要的问题。若采样间隔太小(采样频率高),则对定长的时间记录来说数字序列将很长(即采样点数多),计算工作量将迅速增大;若采样间隔过小

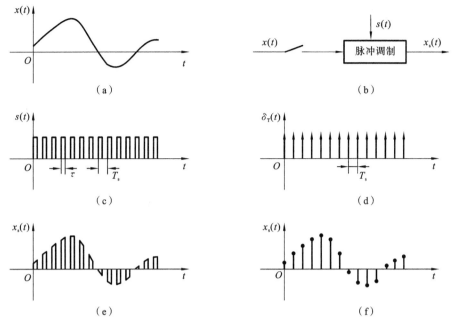

图 3-38 连续信号采样过程

且序列长度一定,则只能处理很短的时间历程,这一短的时间历程可能不能代表整个随机过程,将产生较大误差。若采样间隔太大(采样频率低),则可能丢掉有用的信息。图 3-39 为采样间隔太大时的采样结果,图中三条曲线采样后的数字序列一样,无法分辨原信号。

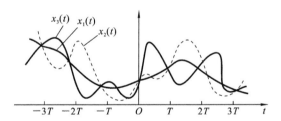

图 3-39 采样间隔太大时的采样结果

采样间隔到底选取多少比较合适,是否有规律可循?以下将从频域的角度来分析。

3.5.1.2 采样信号的频谱

对采样信号 $x_s(t)$ 进行傅里叶变换,就能得到它的频谱函数 $X_s(f)$。根据傅里叶变换的卷积特性,两时域信号的乘积的频谱为两信号频谱的卷积。设 $x_s(t)$ 的频谱函数为 $X_s(f)$,由式(3-154),有

$$X_s(f) = F[x_s(t)] = F[x(t)\delta_T(t)] = X(f) * G(f)$$

$$= X(f) * f_s \sum_{n=-\infty}^{\infty} \delta(f - nf_s) = f_s \sum_{n=-\infty}^{\infty} X(f - nf_s) \quad (3-155)$$

式(3-155)表明,将连续信号 $x(t)$ 经采样变成 $x_s(t)$ 后,由于 $\delta_T(t)$ 的频谱 $G(f)$ 仍为一冲击脉冲序列,频域卷积的结果是将原信号 $x(t)$ 的频谱依次平移至各频域冲激序列点处重新构图。其结论是:采样信号 $x_s(t)$ 的频谱的幅值是原信号 $x(t)$ 的频谱的幅值的 $f_s(f_s =$

$\frac{1}{T_s}$)倍,频谱产生了周期延拓,重复周期为 f_s,如图 3-40 所示。

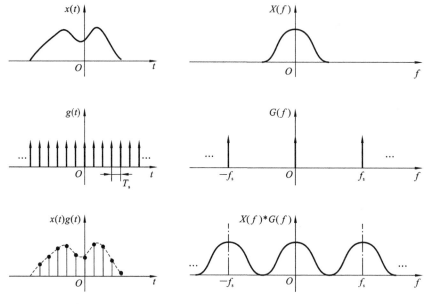

图 3-40 采样信号的频谱

采样信号的频谱是连续谱,从数字信号处理的角度来讲,连续谱不满足数字信号处理的要求,需要在频域内继续对其做离散化处理,称为频域采样。频域采样与时域采样的基本原理类似,本书对其不做详细介绍,可参见有关信号处理书籍。

3.5.1.3 采样定理和频谱混叠

采样定理又称香农采样定理,其可表述为:只要采样频率大于或等于有效信号频率的两倍,采样值就可以包含原始信号的所有信息,被采样的信号就可以不失真地还原原始信号。

采样定理说明了一个问题,即对时域模拟信号进行采样时,应以多大的采样周期采样,才不至于丢失原始信号的信息,或者说,才可由采样信号无失真地恢复出原始信号。

对于有限带宽信号 $x(t)$,假设信号的最高频率为 f_m(称为截止频率),其频谱如图 3-41(a)所示。若时域采样周期为 T_s,则采样信号 $x_s(t)$ 的频谱是周期谱,其周期为 T_s ($T_s = \frac{1}{f_s}$)。当 $f_s < 2f_m$ 时,周期谱相互重叠,如图 3-41(b)所示,称为频谱混叠。发生混叠效应后,就无法从 $X_s(f)$ 中提取出原信号频谱波形,采样信号失真。当 $f_s = 2f_m$ 时,周期谱图处于发生频谱混叠和不发生频谱混叠的临界状态,如图3-41(c)所示。当 $f_s > 2f_m$ 时,周期谱图相互分离,如图3-41(d)所示,此时不会产生频谱混叠现象。

上述情况说明,如果选择采样频率大于或等于截止频率的两倍,即 $f_s \geq 2f_m$,则频谱混叠现象就不会发生。因此,将 $f_s \geq 2f_m$(或 $\omega_s \geq 2\omega_m$)称为采样定理的表达式。采样定理指出了对信号进行抽样时所必须遵守的基本原则。

实际工程中 f_m 可能很大,人们并不需要分析到那么高的频率,或多数的情况下,噪声的干扰使得 f_m 不能确定,故通常首先对信号进行低通滤波,具有这种用途的滤波器

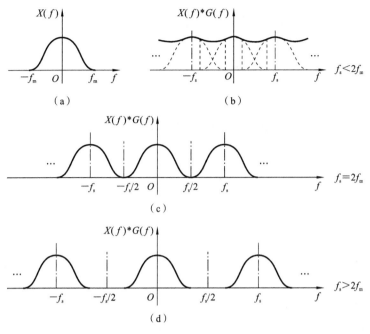

图 3-41 采样信号的频谱混叠现象

称为抗混滤波器。抗混滤波器的上限频率由分析的要求确定,采样频率由抗混滤波器确定。如果抗混滤波器的上限截止频率为 f_c,实际应用时选择的采样频率为 $f_s = (3 \sim 5) f_c$。

3.5.2 量化和量化误差

模拟信号经采样后在时间上已离散,但其幅值仍为连续的模拟电压值。将采样信号 $x_s(t)$ 的电压幅值经过舍入或截尾的方法转变为离散的二进制数码的过程,称为幅值量化,简称量化。量化后的二进制数码只能表达有限个相应的离散电平,称为量化电平。

量化过程实际上是把采样信号 $x_s(t)$ 经过舍入或截尾的方法变为只含有有限个有效数字的数的过程。若信号 $x(t)$ 可能出现的最大值为 A,A/D 转换器的位数为 b,则两个量化电平的间隔 $\Delta x = A/2^{(b-1)}$,Δx 称为量化增量或量化步长。该过程是将被测信号的变化范围划分为若干区间,每个区间都用同一个量化的数字值代替。显然,只有那些正好位于量化电平区间的离散值,才能被精确地转换为量化的数字值,而那些位于区间外的离散值,只能用舍入或截尾的方法近似到最接近的量化电平上。而将离散值通过舍入或截尾变为有限值时,必然产生误差,这种量化过程中引入的误差称为量化误差。量化误差等于量化后的值与该采样点的实际值之差,最大误差为 $\Delta x/2$。信号的六等分量化过程如图 3-42 所示。

一般把量化误差看成模拟信号做数字处理时的可加噪声,称之为舍入噪声或截尾噪声。量化增量 Δx 愈大,则量化误差愈大。量化增量 Δx 的大小一般取决于 A/D 转换器的位数,增加 A/D 转换器的位数,可以减小量化误差。

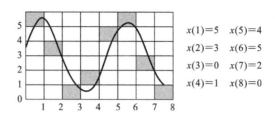

图 3-42　信号的六等分量化过程

3.5.3　截断、泄漏与窗函数

3.5.3.1　截断、泄漏和窗函数的概念

数字信号处理的主要数学工具是傅里叶变换。应注意到,做傅里叶变换时研究的是整个时间域和频率域的关系。然而,当应用计算机实现工程测试信号处理时,不可能对无限长的信号进行测量和运算,而是取其有限时间内的片段进行分析。做法是从信号中截取一个时间片段,对该信号时间片段进行周期延拓处理,得到虚拟的无限长的信号,如图3-43所示,然后就可以对信号进行傅里叶变换、相关分析等数学处理。从无限长的信号中截取有限长一段的过程称为信号的截断。

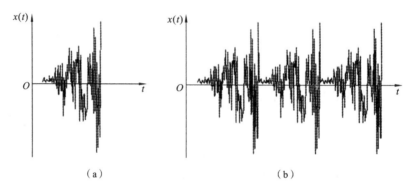

图 3-43　信号的截断和周期延拓
(a) 截断的信号;(b) 信号的周期延拓

用于信号截断的函数称为窗函数,简称为窗。信号的截断就是将无限长的信号乘以有限宽的窗函数。"窗"的意思是指透过窗口能够看到原始信号的一部分,而原始信号在窗口以外的部分均忽略,如图3-44所示。

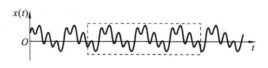

图 3-44　窗函数

周期延拓后的信号与真实信号是不同的,下面我们从数学的角度来分析这种处理带来的误差。

设有时域无限长的信号 $x(t)$,用有限长的窗函数 $w(t)$ 与之相乘,得到的截断信号为

$$x_T(t) = x(t)w(t) \tag{3-156}$$

按照频域卷积定理,则截断信号 $x_T(t)$ 的频谱函数 $X_T(f)$ 为

$$X_T(f) = X(f) * W(f) \tag{3-157}$$

信号截断后会产生频谱能量泄漏。这里以矩形窗函数截断余弦信号 $x(t)=\cos 2\pi f_0 t$ 为例进行说明。如图 3-45 所示,余弦信号 $x(t)$ 的频谱函数 $X(f)$ 是位于 $f=f_0$ 处的 δ 函数,而矩形窗函数 $w(t)$ 的频谱函数为 $\mathrm{sinc}(f)$,为无限带宽函数。将截断信号的频谱函数 $X_T(t)$ 与原始信号的频谱函数 $X(f)$ 相比较可知,$X_T(f)$ 已不是原始信号位于 $f=f_0$ 处的两条谱线,而是两段振荡的连续谱。这表明原来的信号被截断以后,其频谱发生了畸变,原来集中在 $f=f_0$ 处的能量被分散到两个较宽的频带中去了,这种现象就称为频谱能量泄漏。

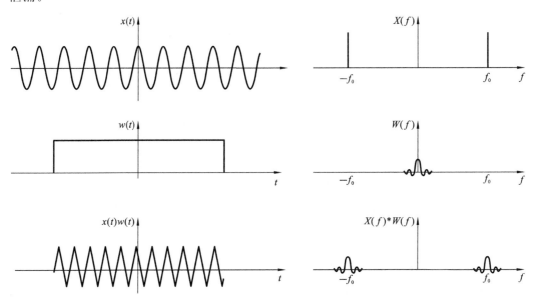

图 3-45 余弦信号的截断及能量泄漏现象

信号被截断以后产生能量泄漏现象是必然的,因为窗函数 $w(t)$ 是一个频带无限带宽函数,所以即使原信号 $x(t)$ 是有限带宽信号,在截断以后也必然成为无限带宽的信号,即信号在频域的能量与分布被扩展了。由采样定理,无论采样频率多高,只要信号被截断,就不可避免地会产生频谱混叠现象,因此信号截断必然会带来误差,这是信号分析中不容忽视的问题。

如果增大截断长度 T,即矩形窗口加宽,则窗谱函数 $W(f)$ 将被压缩变窄($1/T$ 减小)。虽然理论上讲,其频谱范围仍为无限宽,但实际上中心频率以外的频率分量衰减较快,因而泄漏误差将减小。当窗口宽度 T 趋于无穷大时,则窗谱函数 $W(f)$ 将变为 $\delta(f)$ 函数,而 $\delta(f)$ 与 $X(f)$ 的卷积仍为 $X(f)$,这说明,如果窗口无限宽,即不截断,就不存在泄漏误差。

工程中,为了减小频谱能量泄漏的影响,可采取下列两种措施:

(1) 增加截断长度。这样可使 $\mathrm{sinc}(f)$ 函数的主瓣变窄,旁瓣向主瓣集中,从而减小泄漏。但增加截断长度与提高采样频率相矛盾,需要妥善处理。

(2) 采用不同的截取函数对信号进行截断。泄漏与窗函数频谱两侧的旁瓣有关,如

果两侧旁瓣的高度趋于零,而使能量相对集中在主瓣,截断信号频谱就可以较为接近于原始信号的频谱。为此,在时间域中可采用不同的窗函数来截断信号,这些窗函数与矩形窗函数相比有两方面的改进:一是频谱主瓣突出,二是旁瓣衰减快。

3.5.3.2 常用窗函数

选择频谱形状尽可能类似冲激函数的窗函数是减少能量泄漏的有效措施。一般来说,一个好的窗函数,其频谱的主瓣应窄,旁瓣应小。主瓣窄意味着能量集中,分辨率高;旁瓣小意味着能量泄漏少。用于评价窗函数性能的指标通常有以下几个:

(1) -3 dB 带宽 B,它是归一化的幅值 $20\lg|W(f)/W(0)|$ 下降至 -3 dB 时的带宽。带宽 B 为 $\Delta\omega$ 或 Δf(主瓣宽度)。

(2) 最大旁瓣峰值 A(dB),它是主瓣归一化的幅值曲线中最大旁瓣峰值的取值。

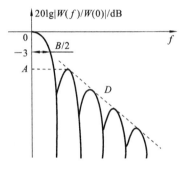

图 3-46 窗函数频谱中参数的定义

(3) 旁瓣峰值衰减率 D(dB/oct),它表示最大旁瓣峰值与相距 10 倍频处旁瓣峰值之比。

上述三个参数的定义如图 3-46 所示。理想的窗函数应具有最小的 B 和 A,以及最大的 D。

实际应用的窗函数可分为以下主要类型:

(1) 幂窗函数——采用时间变量某种幂次的函数,如矩形、三角形、梯形窗函数及其他时间 t 的高次幂函数;

(2) 三角窗函数——应用三角函数,即正弦或余弦函数等组合成的复合函数,例如汉宁窗函数、海明窗函数等;

(3) 指数窗函数——指数时间函数,形如 e^{-st},例如高斯窗函数等。

下面介绍几种常用的窗函数。

1. 矩形窗函数

矩形窗属于时间变量的零次幂窗,其函数形式为

$$w(t)=\begin{cases}1, & |t|\leqslant T\\ 0, & |t|>T\end{cases} \tag{3-158}$$

相应的窗谱函数为

$$W(f)=2T\mathrm{sinc}(2\pi fT) \tag{3-159}$$

矩形窗函数时域波形及其频谱如图 3-47 所示。矩形窗使用最多,习惯上不加窗就是使信号通过了矩形窗。矩形窗的性能指标:$B=0.89\Delta f$,$A=-13$ dB,$D=-6$ dB/oct。这种窗的优点是主瓣比较集中,缺点是旁瓣较高,并有负旁瓣,导致变换中会带进高频干扰和泄漏,甚至出现负谱。

2. 三角窗函数

三角窗亦称费杰(Fejer)窗,是幂窗的一次方形式,其函数形式为

$$w(t)=\begin{cases}1-\dfrac{1}{T}|t|, & |t|\leqslant T\\ 0, & |t|>T\end{cases} \tag{3-160}$$

相应的窗谱函数为

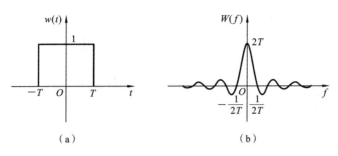

图 3-47 矩形窗时域波形及频谱

(a) 矩形窗时域波形；(b) 矩形窗频谱

$$W(f) = T\text{sinc}^2(\pi f T) \tag{3-161}$$

三角窗函数时域波形及频谱如图 3-48 所示。三角窗的性能指标为 $B=1.28\Delta f, A=-27\text{ dB}, D=-12\text{ dB/oct}$。三角窗函数频谱主瓣宽约等于矩形窗函数的两倍，但旁瓣较矩形窗函数小，而且无负旁瓣。

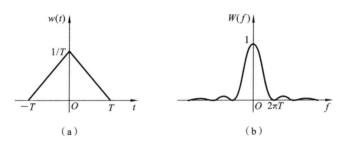

图 3-48 三角窗函数时域波形及频谱

(a) 三角窗函数时域波形；(b) 三角窗函数频谱

3. 汉宁(Hanning)窗函数

汉宁窗又称升余弦窗，其函数形式为

$$w(t) = \begin{cases} 0.5 + 0.5\cos\dfrac{2\pi t}{T}, & |t| \leqslant T \\ 0, & |t| > T \end{cases} \tag{3-162}$$

相应的窗谱函数为

$$W(f) = 0.5\frac{\sin 2\pi f T}{2\pi f T} + 0.25\left[\frac{\sin(f+1/T)}{f+1/T} + \frac{\sin(f-1/T)}{f-1/T}\right] \tag{3-163}$$

汉宁窗函数时域波形及频谱如图 3-49 所示，其性能指标：$B=1.44\Delta f, A=-32\text{ dB}, D=-18\text{ dB/oct}$。与矩形窗函数相比较，汉宁窗函数频谱旁瓣小得多，因而泄漏也小得多，但是汉宁窗的主瓣较宽，是矩形窗函数的 2 倍，致使频谱分辨率降低，因此减小泄漏往往要以降低频谱分辨率为代价。

4. 海明(Hamming)窗函数

海明窗也是余弦窗的一种，又称改进的升余弦窗，其函数形式为

$$w(t) = \begin{cases} 0.54 + 0.46\cos\dfrac{2\pi t}{T}, & |t| \leqslant T \\ 0, & |t| > T \end{cases} \tag{3-164}$$

相应的窗谱函数为

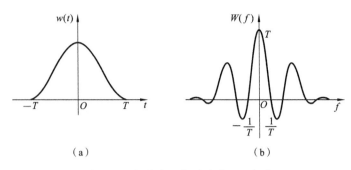

图 3-49　汉宁窗函数时域波形及频谱
(a) 汉宁窗函数时域波形；(b) 汉宁窗函数频谱

$$W(f) = 0.54 \frac{\sin 2\pi fT}{2\pi fT} + 0.23\left[\frac{\sin(f+1/T)}{f+1/T} + \frac{\sin(f-1/T)}{f-1/T}\right] \quad (3-165)$$

海明窗与汉宁窗都是余弦窗，只是加权系数不同。海明窗加权的系数能使旁瓣达到更小，其缺点是旁瓣衰减较慢。海明窗的性能指标为：$B = 1.30\Delta f$，$A = -43$ dB，$D = -6$ dB/oct。

5. 高斯窗函数

高斯窗是一种指数窗，其函数形式为

$$w(t) = \begin{cases} \dfrac{1}{T}e^{-at^2}, & |t| \leqslant T \\ 0, & |t| > T \end{cases} \quad (3-166)$$

式中 a 为常数，决定了函数曲线衰减的快慢。a 值如果选取适当，可以使截断点（T 为有限值）处的函数值比较小，则截断造成的影响就比较小。

高斯窗函数频谱无负的旁瓣，主瓣较宽，故而频率分辨率低。高斯窗常被用来截断一些非周期信号，如衰减振荡信号等。

除了以上几种常用窗函数以外，还有多种窗函数，如平顶窗函数、帕仁（Parzen）窗函数、布莱克曼（Blackman）窗函数、凯泽（Kaiser）窗函数等。

对于窗函数的选择，应考虑被分析信号的性质与处理要求。如果仅要求精确读出主瓣频率（例如测量物体的自振频率时），而不考虑幅值精度，则可选用其频谱主瓣宽度比较窄而便于分辨的矩形窗，如果需分析窄带信号，且有较强的干扰噪声，则应选用旁瓣幅值小的窗函数，如汉宁窗函数、三角窗函数等；对于随时间按指数衰减的函数，可采用指数窗来提高信噪比。

3.5.4　离散傅里叶变换

对信号 $x(t)$ 进行傅里叶变换或傅里叶逆变换运算时，无论在时域或频域都需要进行包括 $(-\infty, \infty)$ 区间的积分运算，若在计算机上实现这一运算，则必须完成以下步骤：

(1) 把连续信号（包括时域、频域）改造为离散数据；
(2) 把计算范围收缩到一个有限区间；
(3) 进行傅里叶正、逆变换运算。

在这种条件下所构成的变换称为离散傅里叶变换（discrete Fourier transform——DFT）。离散傅里叶变换的特点是：在时域和频域中都只取有限个离散数据，这些数据分别构成周期性的离散时间函数和频率函数。

1. 离散傅里叶变换的基本公式

对于离散的数字信号,可以参照连续信号的傅里叶变换,得到针对离散信号的离散傅里叶变换。

对模拟信号采样后得到一个 N 个点的时间序列 $x(n)$,对其做离散傅里叶变换 (DFT),得到 N 个点的频率序列 $X(k)$,即为 $x(n)$ 的傅里叶变换。$X(k)$ 和 $x(n)$ 为一离散傅里叶变换对,即有

$$X(k) = \sum_{n=0}^{N-1} x(n) e^{-j2\pi kn/N} = \sum_{n=0}^{N-1} x(n) W_N^{nk}, \quad k = 0, 1, 2, \cdots, N-1 \tag{3-167}$$

$$x(n) = \frac{1}{N} \sum_{k=0}^{N-1} X(k) e^{j2\pi kn/N} = \frac{1}{N} \sum_{k=0}^{N-1} X(k) W_N^{-nk}, \quad n = 0, 1, 2, \cdots, N-1 \tag{3-168}$$

式中:
$$W_N = e^{-j2\pi/N}$$

上述的离散傅里叶变换对将 N 个时域采样点 $x(n)$ 与 N 个频率采样点 $x(k)$ 联系起来,建立了时域与频域的关系,提供了通过计算机做傅里叶变换运算的一种数学方法。

2. 离散傅里叶变换的计算步骤

离散傅里叶变换的计算主要包括时域采样、时域截断和频域采样三个步骤。时域采样和时域截断上文已经做了介绍,现通过图 3-50 解释计算整个过程。

1)时域采样

用采样函数 $\delta_T(t)$ 对时域信号 $x(t)$ 进行采样,在采样过程中令 $x(t)$ 与 $\delta_T(t)$ 相乘,其结果是 $x(t)$ 在时域内变成一系列时宽相等的脉冲信号即 $x_s(t)|_{t=nT_s}$,脉冲的强度为原信号在该时间点的函数值,频谱为原信号频谱的周期化,如图 3-50(c)所示。有

$$\delta_T(t) = \sum_{n=-\infty}^{\infty} \delta(t + nT_s) \tag{3-169}$$

$$\Delta_T(f) = \Phi[\delta_T(t)] = f_s \sum_{n=-\infty}^{\infty} \delta(f + nf_s) \tag{3-170}$$

$$x_s(t) = x(t) \cdot \delta_T(t) = \sum_{n=-\infty}^{\infty} x(nT_s) \delta(t + nT_s) \tag{3-171}$$

$$X_s(f) = X(f) * \Delta_T(f) = f_s \sum_{n=-\infty}^{\infty} X(f + nf_s) \tag{3-172}$$

2)时域截断

截断过程是用离散化的时域数据乘以一个单位矩形函数 $w(t)$(窗函数),其实质是对采样值序列取有限个点(N 个)的运算。有

$$w(t) = \begin{cases} 1, & |t| \leqslant T_0/2 \\ 0, & |t| > T_0/2 \end{cases} \tag{3-173}$$

$$W(f) = T_0 \operatorname{sinc}(\pi f T_0) \tag{3-174}$$

截断后的时域信号只有有限个脉冲,其频谱由于矩形窗函数的旁瓣带来的能量泄漏出现皱波现象,如图 3-50(e)所示。

时域波形为

$$x_T(t) = x_s(t) \cdot w(t) = \sum_{n=1}^{N-1} x(nT_s) \delta(t - nT_s) \tag{3-175}$$

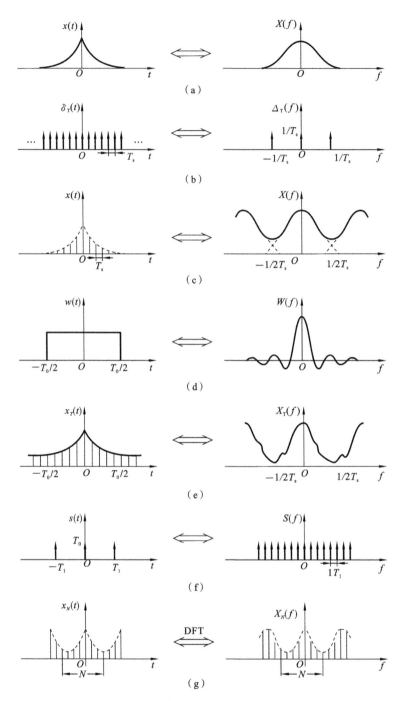

图 3-50 离散傅里叶变换的图解推演

频谱为

$$x_T(f) = X_s(f) * W(f) = X(f) * \delta_T(t) * W(f) \tag{3-176}$$

3）频域采样

经时域采样和截断后，信号 $x(t)$ 在时域上变成有限长度的离散序列，而在频域上仍为周期化的连续信号，因此需要进一步在频域上进行离散化处理，即频域采样。同理，频域采样是让频域信号与一个频域上的周期脉冲序列相乘。由于信号已经过时域离散化与截断,在长度 T_0 上有 N 个脉冲输出,且脉冲间隔为 T_s,为了使频域采样时时域的周期化不产生畸变,周期应为截断长度 T_0,因此频域采样间隔 $f_0=1/NT_s=1/T_0$。由此看来,在时域截断时选定窗函数实际上也就选定了频域频率的分辨率。频域采样的采样函数及其频谱函数分别为

$$S(f)=\delta_f(f)=\sum_{n=-\infty}^{\infty}\delta(f+nf_0) \tag{3-177}$$

$$s(t)=f_0\sum_{n=-\infty}^{\infty}\delta\left(t+\frac{n}{f_0}\right)=\frac{1}{T_0}\sum_{n=-\infty}^{\infty}\delta(t+nT_0) \tag{3-178}$$

频域采样后的信号 $X_N=X_T S(f)$,频域采样的实质是离散化的时域信号的周期化,即 $x_T(t)*s(t)$,如图 3-50(g)所示。经上述变换后,时域与频域信号均变成了离散周期信号,其一个周期 T_0 内的 N 条离散数据($T_0=NT_s$)即为原始信号 $x(t)$ 的采样数据,而频域中一个周期 f_s 内的 N 条离散谱线($f_s=N\Delta f=1/T_s$)的值,即为原信号 $x(t)$ 的频谱函数 $X(f)$ 的采样估计值,这就是离散傅里叶变换的计算原理。

3. 离散傅里叶变换的参数选择

在离散傅里叶变换分析时,模拟信号 $x(t)$ 采样频率 f_s 以及数字信号 $x(n)$ 的长度(点数 N)的选择一般遵循下述原则:

(1) 若已知信号的最高频率 f_m,为了防止频谱混叠,应满足采样定理,即采样频率 $f_s \geqslant 2f_m$。

(2) 根据实际需要,选定频率分辨率 Δf,一旦 Δf 确定,即可确定离散傅里叶变换所需的点数 $N(N \leqslant f_s/\Delta f)$。如果点数 N 不是 2 的整数次幂,且 N 点数据已给定,不能再增加时,为了利用快速傅里叶变换(FFT)算法,可以采用补零的办法使 N 为 2 的整数次幂。

(3) f_s 和 N 确定以后,即可确定相应模拟信号 $x(t)$ 的长度 T_0:
$$T_0=N/f_s=NT_s$$

频率分辨率 Δf 反比于 T_0,因此,在给定 T_0 的情况下,靠减小 T_s 来增加 N 是不能提高分辨率的,因为 $T_0=NT_s$ 为一常数,若把 T_s 减小 $1/m$,N 增加 m 倍,这时 $\Delta f=mf_s/mN=1/T_0$,即 Δf 保持不变。

4. 减少离散傅里叶变换的计算量

虽然离散傅里叶变换从理论上为离散信号的分析提供了变换工具,但直接应用离散傅里叶变换计算时间很长,很难实现。我们来分析一下式(3-167)的计算量。

当 $k=0$ 时,n 由 0 增加到 $N-1$,这当中有 N 次复数乘法运算和 $N-1$ 次复数加法运算;当 $k=1$ 时,n 由 0 增加到 $N-1$,又有 N 次复数乘法运算和 $N-1$ 次复数加法运算。显然,当 k 由 0 增加到 $N-1$ 时,计算出整个 $X(k)$ 就共需 N^2 次复数乘法运算,$N(N-1)$ 次复数加法运算。例如,当 $N=1024$ 时,需进行 2096128 次运算,如此大的计算量,使得离散傅里叶变换不能在实际工程中得到应用。

怎样提高离散傅里叶变换的运算速度呢?从离散傅里叶变换的表达式看出:$X(k)$ 是序列 $x(n)$ 与一个 W^{kn} 因子的加权和,因此要提高离散傅里叶变换的速度只有两种途径:一是把一个长序列 $x(n)$ 分成若干短序列 $x_1(n)$;二是充分利用 W^{kn} 的周期性和对称性,避免不必要的重复运算。当 $N=1024$ 时,若直接用离散傅里叶变换运算需要进行的复数

乘法运算次数为 $N^2=1048576$，而用基 2 时间偶奇分解算法（一种快速傅里变换算法，要求采样点 N 是 2 的幂）只需 5120 次复数乘法，可节省约 99.5% 的时间。

关于离散傅里叶变换的性质与快速傅里叶变换的计算方法，可查阅有关信号处理方面的书籍。有多款快速傅里变换实用软件可供使用，如 Matlab 软件的信号处理工具箱。

思考题与习题

3-1 信号的分类方法有哪些？

3-2 下面的信号是周期信号吗？如果是，确定其基本周期。

(1) $x(t)=\cos\left(t+\dfrac{\pi}{4}\right)$ (2) $x(t)=\sin\dfrac{2\pi}{3}t$

(3) $x(t)=\cos\dfrac{\pi}{3}t+\sin\dfrac{\pi}{4}t$ (4) $x(t)=\cos t+\sin\sqrt{2}t$

(5) $x(t)=\sin^2 t$ (6) $x(t)=\mathrm{e}^{\mathrm{j}[(\pi/2)t-1]}$

3-3 试判断下列信号是能量信号还是功率信号。

(1) $x(t)=A\cos(2\pi f_0 t+\varphi)$ (2) $x(t)=\sin 2t+\sin 3\pi t$

(3) $x(t)=A\mathrm{e}^{-t},t\geqslant 0$ (4) $x(t)=\mathrm{e}^{-t}\sin 2t$

3-4 试述信号的时域和频域两种描述方法各自的特点与用途。

3-5 试述周期信号与非周期信号频谱各自的特点。

3-6 如题图 3-1 所示周期性三角波在一个周期内的数学表达式为

$$x(t)=\begin{cases}A+\dfrac{2A}{T}t, & -\dfrac{T}{2}\leqslant t\leqslant 0\\ A-\dfrac{2A}{T}t, & 0<t\leqslant\dfrac{T}{2}\end{cases}$$

试求：(1) 以三角函数表示的傅里叶级数；

(2) 以复指数函数表示的傅里叶级数。

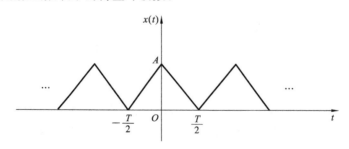

题图 3-1

3-7 已知 $x(t)=\cos\left(4t+\dfrac{\pi}{3}\right)$，试求：

(1) 其复指数形式的傅里叶级数展开式；

(2) 该信号的频谱函数 $X(\omega)$。

3-8 求指数衰减振荡信号 $x(t)=\mathrm{e}^{-\alpha t}\cos\omega_0 t (\alpha>0, t\geqslant 0)$（见题图 3-2）的频谱函数。

3-9 求题图 3-3 所示三角脉冲信号的频谱函数。该三角脉冲信号的分段函数表示为

$$x(t)=\begin{cases}\dfrac{2A}{\tau}\left(t+\dfrac{\tau}{2}\right), & -\dfrac{\tau}{2}\leqslant t\leqslant 0\\ -\dfrac{2A}{\tau}\left(t-\dfrac{\tau}{2}\right), & 0<t\leqslant \dfrac{\tau}{2}\\ 0, & |t|>\dfrac{\tau}{2}\end{cases}$$

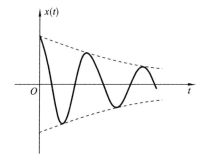

题图 3-2　　　　　　　　　　　题图 3-3

3-10 证明频域卷积定理，即证明：若 $x_1(t) \Leftrightarrow X_1(\omega), x_2(t) \Leftrightarrow X_2(\omega)$，则 $x_1(t)x_2(t) \Leftrightarrow \dfrac{1}{2\pi}X_1(\omega)*X_2(\omega)$。

3-11 求正弦信号 $x(t)=A\sin\omega t$ 的均值 μ_x、均方值 ψ_x^2 和概率密度函数 $p(x)$。

3-12 求余弦信号 $x(t)=A\cos\omega t$ 的自相关函数和自功率谱函数，并绘出相应的图形。

3-13 试述采样信号 $x_s(t)$ 的频谱函数 $X_s(f)$ 与原信号 $x(t)$ 的频谱函数 $X(f)$ 之间的关系。

3-14 何为采样定理？频谱混叠产生的原因是什么？频谱混叠对信号分析会产生怎样的影响？

3-15 量化误差产生的原因是什么？如何有效地减小量化误差？

3-16 频谱泄漏现象产生的原因是什么？如何有效地减少泄漏？

3-17 何为窗函数？窗函数的技术指标有哪些？比较几种常用窗函数的特点。

3-18 什么是离散傅里叶变换？离散傅里叶变换的基本步骤有哪些？

第 4 章　测试系统的基本特性

4.1　概　　述

测试系统是众多环节组成的对被测物理量进行检测、调理、变换、显示和记录的完整系统,也可以是整个测试系统中的某一环节或单元。信号经测试系统后输出。由于受测试系统的特性以及信号传输过程中干扰的影响,输出信号的质量必定不如输入信号。为了正确地测量某物理量,实现"不失真测量",必须掌握测试系统的特性。测试系统的基本特性是指测试系统与输入、输出之间的关系。根据输入信号是否随时间变化,将测试系统的基本特性分为静态特性和动态特性。一个测试系统与其输出之间的关系可用图 4-1 表示,其中 $x(t)$ 和 $y(t)$ 分别表示输入与输出量,$h(t)$ 表示系统的传递特性。三者之间一般有如下的几种关系:

图 4-1　测试系统与其输入、输出之间的关系框架图

(1) 若已知输入量和系统的传递特性,则可求出系统的输出量。
(2) 若已知系统的输入和输出量,则可求出系统的传递特性。
(3) 若已知系统的传递特性和输出量,则可推知系统的输入量。

对于一般的测量任务,常常希望输入与输出之间是一一对应的确定关系,因此要求系统的传递特性是线性的。对于静态测量,比较容易采取曲线校正和补偿技术来做非线性校正。但对于动态测量,测试装置或系统必须满足线性特性要求。因为在动态测量的条件下,非线性的校正和处理难以实现且成本非常高,实际的测试系统却往往不是完全的线性系统,或者说不可能在全部的测量范围上保持线性的输入-输出关系,而经常只是在一个有限的工作频段或范围内才具有线性的传递特性。因此谈到线性系统时,一定要注意系统的工作范围。

4.2　测试系统的静态特性

测试系统的静态特性又称刻度特性,静态特性曲线又称标准曲线或校准曲线。静态特性反映了被测对象处于静态,也就是输入为不随时间变化的恒定信号时,测试系统输入与输出之间呈现的关系。

静态特性可由实测得到,即在规定的工作条件下,由高精度输入量发生器给出已知的、准确的、不随时间变化的输入量 x,同时用高精度表测得测试系统对应的输出量 y,从而得到该测试系统输入、输出的关系。测试系统的静态特性指标包括灵敏度、准确度、量程、线性度等。

1. 灵敏度

灵敏度用于描述系统对输入量变化的反应能力,通常由测试系统的输出变化量 Δy 与引起该输出量变化的输入变化量 Δx 的比值来表征,即灵敏度为

$$S = \frac{输出变化量}{输入变化量} = \frac{\Delta y}{\Delta x} \tag{4-1}$$

从原则上讲,测试系统的灵敏度应尽可能高,这样被测量的微小变化就能被测量出来。但灵敏度较高时,应防止外界噪声的侵入。一般来说,灵敏度愈高,测量范围愈小,稳定性愈差。

2. 量程

量程是指测试系统允许测量的输入量的上、下极限值。使用时应使被测量在量程内。

3. 线性度

线性度又称直线度,表示测试系统静态特性对选定拟合直线 $y=kx+b$ 的接近程度。线性度误差用非线性引用误差的形式来表示:

$$\delta_L = \frac{|\Delta L_m|}{Y_{F.S}} \times 100\% \tag{4-2}$$

式中:$|\Delta L_m|$ 为静态特性与选定拟合直线的最大拟合偏差的绝对值;$Y_{F.S}$ 为测试系统的满刻度值。

由于拟合直线确定的方法不同,则用非线性引用误差表示的线性度数值也不同。目前常用的线性度有理论线性度、平均选点线性度、端基线性度、最小二乘法线性度等,其中以理论线性度与最小二乘法线性度应用最普遍。

1) 最小二乘法线性度拟合直线方程的确定

设拟合直线方程通式为

$$y = b + kx$$

则第 j 个标定点的标定值 y_j 与拟合直线上相应值的偏差为

$$\Delta L_j = (b + kx_j) - y_j$$

最小二乘法拟合直线的拟合原则是使 N 个标定点的均方差

$$\frac{1}{N}\sum_{j=1}^{N}\Delta L_j^2 = f(b,k) = \frac{1}{N}\sum_{j=1}^{N}[(b+kx_j)-y_j]^2 \tag{4-3}$$

为最小值。由 $f(b,k)$ 一阶偏导等于零,即

$$\frac{\partial f(b,k)}{\partial b} = 0, \quad \frac{\partial f(b,k)}{\partial k} = 0$$

获得两个方程,解得两个未知量 b,k 的表达式如下:

$$b = \frac{\left(\sum_{j=1}^{N}x_j^2\right)\left(\sum_{j=1}^{N}y_j\right) - \left(\sum_{j=1}^{N}x_j\right)\left(\sum_{j=1}^{N}x_jy_j\right)}{N\sum_{j=1}^{N}x_j^2 - \left(\sum_{j=1}^{N}x_j\right)^2}$$

$$k = \frac{N\sum_{j=1}^{N}x_jy_j - \left(\sum_{j=1}^{N}x_j\right)\left(\sum_{j=1}^{N}y_j\right)}{N\sum_{j=1}^{N}x_j^2 - \left(\sum_{j=1}^{N}x_j\right)^2}$$

2) 最小二乘法线性度与理论线性度的拟合直线

理论线性度又称绝对线性度。拟合直线是起始点为坐标原点$(x=0, y=0)$，终止点为满量程点$(X_{F.S}, Y_{F.S})$的直线，如图4-2中的直线2。

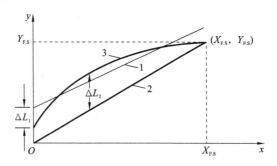

图 4-2　最小二乘法线性度与理论线性度的拟合直线
1—最小二乘法线性度拟合直线；2—理论线性度拟合直线；3—测试系统实验标定曲线；
ΔL_1—最小二乘法线性度的最大拟合偏差；ΔL_2—理论线性度的最大拟合偏差

4. 准确度

测试系统的准确度俗称精度，其定量描述有下述几种方式：

（1）用准确度等级指数来表征。

准确度等级指数 a 对应的百分数 $a\%$ 所表示的相对值是允许误差的大小，它不是测试系统实际出现的误差。a 值越小表示准确度越高。凡国家标准规定有准确度等级指数的正式产品都应有准确度等级指数的标志。

（2）用不确定度来表征。

测试系统或测量装置的不确定度为测试系统或测量装置在规定条件下用于测量时的不确定度，即在规定条件下测试系统或测量装置用于测量时所得测量结果的不确定度。

不确定度由不确定分析报告给出，不确定度报告包括以下八项内容。

① 测量方法：简述测量方法和过程。

② 数学模型：建立被测量和各影响量的数学关系。

③ 方差和传播系数：建立合成标准不确定度 $u_c(y)$ 与各方差 $u^2(A_i)$ 及其传播系数 $\left(\dfrac{\partial f}{\partial A_i}\right)$ 的关系式。

④ 标准不确定度一览表：将各分量标准不确定度符号、来源、数值、传播系数、合成不确定度分量 $\left(\dfrac{\partial f}{\partial A_i}\right)u(A_i)$、自由度列成表。

⑤ 分量标准不确定度计算过程：计算并说明获得每个分量数值所使用的方法、依据。

⑥ 合成标准不确定度计算过程；

⑦ 有效自由度 v_{eff} 和覆盖因子 k 值计算过程。

⑧ 扩展不确定度 $U=ku_c$ 的计算过程。

（3）用最大允许误差表示。

5. 分辨率

分辨率又称灵敏度阈值，它表征测试系统有效辨别系统输入最小变化量的能力。一般为最小分度值的 $\dfrac{1}{2} \sim \dfrac{1}{5}$。具有数字显示的测试系统，其分辨率是最小有效数字增加一位时相应示值的改变量,相当于一个分度值。

6. 回程误差

回程误差表征在全量程范围内,输入量由小到大(正行程)和由大到小(反行程)变化时测试系统静态特性不一致的程度,用引用误差表示为

$$\delta_H = \frac{|\Delta H_m|}{Y_{F.S}} \times 100\% \tag{4-4}$$

式中:$|\Delta H_m|$ 为同一输入量对应正、反行程输出量的最大误差。

7. 零漂

测试系统在零输入状态下,输出量偏离零值的数值。一般情况下,测试系统的零漂与时间和温度有关,即存在时间漂移和温度漂移。应设法从测量结果中消除零漂。

8. 重复性

重复性表征输入量按同一方向在全量程范围内连续多次变化时,测试系统静态特性不一致的程度。即在同一测试条件下,对测试系统重复引入同样大小的输入量时所得到的输出结果之间的差异。重复性反映了指标定值的分散性。重复性误差是一种随机误差,可用引用误差的形式来表示:

$$\delta_R = \frac{\Delta R}{Y_{F.S}} \times 100\% \tag{4-5}$$

式中:ΔR 为同一输入量对应多次循环的同向行程输出量的绝对误差。

可以根据标准偏差来计算 ΔR:

$$\Delta R = \frac{KS}{\sqrt{n}} \tag{4-6}$$

式中:S 为子样标准偏差;n 为测量次数;K 为置信因子。

9. 可靠性

可靠性是指测试系统在规定的使用条件下和规定的时间内完成规定功能的能力。测试系统的可靠性指标有平均无故障工作时间、故障率、可靠度等。

10. 稳定性

稳定性表示测试系统在规定工作条件下和规定时间内保持其性能不变的能力。一般以室温条件下经过一段规定的时间后,测试系统的输出与起始标定时的输出的差异来表示其稳定性。

11. 负载效应

多数情况下,测试系统总要从被测对象内吸取功率或能量,如接入的电压表要吸收被测电路中的功率,从而使被测对象偏离其本来的状态,导致测量误差。这种现象称为负载效应。

4.3 测试系统的动态特性

在工程测试中,大量的被测信号是随时间变化的动态信号。当输入是动态信号时,测试系统输出与输入之间的关系称为测试系统的动态特性。一个理想的测试系统,其输出与输入随时间变化的规律应相同。但实际上,输出与输入只能在一定的频率范围内在一定的动态误差下实现。本节将重点研究两个问题:

(1) 根据信号的频率范围及测量误差确定测试系统;
(2) 根据已知的测试系统动态特性,确定被测信号的频率范围和测量误差。

在动态测量中,测试装置或系统本身应该是一个线性的系统。这是因为,一方面,仅能对线性系统做比较完善的数学处理;另一方面,在动态测试中做非线性校正比较困难。此外,实际中的系统在一定的工作误差允许范围内往往可被视为线性系统。

4.3.1 测试系统的数学模型

描述测试系统的动态特性的数学模型有三种形式:
① 时域中的微分方程;
② 频域中的传递函数;
③ 频域中的频率响应特性模型。

测试系统的动态特性是系统的固有特性,只要知道上述任何一种形式,就可推导其他两种形式。

1. 测试系统的微分方程

对于一个测试系统,设输入为 $x(t)$,输出为 $y(t)$,则其动态特性可用如下微分方程表示:

$$a_n \frac{d^n y}{dt^n} + a_{n-1} \frac{d^{n-1} y}{dt^{n-1}} + \cdots + a_1 \frac{dy}{dt} + a_0 y = b_m \frac{d^m x}{dt^m} + b_{m-1} \frac{d^{m-1} x}{dt^{m-1}} + \cdots + b_1 \frac{dx}{dt} + b_0 x$$

即

$$\sum_{i=0}^{n} a_i y^{(i)} = \sum_{j=0}^{m} b_j x^{(j)} \tag{4-7}$$

式中:$a_n, a_{n-1}, \cdots, a_1, a_0$ 和 $b_m, b_{m-1}, \cdots, b_1, b_0$ 为系统的物理参数。

若系统的上述物理参数均为常数,则该方程便是常系数微分方程,所描述的系统便是线性定常系统或线性时不变系统。

线性时不变系统具有如下基本性质。

(1) 叠加性:如有 $x_1(t) \to y_1(t), x_2(t) \to y_2(t)$,则有

$$x_1(t) + x_2(t) \to y_1(t) + y_2(t) \tag{4-8}$$

(2) 比例性:如有 $x(t) \to y(t)$,则对任意常数 a,均有

$$ax(t) \to ay(t) \tag{4-9}$$

(3) 微分特性:如有 $x(t) \to y(t)$,则有

$$\frac{dx(t)}{dt} \to \frac{dy(t)}{dt} \tag{4-10}$$

(4) 积分特性:如有 $x(t) \to y(t)$,则当系统初始状态为零时,有

$$\int_0^t x(t) dt \to \int_0^t y(t) dt \tag{4-11}$$

(5) 频率保持性:如有 $x(t) \to y(t)$,若 $x(t) = x_0 e^{j\omega t}$,亦即输入为某个频率的正弦激励,则输出 $y(t)$ 也应是与之同频的正弦信号:$y(t) = y_0 e^{j(\omega t + \varphi)}$。这条性质可简单证明如下。

按比例性有

$$\omega^2 x(t) \to \omega^2 y(t) \tag{4-12}$$

式中:ω为某一已知频率。

根据微分特性有
$$\frac{d^2 x(t)}{dt^2} \rightarrow \frac{d^2 y(t)}{dt^2} \tag{4-13}$$

将式(4-12)与式(4-13)相加,有
$$\left[\omega^2 x(t) + \frac{d^2 x(t)}{dt^2}\right] \rightarrow \left[\omega^2 y(t) + \frac{d^2 y(t)}{dt^2}\right] \tag{4-14}$$

由于 $x(t) = x_0 e^{j\omega t}$,则
$$\frac{d^2 x(t)}{dt^2} = (j\omega)^2 x_0 e^{j\omega t} = -\omega^2 x_0 e^{j\omega t} = -\omega^2 x(t)$$

因此式(4-14)左边为零,亦即
$$\omega^2 x(t) + \frac{d^2 x(t)}{dt^2} = 0$$

由此可知,式(4-14)右边亦应为零,即
$$\omega^2 y(t) + \frac{d^2 y(t)}{dt^2} = 0$$

解此方程可得唯一的解为
$$y(t) = y_0 e^{j(\omega t + \varphi)}$$

式中:φ为初相角。

以下几个例子进一步说明了上述理论。

(1) 系统 $y(t) = x(t-a)$ 是线性时不变的。

(2) 系统 $y(t) = t^2 x(t)$ 是线性时变的。因为当输入 $x(t)$ 发生时移 t_0 时,$x(t-t_0)$ 的响应是 $t^2 x(t-t_0)$ 而不是 $(t-t_0)^2 x(t-t_0)$。

(3) 系统 $y(t) = |x(t)|$ 是非线性时不变的。因为对于任意两信号 $x_1(t)$ 和 $x_2(t)$ 以及常数 a_1, a_2,一般有
$$|a_1 x_1(t) + a_2 x_2(t)| \neq a_1 |x_1(t)| + a_2 |x_2(t)|$$

本章中以后讲到的系统,如无特殊声明,均指线性时不变(linear time-invariant, LT)系统。

线性系统的基本性质,尤其是频率保持性在动态测量中特别有用。对于一个线性系统,若已知其输入的激励频率,则测量信号必然具有与之相同的频率成分。反之,若已知输入、输出信号的频率,则可由两者频率的异同来推断系统的线性特性。

2. 测试系统的传递函数

初始条件为零时,输出 $y(t)$ 的拉普拉斯变换 $Y(s)$ 和输入 $x(t)$ 的拉普拉斯变换 $X(s)$ 之比为测试系统的传递函数,记为 $H(s)$。

当 $t \leq 0$ 时,$x(t) = 0, y(t) = 0$,则它们的拉普拉斯变换 $X(s), Y(s)$ 的定义式为
$$\left. \begin{aligned} Y(s) &= \int_0^\infty y(t) e^{-st} dt \\ X(s) &= \int_0^\infty x(t) e^{-st} dt \end{aligned} \right\} \tag{4-15}$$

根据拉普拉斯变换微分性质,有
$$L[y^{(i)}(t)] = s^i Y(s) - \sum_{k=0}^{i-1} s^{i-1-k} Y^{(k)}(0), \quad i = 1, 2, \cdots, n \tag{4-16}$$

$$L[x^{(j)}(t)] = s^j X(s) - \sum_{k=0}^{j-1} s^{j-1-k} X^{(k)}(0), \quad j=1,2,\cdots,m \tag{4-17}$$

如果仅考虑零状态响应,即认为输入 $x(t)$、输出 $y(t)$ 以及它们的各阶时间导数在 $t=0$ 时的初始值均为零,对式(4-17)取拉普拉斯变换则得

$$Y(s)(a_n s^n + a_{n-1} s^{n-1} + \cdots + a_1 s + a_0) = X(s)(b_m s^m + b_{m-1} s^{m-1} + \cdots + b_1 s + b_0)$$

于是测试系统的传递函数 $H(s)$ 为

$$H(s) = \frac{Y(s)}{X(s)} = \frac{b_m s^m + b_{m-1} s^{m-1} + \cdots + b_1 s + b_0}{a_n s^n + a_{n-1} s^{n-1} + \cdots + a_1 s + a_0} = \frac{\sum_{j=0}^{m} b_j s^j}{\sum_{i=0}^{n} a_i s^i} \tag{4-18}$$

3. 测试系统的频率响应函数

在初始条件为零的条件下,输出 $y(t)$ 的傅里叶变换 $Y(j\omega)$ 与输入 $x(t)$ 的傅里叶变换 $X(j\omega)$ 之比为测试系统的频率响应函数,记为 $H(j\omega)$ 或 $H(\omega)$。

对于稳定的常系数线性测试系统,可取 $s=j\omega$,即实部 $\sigma=0$,在这种情况下式(4-15)变为

$$\begin{cases} Y(j\omega) = \int_0^\infty y(t) e^{-j\omega t} dt \\ X(j\omega) = \int_0^\infty x(t) e^{-j\omega t} dt \end{cases} \tag{4-19}$$

这实际上就是单边傅里叶变换,于是就有频率响应函数 $H(j\omega)$ 为

$$H(j\omega) = \frac{Y(j\omega)}{X(j\omega)} = \frac{b_m (j\omega)^m + b_{m-1} (j\omega)^{m-1} + \cdots + b_1 (j\omega) + b_0}{a_n (j\omega)^n + a_{n-1} (j\omega)^{n-1} + \cdots + a_1 (j\omega) + a_0} \tag{4-20}$$

很明显,频率响应函数是传递函数的特例。也可写为

$$H(\omega) = Y(\omega)/X(\omega) \tag{4-21}$$

1) 幅频特性和相频特性

测试系统的输入的傅里叶变换 $X(\omega)$ 和输出的傅里叶变换 $Y(\omega)$,以及频率响应函数 $H(\omega)$ 都是频率 ω 的函数,一般都是复数,因此 $H(\omega)$ 可用指数形式来表示:

$$H(\omega) = A(\omega) e^{j\varphi(\omega)} \tag{4-22}$$

式中:$A(\omega)$ 为频率特性函数 $H(\omega)$ 的模,是输出的模 $|Y(\omega)|$ 与输入的模 $|X(\omega)|$ 之比;$\varphi(\omega)$ 为频率特性函数的幅角。

幅角 $\varphi(\omega)$ 与模 $A(\omega)$ 是频率 ω 的函数。以 ω 为横轴、$A(\omega)=|H(\omega)|$ 为纵轴的 $A(\omega)$-ω 曲线称为幅频特性曲线。若以模的分贝数 $L=20\lg A(\omega)$ 为纵轴,则 L-ω 曲线称为对数幅频特性曲线。以 ω 为横轴、$\varphi(\omega)$ 为纵轴的 $\varphi(\omega)$-ω 曲线称为测试系统的相频特性曲线。

2) 线频率特性的实验求取

求取线频率特性通常有两种方法。第一种方法是傅里叶变换法,即在初始条件全为零的情况下,同时测得输入 $x(t)$ 和输出 $y(t)$,并分别对 $x(t), y(t)$ 进行快速傅里叶变换,求得其傅里叶变换函数 $X(\omega), Y(\omega)$,其比值就是 $H(\omega)$。第二种方法是依次用频率 ω_i 不同但幅值 $X_m(\omega_i)$ 不变的正弦信号 $x(t) = X_m \sin\omega_i t$ 作为测试系统的输入(激励)信号,同时测出系统达到稳态时的相应输出信号 $y(t) = Y_m \sin(\omega_i + \varphi)$ 的幅值 $Y_m(\omega_i)$。这样,对于

某个 ω_i,便有一组模 $A(\omega_i)=\dfrac{Y_m(\omega_i)}{X_m(\omega_i)}$ 与辐角 $\varphi(\omega_i)$。全部的 $A(\omega_i)$-ω_i 和 $\varphi(\omega_i)$-ω_i($i=1$, 2,3)便共同反映了测试系统的频率特性。

4.3.2 常见测试系统的数学模型

常见测试系统都是一阶或二阶系统。任何高阶系统都可以看作若干个一阶和二阶环节的串联或并联。因此,分析并了解一、二阶环节的特性是分析、了解高阶复杂系统特性的基础。

1. 一阶测试系统

对于式(4-7),令除了 a_1,a_0 和 b_0 之外的其他 a_i 和 b_i 均为零,则得到等式

$$a_1 \frac{\mathrm{d}y(t)}{\mathrm{d}t} + a_0 y(t) = b_0 x(t) \tag{4-23}$$

任何测试系统,只要遵循式(4-23)所示的数学关系就可被定义为一阶测试系统或一阶惯性系统。

将式(4-23)两边除以 a_0 得

$$\frac{a_1}{a_0} \frac{\mathrm{d}y(t)}{\mathrm{d}t} + y(t) = \frac{b_0}{a_0} x(t) \tag{4-24}$$

令 $K=\dfrac{b_0}{a_0}$ 为系统静态灵敏度(直流放大系数),$\tau=\dfrac{a_1}{a_0}$ 为系统时间常数。对式(4-24)做拉普拉斯变换,则有

$$(\tau s + 1)Y(s) = KX(s) \tag{4-25}$$

故一阶测试系统的传递函数为

$$H(s) = \frac{Y(s)}{X(s)} = \frac{K}{\tau s + 1} \tag{4-26}$$

一阶测试系统的频率响应函数为

$$H(\omega) = \frac{Y(\omega)}{X(\omega)} = \frac{K}{1 + \mathrm{j}\omega\tau} \tag{4-27}$$

图 4-3 中,液柱式玻璃温度计、RC 电路、质量为零的弹簧-阻尼机械系统都是一阶系统。

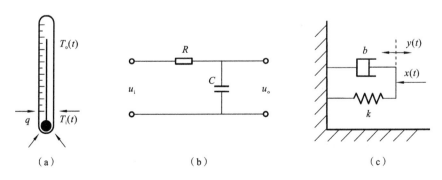

图 4-3 一阶测试系统实例

(a) 液柱式温度计;(b) RC 电路;(c) 弹簧-阻尼机械系统

对于图 4-3(a)所示的液柱式温度计,以 $T_i(t)$ 表示温度计的输入信号即被测量温度,

以 $T_o(t)$ 表示温度计的输出信号即示值温度,则输入与输出之间的关系为

$$\frac{T_i(t) - T_o(t)}{R} = C \frac{dT_o(t)}{dt} \tag{4-28}$$

式中:R 为传导介质的热阻;C 为温度超高频的热容量。

对式(4-28)两边做拉普拉斯变换,并令 $\tau = RC$(τ 为温度计的时间常数),则有

$$\tau s T_o(s) + T_o(s) = T_i(s)$$

整理得系统的传递函数为

$$H(s) = \frac{T_o(s)}{T_i(s)} = \frac{1}{\tau s + 1} \tag{4-29}$$

相应地可得系统的频率响应函数为

$$H(\omega) = \frac{1}{j\tau\omega + 1} \tag{4-30}$$

可以看出,液柱式温度计的传递性是一阶惯性系统特性。由式(4-30)求得该一阶测试系统的幅频谱函数与相频谱函数分别为

$$A(\omega) = |H(\omega)| = \frac{1}{\sqrt{1 + (\tau\omega)^2}} \tag{4-31}$$

$$\varphi(\omega) = \angle H(\omega) = -\arctan\omega\tau \tag{4-32}$$

2. 二阶测试系统

若式(4-7)中除了 a_2, a_1, a_0 和 b_0 之外其他所有的 a_i 和 b_i 均为零,则得到等式

$$a_2 \frac{d^2 y(t)}{d^2 t} + a_1 \frac{dy(t)}{dt} + a_0 y(t) = b_0 x(t) \tag{4-33}$$

这便是二阶系统的微分方程。

同样,令 $K = \frac{b_0}{a_0}$ 为系统静态灵敏度,$\omega_0 = \sqrt{\frac{a_0}{a_2}}$ 为系统无阻尼固有频率(rad/s),$\xi = \frac{a_1}{2\sqrt{a_0 a_2}}$ 为系统阻尼比,对式(4-33)两边做拉普拉斯变换得

$$\left(\frac{s^2}{\omega_0^2} + \frac{2\xi s}{\omega_0} + 1\right) Y(s) = K X(s) \tag{4-34}$$

于是系统的传递函数为

$$H(s) = \frac{Y(s)}{X(s)} = \frac{K}{\frac{s^2}{\omega_0^2} + \frac{2\xi s}{\omega_0} + 1} \tag{4-35}$$

系统的频率响应函数则为

$$H(\omega) = \frac{Y(\omega)}{X(\omega)} = \frac{K}{\left(\frac{j\omega}{\omega_0}\right)^2 + \frac{2\xi j\omega}{\omega_0} + 1} = \frac{K}{\left(1 - \frac{\omega^2}{\omega_0^2}\right) + 2j\xi \frac{\omega}{\omega_0}} \tag{4-36}$$

图 4-4(a)表示的压力传感器弹性膜片系统的等效——质量-弹簧-阻尼系统与图 4-5(b)表示的 RLC 串联电路都是二阶测试系统。图 4-4(a)所示为力学系统,质量块在受到作用力 F 后产生位移 y 和运动速度 $\frac{dy}{dt}$,在运动过程中受作用力 F、弹性作用力 $F_弹 = -ky$ 与阻尼力 $F_阻 = -b\frac{dy}{dt}$ 的作用,直到位移 y 足够大,使弹性反作用力与作用力相等时,系统

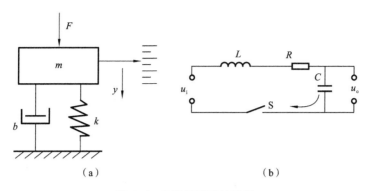

图 4-4 二阶测试系统实例

(a) 质量-弹簧-阻尼系统；(b) RLC 串联电路

达到平衡状态，阻尼力为零。在未达到平衡状态时，质量块的运动过程服从牛顿运动定律，其运动加速度由所受的合力决定：

$$\sum_{i=1}^{3} F_i = m \frac{d^2 y}{dt^2}$$

即

$$F + F_{弹} + F_{阻} = F - ky - c\frac{dy}{dt} = m\frac{d^2 y}{dt^2}$$

整理后得

$$m\frac{d^2 y}{dt^2} + c\frac{dy}{dt} + ky = F \tag{4-37}$$

式中：m 为运动部分的等效质量；k 为弹簧刚度系数；c 为阻尼系数。

由式(4-37)可见，这是一个二阶微分方程，所以质量-弹簧-阻尼系统是一个二阶系统。当 $m=0$ 时，则式(4-37)变为一阶微分方程，故弹簧-阻尼系统是一个一阶系统。

图 4-4(b)所示为一个电学系统。开关 S 由断至合时，RLC 电路被施加一阶跃电压 u_s，在过渡过程中其输入与输出的关系由以下二阶微分方程决定：

$$LC\frac{d^2 u_c}{dt^2} + RC\frac{du_c}{dt} + u_c = u_s, \quad u_s = \begin{cases} 0, & t \leqslant 0_- \\ u_i, & t \geqslant 0_+ \end{cases} \tag{4-38}$$

式(4-37)、式(4-38)都是二阶微分方程。F(作用力)、u_s(激励电压)为系统的输入量，y(质量块的位移)、u_c(电容两端的电压)为系统的输出量。

4.3.3 测试系统的动态特性参数

一阶测试系统的特性参数是时间常数 τ，二阶测试系统的特性参数是固有角频率 ω_0 与阻尼比 ξ。如果知道这些特性参数的值，就能建立系统的数学模型。通过测试系统的数学模型，进行适当的数学运算，就可以推算出系统对任一输入的输出响应。

1. 频率特性与特性参数

式(4-25)和式(4-34)中的 K 为常数，它不影响系统的动态特性。为分析方便起见，令 $K=1$。

1) 一阶测试系统的频率特性与频率特性曲线

对于一阶测试系统，当 $K=1$ 时，式(4-27)变为

$$H(\omega)=\frac{Y(\omega)}{X(\omega)}=\frac{1}{1+\mathrm{j}\omega\tau}$$

幅频特性函数

$$\left|H(\omega)\right|=\left|\frac{Y(\omega)}{X(\omega)}\right|=\frac{1}{\sqrt{1+(\omega\tau)^2}} \tag{4-39}$$

相频特性函数

$$\varphi=-\arctan\omega\tau \tag{4-40}$$

由图 4-5 与图 4-6 可知一阶测试系统的频率特性：

当 $\omega<\dfrac{1}{\tau}$ 时，$|H(\omega)|$ 接近于 1，输入、输出幅度几乎相等，$L=20\lg|H(\omega)|\approx 0$。当 ω 增大时，$|H(\omega)|$ 减小，$\omega=\dfrac{10}{\tau}$ 处的模 $\left|H\left(\dfrac{10}{\tau}\right)\right|$ 是 $\left|H\left(\dfrac{1}{\tau}\right)\right|$ 的 $\dfrac{1}{10}$。

当 $\omega>\dfrac{1}{\tau}$ 时，工作频率 ω 增大 10 倍，$|H(\omega)|$ 减小 20 dB。

当 $\omega=\dfrac{1}{\tau}$ 时，$|H(\omega)|=0.707(-3\text{ dB})$，$\varphi=-45°$，故 $\dfrac{1}{\tau}$ 称为转折频率。

可见，时间常数 τ 是反映一阶测试系统特性的重要参数。

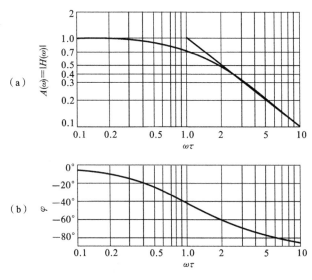

图 4-5 一阶测试系统的频率特性

(a) 幅频特性；(b) 相频特性

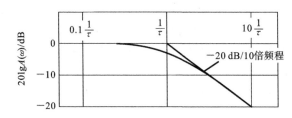

图 4-6 一阶测试系统的对数幅频特性

2）二阶测试系统的频率特性与频率特性曲线

对于二阶测试系统，当 $K=1$ 时，有

$$H(\omega) = \cfrac{1}{\left[1-\left(\cfrac{\omega}{\omega_0}\right)^2\right]+\mathrm{j}2\xi\left(\cfrac{\omega}{\omega_0}\right)}$$

幅频特性函数为

$$|H(\omega)| = \cfrac{1}{\left[1-\left(\cfrac{\omega}{\omega_0}\right)^2\right]^2+\left(2\xi\cfrac{\omega}{\omega_0}\right)^2} \tag{4-41}$$

相频特性函数为

$$\varphi(\omega) = -\arctan\cfrac{2\xi\left(\cfrac{\omega}{\omega_0}\right)}{1-\left(\cfrac{\omega}{\omega_0}\right)^2} \tag{4-42}$$

对数幅频特性函数为

$$L = 20\lg\cfrac{1}{\sqrt{\left[1-\left(\cfrac{\omega}{\omega_0}\right)^2\right]^2+\left(2\xi\cfrac{\omega}{\omega_0}\right)^2}} \tag{4-43}$$

由图 4-7 可见，二阶测试系统频率响应特性的特征参数是 ξ, ω_0。

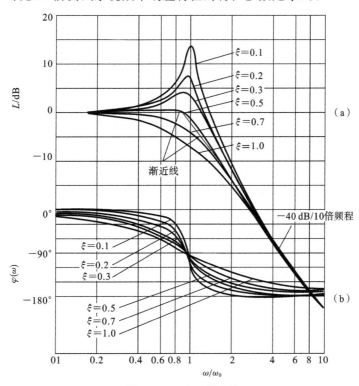

图 4-7 二阶测量系统
(a) 对数幅频特性曲线；(b) 相频特性曲线

二阶测试系统的特点是：

（1）对于低频段，有 $\cfrac{\omega}{\omega_0}<1, L\approx 0$ dB。

(2) 对于高频段,有 $\frac{\omega}{\omega_0} > 1$,$L \approx -40\lg\left(\frac{\omega}{\omega_0}\right)$,即信号频率 ω 每增大 10 倍,模 $|H(\omega)|$ 或输出正弦模 $|Y(\omega)|$ 就下降 40 dB。

(3) 当 $\omega = \omega_0$ 时,$L = -20\lg 2\xi$,L 的值完全取决于 ξ。

(4) 存在共振频率(谐振频率),$\omega_n = \omega_0 \sqrt{1-2\xi^2}$。当 $\xi < 0.707$,信号频率等于谐振频率($\omega = \omega_n$)时,系统将发生共振;当 $\xi \geq 0.707$ 时,系统不发生共振,频率特性的模 $|H(\omega)|$ 随 ω 的增加而减小。

2. 阶跃响应特性与特性参数

1) 一阶测试系统的单位阶跃响应

当系统输入单位阶跃信号

$$x(t) = \begin{cases} 0, & t \leq 0_- \\ 1, & t \geq 0_+ \end{cases}$$

时,一阶测试系统 $H(s) = \dfrac{1}{\tau s + 1}$ 对单位阶跃输入的响应函数为

$$y(t) = 1 - e^{-\frac{t}{\tau}} \tag{4-44}$$

图 4-8 显示了不同时刻 $y(t)$ 的值,其中图(b)为误差 e_m 随时间变化的情况。可以看出,当 $t = 4\tau$ 时,$y(t) = 0.982$,此时系统输出值与系统稳定时的响应值之间的差已不足 2%,所以可近似认为系统已到达稳态。一般来说,一阶测试系统的时间常数 τ 越小越好。

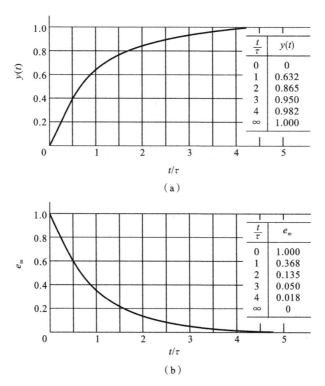

图 4-8 一阶测试系统对阶跃输入的响应
(a) 响应曲线;(b) 误差曲线

阶跃输入的实现方式比较简单,对系统突然加载、卸载均属于阶跃输入。又如将一根

温度计突然插入一定温度的液体中,液体的温度即是一个阶跃输入。由于阶跃输入方式简单易行,因此常用在工程中以测试系统的动态特性。

2) 二阶测试系统的单位阶跃响应

对于一个二阶测试系统,设静态灵敏度 $K=1$,则其传递函数为

$$H(s)=\frac{1}{\frac{s^2}{\omega_0^2}+\frac{2\xi s}{\omega_0}+1}$$

可求得它对阶跃输入的响应函数为

$$\begin{cases} y(t)=1-\frac{e^{-\xi\omega_0 t}}{\sqrt{1-\xi^2}}\sin(\sqrt{1-\xi^2}\omega_0 t+\varphi) & \text{(欠阻尼)} \quad (4\text{-}45) \\ y(t)=1-(1+\omega_0 t)e^{-\omega_0 t} & \text{(临界阻尼)} \quad (4\text{-}46) \\ y(t)=1-\frac{\xi+\sqrt{\xi^2-1}}{2\sqrt{\xi^2-1}}e^{-(\xi-\sqrt{\xi^2-1})\omega_0 t}+\frac{\xi-\sqrt{\xi^2-1}}{2\sqrt{\xi^2-1}}e^{-(\xi+\sqrt{\xi^2-1})\omega_0 t} & \text{(过阻尼)} \quad (4\text{-}47) \end{cases}$$

式中:
$$\varphi=\arctan\frac{\sqrt{1-\xi^2}}{\xi}$$

二阶测试系统对单位阶跃输入的响应如图 4-9 所示。

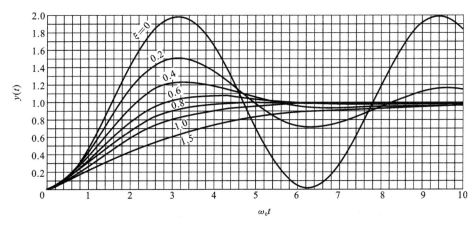

图 4-9 二阶测试系统对单位阶跃输入的响应

这些响应函数方程为测量误差的分析提供了依据。本章这些方程均是在灵敏度归一化之后求得的,因此输入量的值便成为输出量的理论值。这样输入与输出之差便是测试系统的动态误差。阶跃响应函数方程中的误差项均包含有因子 $e^{-\lambda t}$ 项,故当 $t \to \infty$ 时,动态误差为零,即它们没有稳态误差。但是系统的响应在很大程度上取决于阻尼比 ξ 和固有频率 ω_0,ω_0 越高,系统的响应越快。

阻尼比 ξ 直接影响系统超调量和振荡次数,如图 4-9 所示。当 $\xi=0$ 时,系统超调量为 100%,系统持续振荡,达不到稳态。当 $\xi>1$ 时,系统退化为两个一阶环节的串联系统,此时系统虽无超调(无振荡),但仍需较长时间才能达到稳态。对于欠阻尼情况,即 $\xi<1$ 时,若选择 ξ 为 $0.6\sim0.8$,最大超调量一般为 $2.5\%\sim10\%$,对于 $5\%\sim2\%$ 的允许误差,认为达到稳态的所需调整时间最短,一般为 $\frac{3\sim4}{\xi\omega_0}$。因此,对于许多测量装置,在设计参数时常常将阻尼比选择在 $0.6\sim0.8$ 之间。

4.3.4 测试系统特性参数的实验测定

测试系统的静态特性参数测定相对简单，一般以标准量作输入信号，测出输入-输出曲线，由该曲线求出定标曲线以及灵敏度、回程误差等各参数。

测试系统的动态特性参数的测定则比较复杂和特殊。以下是一、二阶测试系统动态特性参数的一些实验测定方法。

1. 一阶测试系统动态特性参数测定

一阶测试系统的静态灵敏度 K 可通过静态标定来得到，因此需要测定的动态特性参数只剩下时间常数 τ。求取 τ 有多种方法，常用的方法是对系统施加一个阶跃信号，然后求取系统达到最终稳定值的 63.2% 所需时间，将其作为系统的时间常数 τ 的值。这一方法称为 63.2% 法。其缺点是不精确，因为其所获得的结果受到起始时间点不能够确定这一因素的影响，而且也不能够确切地确定被测系统一定是一个一阶系统。另外，这种方法没有涉及响应的全过程。改用下述方法可较为精确地确定时间常数 τ。

设静态灵敏度 $K=1$，则由式(4-25)得一阶测试系统的阶跃响应函数为

$$y(t)=1-e^{-\frac{t}{\tau}} \tag{4-48}$$

式(4-48)可改写为

$$1-y(t)=e^{-\frac{t}{\tau}} \tag{4-49}$$

定义

$$Z=\ln[1-y(t)] \tag{4-50}$$

则有

$$Z=-\frac{t}{\tau} \tag{4-51}$$

进而有

$$\frac{dZ}{dt}=-\frac{1}{\tau} \tag{4-52}$$

式(4-51)表明，Z（亦即 $\ln[1-y(t)]$）与时间 t 成线性关系。若画出 Z 与 t 的关系图，则可得到一条斜率为 $-\frac{1}{\tau}$ 的直线(图4-10)。

用上述方法可得到更为精确的 τ 值。另外，根据所测得的数据点是否落在一条直线上，可判断该系统是否一阶测试系统。倘若数据点与直线偏离甚远，那么也可断定，用 63.2% 法所测得的 τ 值是相当不精确的，因为此时系统不是一个一阶系统。

一阶测试系统的动态特性也可用频率响应实验来获取或证实。将正弦信号在一个很宽的频率范围内输入被测系统，记录系统的输入与输出值，然后在对数坐标系中求出系统的幅值比和相位(见图4-11)。若系统为一阶系统，则所得曲线在低频段为一水平线（斜率为零），在高频段曲线斜度为 -20 dB/10 oct(10 倍频程)，相角逐渐接近 $-90°$。于是由曲线的转折点（转折频率）可求得时间常数 $\tau=\frac{1}{\omega_{\text{break}}}$。同样也可从测得的曲线形状偏离理想曲线的程度来判断系统是否一阶系统。

2. 二阶测试系统动态特性参数测定

二阶测试系统的静态灵敏度同样也由静态标定来确定。系统的阻尼比 ξ 和固有频率

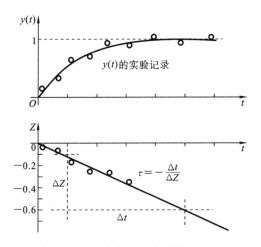

图 4-10 一阶测试系统的阶跃实验

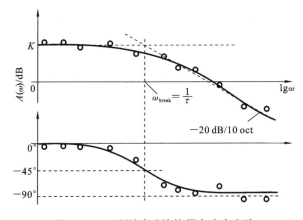

图 4-11 一阶测试系统的频率响应实验

ω_0 也可以用诸多方法来测定。常用的也是阶跃响应法和频率响应法。图 4-12(a)给出了用阶跃响应法测定欠阻尼二阶系统的 ξ 和 ω_0 的示例。

根据式(4.34),二阶测试系统在欠阻尼情况下的阶跃响应为

$$y(t)=1-\frac{e^{-\xi\omega_0 t}}{\sqrt{1-\xi^2}}\sin(\sqrt{1-\xi^2}\omega_0 t+\varphi) \tag{4-53}$$

式中

$$\varphi=\arctan\frac{\sqrt{1-\xi^2}}{\xi}$$

其瞬态响应是以 $\omega_0\sqrt{1-\xi^2}$ 的圆频率做衰减振荡的,该圆频率称为系统的有阻尼固有频率,记作 ω_d。对上述响应函数求极值,可得曲线中各振荡峰值所对应的时间 $t_p=0$,$\frac{\pi}{\omega_d},\frac{2\pi}{\omega_d},\cdots$。将 $t=\frac{\pi}{\omega_d}$ 代入式(4-53)可求得此时系统的最大超调量为

$$a=\exp\left[-\left(\frac{\xi\pi}{\sqrt{1-\xi^2}}\right)\right] \tag{4-54}$$

从而得

$$\xi=\sqrt{\frac{1}{\left(\frac{\pi}{\ln a}\right)^2+1}} \tag{4-55}$$

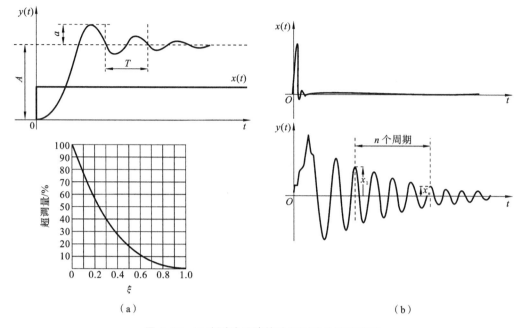

图 4-12 二阶测试系统的阶跃和脉冲响应实验

测得 a 之后便可按式(4-55)求得 ξ。

系统的固有频率 ω_0 可按下式求得：

$$\omega_0 = \frac{2\pi}{T\sqrt{1-\xi^2}} \tag{4-56}$$

若系统阻尼较小，那么任何快速的瞬态输入所产生的响应都将如图 4-12(b)所示。此时系统的 ξ 可用下式近似求得：

$$\xi \approx \frac{\ln\left(\dfrac{x_1}{x_n}\right)}{2\pi n} \tag{4-57}$$

该近似公式成立是以系统阻尼比 ξ 较小为前提的。一般 $\xi<0.1$，这样 $\sqrt{1-\xi^2} \approx 1.0$。此时 ω_0 还是用式(4-56)来求。如果能记录多个振荡周期的数据，那么可用多个周期的平均值作为 T，这样求得的 ω_0 将更精确些。但如果系统是严格线性的二阶系统，那么数值 n 无关紧要。该情况下对于任意多个振荡周期，所得的 ξ 均是相同的。因此，如果对不同的 n 值，比如 $n=1,2,4,\cdots$，求得的 ξ 值差别较大，则可说明系统并不是严格的二阶系统。

4.4 测试系统实现精确测量的条件

测量的任务是应用测量装置或系统来精确地复现被测的特征量或参数。因此一个完善的测试系统，必须能够精确地复制被测信号的波形，且在时间上没有任何的延迟。从频域上分析，系统的输入与输出之间的关系亦即系统的频率响应函数 $H(\omega)$ 应该满足 $H(\omega) = K\angle 0°$ 的条件，亦即系统的放大倍数为常数，相位为零。上述条件是理论上的，或者说理想化的条件。实际上，许多测试系统能够通过选择合适的参数满足幅值比(放大倍数)

为常数的要求,但在信号的频率范围上同时实现接近于零的相位滞后,除了少数系统(如具有小 ξ 和大 ω_0 的电压式二阶测试系统)之外,几乎是不可能的。这是因为任何测量都伴有时间上的滞后。因此对于实际的测试系统,系统输入与输出之间的关系可以修改为如下的形式:

$$y(t) = Kx(t - t_0) \tag{4-58}$$

式中: K 和 t_0 都是常量。

式(4-58)的傅里叶变换表达式为

$$Y(\omega) = KX(\omega)e^{-j\omega t_0} \tag{4-59}$$

因此系统的频率响应函数相应地为

$$H(\omega) = \frac{Y(\omega)}{X(\omega)} = Ke^{-j\omega t_0} = K \angle -\omega t_0 \tag{4-60}$$

其幅频和相频特性函数分别为

$$\begin{cases} A(\omega) = K \\ \varphi(\omega) = -\omega t_0 \end{cases} \tag{4-61}$$

如果一个测试系统满足上述的时域或频域的传递特性,即它的幅频特性可表示为一个常数,相频特性可表示为相角与频率的线性关系式,那么便称该系统是一个精确的或不失真的测试系统,用该系统实现的测量将是精确和不失真的。图 4-13 给出了精确测试系统所要满足的条件(参考式(4-61)):精确测试系统的幅频特性曲线应该是一条平行于横轴(ω 轴)的直线;相频特性曲线应是发自坐标系原点的一条具有一定斜率的直线。但实际测试系统均有一定的频率范围,因此只要在输入信号所包含的频率成分范围之内满足上述两个条件即可,如图 4-13(a)所示。

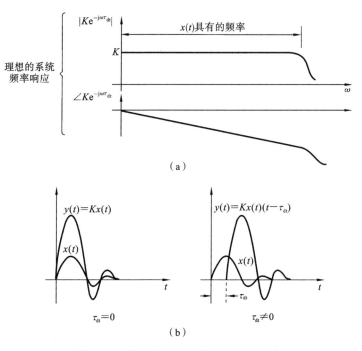

图 4-13 精确测试系统所要满足的条件

需要指出的是,满足上述条件的精确测试系统的输出相对输入仍滞后时间 t_0(见式

(4-58))。对许多工程应用来说,测量的目的仅要求被测结果能精确地复现输入的波形,至于时间上的延迟并不是很重要。但在某些应用场合,相角的滞后会带来问题。如在测试系统中接入反馈环节,那么系统的输出对输入的滞后可能会破坏整个控制系统的稳定性。此时便严格要求测量结果无滞后,即 $\varphi(\omega)=0$。

4.5 测试系统的选择原则

测试系统的选择原则是:
① 满足测量目的和要求;
② 经济可行。
鉴于此,在选择测试系统时必须考虑以下因素:

1) 静态技术指标

静态技术指标是选择测试系统时必须考虑的重要因素,即静态技术指标必须满足测量要求。

2) 动态指标

任何动态测试系统都存在一个有限的频率可用范围,而且与测量准确度紧密相关。为了达到仪器所规定的测量准确度,测试系统的频率响应特性必须与被测信号的频率结构相适应,即要求被测信号的有效频率成分必须在测试系统的可用频率范围之内。

3) 测量方式

测试系统的测量方式(如接触式测量和非接触式测量,在线测量与离线测量等)不同,对测试系统的技术要求也不同。

4) 抗干扰能力

在测量过程中,除了被测信号外,往往还会有各种不可见的、随机的信号出现在测试系统中,这些干扰信号与有用信号叠加在一起,可能严重歪曲测量结果。因此,测试系统要有良好的抗干扰能力。

5) 其他

除了上述应考虑的四个因素外,还应考虑到系统应便于维修,结构应简单合理,价格尽量便宜,等等。

思考题与习题

4-1 测试系统的静态指标有哪些?

4-2 对于二阶测试系统,如要实现精确测量,对其幅频特性和相频特性有哪些要求?

4-3 试给出图 4-4(b)所示系统的数学模型。

4-4 试阐述如何用实验的方法获得一阶和二阶测试系统的动态特性参数。

4-5 现有一压力测试系统,它由压阻或压力传感器、调理电路、数据采集系统和计算机组成,其设计量程为 2.5×10^5 Pa。为了获得该测试系统的静态指标,对其进行了标校。

标校时,在满量程范围内选定标定点个数 $m=6$(序号依次为 $(1,2,\cdots,6)$),正反行程循环次数 $n=5$。标准压力发生器用活塞或压力计(0.05 级),标定值如题表 4-1 所示,请根据标定数据计算出该压力测试系统的量程、线性度、回程误差、重复性。

题表 4-1 静态实验标定数据

循环方向	行程方向	$y/(\times 10^5 \text{ Pa})$					
		点 1 ($x=0$ Pa)	点 2 ($x=0.5\times 10^5$ Pa)	点 3 ($x=1.0\times 10^5$ Pa)	点 4 ($x=1.5\times 10^5$ Pa)	点 5 ($x=2.0\times 10^5$ Pa)	点 6 ($x=2.5\times 10^5$ Pa)
1	正向	−0.0114	0.4998	0.9954	1.4962	1.9991	2.5030
	反向	−0.0116	0.5029	0.9969	1.4974	1.9986	
2	正向	−0.0119	0.5017	0.9959	1.4960	2.0000	2.5042
	反向	−0.0119	0.5044	0.9979	1.4981	1.9996	
3	正向	−0.0121	0.5044	0.9983	1.4981	2.0003	2.5047
	反向	−0.0123	0.5068	0.9993	1.4993	2.0013	
4	正向	−0.0123	0.5056	0.9986	1.4985	2.0005	2.5049
	反向	−0.0124	0.5071	0.9998	1.4992	2.0015	
5	正向	−0.0125	0.5060	0.9992	1.4990	2.0010	2.5052
	反向	−0.0126	0.5075	1.0010	1.5002	2.0016	

4-6 某二阶测试系统的频率响应函数为

$$H(\omega)=\frac{1}{1-\left(\dfrac{\omega}{\omega_0}\right)^2+0.5\mathrm{j}\left(\dfrac{\omega}{\omega_0}\right)}$$

将信号 $x(t)=\cos\left(\omega_1 t+\dfrac{\pi}{2}\right)+0.5\cos(2\omega_1 t+\pi)+0.2\cos\left(4\omega_1 t+\dfrac{\pi}{6}\right)$ 输入此系统,假定 $\omega_1=0.5\omega_0$,试求将信号 $x(t)$ 输入该系统后的稳态响应 $y(t)$。

第5章 传感器原理

5.1 概述

5.1.1 传感器的作用

1593年伽利略发明了第一支空气温度计,自此人们开始利用敏感元件来进行物理量的测量。随着科技的发展,后来相继出现了真正意义上的温度传感器、声学传感器、压力传感器和振动传感器等。在信息化时代的今天,工农业、军事、航空、日常生活等方面都需要实时获取各类信息,而作为检测与自动化控制系统等智能系统"感官"的各类传感器,通常是获取各种信息的重要工具。为了对各种各样的物理量进行检测,传感器的类型也越来越多。传感器的作用是将来自被测物的各种信号转换成易于处理的信号,通常为电信号,因为对电信号能较容易地进行放大、反馈、滤波、微分、存储,以及远距离操作等。

随着现代科学技术,特别是微电子技术和信息技术的飞速发展,传感器的地位和作用将更为突出,许多有竞争力的新产品开发和卓有成效的技术改造,都离不开传感器;传感器的应用直接带来了明显的经济效益和社会效益。

新型武器装备研制和相关实验对现代测试技术的需求多,要求高,需要检测多种物理参量,有时全部检测点需要同时安装5000个以上的各类传感器。军舰、潜艇等大型装备在正常使用时也需装备上百个各类传感器,组成十几至几十种信息检测系统,实时监测和指示各部位的工作状况。而在舰艇装备的结构、强度和工作状态分析中,通过各类传感器测取力、力矩、位移、速度、振动、液位、气体浓度等物理量的大小,进而掌握装备的运行状态和变化规律是十分重要的。

5.1.2 传感器的定义

根据国家标准《传感器通用术语》(GB/T 7665—2005),传感器(transducer/sensor)的定义是:能感受规定的被测量并按照一定的规律转换成可用输出信号的器件或装置。传感器一般由敏感元件、转换元件、转换电路三部分组成。

(1) 敏感元件(sensitive element):直接感受被测量,并输出与被测量成确定关系的物理量。

(2) 转换元件(transduction element):以敏感元件的输出为输入,并转换成电路参数。

(3) 转换电路(transduction circuit):将上述电路参数进一步转换成电流或电压等电学量输出。

有些传感器组成简单,仅由一个敏感元件(兼作转换元件)组成,它可直接输出电学量信号;有些传感器由敏感元件和转换元件组成,不需要转换电路;有些传感器的转换元件不止一个,在测量时要进行若干次转换。

5.1.3 传感器的分类

传感器种类繁多,目前常用的分类方法有两种:一种是按被测量来分类,另一种是按传感器的原理来分类。

1. 按被测量分类

这种分类方法实质上是按被测量性质的不同来为传感器分类。常见的传感器有热学量类传感器、机械量类传感器、物性与成分量类传感器和状态量类传感器。各类传感器又分为若干,例如:热学量类传感器有润滑油温度传感器、冷却水压力传感器、潜艇舱室真空度传感器、流量传感器等;机械量类传感器有机体振动加速度传感器、轴位移传感器、柴油机转速传感器、噪声传感器、力矩传感器等;物性与成分量类传感器有可燃气体浓度计、密度计、盐度计、黏度计等;状态量类传感器有材料缺陷检测传感器、气(液)压力泄漏检测传感器、表面粗糙度检测传感器等。

2. 按工作原理分类

这种分类方法是以物理、化学等学科的原理、规律和效应为基础,依据传感器的工作原理而划分,可分为电阻式传感器(如电阻应变式、变阻式)、电容式传感器(变极距型、变面积型、变介质型)、电感式传感器(如自感式、电涡流式、互感式)、磁电式传感器(如动圈式、磁阻式、霍尔式)、压电式传感器、光电式传感器、热电式传感器(如热电偶、热电阻、集成温度传感器)、气敏传感器、红外传感器、超声波传感器、光纤传感器等。后面将从工作原理的角度来介绍舰艇装备检测过程中所使用的一些常用的传感器。

5.2 电阻式传感器

电阻式传感器是指通过电阻参数的变化来实现力、力矩、位移、速度、加速度等物理量测量的传感器。不同的电阻材料,受被测量(如位移、应变、压力、光和热等)作用转换成电阻参数变化的机理是各不相同的,因而电阻式传感器可分为电位计式、应变计式、压阻式、光电阻式和热电阻式等多种。20 世纪 30 年代末,美国的 E. Simmons 和 A. C. Ruge 制造出第一批电阻应变计;1944 年粘贴式电阻应变传感器问世;之后,随着材料工程技术、加工工艺技术、粘贴工艺技术等的进步,电阻式传感器的准确度、可靠度大大提高,在测试技术领域也得到了更广泛的应用。本章主要介绍电阻应变式传感器和变阻式传感器。

5.2.1 电阻应变式传感器

5.2.1.1 基本原理

研究表明,在外力的作用下,当金属或半导体材料发生机械变形时,其电阻值将会相应地发生变化,这种现象称为电阻应变效应。电阻应变式传感器就是基于上述原理,利用转换元件(电阻应变片)将被测对象的应变转换为电阻的变化,从而实现非电物理量测量的传感器。如图 5-1 所示,电阻应变片粘贴在弹性被测对象表面,当作用在被测对象上的物理量(如压力、载荷、位移等)使其发生弹性变形时,电阻应变片可将感受到的弹性变形量转变成相应的电阻值的变化,从而实现物理量的定量测量。

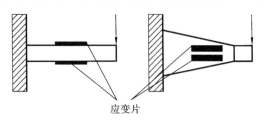

图 5-1　电阻应变片的基本工作过程示意图

工程测量中,实际被测对象结构形式复杂多样,为了便于测量和分析,通常可将其弹性部分的结构简化为以下主要的形式:受拉压的直杆、受弯曲的梁、受扭转的轴、受均布压力的板和圆筒、承受径向载荷的圆环等。用金属或半导体材料的电阻丝制作的电阻应变片粘贴在弹性元件上,将被测物理量直接作为弹性元件所承受的载荷。当弹性元件受力变形时,电阻应变片的敏感栅也随之发生机械变形,由于电阻应变效应,电阻应变片的电阻值将发生相应变化,通过转换电路可将这一变化转换为电压或电流的变化。

设一段金属电阻丝如图 5-2 所示,其长度为 L,截面积为 S,电阻率为 ρ(不同材料电阻率不同),材料的泊松比为 μ。当电阻丝不受外力作用时,它的电阻值可表示为

$$R = \rho \frac{L}{S} \tag{5-1}$$

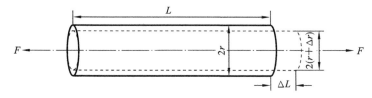

图 5-2　导体受力作用后几何尺寸发生变化

由此可见,引起电阻变化的因素有两个:电阻丝电阻率和几何尺寸。电阻丝在外力 F 作用下将会被拉伸或压缩,其长度 L、截面积 S 及电阻率 ρ 等均将发生变化,从而导致电阻值发生变化。对式(5-1)进行微分,则有

$$dR = \frac{\rho}{S}dL - \frac{\rho L}{S^2}dS + \frac{L}{S}d\rho = R\left(\frac{dL}{L} - \frac{dS}{S} + \frac{d\rho}{\rho}\right) \tag{5-2}$$

于是有

$$\frac{dR}{R} = \frac{dL}{L} - \frac{dS}{S} + \frac{d\rho}{\rho} \tag{5-3}$$

令电阻丝的轴向应变 $\varepsilon = \Delta L/L$,设电阻丝半径为 r,则由材料力学中的相关理论可知 $dr/r = -\mu(dL/L) = -\mu\varepsilon$。因为 $S = \pi r^2$,所以

$$\frac{dS}{S} = 2\frac{dr}{r} = -2\mu\varepsilon \tag{5-4}$$

式中:负号表示电阻丝伸长时半径将缩小。

对式(5-3)进行整理可得

$$\frac{\mathrm{d}R}{R} = (1+2\mu)\varepsilon + \frac{\mathrm{d}\rho}{\rho} \tag{5-5}$$

对于金属和半导体两类不同材料的电阻丝,式(5-5)中的 $\mathrm{d}\rho/\rho$(电阻率相对变化)的受力效应是不同的。

1. 金属材料的应变电阻效应

研究表明,金属电阻丝的电阻率相对变化正比于体积的相对变化:

$$\frac{\mathrm{d}\rho}{\rho} = C\frac{\mathrm{d}V}{V} = C\frac{\mathrm{d}(LS)}{LS} = C\left(\frac{\mathrm{d}L}{L} - \frac{\mathrm{d}S}{S}\right) = C(1-2\mu)\varepsilon \tag{5-6}$$

式中:V 为金属电阻丝的体积,$V=LS$;C 为与金属导体晶格结构相关的比例系数。

将式(5-6)代入式(5-5)可得

$$\frac{\mathrm{d}R}{R} = [(1+2\mu) + C(1-2\mu)]\varepsilon = K_{\mathrm{m}}\varepsilon \tag{5-7}$$

式中:K_{m} 为金属电阻丝的应变灵敏度系数,$K_{\mathrm{m}} = (1+2\mu) + C(1-2\mu)$。可知金属电阻丝的应变由两部分组成:第一部分为受力后金属丝几何尺寸变化导致的应变,对一般金属而言 $\mu \approx 0.3$,$1+2\mu \approx 1.6$;第二部分为因应变而发生的电阻率相对变化所导致的应变,以康铜材料为例,$C \approx 1$,$C(1-2\mu) \approx 0.4$。显然,金属电阻丝的应变电阻效应以几何尺寸变化为主。

由以上分析可见,金属材料的电阻相对变化与其线应变成正比。

工程上通常将直的金属丝绕制成电阻应变片的敏感栅使用。绕制成的敏感栅,除了可为纵向的丝栅外,还可为圆弧形或直线形的横向丝栅,虽然纵向与横向丝栅长度相同,但应变状态不同。横向丝栅既对纵向应变敏感,也对横向应变敏感。当把电阻应变片粘贴在工件上时,在拉力作用下,纵向丝栅由于产生纵向应变,电阻值增加;而横向丝栅则因纵向应变和横向应变的影响,电阻值减小,将纵向丝栅电阻的变化抵消一部分,使得应变片敏感栅的电阻变化较直的金属丝小。这种现象就称为电阻应变片的横向效应。横向效应的存在会造成测量误差,所以在实际测试中要进行修正。也可采用箔式应变片代替丝式应变片,由于箔式应变片沿横向做得较宽,其横向电阻几乎为零,因此箔式应变片受横向效应的影响很小。同时,横向效应也与粘贴的工艺和质量有关系。

2. 半导体材料的压阻效应

研究发现,锗、硅等单晶半导体材料具有压阻效应,即

$$\frac{\mathrm{d}\rho}{\rho} = \pi\sigma = \pi E\varepsilon \tag{5-8}$$

式中:σ 为作用在材料上的轴向应力;π 为半导体在受力方向上的压阻系数;E 为半导体材料的弹性模量。将式(5-8)代入式(5-5)可得

$$\frac{\mathrm{d}R}{R} = [(1+2\mu) + \pi E]\varepsilon = K_{\mathrm{s}}\varepsilon \tag{5-9}$$

式中:K_{s} 为半导体材料电阻丝的应变灵敏度系数,$K_{\mathrm{s}} = (1+2\mu) + \pi E$。可知半导体材料电阻丝的应变由两部分组成:第一部分为几何尺寸变化所导致的应变,第二部分为半导体材料的压阻效应所导致的应变。对于一般的固体材料,$1+2\mu = 1.5 \sim 2$,而 $\pi E = 65 \sim 130$。显然,$\pi E \gg 1+2\mu$,所以 $K_{\mathrm{s}} \approx \pi E$。

因此,半导体电阻丝的应变电阻效应以压阻效应为主。比较金属和半导体材料电阻丝的应变灵敏度系数,可知通常 $K_{\mathrm{s}} = (50 \sim 80)K_{\mathrm{m}}$。

5.2.1.2 电阻应变片结构、种类和材料

1 电阻应变片的结构

图 5-3 是电阻应变片的构造示意图,它包括敏感栅、基底、保护层、引线等。

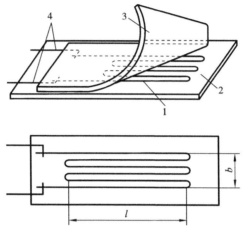

图 5-3 电阻应变片构造示意图
1—敏感栅;2—基底;3—保护层;4—引线

(1) 敏感栅:为了获得高的阻值,将电阻丝排列成栅状,称之为敏感栅,它是电阻应变片中实现应变-电阻转换的敏感元件。图 5-3 中 l 表示栅长(标距),b 表示栅宽(基宽),$b \times l$ 称为应变片的使用面积。应变片的规格一般以使用面积和电阻值表示,如 (3×20) mm^2,120 Ω。敏感栅通常由直径为 0.01~0.05 mm 的金属丝绕成栅状,或用金属箔腐蚀成栅状,其厚度一般为 0.003~0.01 mm。常见敏感栅的结构形式如图 5-4 所示。其中用来测量两个或多个方向应变的应变片也称应变花,如图 5-4(e)~(j)所示。

(2) 基底:为了使敏感栅保持固定的形状、尺寸和位置,通常用粘接剂将它固结在纸质或胶质的基底上。应变片工作时,基底的作用是把试件应变准确地传递给敏感栅,故基底必须很薄,一般为 0.02~0.04 mm。

(3) 引线:它起着敏感栅与测量电路之间的过渡连接和引导作用。通常采用直径为 0.1~0.15 mm 的低阻镀锡铜线,并通过钎焊与敏感栅端连接。

(4) 保护层:也称为覆盖层。用纸或胶等制作成的、覆盖在敏感栅上的保护层,起着绝缘、防潮、防蚀、防损等作用。

在生产应变片时,还要用粘接剂分别把保护层和敏感栅固结于基底,使用应变片时,则用粘接剂把应变计基底粘贴在试件表面的被测部位。因此在应变测试过程中,粘接剂也起着传递应变的作用。

2. 电阻应变片的种类

电阻应变片按材料可分为金属应变片和半导体应变片,金属应变片又可分为丝式、箔式和薄膜式。

(1) 金属丝式应变片:这是典型的金属电阻应变片,通过将一根高电阻率金属丝绕成栅形,粘贴在绝缘的基底和保护层之间构成。可分为回线式应变片与短接式应变片两种,前者如图 5-4(a)所示,后者如图 5-4(b)所示。

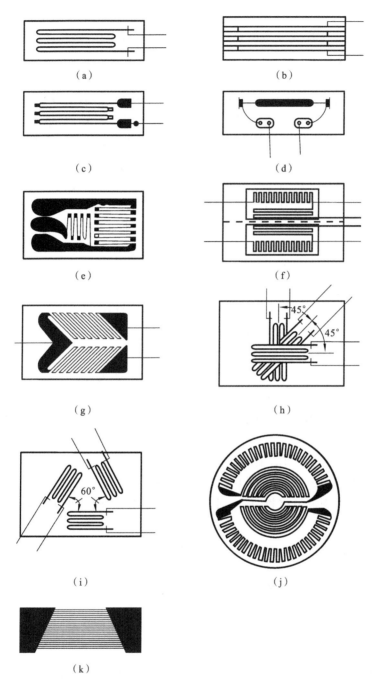

图 5-4 常见敏感栅的结构形式

(2) 金属箔式应变片:采用金属箔通过照相制版、光刻、腐蚀等工艺制成,可制成任意形状以适应不同的测量要求,如图 5-4(c)(e)(g)所示。金属箔材料多为电阻率高、热稳定性好的铜镍合金,厚度多介于 0.001～0.01 mm 之间。金属箔式应变片与基底的接触面积较大,散热条件较好,长时间测量时的蠕变较小,适合于大批量生产。目前使用的应变片大多是金属箔式应变片。

(3) 金属薄膜式应变片:采用真空蒸镀或真空沉积等方法将金属电阻材料在基底上

制成各种形式的敏感栅而形成的应变片,一般为厚度在 $0.1~\mu m$ 以下的金属箔,如图 5-4(j)(k)所示。其优点是应变灵敏度系数大,可靠性好,精度高,容易做成高阻抗的小型应变片,无迟滞和蠕变现象,具有良好的耐热性和冲击性能等。金属薄膜应变片是今后电阻应变片的主流。

(4) 半导体应变片:基于半导体材料的压阻效应而制成,通常分为体型、扩散型和薄膜型等,如图 5-4(d)所示。体型半导体应变片是将半导体材料(如单晶硅)压焊引线后,粘贴在锌酚醛树脂或聚酰亚胺的基片上制成的。扩散型半导体应变片是将 P 型杂质扩散到一个高电阻 N 型硅基底上,形成一层极薄的 P 型导电层,然后焊接引线而制成的。其优点是稳定性好、机械滞后和蠕变小,横向效应小,电阻温度系数比一般体型半导体应变片小一个数量级;缺点是由于存在 P-N 结,当温度升高时,绝缘电阻将大大下降,温度稳定性差。新型固态压阻式传感器中的敏感元件硅梁和硅杯等就是用扩散法制成的。薄膜型半导体应变片与金属薄膜式应变片的制作工艺类似,吸收了金属应变片和半导体应变片的优点,是一种较理想的应变片。

3. 应变片的材料

为了使应变片具有较好的性能,对制造敏感栅的材料有下列要求:

(1) 应变灵敏度系数大,并在所测应变范围内保持为常数;

(2) 电阻率高而稳定,以便于制造小尺寸的应变片;

(3) 电阻温度系数尽可能小,具有良好的线性关系,重复性好;

(4) 抗氧化、耐腐蚀性能强,无明显机械滞后;

(5) 具有优良的机械加工性能,机械强度高,辗压及焊接性能好,与其他金属之间接触热电动势小。

制作应变片敏感栅常用的金属材料有康铜、镍铬合金、铁铬铝合金、贵金属(铂、铂钨合金等)等,其中康铜是目前应用最广泛的应变丝材料。

除敏感栅以外,对基底材料、粘接剂、引线的材料都有要求,可以根据应用对象的不同进行选择。

5.2.1.3 应变片的选择与粘贴

1. 应变片的型号定义与性能参数

应变片的型号命名规范如图 5-5 所示。

对于反复使用或长期连续使用的应变片,要特别注重其长期稳定性和可靠性。描述电阻应变片性能的主要参数如下。

(1) 标称电阻值:标称电阻值是指未安装的应变片在不受力的情况下于室温条件下测定的电阻值,也称原始阻值。电阻应变片的电阻值有 $60~\Omega$、$120~\Omega$、$350~\Omega$、$500~\Omega$ 和 $1000~\Omega$ 等多种,其中以电阻值为 $120~\Omega$ 的电阻应变片最为常用。电阻应变片的电阻值越大,允许的工作电压及传感器的输出电压就越大,相应的应变片的尺寸也越大。在条件许可的情况下,应尽量选用高阻值应变片。

(2) 绝缘电阻:敏感栅与基底间的电阻值,要求大于 $10^{10}~\Omega$。

(3) 几何参数:敏感栅基长 l 和宽度 b,制造厂常用 $b\times l$ 表示。

(4) 灵敏度系数:表示应变片变换性能的重要参数。金属应变丝的电阻相对变化与

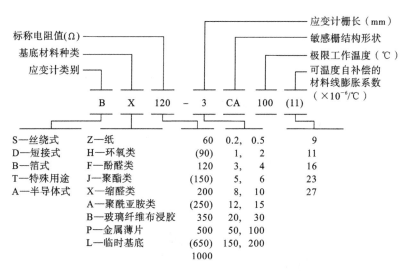

图 5-5 应变片的型号命名图解

它所感受的应变之间具有线性关系,用灵敏度系数表示。将金属丝做成应变片后,其电阻-应变特性与单纯的金属丝情况不同。因此,需用实验方法对应变片的电阻-应变特性重新进行测定。实验表明,金属应变片的电阻相对变化与应变 ε 在很宽的范围内均为线性关系。

(5) 其他性能参数:如允许电流、工作温度、应变极限、零漂以及疲劳寿命、横向灵敏度等。

2. 应变片的选择、粘贴技术

选用应变片时:首先应根据使用的目的、要求、对象及环境条件等,对应变片的类型进行选择;然后根据使用温度、时间、最大应变量及精度要求选用合适的敏感栅和基底材料;接着根据测量线路或仪器选择合适的标准阻值;最后还应根据试件表面可贴应变片的面积大小选择尺寸合适的应变片。

安放应变片的步骤如下:

(1) 目测电阻应变片有无折痕、断丝等缺陷,有缺陷的应变片不能使用。

(2) 用数字万用表测量应变片电阻值大小。同一电桥中各应变片阻值相差不得大于 0.5 Ω。

(3) 对试件进行表面处理。贴片处用细砂纸打磨干净,并用酒精棉球反复擦洗贴片处,直到棉球无黑迹为止。

(4) 粘贴应变片。通常而言,粘接剂应有足够的粘贴强度,弹性模量大,能准确地传递应变,机械滞后小,耐疲劳性能好,长期稳定性好,对被测试件(或弹性元件)和应变片不产生化学腐蚀作用,电绝缘性能较好,并具有较宽的使用温度范围。常用的粘接剂有硝化纤维素、氰基丙烯酸酯、聚酯树脂、环氧树脂以及酚醛树脂等多种。可以在应变片基底上挤一小滴 502 胶水,轻轻涂抹均匀,再立即将应变片放在正确的位置。

(5) 用电烙铁将应变片的引线焊接到导引线上。

(6) 用兆欧表测试应变片与试件之间的绝缘电阻,应大于 1000 MΩ。

(7) 采取措施进行应变片保护。可用 704 硅胶等覆于应变片上,以防止其受潮。

5.2.1.4 应用示例

将应变片粘贴于弹性元件上,与弹性元件一起构成电阻应变式传感器。这种传感器常用来测量力、位移、压力、加速度等物理参数。在这种情况下,弹性元件将得到与被测量成正比的应变,再通过应变片将应变转换成电阻的变化后输出。

1) 构件拉、压应力测量

研究或验证机械、桥梁、建筑等的某些构件在工作状态下的受力、变形情况时,可利用形状不同的应变片,将其粘贴在构件的预测部位,可测得构件的拉、压应力,扭矩或弯矩等,如图5-6所示。

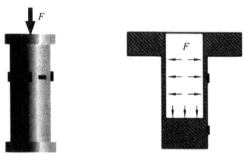

图 5-6 测量构件拉、压应力的应变式传感器

2) 位移测量

当被测物体产生位移时,悬臂梁随之产生一定的挠度,因而应变片产生相应的应变。在小挠度情况下,挠度与应变情况成正比。将应变片接入桥路,输出与位移成正比的电压信号。图5-7所示为应变式位移测量。

3) 振动加速度测量

测量时,应变片粘贴在振动体的悬臂梁上。振动加速度使质量块产生惯性力,悬臂梁则相当于惯性系统中的弹簧,在惯性力的作用下产生弯曲变形。因此,悬臂梁的应变在一定的频率范围内与振动体的加速度成正比。图5-8所示为应变式振动加速度测量。

图 5-7 应变式位移测量　　　图 5-8 应变式振动加速度测量

5.2.2 变阻式传感器

5.2.2.1 结构及分类

变阻式传感器也被称为电位器式传感器,通常由电阻元件及电刷(活动触点)两个基本部分组成。电刷相对于电阻元件可进行直线运动、转动和螺旋运动,从而将直线位移或角位移转换为与其成一定函数关系的电阻或电压输出。还可以测量一切可以转换为位移的其他物理量参数,如压力、加速度等。

按其结构形式的不同,变阻式传感器可分为线绕式、薄膜式、光电式等,其中线绕变阻式传感器又有单圈式和多圈式之分;按其特性曲线不同,变阻式传感器则可分为线性变阻式传感器(包括直线位移型和角位移型)和非线性(函数)变阻式传感器(包括直线位移型和角位移型)。

变阻式传感器具有如下优点:
(1) 结构简单、尺寸小、质量小、价格低廉且性能稳定;
(2) 受环境因素(如温度、湿度、电磁场干扰等)影响小;
(3) 可以实现输出-输入间任意函数关系;
(4) 输出信号大,一般不需放大。

它的缺点是:因为电刷与线圈或电阻膜之间存在摩擦,所以需要较大的输入能量;由摩擦造成的磨损不仅会影响传感器使用寿命和降低其可靠性,而且会降低其测量精度,使其分辨率降低;动态响应较差,仅适合用于测量变化较缓慢的量。

5.2.2.2 工作原理与特性

如果电阻丝直径与材质一定,则电阻 R 随导线长度 L 而变化。变阻式传感器就是根据这种原理制成的,其结构原理如图 5-9 和图 5-10 所示。

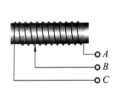
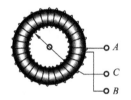

图 5-9 线性变阻式传感器的结构原理图
(a) 线位移型变阻式传感器;(b) 角位移型变阻式传感器

图 5-10 非线性变阻式传感器结构原理图

1. 线位移型变阻式传感器

线位移型变阻式传感器结构原理如图 5-9(a)所示。设传感器总阻值为 R_0,有效长度为 l。当被测位移变化时,触点 B 沿电位器移动。如果移至距离 A 点 x 处,则 B 点与 A 点之间的电阻为

$$R_x = \frac{R_0}{l}x = K_R x \tag{5-10}$$

式中: K_R 为单位长度的电阻,也称为传感器的灵敏度。

这种传感器的输出(电阻)与输入(位移)成线性关系,其灵敏度 K_R 的表达式为

$$K_R = \frac{dR_x}{dx} \tag{5-11}$$

2. 角位移型变阻式传感器

角位移型变阻式传感器结构原理简图如图 5-9(b)所示。其电阻值随转角的变化而变化,传感器的灵敏度 K_α 为单位弧度对应的电阻值,即

$$K_\alpha = \frac{dR_\alpha}{d\alpha} \tag{5-12}$$

3. 非线性变阻式传感器

非线性变阻式传感器又称函数变阻式传感器,其结构简图如图 5-10 所示。其输出电阻(或电压)与电刷位移(包括线位移或角位移)之间具有非线性函数关系,即 $R_x = f(x)$。

$f(x)$可以是指数函数、三角函数、对数函数等各种特定函数,也可以是其他任意函数。这种非线性变阻器可以应用于测量控制系统、对某些传感器的非线性环节进行补偿等。

例如,若$f(x)=Rx^2$,则为了使输出的电阻值R_x与输入量x成线性关系,传感器的骨架采用三角形;若$f(x)=Rx^3$,则传感器的骨架采用抛物线形。

5.3 电容式传感器

电容式传感器是将被测非电学量的变化转换为电容量变化的一种传感器,具有结构简单、动态响应快、易于实现非接触式测量等优点。电容测量技术在近几年来有了很大发展,其优点得到了进一步体现,同时其存在的寄生电容影响、非线性等缺点将得到改善,被广泛应用于压力、压差、液位、振幅、位移、加速度、成分含量等非电学量的测量和自动检测中。

5.3.1 基本原理和分类

电容式传感器是一个具有可变参数的电容器。常见的平板电容器由绝缘介质(如空气)分开的两个平行金属板组成,如图 5-11 所示。如果不考虑边缘效应的影响,其电容量 C 与极板间介质的介电常数 ε、极板间的有效面积 S 以及电容极板间距 d 有关:

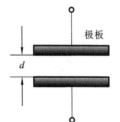

图 5-11 平板电容器

$$C=\frac{\varepsilon S}{d}=\frac{\varepsilon_0\varepsilon_r S}{d} \tag{5-13}$$

式中:S 为两平行极板间的有效覆盖面积;d 为电容极板间距;ε 为两极板间介质的介电常数,$\varepsilon=\varepsilon_0\varepsilon_r$,其中 ε_0 为真空介电常数,$\varepsilon_0=8.854\times10^{-12}$ F/m,ε_r 为介质的相对介电常数,对空气介质而言 $\varepsilon_r\approx 1$。

当被测量的变化使式(5-13)中 d,S,ε_r 三个参数中的任意一个发生变化时,都会引起电容量的变化。选择其中一个参数作为变化量,而保持另外两个参数不变,就可把该参数的变化转换为电容量的变化,再通过测量电路转换为电学量输出。根据所选择参量,可将电容式传感器分为变极距型、变面积型和变介质(变介电常数)型。图 5-12 所示为常用电容器的结构形式,其中图(a)和图(b)所示为变极距型,图(c)~(h)所示为变面积型,而图(i)~(l)所示则为变介电常数型。

1. 变极距型电容式传感器

图 5-13 为变极距型电容式传感器的原理图。传感器两极板间的 ε 和 S 为常数,通过电容极板间距 d 的变化实现对相关物理量的测量。使用的时候,定极板固定,动极板随被测对象移动。某些情况下,可直接用被测金属工作平面作为该传感器的一个极板,另一个极板则专门制作。

设电容极板初始间距为 d_0,则初始电容量 $C_0=\varepsilon S/d_0$。若电容的动极板因被测量变化而向上移动 Δd,则极板间距变为 $d_0-\Delta d$,电容量为

$$C=\frac{\varepsilon S}{d_0-\Delta d} \tag{5-14}$$

动极板移动前后电容的变化量 ΔC 为

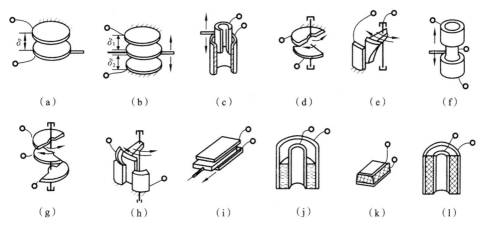

图 5-12　电容式传感器的各种结构形式

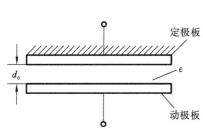

图 5-13　变极距型电容式传感器原理图

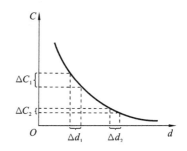

图 5-14　电容量与极板间距的关系曲线

$$\Delta C = C - C_0 = \frac{\varepsilon S}{d_0 - \Delta d} - \frac{\varepsilon S}{d_0} = \frac{\varepsilon S}{d_0} \cdot \frac{\Delta d}{d_0 - \Delta d} = C_0 \cdot \frac{\Delta d}{d_0 - \Delta d} \tag{5-15}$$

因此，ΔC 和 Δd 不是线性关系，如图 5-14 所示。但当 $\Delta d \ll d_0$（即量程远小于电容极板初始间距）时，可近似认为 ΔC-Δd 的关系为线性的：

$$\Delta C \approx C_0 \frac{\Delta d}{d_0} \tag{5-16}$$

则其灵敏度 K 为

$$K = \frac{\Delta C}{\Delta d} = \frac{C_0}{d_0} = \frac{\varepsilon S}{d_0^2} \tag{5-17}$$

因为灵敏度 K 与极板初始间距 d_0 的平方成反比，故可通过减小极板初始间距 d_0 来提高灵敏度，从而使得变极距型传感器的分辨率极高，可用来测量微小变化量，如 0.01～0.9 mm 的位移量等。

虽然减小电容极板初始间距 d_0 有利于灵敏度的提高，但是 d_0 过小可能会引起电容器击穿或短路，因此，通常采用高介电常数的材料，如云母、塑料膜等作为极板间介质。如图 5-15 所示。此时，电容 C 变为

$$C = \frac{\varepsilon_0 S}{d_0 + \dfrac{d_g}{\varepsilon_{r2}}} \tag{5-18}$$

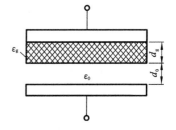

图 5-15　放置介质的电容器结构

式中：d_g 和 ε_{r2} 分别为中间介质的厚度和相对介电常数。

以云母片为例,其相对介电常数是空气的 7 倍,其击穿电压不小于 100 kV/mm,而空气的击穿电压仅为 3 kV/mm。因此,有了云母片等介质后,电容极板初始间距可大大减小。

2. 变面积型电容式传感器

变面积型电容式传感器的原理如图 5-16 所示。测量中动极板移动时,两极板间的相对有效面积 S 发生变化,引起电容 C 的变化。当电容极板相对有效面积由 S_0 变为 S_1 时,电容的变化量为

$$\Delta C = \frac{\varepsilon S_0}{d} - \frac{\varepsilon S_1}{d} = \frac{\varepsilon (S_0 - S_1)}{d} = \frac{\varepsilon \cdot \Delta S}{d} \tag{5-19}$$

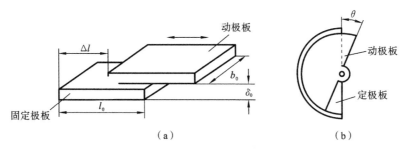

图 5-16 变面积型电容式传感器原理图
(a) 线位移式;(b) 角位移式

可见,电容的变化量 ΔC 与面积的变化量 ΔS 之间是线性关系,其灵敏度 $K = \frac{\Delta C}{\Delta S} = \frac{\varepsilon}{d}$,为常数。

设一线位移式传感器如图 5-16(a)所示,当动极板相对定极板沿长度 l_0 方向平移 Δl 时,$\Delta S = \Delta l \cdot b_0$,于是式(5-19)变为

$$\Delta C = \frac{\varepsilon \cdot \Delta S}{d} = \frac{\varepsilon b_0}{d} \Delta l = \frac{\varepsilon b_0 l_0}{d} \frac{\Delta l}{l_0} = C_0 \frac{\Delta l}{l_0} \tag{5-20}$$

则

$$\frac{\Delta C}{C_0} = \frac{\Delta l}{l_0} \tag{5-21}$$

从而实现位移的测量。

设一角位移式传感器如图 5-16(b)所示,当动极板有一个角位移 θ 时,动极板与定极板间的有效覆盖面积将发生改变。设 $\theta = 0$ 时极板相对有效面积为 S_0,而转动 θ 后,极板间相对有效面积为

$$S_1 = S_0 \left(1 - \frac{\theta}{\pi}\right) \tag{5-22}$$

于是,电容为

$$C = \frac{\varepsilon}{d} S_1 = \frac{\varepsilon}{d} S_0 \left(1 - \frac{\theta}{\pi}\right) = C_0 \left(1 - \frac{\theta}{\pi}\right) = C_0 - C_0 \frac{\theta}{\pi} \tag{5-23}$$

则电容灵敏度 K 为

$$K = \frac{\Delta C}{\Delta \theta} = -\frac{C_0}{\pi} = -\frac{\varepsilon S_0}{d\pi} \tag{5-24}$$

由式(5-23)可以看出,传感器的电容量与角位移 θ 成线性关系。由式(5-24)可见,增大传感器的初始面积 S_0 或减小极板间距 d 可增大传感器的灵敏度 K。

3. 变介质型电容式传感器

变介质型电容式传感器可以用来测量纸张、绝缘薄膜等的厚度以及液位高低等,也可用来测量粮食、纺织品、木材或煤等非导电固体物质的湿度等。

图 5-17 为变介质型电容式传感器结构原理图。两平行极板固定不动,极距为 d_0。将相对介电常数为 ε_{r2} 的电介质从不同位置插入电容器,相当于将传感器变为由两个电容并联的结构,其总电容 C 为

$$C = C_1 + C_2 = \frac{\varepsilon_0 b_0}{d_0}[\varepsilon_{r1}(L_0 - L) + \varepsilon_{r2}L] \tag{5-25}$$

式中:L_0,b_0 分别为极板的长度和宽度;L 为被测介质进入极板间的长度。

当 $L=0$ 时传感器的初始电容为 $C_0 = \varepsilon_0 \varepsilon_{r1} L_0 b_0 / d_0$;当被测介质 ε_{r2} 进入极板间 L 位置后,引起电容相对变化量为

$$\frac{\Delta C}{C_0} = \frac{C - C_0}{C_0} = \frac{L}{L_0}(\varepsilon_{r2} - \varepsilon_{r1}) \tag{5-26}$$

由此可见,电容量的变化与被测介质的移动量 L 成线性关系。

图 5-18 为用于测量物位高低的变介质型电容式传感器(称为电容式液位变换器)结构原理图。设被测介质的相对介电常数为 ε_1,液位高度为 h,传感器变换器高度为 H,内筒外径为 d,外筒内径为 D,则传感器电容为

$$C = \frac{2\pi h \varepsilon_1}{\ln \frac{D}{d}} + \frac{2\pi \varepsilon(H-h)}{\ln \frac{D}{d}} = \frac{2\pi \varepsilon H}{\ln \frac{D}{d}} + \frac{2\pi h(\varepsilon_1 - \varepsilon)}{\ln \frac{D}{d}} = C_0 + \frac{2\pi(\varepsilon_1 - \varepsilon)}{\ln \frac{D}{d}} h \tag{5-27}$$

式中:ε 为空气介电常数;C_0 为由传感器的基本尺寸决定的初始电容值,即 $C_0 = \frac{2\pi \varepsilon H}{\ln \frac{D}{d}}$。由式(5-27)可知,传感器电容的增量正比于被测物位高度 h,从而实现液位测量。

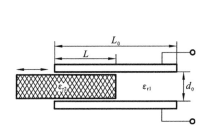

图 5-17 变介质型电容式传感器结构原理图

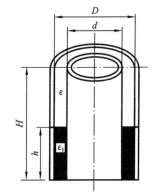

图 5-18 电容式液位变换器结构原理图

5.3.2 电容器式传感器的基本特性与特点及应用

5.3.2.1 基本特性

1. 灵敏度及非线性

由 5.3.1 节的分析可知,除变极距型电容式传感器外,其他两种形式传感器的输入量

与输出电容量之间均成线性关系。对于变极距型电容式传感器,由式(5-15)可知,电容的相对变化量为

$$\frac{\Delta C}{C_0}=\frac{\Delta d}{d_0-\Delta d}=\frac{\Delta d/d_0}{1-\Delta d/d_0} \tag{5-28}$$

当 $|\Delta d/d_0|\ll 1$ 时,将式(5-28)按级数展开,可得

$$\frac{\Delta C}{C_0}=\frac{\Delta d}{d_0}\left[1+\frac{\Delta d}{d_0}+\left(\frac{\Delta d}{d_0}\right)^2+\left(\frac{\Delta d}{d_0}\right)^3+\left(\frac{\Delta d}{d_0}\right)^4+\cdots\right] \tag{5-29}$$

略去高次项,得到近似的线性关系式,即 $\Delta C=C_0\Delta d/d_0$。

如果考虑式(5-29)中的线性项与二次项,则有

$$\frac{\Delta C}{C_0}=\frac{\Delta d}{d_0}\left(1+\frac{\Delta d}{d_0}\right) \tag{5-30}$$

由此可得传感器的相对非线性误差为

$$a=\frac{(\Delta d/d_0)^2}{|\Delta d/d_0|}\times 100\%=|\Delta d/d_0|\times 100\% \tag{5-31}$$

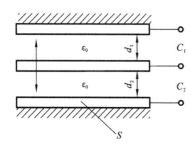

图 5-19 差动式平板电容式传感器结构图

由式(5-17)可知,为了提高灵敏度,应减小传感器的初始间隙 d_0;而由式(5-31)可知,非线性误差随着 d_0 的减小而增大。为了解决这一矛盾,实际应用中往往采用差动式结构,将动极板置于两定极板之间,变为两个电容并联,如图 5-19 所示。设初始位置时 $d_1=d_2=d_0$,则上下两边初始电容相等;当动极板向上移动 Δd 时,电容器 C_1,C_2 的间隙分别变为:$d_0-\Delta d,d_0+\Delta d$。

$$C_1=C_0\frac{1}{1-\Delta d/d_0} \tag{5-32}$$

$$C_2=C_0\frac{1}{1+\Delta d/d_0} \tag{5-33}$$

当 $|\Delta d/d_0|\ll 1$ 时,进行级数展开,可得

$$C_1=C_0\left[1+\frac{\Delta d}{d_0}+\left(\frac{\Delta d}{d_0}\right)^2+\left(\frac{\Delta d}{d_0}\right)^3+\left(\frac{\Delta d}{d_0}\right)^4+\cdots\right] \tag{5-34}$$

$$C_2=C_0\left[1-\frac{\Delta d}{d_0}+\left(\frac{\Delta d}{d_0}\right)^2-\left(\frac{\Delta d}{d_0}\right)^3+\left(\frac{\Delta d}{d_0}\right)^4-\cdots\right] \tag{5-35}$$

电容总的变化量为

$$\Delta C=C_1-C_2=2C_0\left[\frac{\Delta d}{d_0}+\left(\frac{\Delta d}{d_0}\right)^3+\left(\frac{\Delta d}{d_0}\right)^5+\cdots\right] \tag{5-36}$$

如果略去高次项,则 $\Delta C/C_0$ 与 $\Delta d/d_0$ 近似成线性关系,即 $\Delta C/C_0\approx 2\Delta d/d_0$。

如果只考虑式(5-36)中的前两项(线性项和三次项),则电容式传感器的相对非线性误差近似为

$$a=\frac{(\Delta d/d_0)^3}{\Delta d/d_0}\times 100\%=\left(\frac{\Delta d}{d_0}\right)^2\times 100\% \tag{5-37}$$

与式(5-30)相比较,电容传感器做成差动式后,灵敏度增加了一倍,而非线性误差则显著降低。

2. 等效电路

上述各种电容式传感器的特性分析都是在纯电容的条件下进行的。如果电容式传感

器在高温、高湿及高频激励条件下工作,则电容的附加损耗等对电容传感器的影响不可忽视,这时电容式传感器的等效电路如图 5-20 所示。

图 5-20 中考虑了电容器的损耗和电感效应。C 为传感器电容;R_p 为并联低频损耗电阻,它包含极板间漏电和介质损耗等的影响;R_s 为高湿、高温、高频激励工作时的串联损耗电阻,它包含导线电阻、极板间损耗电阻和金属支座等的损耗电阻;L 为电容器及引线电感;C_p 为寄生电

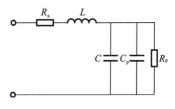

图 5-20 电容式传感器的等效电路

容。在实际应用中,特别在高频激励条件下,尤其需考虑 L 的存在,传感器的有效电容为 $C_e = \dfrac{C}{1-\omega^2 LC}$,传感器的有效灵敏度为 $K_e = \dfrac{C}{(1-\omega^2 LC)^2}$。可见,每次改变激励频率或更换传输电缆时,都需要对测试系统进行重新标定。

3. 边缘效应

电容器两极板间的电场分布在中心部分是均匀的,但在边缘部分是不均匀的。通常在分析各种电容式传感器时会忽略边缘效应的影响。而当极板厚度 h 与极距 d 之比相对较大时,边缘效应的影响就不能忽略。边缘效应不仅会使电容式传感器的灵敏度降低,而且会造成输出的非线性。在实际工作中,可采用等位环来消除边缘效应,即在工作面积的极板周围再加一圈保护环,使工作极板全部处于均匀电场的范围内,如图 5-21 所示。

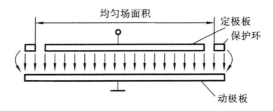

图 5-21 带有保护环的电容式传感器原理结构

为了确保中间工作区的电场分布均匀,保护环与定极板同心,二者在电气上绝缘且二者的间隙越小越好,同时始终保持等电位。为减小极板厚度,往往不用整块金属板作极板,而用石英或陶瓷等非金属材料,蒸涂一层薄薄的金属作为极板。

4. 静电引力

电容式传感器两极板间因存在静电场,而作用有静电引力或力矩。静电引力的大小与极板上的工作电压、介质的介电常数、极板间距有关。通常这种静电引力很小,但对某些薄膜片或超轻型金属构件进行测量时,若以其作为电容传感器的动极板,两极板间的静电引力则可能引起被测构件位置的变化,从而导致测量误差。采用差动式电容器可以改善这种状况。

5. 寄生电容

电容式传感器属于小功率、高阻抗器件,其两极板之间的电容很小,仅几十纳法,甚至几纳法,因此极易受外界干扰。而传感器与调理电路之间的连接电缆的寄生电容(分布电容)却相对较大,它与传感器电容相并联(见图 5-20),严重影响传感器的输出特性。消除寄生电容的影响,是提高电容式传感器性能的关键。

目前常用的解决方法:

(1) 利用集成电路工艺,将调理、放大测量电路组合在传感器内,这样传输导线输出

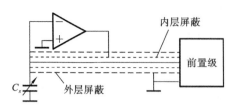

图 5-22 双屏蔽传输电缆法

的是直流电压信号,不受寄生电容的影响;

(2) 在电容传感器与测量电路的前置级之间采用双屏蔽传输电缆,并接入增益为 1 的驱动放大器,使内屏蔽层与芯线等电位,消除芯线内屏蔽层的容性漏电,从而克服寄生电容的影响,如图 5-22 所示。内、外层屏蔽之间的电容则变成驱动放大器的负载。因此,驱动放大器是一个输入阻抗很高、具有容性负载、放大倍数为 1 的同相放大器。该方法的难处是:要在很宽的频带上严格实现放大倍数等于 1,且输出与输入的相移为零。

6. 温度对电感式传感器的影响

1) 对结构尺寸的影响

当电容式传感器的极板间距很小时,在传感器各零件材料线膨胀系数不匹配的情况下,测量环境温度的变化将导致极板的结构尺寸发生变化,从而使极板间距产生较大的变化,即产生较大的温度误差。因此,在设计电容式传感器时,需要选择合适的材料及结构参数,实现对温度误差的补偿。

2) 对介质的影响

不同的介质,温度对其介电常数的影响不同。例如,空气及云母的介电常数温度系数近似为零,而某些液体介电常数的温度系数则较大,如煤油介电常数的温度系数可达 0.07%/℃,环境温度波动±50 ℃,则将带来 7% 的温度误差。因此,采用此类介质的电容式传感器时需注意其使用环境情况。

5.3.2.2 特点及应用

1. 特点

(1) 灵敏度高。电容式传感器可以测量很小的力、振动加速度,且灵敏度高。例如:在一对直径为 1.27 cm 的圆形变极距式电容传感器的电容极板上施加 10 V 电压,极板间距为 2.54×10^{-3} cm,只需 3×10^{-3} N 的力就能使极板产生位移;市场上的一种 250 mm 量程的电容式位移传感器,精度可达 5 μm。

(2) 动极板能量损耗小、发热量和迟滞极小。

(3) 可获得高的静态精度,并具有很好的动态特性。

(4) 结构简单,不含有机材料或磁性材料,对环境(除高湿、高盐雾环境外)的适应性强。

(5) 过载能力强,可实现无接触测量。

2. 应用

随着材料和技术的进步,电容式传感器的测量精度和稳定性不断提高,被广泛应用在位移、压力、流量、液位等的测试领域。

1) 测压力测试

用于压力测试的电容式传感器称为电容式压力传感器。图 5-23 为差动电容式压力传感器的结构图。图中所示膜片为动极板,两个在凹形玻璃上的金属镀层为固定电极,从而构成了差动电容式压力传感器。

当被测压力或压力差作用于膜片并产生位移时,所形成的两个电容器中一个电容量增大,另一个减小。电容量的变化经测量电路被转换成与压力或压力差相对应的电流或电压的变化,从而实现对压力或压力差的测量。

2) 测厚度

图 5-24 所示为用来测量金属材料在轧制过程中的板材厚度的电容式传感器——电容式测厚仪。图中两个工作极板与带材之间形成两个电容(C_1,C_2)并联,其总电容为 $C=C_1+C_2$。当金属板材在轧制过程中厚度发生变化时,将引起电容量的变化。测量电路可反映这个变化,并经过转化,显示出板材的厚度。

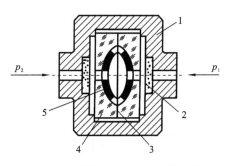

图 5-23 差动电容式压力传感器结构图
1—外壳;2—过滤器;3—膜片;
4—凹形玻璃;5—金属镀层

3) 测速

图 5-25 所示为电容式转速传感器。当测速齿轮转动时,传感器的电容量发生周期性变化,通过测量电路转换为脉冲信号,则频率计显示的频率代表转速大小。设齿数为 z,频率为 f,则转速 $n=60f/z$ (r/min)。

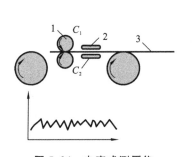

图 5-24 电容式测厚仪
1—轧辊;2—工作极板;3—被测板材

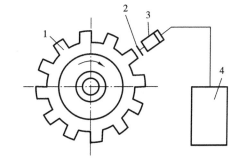

图 5-25 电容式转速传感器
1—齿轮;2—定极板;3—电容式传感器;4—频率计

5.4 电感式传感器

电感式传感器的工作原理是:利用电磁感应,把被测量(如位移、振幅、压力等参数)转换成传感器电感量的变化,再通过测量电路将电感量转换为电压或电流输出。

电感式传感器种类很多。根据转换原理不同,可分为自感式传感器(包括可变磁阻式传感器与电涡流式传感器)和互感式传感器;根据结构形式不同,可分为气隙式传感器和螺管式传感器。

5.4.1 自感式传感器

自感式传感器实质上是一个带气隙的铁芯线圈,包括线圈、铁芯和活动衔铁三个基本的组成部分。本节介绍常用的可变磁阻式传感器和电涡流式传感器。

5.4.1.1 可变磁阻式传感器

可变磁阻式传感器的工作原理如图 5-26 所示。铁芯和活动衔铁均由导磁材料制成,铁芯和活动衔铁之间有空气间隙。当活动衔铁上下移动时,磁路中气隙的磁阻发生变化,从而引起线圈电感的变化,这种电感的变化与衔铁的位置(即气隙大小)相对应。将传感器接到测量电路中,可把电感的变化进一步转换为电压、电流或频率的变化。例如,图 5-26 所示的传感器就把电感转换成了电流(图中的电流表是一个测量结果输出显示设备)。

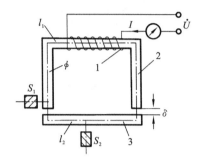

图 5-26 可变磁阻式传感器原理图

1—线圈;2—铁芯;3—活动衔铁

线圈的电感量可由式(5-38)确定:

$$L = \frac{\psi}{I} = \frac{W\Phi}{I} \tag{5-38}$$

式中:ψ 为线圈总磁链;I 为线圈中通过的电流;W 为线圈的匝数;Φ 为穿过线圈的磁通。

由磁路欧姆定律:

$$W\Phi = LI \tag{5-39}$$

而

$$\Phi = \frac{WI}{R_m} = \frac{WI}{R_\delta + R_F} \tag{5-40}$$

式中:R_δ 为空气隙的磁阻;R_F 为导磁体的磁阻,主要包括铁芯的磁阻和活动衔铁的磁阻。由图 5-26 可见,铁芯的长度为 l_1、截面积为 S_1;活动衔铁的长度为 l_2、截面积为 S_2;空气隙的长度为 δ,有效截面积为 S,且左右两边的气隙是对称的。则导磁体的磁阻 R_F、空气隙的磁阻 R_δ 可以分别表示为

$$R_F = \frac{l_1}{\mu_1 S_1} + \frac{l_2}{\mu_2 S_2} \tag{5-41}$$

$$R_\delta = \frac{2\delta}{\mu_0 S} \tag{5-42}$$

式中:μ_1, μ_2, μ_0 分别是铁芯、活动衔铁、空气隙的磁导率。通常情况下,$\mu_1 \gg \mu_0, \mu_2 \gg \mu_0$,即有 $R_\delta \gg R_F$。如忽略导磁体的磁阻,则 $R_m = R_\delta$。

综合以上分析,可得

$$L = \frac{W^2}{R_m} = \frac{W^2 \mu_0 S}{2\delta} \tag{5-43}$$

式(5-43)表明,当线圈匝数一定时,电感 L 仅仅是磁路中磁阻 R_m 的函数,改变气隙长度 δ 与改变气隙面积 S 均可导致电感 L 的变化。显然,在其他参数一定时,电感 L 与气隙长度 δ 成反比,与气隙面积 S 成正比。

根据铁芯的形状,可变磁阻式传感器可以分为变气隙式、变面积式和螺管式三种,如图 5-27 所示。

变气隙式传感器的灵敏度 K_1 为

$$K_1 = \frac{dL}{d\delta} = -\frac{W^2 \mu_0 S}{2\delta^2} \tag{5-44}$$

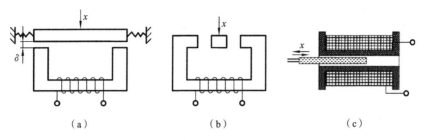

图 5-27 可变磁阻式传感器
(a) 变气隙式；(b) 变面积式；(c) 螺管式

变面积式传感器的灵敏度 K_2 为

$$K_2 = \frac{dL}{dS} = \frac{W^2 \mu_0}{2\delta} \tag{5-45}$$

可见，δ 越小，灵敏度越高。由于灵敏度不是常数，故会出现非线性误差。为了减小这一误差，通常规定 δ 在较小的范围内变化，灵敏度近似为定值，输入与输出近似成线性关系。在实际应用中，一般取 $\Delta\delta/\delta_0 \leqslant 0.1$，此时传感器适用于较小位移的测量，一般为 $0.001 \sim 1$ mm。

变气隙式传感器灵敏度相对最高，且灵敏度将随气隙长度增大而减少，非线性误差较大。为了减小非线性误差，必须将传感器量程限定在很小的范围内，而这样将使得传感器装配较为困难。

变面积式传感器灵敏度比变气隙式低，但线性特性较好，量程较大。

螺管式传感器量程大，灵敏度低，但结构简单，便于操作。

为了提高传感器的灵敏度和精度，增大线性范围，实际应用时多将传感器做成差动形式。

5.4.1.2 电涡流式传感器

人们发现涡流现象已经有近 200 年的历史了。1831 年法拉第(Faraday)发现电磁感应现象，并提出了电测感应原理。由该原理可知，对电感线圈通以正弦交变电流，线圈周围空间必然产生正弦交变磁场。如将平板状导电材料置于变化的磁场中或在磁场中做切割磁力线运动，导电材料内将产生旋涡状的感应电流，此电流称为电涡流，上述现象称为电涡流效应。根据电涡流效应制成的传感器称为电涡流式传感器。

电涡流式传感器具有结构简单、体积小、灵敏度高、频率响应范围宽、不受油污等介质影响的特点，能针对位移、振动、厚度、转速、表面温度、硬度、材料缺陷等进行非接触式连续测量，得到了广泛的应用。

1. 工作原理

电涡流式传感器的工作原理如图 5-28 所示。在被测金属导体上方放置一个线圈绕制的传感器，传感器线圈中通以交变电流 $\dot{I}_1$，使线圈周围产生一个交变磁场 H_1，金属导体内则会产生电涡流 $\dot{I}_2$。$\dot{I}_2$ 将使被测金属导体周围产生一个新磁场 H_2，H_1 与 H_2 方向相反，反作用于线圈上，使得原磁场 H_1 被削弱，从而导致线圈的阻抗、电感量等发生变化。假设上述参数中只有一个参数改变，其余参数不变，传感器阻抗就仅仅是该参数的单值函数，通过与传感器配用的测量电路测出阻抗的变化量，即可实现对该参数的测量。

涡流传感器工作时的等效电路如图 5-29 所示。设线圈的电阻为 R_1，电感为 L_1，阻抗

为 $Z_1 = R_1 + j\omega L_1$，电涡流环路的电阻为 R_2，电感为 L_2，线圈与电涡流环路之间的互感系数为 M，M 随线圈与电涡流环路之间距离 x 的减小而增大。加在线圈两端的激励电压为 $\dot{U}_1$。根据基尔霍夫定律，可列出电压平衡方程组：

$$\begin{cases} R_1\dot{I}_1 + j\omega L_1\dot{I}_1 - j\omega M\dot{I}_2 = \dot{U}_1 \\ -j\omega M\dot{I}_1 + R_2\dot{I}_2 + j\omega L_2\dot{I}_2 = 0 \end{cases} \tag{5-46}$$

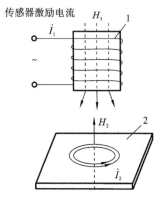

图 5-28 电涡流式传感器的工作原理

1—传感器激励线圈；2—被测金属导体

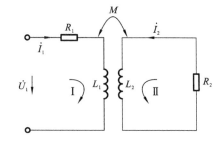

图 5-29 电涡流式传感器的等效电路

由式(5-46)求得：

$$\dot{I}_1 = \frac{\dot{U}_1}{R_1 + \dfrac{\omega^2 M^2}{R_2^2 + (\omega L_2)^2}R_2 + j\omega\left[L_1 - \dfrac{\omega^2 M^2}{R_2^2 + (\omega L_2)^2}L_2\right]} \tag{5-47}$$

由此可求得线圈受金属导体涡流影响后的等效阻抗为

$$Z = \frac{\dot{U}_1}{\dot{I}_1} = R_1 + \frac{\omega^2 M^2}{R_2^2 + \omega^2 L_2^2}R_2 + j\omega\left(L_1 - \frac{\omega^2 M^2}{R_2^2 + \omega^2 L_2^2}L_2\right) \tag{5-48}$$

线圈的等效电阻、等效电感分别为

$$R = R_1 + \frac{\omega^2 M^2}{R_2^2 + \omega^2 L_2^2}R_2 \tag{5-49}$$

$$L = L_1 - \frac{\omega^2 M^2}{R_2^2 + \omega^2 L_2^2}L_2 \tag{5-50}$$

无涡流影响下线圈的品质因数 $Q_0 = \omega L_1/R_1$，则受电涡流效应影响后线圈的等效品质因数 Q 为

$$Q = \frac{\omega L}{R} = \frac{\omega L_1 - \dfrac{\omega^2 M^2}{R_2^2 + \omega^2 L_2^2} \cdot \omega L_2}{R_1 + \dfrac{\omega^2 M^2}{R_2^2 + \omega^2 L_2^2}R_2} \tag{5-51}$$

由式(5-51)可知，由于电涡流的影响，线圈阻抗的实数部分增大，虚数部分减小，线圈的品质因数 Q 将下降。电涡流式传感器等效电路的参数均是互感系数 M、电感 L_1 和 L_2 的函数，因此，此类传感器可归为电感式传感器。

2. 电涡流式传感器的分类

电涡流式传感器外形如图 5-30 所示。电涡流渗透深度与传感器线圈的激励信号频率有关。据此,电涡流式传感器可分为高频反射式和低频透射式两类。

图 5-30　电涡流式传感器外形图

1) 高频反射式电涡流传感器

高频反射式电涡流传感器原理如图 5-31 所示。将金属导体放置于传感器前面适当距离处,两者之间是非接触磁性耦合。当高频电流施加在传感器线圈上时,激励的高频磁场作用于被测金属导体表面,形成电涡流,电涡流产生的磁场又反作用于线圈,从而改变线圈的电感。电感量由线圈与金属导体的距离决定。通过测量电感量的变化就可确定电涡流传感器探头与金属板之间的距离。另外,被测导体的电阻率、磁导率对传感器的灵敏度也有影响。一般来说,被测金属导体的电阻率越高,磁导率越低,则灵敏度越高。

高频反射式电涡流传感器应用广泛,可用于位移测量,转速测量、工件探伤等。

2) 低频透射式电涡流式传感器

低频透射式电涡流式传感器采用低频激励,贯穿深度较大,可用于测量金属材料的厚度。其工作原理如图 5-32 所示。

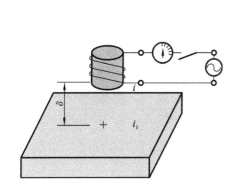
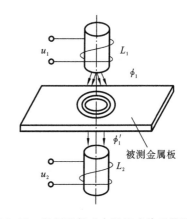

图 5-31　高频反射式电涡流式传感器原理　　图 5-32　低频透射式电涡流式传感器原理

图中发射线圈 L_1 和接收线圈 L_2 分别位于被测金属板的两侧。当振荡器产生的低频电压 u_1 加到线圈 L_1 上时,在其周围产生一个交变磁场。若两线圈间无金属导体,则 L_1 的磁力线能较多地穿过 L_2,这时在 L_2 上产生的感应电压 u_2 最大。若在 L_1 与 L_2 之间插入一块金属板,则在金属板内将产生电涡流,消耗部分能量,到达线圈 L_2 的磁力线减小,u_2 下降。金属板厚度越大,电涡流损耗越大,u_2 输出越小。因此,根据接收线圈输出电压 u_2 的大小,经过标定,可确定金属板的厚度。

3. 应用示例

图 5-33 所示的电涡流式位移传感器用于测量位移,因此被称为电涡流式位移传感器。传感器的前置电路 4 中,高频振荡电流流入线圈 1,在传感器端部产生交变的磁场。

当被测金属导体靠近这一磁场时,则在此金属表面产生感应电涡流场。该电涡流场也产生一个与传感器头部线圈运动方向相反的交变磁场,使得线圈的有效阻抗 Z 发生改变,可通过测量线圈高频电流的幅度和相位获得有效阻抗改变量。假设金属导体材质均匀且是线性和各向同性的,则描述线圈特征的阻抗 Z 可用如下函数表示:

$$Z = f(\mu, \rho, r, I, \omega, d) \tag{5-52}$$

式中:μ 为磁导率;ρ 为电导率;r 为尺寸因子;I 为激励电流;ω 为频率;d 为线圈与金属导体表面的距离。

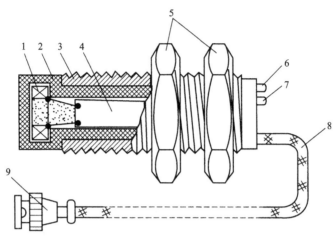

图 5-33 电涡流式位移传感器的内部结构

1—线圈;2—壳体;3—位置调节螺纹;4—前置电路;5—夹持螺母;
6—电源指示灯;7—阈值指示灯;8—输出屏蔽电缆线;9—电缆插头

在控制式(5-52)中除 d 以外的其他五个参数处于一定范围内不变的情况下,阻抗 Z 就成了距离 d 的单值函数。选择输出信号的大小随传感器到被测金属表面之间的间距而近似线性变化的测量范围,实现电涡流式位移传感器在旋转机械和往复式机械振动状态监测和故障诊断中,连续准确地进行转子的非接触式振动位移信号测量,如图 5-34 所示。

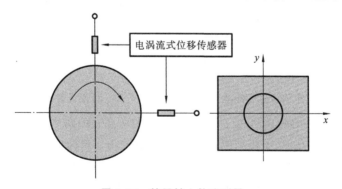

图 5-34 转子轴心轨迹测量

5.4.2 互感式传感器

互感式传感器是利用电磁感应中的互感现象,将位移量的变化转换成线圈互感系数的变化来实现测量的。由于常采用两个次级线圈组成差动式结构,故又称差动变压器式传感器。

5.4.2.1 类型和工作原理

差动变压器式传感器分为变气隙式、变面积式与螺管式三种类型,在非电学量测量中,常用的是螺管式差动变压器,它可以测量1~100 mm的机械位移。图5-35所示为常见差动变压器式传感器的结构示意图。

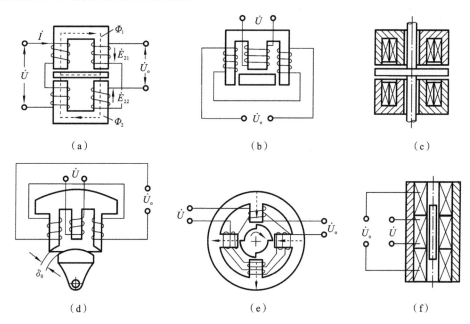

图 5-35 常见差动变压器式传感器结构示意图
(a)(b) 变气隙式;(c)(f) 螺管式;(d) 变面积式;(e) 变面积式(四极型)

图5-35(a)(b)是变气隙式的差动变压器式传感器的结构示意图。当被测物体有直线位移时,与被测物体相连的衔铁的位置将发生相应变化,互感系数不再相等,两次级绕组的互感电动势不等,差动变压器有电压输出,此电压的大小与极性反映了被测物体位移的大小和移动方向。

图5-35(d)(e)是两种变面积式的差动变压器式传感器的结构示意图,可用于角位移变化的测量。其中图5-35(e)所示传感器也是一种四极型同步器(还可做成八极、十六极型等形式的),一般可分辨零点几角秒以下的微小角位移,线性范围为-10°~10°。

图5-35(c)(f)是螺管型差动变压器式传感器的结构示意图。这种传感器由一个初级线圈、两个或多个次级线圈和插入线圈中的活动衔铁等组成。根据线圈绕组排列方式的不同,螺管型差动变压器式传感器可以分为二段型、三段型、四段型、五段型等几种,如图5-36所示。

下面以螺管型差动变压器式传感器为例,介绍差动变压器式传感器的工作原理。

在忽略线圈寄生电容、铁芯损耗、漏磁以及变压器次级开路(或负载阻抗足够大)的情况下,差动变压器式传感器的等效电路如图5-37所示。图中r_1与L_1分别为初级绕组的电阻与电感,r_{2a}与L_{2a}、r_{2b}与L_{2b}分别为两个次级绕组的电阻与电感。

根据变压器原理,传感器开路输出电压为两次级线圈感应电动势之差,即

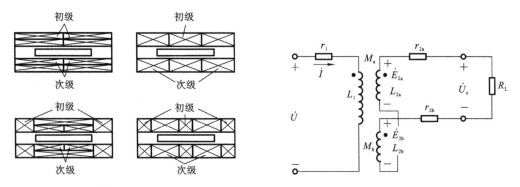

图 5-36 常见螺管型差动变压器式传感器示意图　　图 5-37 螺管型差动变压器式传感器的等效电路

$$\dot{U}_o = \dot{E}_{2a} - \dot{E}_{2b} = -j\omega(M_a - M_b)\dot{I} \tag{5-53}$$

式中：M_a 和 M_b 分别是初级线圈与两个次级线圈之间的互感系数；I 为激励电流；ω 为激励信号频率。

当衔铁在中间位置时，若两次级线圈参数、磁路尺寸相等，则 $M_a = M_b = M$，$\dot{E}_{2a} = \dot{E}_{2b}$，于是 $\dot{U}_o = 0$。

当衔铁偏离中间位置时，$M_a \neq M_b$，由于传感器差动工作，有 $M_a = M + \Delta M_a$，$M_b = M + \Delta M_b$。在一定范围内，$\Delta M_a = \Delta M_b = \Delta M$，差值 $M_a - M_b$ 与衔铁位移成比例，于是输出电压及其有效值分别为

$$\dot{U}_o = -j\omega(M_a - M_b)\dot{I} = -j\omega \frac{2\dot{U}}{r_1 + j\omega L_1} \Delta M \tag{5-54}$$

$$U_o = \frac{2\omega \Delta M U}{\sqrt{r_1^2 + (\omega L_1)^2}} = 2E_{20} \frac{\Delta M}{M} \tag{5-55}$$

式中：E_{20} 为衔铁在中间位置时单个次级线圈的感应电动势，

$$E_{20} = \frac{\omega M U}{\sqrt{r_1^2 + (\omega L_1)^2}} \tag{5-56}$$

由式(5-56)可知，差动变压器式传感器的输出特性与初级线圈对两个次级线圈的互感系数之差 ΔM 有关。结构形式不同，互感系数的计算方法也不同。下面以图 5-35(a) 所示的差动变压器式传感器为例来分析其输出特性。

5.4.2.2　输出特性

同样忽略线圈寄生电容、铁芯损耗、漏磁以及变压器次级开路（或负载阻抗足够大），图 5-35(a) 所示变气隙式的差动变压器式传感器的等效电路如图 5-38 所示。

设铁芯的截面 S 是均匀的，初始气隙为 δ_0；两初级线圈顺向串联，匝数均为 W_1；两个次级线圈反向串联，匝数均为 W_2；电源电压为 $\dot{U}_1$。当衔铁上移 $\Delta\delta$ 时，上气隙长度变为 $\delta_1 = \delta_0 - \Delta\delta$，下气隙长度变为 $\delta_1 = \delta_0 + \Delta\delta$，上磁路磁阻减小，下磁路磁阻增加。上、下两个磁回路的磁通相比，$\Phi_1 > \Phi_2$；两个线圈的感应电动势相比，$E_{21} > E_{22}$。输出电压为

$$\dot{U}_o = \dot{E}_{21} - \dot{E}_{22} = -j\omega(M_1 - M_2)\dot{I} \tag{5-57}$$

两个初级与次级线圈之间的互感系数分别为

$$M_1 = \frac{\psi_1}{\dot{I}} = \frac{W_1 \dot{\Phi}_{1m}}{\dot{I}\sqrt{2}} \tag{5-58}$$

$$M_2 = \frac{\psi_2}{\dot{I}} = \frac{W_2 \dot{\Phi}_{2m}}{\dot{I}\sqrt{2}} \quad (5-59)$$

式中：ψ_1, ψ_2 分别为上、下铁芯次级线圈中的磁链；$\dot{\Phi}_{1m}, \dot{\Phi}_{2m}$ 分别为上、下铁芯中由激励电流 $\dot{I}$ 产生的磁通。

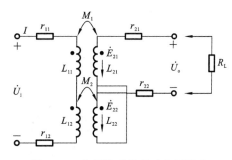

图 5-38　变间隙式的差动变压器式传感器的等效电路

代入式(5-57)可得

$$\dot{U}_o = \frac{-j\omega W_2}{\sqrt{2}}(\dot{\Phi}_{1m} - \dot{\Phi}_{2m}) \quad (5-60)$$

在忽略铁芯磁阻与漏磁通的情况下，上、下铁芯磁通分别为

$$\dot{\Phi}_{1m} = \sqrt{2}\dot{I}W_1/R_{\delta 1} \quad (5-61)$$

$$\dot{\Phi}_{2m} = \sqrt{2}\dot{I}W_2/R_{\delta 2} \quad (5-62)$$

式中：$R_{\delta 1}, R_{\delta 2}$ 分别为上、下磁路中总的气隙磁阻。

初级线圈电流为

$$\dot{I} = \frac{\dot{U}_i}{Z_{11} + Z_{12}} = \frac{\dot{U}_i}{r_{11} + j\omega L_{11} + r_{12} + j\omega L_{12}} \quad (5-63)$$

式中：r_{11}, r_{12} 分别为上、下初级线圈的电阻；L_{11}, L_{12} 分别为上、下初级线圈的电感，$L_{11} = W_1^2 \mu_0 S/(2\delta_1)$，$L_{12} = W_1^2 \mu_0 S/(2\delta_2)$；$Z_{11}, Z_{12}$ 分别为上、下初级线圈的复阻抗。

将各参数表达式代入式(5-63)可得

$$\dot{I} = \frac{\dot{U}_i}{r_{11} + r_{12} + j\omega W_1^2 \frac{\mu_0 S}{2}\left(\frac{2\delta_0}{\delta_0^2 - \Delta\delta^2}\right)} \quad (5-64)$$

从而，式(5-57)可变形为

$$\dot{U}_o = -j\omega W_1 W_2 \frac{\mu_0 S}{2} \frac{2\delta_0}{\delta_0^2 - \Delta\delta^2} \frac{\dot{U}_i}{r_{11} + r_{12} + j\omega W_1^2 \frac{\mu_0 S}{2}\left(\frac{2\delta_0}{\delta_0^2 - \Delta\delta^2}\right)} \quad (5-65)$$

式中分母内存在 $\Delta\delta^2$ 项，这是造成非线性的因素。

如果忽略 $\Delta\delta^2$ 项，并设 $r_{11} = r_{12} = r_1$，$L_0 = W_1^2 \mu_0 S/(2\delta_0)$，式(5-65)可改写为

$$\dot{U}_o = -\dot{U}_i \frac{W_2}{W_1} \frac{j\frac{1}{Q} + 1}{\frac{1}{Q^2} + 1} \frac{\Delta\delta}{\delta_0} \quad (5-66)$$

式中：Q 为线圈的品质因数，$Q = \omega L_0 / r_1$。

由式(5-66)可知，输出电压包含两个分量：与电源电压 $\dot{U}_i$ 同相的基波分量和正交分量。两分量均与气隙长度的相对变化 $\Delta\delta/\delta_0$ 有关。Q 值增加，则正交分量减小。因此，希望差动变压器线圈的品质因数足够高。当 $Q \gg 1$ 时，则有

$$\dot{U}_o = -\dot{U}_i \frac{W_2}{W_1} \frac{\Delta\delta}{\delta_0} \quad (5-67)$$

式(5-67)表示输出电压 $\dot{U}_o$ 与衔铁位移 $\Delta\delta$ 成比例。式中负号表明：当衔铁向上移动时，$\Delta\delta$ 为正，输出电压 $\dot{U}_o$ 与电源电压 $\dot{U}_i$ 反相；当衔铁向下移动时，$\Delta\delta$ 为负，输出电压 $\dot{U}_o$

与电源电压 $\dot{U}_i$ 同相。差动变压器式传感器的输出特性曲线如图 5-39 所示。

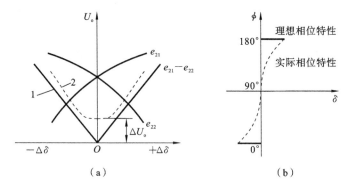

图 5-39 差动变压器式传感器的输出特性
(a) 输出特性；(b) 相位特性

可见传感器的灵敏度随电源电压 $\dot{U}_i$ 和初-次级变压比 W_2/W_1 的增大而提高，随初始气隙长度增大而降低。增加次级匝数 W_2、增大激励电压 U 或减小初始气隙长度 δ_0，将有助于灵敏度的提高。但 W_2 过大，会使传感器体积变大，并会使零位电压增大；$\dot{U}_i$ 过大，易导致传感器发热而影响稳定性，还可能造成磁饱和。因此，应以变压器铁芯不饱和以及允许温升为条件，通常取输入激励电压为 0.5～8 V，功率在 1 W 以下。

5.4.2.3 特点及应用

互感式传感器的主要特点如下：
(1) 结构简单，工作可靠。
(2) 灵敏度高，可达每毫米几百毫伏；分辨率较高，可达 0.01 μm。
(3) 测量准确度高，线性范围较大，有的传感器测量范围可达 ±30 mm。
(4) 频率响应较低，一般仅几百赫兹，不适合高频动态测量。

根据上述特点，互感式传感器被广泛应用于直线位移测量，而通过采用不同的弹性元件，也可用于与位移有关的力、压力、流量、密度、厚度、振幅及加速度等的测量。

5.5 磁电式传感器

磁电式传感器是通过磁电作用，将被测物理量（如振幅、转速等）转化成感应电动势变化的一种传感器，包括电磁感应式传感器、霍尔式传感器和磁栅等，它们的工作原理并不相同，各有特点和应用范围。

5.5.1 电磁感应式传感器

电磁感应式传感器是利用电磁感应原理，将运动速度转换成线圈中的感应电动势输出的传感器。其特点是工作时不需外加电源，输出功率大，阻抗小，配用的二次仪表电路简单，但是体积较大，动态响应范围不大，一般为 10～1000 Hz，多用于振动速度、转速等的测量。

5.5.1.1 工作原理

由电磁感应定律,N 匝线圈的感应电动势 e,其大小取决于磁通 ϕ 的变化率,即

$$e = -N\frac{d\phi}{dt} \quad (5-68)$$

由式(5-68)可见,磁通变化率与磁场强度、磁路磁阻、线圈的运动速度有关,若改变其中一个因素,就会改变线圈的感应电动势。按工作原理不同,电磁感应式传感器可分为恒定磁通式和变磁通式。

5.5.1.2 恒定磁通电磁感应式传感器

恒定磁通电磁感应式传感器由永久磁铁(磁钢)、线圈、金属骨架和壳体等组成。由于磁铁的作用,磁路系统中会产生恒定的磁场,磁路中的工作气隙是固定不变的,因而气隙中的磁通也是恒定不变的。恒定磁通电磁感应式传感器的运动部件可以是线圈也可以是磁铁,因此又分为动圈式和动铁式两种结构类型。

动圈式的恒定磁通电磁感应式传感器可以分为线速度型和角速度型等,如图 5-40 所示。

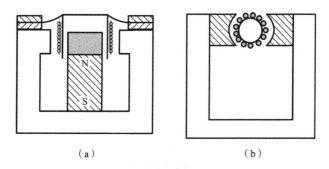

图 5-40 动圈式的恒定磁通电磁感应式传感器工作原理图
(a) 线速度型;(b) 角速度型

若以线圈相对磁场运动的速度 v 或角速度 ω 表示,则所产生的感应电动势 e 为

$$e = -NBlv \quad (5-69)$$

或

$$e = -NBS\omega$$

式中:N 为线圈匝数;l 为每匝线圈的平均长度;B 为线圈所在磁场的磁感应强度;S 为每匝线圈的平均横截面面积。

在传感器中,当结构参数确定后,B、l、N、S 均为定值,感应电动势 e 与线圈相对磁场的运动速度(v 或 ω)成正比,所以动圈式的恒定磁通电磁感应式传感器的基本形式是速度传感器,能直接测量线速度或角速度。如果在其测量电路中接入积分电路或微分电路,那么还可以用来测量位移或加速度。但由上述工作原理可知,电磁感应式传感器只适用于动态测量。

图 5-41 为动铁式的恒定磁通电磁感应式传感器。动铁式与动圈式的工作原理相同,只是运动的是磁铁。

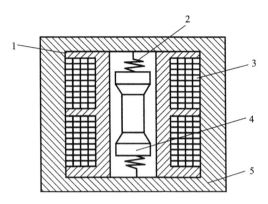

图 5-41 动铁式恒定磁通电磁感应式传感器
1—金属骨架;2—弹簧;3—线圈;4—永久磁铁;5—壳体

5.5.1.3 变磁通电磁感应式传感器

变磁通电磁感应式传感器也称为磁阻式传感器或变气隙式电磁感应传感器,常用来测量旋转物体的角速度。其工作原理是:由运动着的物体(导磁材料)改变磁路的磁阻,引起磁力线的增强或减弱,利用这种磁路中磁阻的变化,将被测量的变化转换成感应电动势变化。变磁通电磁感应式传感器是由永久磁铁及缠绕其上的线圈组成。如图 5-42 所示,线圈 3 和永久磁铁 5 静止不动,测量齿轮 1(由导磁材料制成)每转过一个齿,传感器磁路磁阻变化一次,线圈 3 产生的感应电动势的变化频率等于测量齿轮 1 的齿数和转速的乘积。

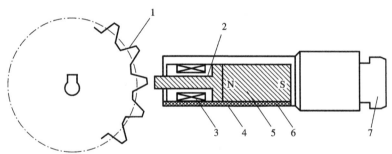

图 5-42 变磁通电磁感应式传感器
1—测量齿轮;2—软铁;3—线圈;4—外壳;5—永久磁铁;6—填料;7—插座

变磁通电磁感应式传感器对环境条件的要求不高,能在 -150~90 ℃ 的温度下工作,不影响测量精度,也能在油、水雾、灰尘等环境中工作。但它的工作频率下限较高,约为 50 Hz,上限可达 100 Hz。

5.5.2 霍尔传感器

1879 年美国物理学家霍尔首先在金属材料中发现了霍尔效应,但由于金属材料的霍尔效应太弱而没有得到成功应用。随着半导体技术的发展,半导体材料开始被用于制作霍尔元件,又称霍尔传感器。霍尔传感器是基于霍尔效应的一种非接触式传感器,被广泛用于微位移、压力、大电流、电磁等的测量。

5.5.2.1 霍尔效应与霍尔传感器

如图 5-43 所示的金属或半导体薄片,长为 l,宽为 b,厚为 d,置于磁感应强度为 B 的磁场,并假设其磁场方向垂直于薄片的 l-b 平面。若在薄片的两端通以控制电流 I,则在垂直于电流和磁场的方向上(即霍尔输出端之间)将产生电动势 U_H(霍尔电动势或称霍尔电压),这种现象即为霍尔效应。

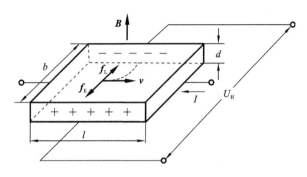

图 5-43 霍尔效应原理图

霍尔效应的产生是运动电荷受磁场中洛伦兹力作用的结果。以 N 型半导体为例,半导体中的载流子(电子)将沿着与电流 I 相反的方向运动。如图 5-43 所示,若在垂直于半导体薄片平面的方向上加以磁场 B,则在洛伦兹力 f_L 的作用下,电子将向一边偏转(如图中虚线所示),并使该边形成电子累积,而另一边则累积正电荷,于是形成电场。该电场对载流子的电场力 f_E 与洛伦兹力 f_L 方向相反,阻止载流子的继续偏转。当 f_E 与 f_L 相等时,电子的累积便达到动态平衡。此时在薄片两端面之间建立的电场称为霍尔电场,相应的电动势就称为霍尔电动势 U_H,其大小可表示为

$$U_H = \frac{1}{en}\frac{IB}{d} = R_H \frac{IB}{d} = K_H IB \tag{5-70}$$

式中:R_H 为霍尔常数,其大小由载流材料的物理性质决定;n 为材料载流子浓度;e 为电子电量;d 为霍尔薄片的厚度(m);K_H 称为霍尔传感器的灵敏度,$K_H = R_H/d$。

可见,霍尔电动势的大小正比于控制电流 I 和磁感应强度 B。霍尔传感器灵敏度 K_H 是表征在单位磁感应强度和单位控制电流作用下输出的霍尔电动势大小的一个重要参数。K_H 与霍尔传感器材料的性质和几何尺寸有关:由于半导体(尤其是 N 型半导体)的霍尔常数 R_H 要比金属大得多,因此,实际应用时常采用 N 型半导体材料制作霍尔传感器;显然,霍尔传感器越薄,灵敏度就越高,然而厚度太薄,则会使霍尔传感器的输入、输出电阻增加。

霍尔传感器由霍尔片、四根引线和壳体组成,如图 5-44 所示。在霍尔片的长度方向两端面上焊有 a,b 两根引线,称为控制电流端引线,其焊接处称为控制电流极(或称激励电极),要求焊接处接触电阻很小,并为纯电阻,即焊接处形成欧姆接触。在霍尔片的另两侧端面的中间以点的形式对称地焊有 c,d 两根霍尔输出引线,其焊接处称为霍尔电极,也要求形成欧姆接触。霍尔传感器的壳体用非导磁金属、陶瓷或环氧树脂封装。霍尔传感器型号命名法则如图 5-45 所示。

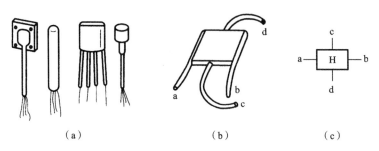

图 5-44 霍尔传感器外形、结构及图形符号

(a) 外形; (b) 结构; (c) 图形符号

图 5-45 霍尔传感器型号命名方法

5.5.2.2 应用示例

1. 位置测量

采用霍尔传感器测量物体位置的工作原理如图 5-46 所示。图中霍尔传感器位于由永久磁铁产生的磁场中。在上部的气隙中有一软磁铁片 4 可上下移动,由此来控制流经霍尔板的磁通量,该磁通则用来作为软磁铁片位置的度量;霍尔电压通过测量电路获得。如果经测量电路转换后仅产生两个离散的电平,即 0 V 和 12 V,则该霍尔传感器用作位置接近开关,用于无接触地监测机器部件的位置。

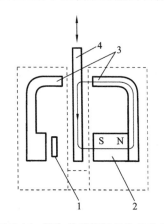

图 5-46 霍尔传感器测量物体位置

1—带集成电路的霍尔探测器;2—永久磁铁;
3—导磁铁片;4—软磁铁片

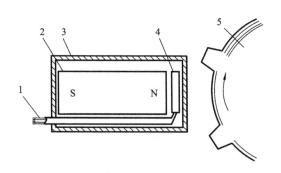

图 5-47 霍尔传感器齿轮测速装置

1—导线;2—永久磁铁;3—壳体;4—霍尔导体;5—齿轮

2. 转速测量

采用霍尔传感器可测量齿轮的转速。图 5-47 所示为一种霍尔传感器齿轮转速测量装置,其中霍尔传感器采用一块永久磁铁来提供磁场。当齿轮转动时,齿轮的齿将改变所产生磁场的磁阻,使霍尔电动势产生变化。这种传感器通常与信号调理电路连接在一起,用以对产生的电压信号进行处理。图 5-48 是采用上述测速原理的另一种测速装置的原理图。其中采用了两个机械位置有一定偏移的霍尔传感器,从它们产生的两个频率信号中提取齿轮转动方向信号。图中还给出了传感器的后续处理电路。

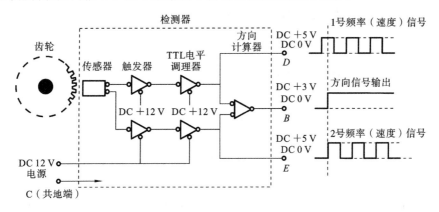

图 5-48 霍尔传感器测速装置原理图

5.6 压电式传感器

1880 年法国物理学家 P. 居里和 J. 居里兄弟发现,把重物放在石英晶体上,晶体某些表面会产生电荷,电荷量与压力成比例;当去掉重物后后,晶体又回到原来不带电荷的状态,它们称之为压电效应。随即,居里兄弟又发现了逆压电效应,即在外电场作用下,压电体会发生形变。根据晶体的这种性质,人们制成了压电式传感器。该传感器是一种有源的双向机电传感器,具有体积小、质量小、工作频带宽等特点,可用于各种动态力的测量及机械冲击与振动测量,并在声学、医学、力学、航天等领域应用广泛。

5.6.1 压电效应

某些离子型晶体的电介质,如石英、铁酸钡等,当沿着一定方向对其施加机械力作用时,其不仅几何尺寸会发生变化(变形),而且其内部正负电荷中心会发生相对位移,该电介质会产生电的极化现象,其表面上也会产生电荷;当外力去掉时,该电介质又恢复到不带电状态。而当作用力方向改变时,电荷的极性也随之改变。这种将机械能转换为电能的现象,称为正压电效应。研究发现,当在电介质上沿其极化方向施加电场时,这些电介质也会产生几何变形,这种现象称为逆压电效应,也称为电致伸缩效应。具有压电效应的材料称为压电材料。压电材料能够实现机、电能量的相互转换。

5.6.2 压电材料

压电材料可以分为三大类:压电晶体(包括石英晶体、电气石及其他单晶体材料等)、压电陶瓷(也称多晶体,如钛酸钡、锆钛酸钡、锆钛酸铅、铌镁酸铅等)、新型压电材料(如压电半导体等有机高分子单晶或多晶聚合物)。晶体的材料不同,压电效应产生的物理机理不相同,压电效应强、弱也各异。选用合适的压电材料是设计高性能传感器的关键,一般应考虑以下几个主要特性参数。

① 压电常数:压电材料将机械能转变成电能或将电能转变成机械能的转变系数,反映压电材料弹性性能与压电性能之间的耦合关系,表征材料机-电转换的性能。

② 弹性常数:压电材料的弹性常数与刚度等一起决定了压电器件的固有频率和动态特性。

③ 介电常数:对于一定形状、尺寸的压电元件,其固有电容与介电常数有关,而固有电容又影响着压电传感器频率下限。压电材料具有较大的介电常数,可减小外部寄生电容的影响并获得良好的低频特性。

④ 绝缘电阻:压电材料的绝缘电阻具有较高的电阻率,可减少电荷泄漏,改善压电传感器的低频特性。

⑤ 居里点:压电材料开始丧失压电特性的温度。压电材料只有具有较高的居里点,才具有较宽的工作温度范围。

⑥ 稳定性:压电常数会随着温度、湿度以及时间而发生变化。材料的稳定性好,压电常数不变,则压电特性不随时间改变。

1. 压电晶体

以天然石英晶体为例,如图 5-49 所示,其呈六角形,两端为对称棱锥。如图 5-50 所示,在压电晶体上取三根互相垂直的晶轴:纵轴 z 称为光轴;通过六棱线而垂直于光轴的 x 轴称为电轴;与 x 轴和 z 轴垂直的 y 轴(垂直于六棱柱体的棱面)称为机械轴。

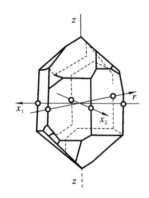

图 5-49 天然石英晶体的结构示意图

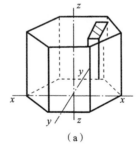

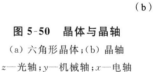

图 5-50 晶体与晶轴
(a) 六角形晶体;(b) 晶轴
z—光轴;y—机械轴;x—电轴

如果从石英晶体中切下一个平行六面体,并使其晶面分别平行于 x,y,z 轴,如图 5-51 所示,对该平行六面体施以外力,则会产生几种不同的效应。通常把沿电轴(x 轴)的作用力造成的压电效应称为纵向压电效应;把沿机械轴(y 轴)的作用力造成的压电效应称为横向压电效应;沿光轴(z 轴)的作用力则不造成压电效应;沿相对两棱施加外力时,则产生切向压电效应。压电式传感器主要是利用纵向压电效应来工作的。

石英的化学式为 SiO_2,在一个晶体单元中,有三个硅离子 Si^{4+} 和六个氧离子 O^{2-},氧离子是成对的,所以一个硅离子和两个氧离子交替排列。当没有力作用时,硅离子和氧离

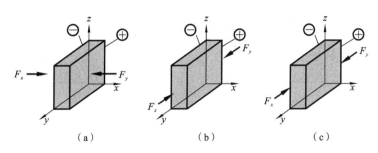

图 5-51 压电效应示意图

(a) 纵向压电效应；(b) 横向压电效应；(c) 切向压电效应

子 O^{2-} 在垂直于晶体 z 轴的 x-y 平面上的投影恰好等效为正六边形排列，如图 5-52(a)所示。如果沿 x 方向压缩，如图 5-52(b)所示，则硅离子 1 被挤入氧离子 2 和 6 之间，而氧离子 4 被挤入硅离子 3 和 5 之间，结果表面 A 上呈现负电荷，而表面 B 上呈现正电荷。

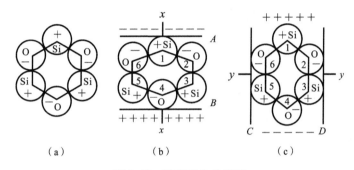

图 5-52 石英压电效应图

如果沿 y 方向压缩，如图 5-52(c)所示，硅离子 3 和氧离子 2，以及硅离子 5 和氧离子 6 都向内移动同样的数值，故在电极 C 和 D 上不呈现电荷，而在表面 A 和 B 上，即在 x 轴的端面上又呈现电荷，但与图 5-52(b)所示情况的极性正好相反，这时称为横向压电效应。

总之，石英等单晶体材料是各向异性的，沿 x 轴或 y 轴施力时，在与 x 轴垂直的面上将产生电荷，电场方向与 x 轴平行；沿 z 轴施力时，则不会产生压电效应。

石英晶体具有以下方面的主要性能特点：

(1) 压电常数小，其时间和温度稳定性极好，在常温下几乎不变，在 20～200 ℃温度范围内变化率仅为 0.016%；

(2) 机械强度和品质因数高，许用应力高达 $(6.8\sim9.8)\times10^7$ Pa，且刚度大，固有频率高，动态特性好；

(3) 居里点约为 573 ℃，无热释电性，且绝缘性、重复性好。

2. 压电陶瓷

压电陶瓷是一种经极化处理后的人工多晶铁电体。材料内部的晶粒由许多自发极化的电畴组成，每一个电畴具有一定的极化方向，从而存在电场。在无外电场作用时，电畴在晶体中杂乱分布，各自的极化效应被相互抵消，压电陶瓷内极化强度为零，呈电中性，不具有压电性质，如图 5-53(a)所示。

在一定温度下，对压电陶瓷施加外电场时，电畴的极化方向发生转动，趋向于按外电

图 5-53 压电陶瓷的极化
(a) 未极化；(b) 电极化

场方向进行排列,从而使材料得到极化,如图 5-53(b)所示。外电场愈强,就有愈多的电畴转向外电场方向。外电场去掉后,电畴的极化方向基本不变,形成很大的剩余极化强度,因而陶瓷呈现出压电性。

极化处理后的陶瓷材料,当受到外力作用时,电畴的界限发生移动,电畴发生偏转,从而引起剩余极化强度的变化,使两极上的电荷数量发生变化。这种因受力而产生的由机械能转变为电能的现象,就是压电陶瓷的正压电效应。

压电陶瓷的压电系数比石英晶体大很多,灵敏度高,制造工艺成熟,可通过合理配方和掺杂等人工控制方式来达到所要求的性能,且成形工艺性好,成本低廉,因此得到了广泛应用。

传感器技术中常用的压电陶瓷材料有：

(1) 钛酸钡($BaTiO_3$)：由碳酸钡和二氧化钛按 1:1 摩尔分子比例混合后烧结而成,其压电系数约为石英的 50 倍,但其居里点只有 115 ℃,使用温度不超过 70 ℃,温度稳定性和机械强度不如石英晶体。

(2) 锆钛酸铅(PZT)系列压电陶瓷：由钛酸铅($PbTiO_3$)和锆酸铅($PbZrO_3$)组成的固溶体 $Pb(ZrTi)O_3$。它与钛酸钡相比,压电系数更大,居里点在 300 ℃ 以上,各项机电参数受温度影响小,时间稳定性好。

3. 新型压电材料

随着科技的发展,不断出现一些新型的压电材料。20 世纪 70 年代出现了半导体压电材料,如硫化锌(ZnS)、锑化铬等,因其既具有压电特性,又具有半导体特性,故其既可用于压电传感器,又可用于制作电子器件。近年来研制成功的有机高分子化合物,因其具有质轻柔软、抗拉强度较高、蠕变小、耐冲击等特点,可制成大面积压电元件。为提高有机高分子材料的压电性能还可以在其中掺入压电陶瓷粉末,制成压电复合材料。

5.6.3 压电元件常用的结构形式

在实际使用中,如仅采用单片压电元件,要产生足够的表面电荷就要很大的作用力,因此一般采用两片或两片以上压电元件组合在一起使用。由于压电元件是有极性的,因此连接方法有两种：并联连接和串联连接,如图 5-54 所示。

(1) 并联连接：两压电元件的负极集中在中间极板上,正极在上、下两边并连接在一起,此时电容量大,输出电荷量大,适用于测量缓变信号和以电荷为输出的场合。

(2) 串联连接：上极板为正极,下极板为负极,中间是一元件的负极与另一元件的正极相连接,此时传感器本身电容小,输出电压大,适用于要求以电压为输出的场合,并要求测量电路有高的输入阻抗。

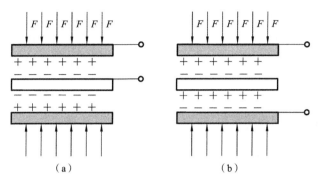

图 5-54 压电元件并联连接和串联连接

(a) 并联；(b) 串联

5.6.4 等效电路及测量电路

5.6.4.1 等效电路

在压电晶片的两个工作面上进行金属蒸镀，形成金属膜，构成两个电极。当压电晶片受到压力的作用时，分别在两个极板上积聚数量相等而极性相反的电荷，形成电场。因此，压电元件可以看作一个电荷发生器，也可视为一个电容器。

其电容量为

$$C_a = \frac{\varepsilon_r \varepsilon_0 S}{\delta} \tag{5-71}$$

式中：ε_r 为压电材料的相对介电常数；ε_0 为真空介电常数；δ 为极板间距，即压电元件厚度；S 为压电元件的工作面面积。

当压电元件受外力作用时，两表面上产生等量的正、负电荷 Q_a，压电元件的开路电压（负载电阻为无穷大）U_a 为

$$U_a = \frac{Q_a}{C_a} \tag{5-72}$$

这样可把压电元件等效为一个电荷源 Q_a 和一个电容器 C_a 并联的等效电路；同时也可等效为一个电压源 U_a 和一个电容器 C_a 串联的等效电路，如图 5-55 所示。

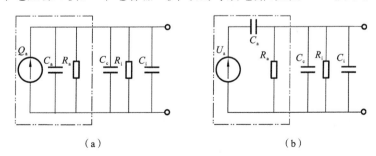

图 5-55 压电元件等效电路

(a) Q_a 和 C_a 并联的等效电路；(b) U_a 和 C_a 串联的等效电路

图 5-55 中，R_a 为压电元件的漏电阻。压电元件与二次仪表配套使用时必定与测量电路相连接，这就要考虑连接电缆电容 C_c、放大器的输入电阻 R_i 和输入电容 C_i。

由于不可避免地存在电荷泄漏,利用压电式传感器测量静态或准静态量值时,必须采取一定措施,使电荷从压电元件经测量电路的漏失降低到足够小的程度;而在做动态测量时,电荷可以不断补充,从而供给测量电路一定的电流。因此,压电式传感器适宜做动态测量。

5.6.4.2 测量电路

压电式传感器本身的内阻抗很高,而输出能量较小,其测量电路通常需要接入一个高输入阻抗的前置放大器,对传感器输出的微弱信号进行放大处理。压电传感器的输出可以是电压信号,也可以是电荷信号;相应地,前置放大器也有两种形式:电压放大器(阻抗放大器)和电荷放大器。

1. 电压放大器电路

压电式传感器连接电压放大器的等效电路如图5-56(a)所示,图5-56(b)为简化的等效电路。

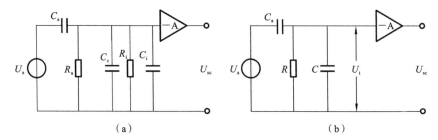

图 5-56 电压放大器电路原理及其等效电路
(a) 放大器电路原理图;(b) 等效电路

图5-56(b)中等效电阻为 $R=R_aR_i/(R_a+R_i)$,等效电容为 $C=C_c+C_i$,而 $U_a=Q_a/C_a$。假设压电元件受正弦力 $F=F_m\sin\omega t$ 的作用,压电元件的压电系数为 d,则在外力作用下,压电元件产生的电压值为

$$U_a=\frac{Q_a}{C_a}=\frac{dF_m}{C_a}\sin\omega t=U_m\sin\omega t \tag{5-73}$$

式中:d 为压电元件的压电系数;U_m 为压电元件的输出电压幅值,$U_m=dF_m/C_a$。

通过分压关系可得放大器输入电压为

$$U_i=U_a\frac{j\omega RC_a}{1+j\omega R(C+C_a)}=U_aC_a\frac{j\omega R}{1+j\omega R(C+C_a)}$$

$$=dF_m\sin\omega t\frac{j\omega R}{1+j\omega R(C_a+C_c+C_i)} \tag{5-74}$$

U_i 的幅值为

$$U_{im}=\frac{dF_m\omega R}{\sqrt{1+\omega^2R^2(C_a+C_c+C_i)^2}} \tag{5-75}$$

放大器输入电压 U_i 与作用力 F 之间的相位差 φ 为

$$\phi=\frac{\pi}{2}-\arctan[\omega R(C_a+C_c+C_i)] \tag{5-76}$$

在理想情况下,传感器的绝缘电阻 R_a 与前置放大器的输入电阻 R_i 都为无限大,因而 $\omega R(C_a+C_c+C_i)\gg1$。根据式(5-75)可知,理想情况下放大器输入电压幅值为

$$U_{iam}=\frac{dF_m}{C_a+C_c+C_i} \tag{5-77}$$

式(5-77)表明,理想情况下前置放大器输入电压与频率无关。

令 $\tau = R(C_a + C_c + C_i)$,$\tau$ 为测量回路的时间常数,并令 $\omega = 1/\tau$。由式(5-75)、式(5-77)可知,放大器的实际输入电压与理想情况下的输入电压幅值之比为

$$\frac{U_{im}}{U_{iam}} = \frac{\omega R(C_a + C_c + C_i)}{\sqrt{1 + \omega^2 R^2 (C_a + C_c + C_i)^2}} = \frac{\omega\tau}{\sqrt{1 + (\omega\tau)^2}} \quad (5-78)$$

由此可得电压幅值比和相角与频率的关系曲线,如图 5-57 所示。当作用在压电元件上的力是静态力($\omega = 0$)时,前置放大器的输入电压等于零。因为在静态力作用下产生的电荷会通过放大器的输入电阻和传感器本身的泄漏电阻漏掉,这也就从原理上决定了压电式传感器不能测量静态物理量。

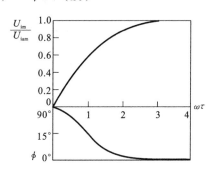

图 5-57 电压幅值比和相角与频率比的关系曲线

由图 5-57 可知:当 $\omega\tau \gg 1$,即作用力变化频率与测量回路时间常数的乘积远大于 1 时,前置放大器的输入电压的幅值 U_{im} 与频率无关。一般认为当 $\omega\tau \geq 3$ 时,可以近似认为输入电压与作用力频率无关。这说明,在测量回路时间常数一定的条件下,压电式传感器具有相当好的高频率响应特性,这是压电式传感器的一个突出优点。

由以上分析可知,当被测物理量是缓慢变化的动态量,而测量回路时间常数又不大时,将会造成压电式传感器的灵敏度下降。因此,可通过提高测量回路的时间常数 τ 来扩大传感器的低频率响应范围。电压放大器的电压灵敏度为

$$K_u = \frac{U_{im}}{F_m} = \frac{d}{\sqrt{(1/\omega R)^2 + (C_a + C_c + C_i)^2}} \quad (5-79)$$

因为 $\omega R \gg 1$,故式(5-79)可以近似为

$$K_u = \frac{d}{C_a + C_c + C_i} \quad (5-80)$$

由式(5-80)可见,传感器电压灵敏度与电容成反比,因此不能靠增大测量回路的电容来提高时间常数 τ,而只能通过提高测量回路的电阻来实现。由于传感器本身的绝缘电阻一般都很大,所以测量回路的电阻主要取决于前置放大器的输入电阻。放大器的输入电阻越大,测量回路的时间常数就越大,传感器的低频率响应也就越好。

同时由式(5-80)可知,当连接传感器与前置放大器的电缆长度改变时,电缆电容 C_c 将改变,电压灵敏度也将随之变化。因而在使用时,如果改变连接电缆或电缆线长度,必须重新校正灵敏度值,否则将会引入测量误差。

2. 电荷放大器电路

电荷放大器是另一种专用的前置放大器,是一个具有深度负反馈的高增益放大器,其电路原理如图 5-58(a)所示。由于放大器的输入阻抗极高,放大器输入端几乎没有电流,故可略去 R_a、R_i 并联电阻的影响,等效电路如图 5-58(b)所示。压电晶体产生的电荷 Q 对所有的电容充电,即有

$$Q = (C_a + C_c + C_i)U_i + C_f(U_i - U_o) \quad (5-81)$$

式中: U_i 为电荷放大器的输入电压。而根据放大器的性质,有

$$U_o = -AU_i \quad (5-82)$$

式中负号表示电荷放大器的输入电压与输出电压是反相的。

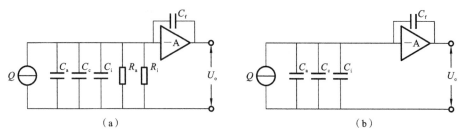

图 5-58 电荷放大器电路原理及其等效电路

(a) 电荷放大器电路原理图；(b) 等效电路

综合式(5-81)和式(5-82)，求得电荷放大器的输入电压为

$$U_i = \frac{Q}{C_a + C_c + C_i + (1+A)C_f} \tag{5-83}$$

输出电压为

$$U_o = -\frac{AQ}{C_a + C_c + C_i + (1+A)C_f} \tag{5-84}$$

由于放大器的增益 $A = 10^4 \sim 10^6$，即 $(1+A)C_f \gg C_a + C_c + C_i$，则式(5-84)可表示为

$$U_o \approx -\frac{AQ}{(1+A)C_f} \approx -\frac{Q}{C_f} \tag{5-85}$$

可见，电荷放大器的输出电压只取决于输入电荷 Q 和反馈电容 C_f，与电缆电容 C_c 无关，且与电荷 Q 成正比。采用低噪声同轴电缆，即使电缆长达 1000 m 以上，也不会影响测量精度，这是电荷放大器的最大优点。

为了得到必要的测量精度，要求反馈电容 C_f 的温度和时间稳定性都很好。在实际应用中考虑到不同的量程等因素，C_f 的容量做成可选择的，范围一般为 100～10000 pF；为了减小零漂，使电荷放大器工作稳定，一般在反馈电容的两端并联一个大电阻 R_f（一般为 $10^8 \sim 10^{10}$ Ω），用来提供直流反馈，从而提高电路的工作稳定性。

5.6.5 压电式传感器的应用

压电式传感器可以广泛应用于力以及可以转换为力的物理量的测量，可以制成测力传感器、加速度传感器、金属切削力测量传感器等；也可制成玻璃破碎报警器。下面以加速度测量为例，说明压电式传感器的应用。

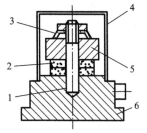

图 5-59 压电式加速度传感器的结构图

1—螺栓；2—压电元件；3—预压弹簧；
4—外壳；5—质量块；6—基座

图 5-59 是一种压电式加速度传感器的结构图。它主要由压电元件、质量块、预压弹簧、基座及外壳等组成。整个部件装在外壳内，并由螺栓加以固定。

当加速度传感器和被测物一起受到冲击振动时，压电元件受质量块惯性力的作用。根据牛顿第二定律，此惯性力是加速度的函数，即 $F = ma$，亦即此惯性力与物体质量 m 及加速度 a 成正比，此时力 F 作用在压电元件上，因而压电元件中产生电荷 Q，即

$$Q = d_{11}F = d_{11}ma = K_a a \tag{5-86}$$

式中：d_{11} 为压电系数；Q 为晶体承受单位力作用时产生的电荷量。

由式(5-86)可知，压电式传感器产生的电荷量与加速度成正比。因此通过测量电路测得电荷量，即可得到加速度的大小。

5.7 光电式传感器

1887 年德国物理学家赫兹在研究麦克斯韦电磁理论的火花放电现象时偶然发现，在光照射下，某些物质内部的电子会被激发出来而形成电流，这类光致电变的现象被人们统称为光电效应。1905 年爱因斯坦用光量子理论对光电效应进行了全面的解释。光电式传感器就是依据光电效应，先将被测量转换成光信号的变化，然后通过光电器件将相应的光信号转换成电学量来实现测量的。光电式传感器具有结构简单、反应快、精度高、不易受干扰等特点，且测量时无须接触被测对象，因此应用广泛。

5.7.1 光电效应及光电器件

由光的粒子学说可知，光可以看成是由具有一定能量的粒子所组成，而每个光子所具有的能量与其频率大小成正比。光照射在物体上就可看成是一连串的具有能量的粒子轰击在物体上，这时物体吸收了光子能量后将引起电效应。这种因为物体所吸收光能转换为该物体中某些电子的能量而产生的电效应就是光电效应。光电效应按其作用原理可分为外光电效应和内光电效应两种类型。

5.7.1.1 外光电效应及器件

1. 外光电效应

在光线作用下，电子逸出物体表面向外发射的现象，称为外光电效应。向外发射的电子称为光电子。

根据爱因斯坦假设：一个电子只能接受一个光子的能量。每个光子具有的能量 E 可由下式确定：

$$E = h\nu \tag{5-87}$$

式中：h 为普朗克常数，$h = 6.626 \times 10^{-34}$ J·s；ν 为光的频率。

要使一个电子从物体表面逸出，必须使光子能量 E 大于电子从该物体的表面逸出时为克服表面势垒而做的功（即逸出功）A_0，这样才能产生光电子发射。超过部分的能量表现为逸出电子的动能。根据能量守恒定律，有

$$h\nu = \frac{1}{2}mv_0^2 + A_0 \tag{5-88}$$

式中：m 为电子质量，$m = 9.1091 \times 10^{-31}$ kg；v_0 为电子逸出速度。式(5-88)也称为爱因斯坦光电效应方程。

光电子逸出时所具有的初始动能与光的频率有关，频率高则动能大。各种不同材料有不同的逸出功要求。对某一特定材料而言，有一个频率限 f_0（或波长限 λ_0），称之为红限频率。当入射光的频率低于 f_0（或波长大于 λ_0）时，不论入射光有多强，也不能激发电子；当入射光的频率高于 f_0（或波长小于 λ_0）时，不管它多么微弱也会使被照射的物体激

发电子,光越强则激发出的电子数目越多。红限波长可用下式求得:

$$\lambda_0 = hc/A_0 \tag{5-89}$$

式中:c 为光在真空中的速度。外光电效应几乎在瞬间发生,从光开始照射至金属释放电子,所需时间不超过 10^9 s。

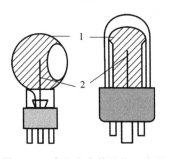

图 5-60　真空光电管结构示意图
1—光电阴极;2—光电阳极

基于外光电效应原理而工作的光电器件属于光电发射型器件,其一般都是真空的或充气的光电器件,如光电管、光电倍增管等。光电管则有真空光电管和充气光电管。

2. 光电管和光电倍增管

1) 光电管

图 5-60 所示为真空光电管结构:在一个真空的玻璃管内装有两个电极,一个是光电阴极,一个是光电阳极。光电阴极通常采用所需逸出功小的光敏材料(如铯),当光线照射到光敏材料上时便有电子逸出;电子被置于玻璃管中央的具有正电位的阳极所收集,在光电管内形成空间电子流,在外电场作用下就产生电流。若在外电路中串入一定阻值的电阻,则在该电阻上的电压降或电路中的电流大小都与光强成函数关系,从而实现光电转换。

充气光电管内充有少量的惰性气体,如氩、氦等。其作用是:当充气光电管的阴极被光照射后,光电子在流向阳极途中,与惰性气体的原子发生碰撞而使气体电离,因此增大光电流,从而提高光电管的灵敏度。但同时这也会导致充气光电管的光电流与入射光强度不成比例关系,使得其具有稳定性较差、温度影响大等不足。随着电子技术的发展、弱信号放大技术的更新,对光电管的灵敏度要求不再那么严格。测试工作中,如果要求温度影响小、灵敏度稳定,则广泛采用真空式光电管。

2) 光电倍增管

当入射光很微弱时,普通光电管产生的光电流很小,只有零点几微安,不容易测量。此时,可采用光电倍增管对电流进行放大。

光电倍增管的结构简图如图 5-61 所示。它由光电阴极、各倍增极(各次阴极)以及光电阳极三部分组成,即在玻璃管内除装有光电阴极和光电阳极外,还装有若干个倍增极,多的可达 30 级,通常为 12～14 级。光电倍增极上涂有在电子轰击下能发射更多电子的材料。光电倍增极的形状及位置设置正好能使前一级倍增极发射的电子继续轰击后一级倍增极。各级倍增极加速电压依次增大。设每级的倍增率为 δ,若有 n 级,则光电倍增管的光电流电子数的倍增率将为 $n\delta$。光电阳极是最后用来收集电子的,它输出的是电压脉冲。

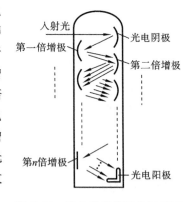

图 5-61　光电倍增管结构示意图

在很微弱的光照下,光电倍增管就能产生很大的光电流,比普通光电管灵敏度高几万倍以上。但它要求几千伏的工作电压,结构较复杂,质量大并易老化。

5.7.1.2 光电导效应及器件

1. 光电导效应

在光线作用下,物体(通常为半导体材料)电导率发生变化或产生光电动势的效应称为内光电效应。内光电效应按其原理分为两种:光电导效应和光生伏特效应。在光线作用下,半导体材料吸收入射的光子能量,若光子能量大于或等于半导体材料的禁带宽度,就激发出电子-空穴对,使载流子浓度增加,半导体的导电性能增强,阻值降低。半导体材料电阻率因光照而发生变化的现象称为光电导效应。基于这种效应的光电器件有光敏电阻(光电导型)和反向工作的光敏二极管、光敏三极管(光电导结型)。

2. 光敏电阻和光敏晶体管

1) 光敏电阻

光敏电阻也称为光导管,是一个纯电阻器件,其阻值随光照变化而变化。使用时,可加直流偏压(无固定极性),或加交流电压,如图 5-62 所示。无光照时,光敏电阻阻值(暗电阻)很大,电路中的电流(暗电流)很小;当受到一定波长范围的光照时,它的阻值(亮电阻)急剧减小,电路中电流(光电流)迅速增大。通常要求光敏电阻的暗电阻大,亮电阻小,此时光敏电阻具有高的灵敏度。实际光敏电阻的暗电阻值一般在兆欧数量级,亮电阻值在几千欧以下。

光敏电阻具有灵敏度高、体积小、质量小、光谱响应范围宽、机械强度高、耐冲击和振动、寿命长等优点,但在使用时需有外部电源,当电流流过时会存在发热问题。

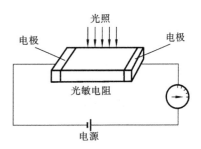

图 5-62 光敏电阻工作原理

2) 光敏晶体管

光敏晶体管通常指光敏二极管和光敏三极管。

光敏二极管的结构与一般二极管相似,其 P-N 结装在管的顶部,上面有一个透明的玻璃外壳,以便入射光集中在 P-N 结。光敏二极管的原理如图 5-63(a)所示。在电路中光敏二极管一般处于反向工作状态,反向偏置的 P-N 结,在无光照时具有高阻特性,反向暗电流很小。当有光照时,在结电场作用下,电子向 N 区运动,空穴向 P 区运动,形成光电流,光电流方向与反向电流一致。光的照度愈大,光电流愈大。由于无光照时反向电流很小,因此,光照时反向电流基本上与光强成正比。光敏二极管的特点是体积小,频率特性好,弱光下灵敏度低。

光敏三极管的结构和光敏二极管的结构相似,不过它有两个 P-N 结,其基本原理如图 5-63(b)所示。当集电极 c 上加较发射极 e 高的正电压而不接基极 b 时,光敏三极管可以看成基极-集电极结为光敏二极管的三极管。在光照作用下,光敏二极管将光信号转换成电流信号,该电流信号被三极管放大。显然,在晶体管增益为 β 时,光敏三极管的光电流是光敏二极管的光电流的 β 倍。可见,光敏三极管具有放大作用,它的优点是电流灵敏度高。

光敏晶体管体积很小,所需偏置电压在百伏以内。光敏二极管有很大的带宽,它在光耦合隔离器、光学数据传输装置和测试技术中有广泛的应用。光敏三极管的带宽小,但作为一种高电流响应器件,其应用同样十分广泛。

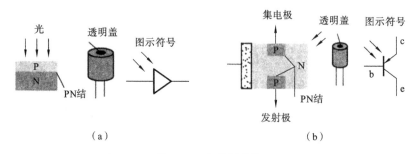

图 5-63 光敏晶体管

(a) 光敏二极管；(b) NPN 光敏三极管

5.7.1.3 光生伏特效应及器件

1. 光生伏特效应

在光线作用下，物体产生一定方向的电动势的现象，称为光生伏特效应，也称为阻挡层光电效应。当 P-N 结两端没有外加电场时，P-N 结势垒区内仍然存在着内建结电场，其方向是从 N 区指向 P 区，如图 5-64 所示。当光照射到结区时，在结电场作用下，因光照而产生的电子-空穴对中电子移向 N 区，空穴移向 P 区，由此，电子在 N 区累积，空穴在 P 区累积，这样就使 P-N 结两边的电位发生变化，P-N 结两端因光照而产生电动势。

2. 光电池

具有光生伏特效应的光电器件可以像电池那样为外电路提供能量，因此被称为光电池。

硅和硒是光电池最常用的材料。采用硅材料制成的光电池称为硅光电池，采用硒材料制成的光电池称为硒光电池。

硅光电池也称硅太阳能电池，它是用单晶硅制成的：在一块 N 型硅片上用扩散的方法掺入 P 型杂质而形成一个大面积的 P-N 结，P 层很薄，使得光线能穿透照到 P-N 结上，如图 5-65 所示。硅太阳能电池具有轻便、结构简单，不会产生气体或热污染等优点，是一种绿色能源，广泛用来为宇宙飞行器、公共设施等提供电源。

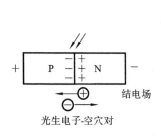

图 5-64 光生伏特效应原理

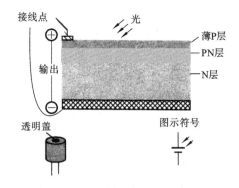

图 5-65 硅光电池构造原理示意和图示符号

5.7.2 光电器件的特性

光敏电阻、光敏二极管和光敏三极管、光电池等光电器件各有特性，只有了解了它们的主要光电特性,才能合理选用这些光电器件。

5.7.2.1 光照特性

光照特性是指半导体光电器件产生的光电流(光电压)随光照度变化而变化的特性,可用来表征光电器件的灵敏度。光敏电阻、光敏二极管和硅光电池的光照特性分别如图 5-66(a)(b)和(c)所示。

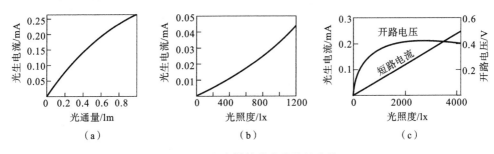

图 5-66 光电器件的光照特性曲线
(a) 光敏电阻的光照特性曲线;(b) 光敏二极管的光照特性曲线;(c) 硅光电池的光照特性曲线

光敏电阻的光照特性呈非线性,适合用在自动控制系统中作为开关元件。

光敏晶体管的灵敏度和线性度较好,既可用作线性转换元件,也可用作开关元件。

光电池的短路电流在很大范围内与光照度成线性关系,而开路电压与光照度成非线性关系,在光照度为 2000 lx 时开路电压即趋于饱和。因此,光电池作为开关元件使用时,应工作在开路状态。而用于线性检测时,应当作为电流源使用,不宜用作电压源,且负载电阻愈小,光电流与照度之间的线性关系愈好,线性范围愈宽。对于不同的负载电阻,可以在不同的照度范围内使光电流与光照度保持线性关系。故用光电池作线性检测元件时,所用负载电阻的大小应根据光照的具体情况而定。

5.7.2.2 伏安特性

在一定的光照度下,光电器件所加端电压 U 随光电流 I 的变化而变化的特性称为伏安特性。它是传感器设计时选择电参数的依据。

光敏电阻的伏安特性呈现良好的线性特征,如图 5-67(a)所示。图中虚线为额定功耗曲线,在使用时,光敏电阻的耗散功率不允许超过额定值。光敏三极管的伏安特性曲线如图 5-67(b)所示。光敏三极管在不同光照度下的伏安特性与普通三极管在不同的基极电流下的输出特性类似。只要把 PN 结所产生的光电流看作一般的基极电流即可。图 5-67(c)所示为硅光电池的伏安特性曲线,由该曲线可得到光电池的负载限,从而确定最大功率下的负载。

5.7.2.3 光谱特性

光电器件的光谱特性是指光电器件的相对灵敏度随入射光波长的变化而变化的特性,又称光谱响应。

光敏晶体管的光谱特性曲线如图 5-68(a)所示,可见存在一个可使光敏晶体管达到最佳相对灵敏度的入射光的峰值波长。当入射光的波长达到峰值后仍持续增加时,相对灵

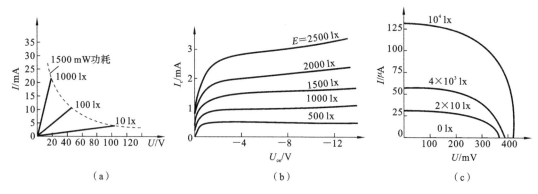

图 5-67 半导体光电元件的伏安特性曲线
(a) 光敏电阻的伏安特性曲线；(b) 光敏三极管的伏安特性曲线；(c) 硅光电池的伏安特性曲线

敏度将下降。因为此时光子能量太小，不足以激发电子空穴对。当入射光的波长缩短时，光子在半导体表面附近就被吸收了，在半导体表面激发的电子空穴对不能到达 PN 结，从而使光敏晶体管相对灵敏度下降。硅光敏晶体管的相对灵敏度峰值出现在入射光波长约为 $0.9~\mu m$ 时，锗光敏晶体管的相对灵敏度峰值出现在入射光波长约为 $1.5~\mu m$ 时。因此，在探测可见光或炽热物体时一般都选择硅光敏晶体管，而探测红外线时则采用锗光敏晶体管。

光敏电阻和光电池的光谱特性曲线分别如图 5-68(b) 和图 5-68(c) 所示。

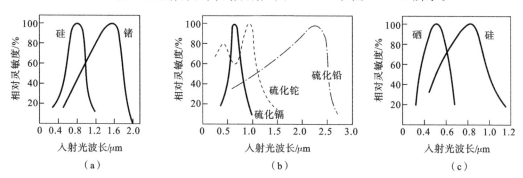

图 5-68 光电器件的光谱特性曲线
(a) 光敏晶体管的光谱特性曲线；(b) 光敏电阻的光谱特性曲线；(c) 光电池的光谱特性曲线

由光电器件的光谱特性可知，为了提高光电器件的灵敏度，应把光电器件的光谱特性和光源的特点结合起来考虑，这样才能取得满意的效果。

5.7.2.4 频率特性

光电器件的相对灵敏度或光电流随光频率变化而变化的特性称为频率特性。

图 5-69(a) 所示为硫化铅和硫化铊光敏电阻的频率特性曲线。硫化铅光敏电阻的使用频率范围较大，而硫化铊光敏电阻的较小。实验研究表明，光敏电阻的光电流不会随着光照量的改变而立即改变，而是存在一定的延迟。这种延时性可用时间常数 τ 来描述，τ 定义为光敏电阻自停止光照起到电流下降为原来的 63% 所需要的时间。大多数光敏电阻存在着 τ 值较大的不足。

图 5-69(b)所示为两种不同光电池的频率特性曲线。可见,硅光电池的频率特性较好,可应用在测量、高速计数等领域。

图 5-69(c)所示为硅光敏三极管的频率特性曲线。硅光敏三极管的频率特性受负载电阻的影响,减小负载电阻能改善其频率响应。光敏三极管的频率特性一般要比光敏二极管差得多。锗管的频率响应要比硅管小一个数量级。

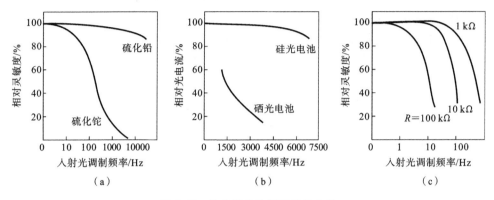

图 5-69 光电器件的频率特性曲线
(a) 光敏电阻的频率特性曲线;(b) 光电池的频率特性曲线;(c) 硅光敏三极管频率特性曲线

5.7.2.5 温度特性

温度变化不仅对光电器件的灵敏度有影响,而且对其光谱特性也有很大影响。例如,随着温度的升高,光敏电阻的暗电阻值和灵敏度都下降,而频谱特性曲线向短波方向移动。因此,应考虑采用降温处理或适当的温度补偿措施来减小温度的影响。

图 5-70(a)所示为锗光敏晶体管的温度特性曲线。由图可见,温度变化对光电流的影响很小,而对暗电流的影响却很大。暗电流是一种噪声电流,当入射光不强时,光电流较小,使得信噪比偏小。因此,在使用时应针对暗电流采取温度补偿措施。

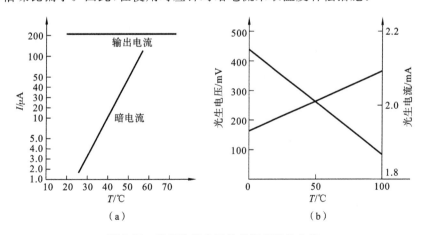

图 5-70 半导体光电元件的温度特性曲线
(a) 锗光敏晶体管的温度特性曲线;(b) 硅光电池的温度特性曲线

图 5-70(b)所示为硅光电池在 1000 lx 光照下的温度特性曲线。可见,开路电压会随温度升高很快下降,而短路电流却升高,它们都与温度成线性关系。由于温度对光电池的

影响很大,因此用它作检测元件时,应考虑温度漂移,采取相应的温度补偿措施。

5.7.3 应用示例

以光电器件作为转换元件制成的光电式传感器,可以用来检测直接引起光量变化的非电学量,如光强、温度、气体成分等,也可以用来检测能转换成光量变化的其他非电学量,如零件直径、表面粗糙度、应变、位移、速度、加速度等。由于光电测量方法灵活多样,具有非接触、精度高、分辨率高、可靠性好和响应快等优点,加之激光光源、光栅、光学编码器、CCD 器件、光纤等产品的成功研发,光电式传感器在检测和控制领域得到了广泛的应用。

1. 模拟式光电传感器

模拟式光电传感器的光通量可随被测量变化而变化,因此光电流就成为被测量的函数,故又称之为函数运用状态光电传感器。要求光电元件的光照特性为单值线性,而且光源的光照度均匀恒定。模拟式光电传感器的工作方式可分为吸收式、反射式、遮光式、辐射式等几种,如图 5-71 所示。

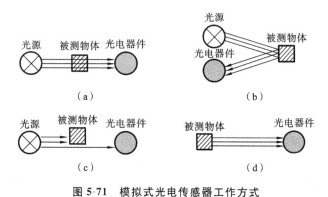

图 5-71 模拟式光电传感器工作方式

(a) 吸收式;(b) 反射式;(c) 遮光式;(d) 辐射式

(1) 吸收式工作方式:根据恒定光源与光电器件之间的被测物体对光的吸收程度或对其谱线的选择来测定被测参数,如图 5-71(a)所示。吸收式工作方式可用于测量液体、气体的透明度、混浊度,对气体进行成分分析,测定液体中某种物质的含量等。

(2) 反射式工作方式:恒定光源发出的光投射到被测物体上,部分光再反射到光电器件上,根据反射的光通量大小或特性变化情况来测定被测物体表面状态和性质,如图 5-71(b)所示。反射式工作方式可用于测量零件的表面粗糙度、表面缺陷、设备位移、振动状态等。

(3) 遮光式工作方式:被测物体位于恒定光源与光电器件之间,根据被遮去光通量的多少测定被测物体的参数,如图 5-71(c)所示。利用这一原理可以测量位移、振动等。

(4) 辐射式工作方式:以被测物体为辐射光源,光可以直接照射在光电器件上,也可以经过一定的光路后作用在光电器件上,实现物理量测量,如图 5-71(d)所示。模拟式光电传感器用于防火报警、高温测量、红外侦察和红外遥感等时均采用这种工作方式。

2. 开关式光电传感器

开关式光电传感器的光电器件受光照或无光照时,其输出仅有两种稳定状态,即通和断,通断状态经转换变成开关信号。这类传感器要求光电器件灵敏度高,而对光电器件特性的线性要求不高,主要用于旋转设备的测速、零件或产品的自动计数,常用在光控开关、电子计算机的光电输入设备、光电编码器及光电报警装置等中。

5.8 热电式传感器

热电式传感器是将温度变化转换为电学量变化的装置。它是利用某些材料或元件的性能随温度变化的特性来进行测量的。例如将温度的变化转换为热电动势、电阻、热膨胀率、磁导率等的变化,再通过测量电路实现温度的测量。常用的热电式传感器包括热电偶、热电阻及集成温度传感器等。

5.8.1 热电偶

利用转换元件电磁参量随温度变化的特性,对温度和与温度有关的物理量进行检测,将温度变化转换成热电动势变化的传感器称为热电偶。热电偶是目前接触式测温系统,特别是工业温控系统中应用最广的热电式传感器,具有结构简单、测温范围宽、准确度高、使用方便等优点。

5.8.1.1 热电效应及测温原理

将两种不同的导体 A、B 组成闭合回路,如图 5-72 所示。若两导体的接触点 1 和 2 具有不同的温度,即 $T \neq T_0$ 时,则两接触点之间将产生一电势差,称为热电动势;而且在回路中形成一定大小的电流,称为热电流;这种现象就称为热电效应。热电效应产生的热电动势由接触电动势(佩尔捷电动势)和温差电动势(汤姆孙电动势)两部分组成。这两种不同导体的组合就称为热电偶,A 和 B 称为热电极,形成的回路称为热电偶回路。

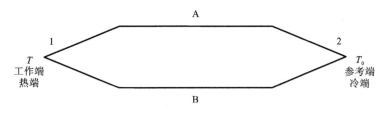

图 5-72 热电回路

1. 接触电动势

由于各种金属导体中都存在大量的自由电子,且不同的金属导体中自由电子的密度不同,当两种金属导体接触时,在接触点处就会发生电子迁移扩散,即电子浓度大的金属导体中的自由电子将向电子浓度小的金属导体中扩散,这样电子浓度大的金属导体将因失去电子而带正电,而电子浓度小的金属将因接收到扩散来的多余电子而带负电。这时在接触面两侧的一定范围内将形成一个电场,电场的方向由 A 指向 B,如图 5-73 所示,该电场将阻碍电子的进一步扩散。最后达到了动态平衡状态,从而得到一个稳定的接触电动势。该现象也称为佩尔捷效应。

由于温度越高,自由电子就越活跃,扩散能力越强,所以接触电动势的大小除了与两

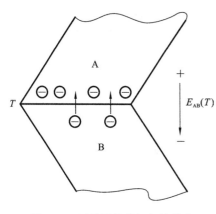

图 5-73 两种导体的佩尔捷效应

种不同导体的性质有关外,还与接触点的温度有关。在温度为 T 时接触电动势 $E_{AB}(T)$ 为

$$E_{AB}(T)=\frac{kT}{e}\ln\frac{N_A}{N_B} \quad (5\text{-}90)$$

式中:k 为玻尔兹曼常数,$k=1.38\times 10^{-23}$ J/K;e 为电子电荷,$e=1.602\times 10^{-19}$ C;N_A、N_B 为金属 A、B 的自由电子密度。

$E_{AB}(T)$ 的下标 A 表示正电极,下标 B 表示负电极。如果下标次序由 AB 改变为 BA,则 E 前面的符号也应做相应的改变,即 $E_{AB}(T) = -E_{BA}(T)$。

2. 温差电动势

对于任何一个金属导体,当其两端温度不同时,两端的自由电子浓度也不同。温度高的一端浓度大,温度低的一端浓度小。这就使得单一金属两端产生不同的电位,形成电动势,称之为温差电动势 $E(T,T_0)$,可表示为

$$E(T,T_0)=\int_{T_0}^{T}\sigma dT \quad (5\text{-}91)$$

式中:σ 为温差系数;T,T_0 分别为高、低温端的绝对温度。

对于图 5-72 所示 A,B 两种导体构成的闭合回路,总的温差电动势为

$$E_A(T,T_0)-E_B(T,T_0)=\int_{T_0}^{T}(\sigma_A-\sigma_B)dT \quad (5\text{-}92)$$

回路的总热电动势为

$$E_{AB}(T,T_0)=E_{AB}(T)-E_{AB}(T_0)+\int_{T_0}^{T}(\sigma_A-\sigma_B)dT \quad (5\text{-}93)$$

分析式(5-90)、式(5-91)和式(5-92)可得如下结论:

(1) 如果热电偶两电极的材料相同,即 $N_A=N_B$,$\sigma_A=\sigma_B$,虽然两端温度不同,但闭合回路的总热电动势仍为零。因此,热电偶必须用两种不同材料作热电极(均质导体定律)。

(2) 如果热电偶两电极材料不同,而热电偶两端的温度相同,即 $T=T_0$,闭合回路中也不产生热电动势。

(3) 热电偶 AB 的热电动势与导体材料 A,B 的中间温度无关,而只与接触点温度有关。

5.8.1.2 热电偶回路基本定律

1. 中间温度定律

热电偶 AB 在两接触点温度分别为 T_1,T_3 时的热电动势,等于热电偶在两接触点温度分别为 T_1,T_2 和两接触点温度分别为 T_2,T_3 时的热电动势总和。

2. 中间导体定律

在热电偶回路中接入中间导体(第三导体),只要中间导体两端的温度相同,其引入就不会影响热电偶的热电动势。

根据上述原理,可以在热电偶回路中接入电位计 E,只要保证电位计与连接热电偶处

的接触点温度相等,就不会影响回路中原来的热电动势,接线的方式如图 5-74 所示。

3. 标准电极定律

用导体 A,B 组成的热电偶的热电动势等于导体 A,C 组成的热电偶和用导体 C,B 组成的热电偶的热电动势之和,如图 5-75 所示。即

$$E_{AB}(T_1,T_2) = E_{AC}(T_1,T_3) + E_{CB}(T_3,T_2) \tag{5-94}$$

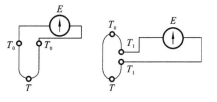

图 5-74 中间导体定律的应用

导体 C 称为标准电极(一般由铂制成),故把这一性质称为标准电极定律。该定律表明标准电极 C 与各种电极配对时的总热电动势为两电极 A,B 配对后的电动势之差。该定律方便了热电偶选配工作,只要已知有关电极与标准电极配对的热电动势,即可求出任意两种热电极配对的热电动势而不需要测定。

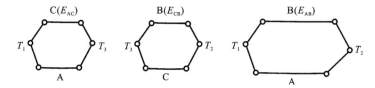

图 5-75 利用中间导体的热电偶回路

5.8.1.3 冷端补偿方法

由热电偶测温原理可知,热电偶的输出热电动势是热电偶两端温度 T 和 T_0 差值的函数,当冷端温度 T_0 不变时,热电动势与工作端温度成单值函数关系。各种热电偶温度与热电动势关系的分度表都是在冷端温度为 0 ℃时制出的(详见附录 A 表 A-1 至表 A-8)。因此,用热电偶测量时,若要直接应用热电偶的分度表,就必须满足 $T_0 = 0$ ℃的条件。但在实际测温时,冷端温度常随环境温度而变化,这样 T_0 不但不是 0 ℃,而且也不恒定,故将产生误差。一般情况下,冷端温度均高于 0 ℃,热电动势总是偏小。为了提高测量精度,需要采取下述冷端补偿方法来消除或补偿该误差。

1. 冷端恒温法

(1) 将热电偶的冷端置于装有冰水混合物的恒温容器中,使冷端的温度保持在 0 ℃不变,如图 5-76 所示。此法又称冰浴法,可消除 T_0 不等于 0 ℃而引入的误差。由于冰融化较快,0 ℃保持的时间不长,所以该方法一般仅适用于实验室。

(2) 将热电偶的冷端置于电热恒温器中,恒温器的温度略高于环境温度的上限(例如 40 ℃)。

(3) 将热电偶的冷端置于恒温空调房间中,使冷端温度相对比较稳定。

上述冷端补偿方法,除了冰浴法是使冷端温度保持 0 ℃外,后两种方法只是使冷端维持在某一恒定(或变化较小)的温度上,因此采用后两种方法仍需采用下述计算修正法或仪表机械零件调整法予以进一步修正。

2. 计算修正法

当热电偶的冷端温度 $t_0 \neq 0$ ℃时,测得的热电动势 $E_{AB}(t,t_0)$ 与冷端为 0 ℃时所测得

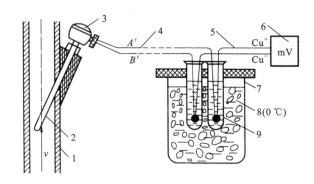

图 5-76 冰浴法示意图

1—被测流体管道；2—热电偶；3—接线盒；4—补偿导线；5—铜质导线；
6—毫伏表；7—冰瓶；8—冰水混合物；9—试管

的热电动势 $E_{AB}(t,0\ ℃)$ 不等。若冷端温度高于 $0\ ℃$，则 $E_{AB}(t,t_0) < E_{AB}(t,0\ ℃)$。可以利用式(5-95)(中间温度定律)计算并修正测量误差：

$$E_{AB}(t,0\ ℃) = E_{AB}(t,t_0) + E_{AB}(t_0,0\ ℃) \tag{5-95}$$

$E_{AB}(t,t_0)$ 采用毫伏表直接测得。

修正时，先测出冷端温度 t_0，然后从相应热电偶分度表中查出 $E_{AB}(t_0,0\ ℃)$（此值相当于损失掉的热电动势），并把它加到所测得的 $E_{AB}(t,t_0)$ 上。根据式(5-95)求出 $E_{AB}(t,0\ ℃)$（此值是已得到补偿的热电动势），根据此值再在分度表中查出相应的温度值。计算修正法共需要查分度表两次。如果冷端温度低于 $0\ ℃$，由于查出的 $E_{AB}(t_0,0\ ℃)$ 是负值，所以仍可用式(5-95)进行计算修正。

例 5-1 用镍铬-镍硅(K型)热电偶测炉温时，冷端温度 $t_0 = 30\ ℃$，如果在直流毫伏表上测得的热电动势 $E_{AB}(t,30\ ℃) = 38.505\ \text{mV}$，那么炉温为多少？

解 查镍铬-镍硅热电偶分度表(见附录 A 表 A-4)，得到 $E_{AB}(30\ ℃,0\ ℃) \approx 1.203\ \text{mV}$。根据式(5-95)，有

$$E_{AB}(t,0\ ℃) = E_{AB}(t,30\ ℃) + E_{AB}(30\ ℃,0\ ℃)$$
$$= (38.505 + 1.203)\ \text{mV}$$
$$= 39.708\ \text{mV}$$

反查 K 型热电偶的分度表，得到 $t = 960\ ℃$。该方法适用于热电偶冷端温度较恒定的情况。在智能化仪表中，查表及运算过程均可由计算机完成。

3. 仪表机械零点调整法

当热电偶与动圈式仪表配套使用时，若热电偶的冷端温度比较恒定，对测量准确度要求又不太高，可将动圈式仪表的机械零点调整至热电偶冷端所处的 t_0 处，这相当于在输入热电偶的热电动势前就给仪表输入一个热电动势 $E_{AB}(t_0,0\ ℃)$。这样，仪表在使用时所指示的值约为 $E(t,t_0) + E(t_0,0\ ℃)$。

5.8.1.4 热电偶材料与常见热电偶

1. 热电偶材料

为了保证热电偶在工程实际中应用可靠，并有足够的精确度，对热电偶材料有以下要求：

(1) 在测温范围内,热电性质稳定,不随时间变化。
(2) 在测温范围内,具备足够的物理化学稳定性,不易氧化或腐蚀。
(3) 电阻温度系数要小,电导率要高。
(4) 组成的热电偶,在测温时产生的热电动势要大,且与温度成单值的线性或近似线性关系。
(5) 材料复制性好,可制成标准分度,机械强度高,制造工艺简单,价格便宜。
(6) 热电偶的热电特性仅取决于选用的热电极材料的特性,而与其直径、长度无关。

到目前为止,适于制作热电偶的材料有 300 多种,国际电工委员会推荐使用其中七种制作标准化热电偶,这七种材料分为以下两类。

(1) 贵金属类:铂铑$_{10}$-铂、铂铑$_{13}$-铂、铂铑$_{30}$-铂铑$_6$。
(2) 一般金属类:铜-康铜、铁-康铜、φ 镍铬-康铜、镍铬-镍硅(铝)。

各种材料的热电偶都具有不同的优缺点,在选用热电偶时应根据测温范围、测温状态和介质情况综合考虑。

2. 常见的热电偶

常见热电偶型号、分度号、使用温度范围、外形及应用见表 5-1。热电偶 NR-81531,NR-81532,NR-81533,NR-81535 有 A 型和 B 型之分。A 型测温片为片状,B 型测温片为网状;A 型测温片较 B 型测温片更为耐用,但 B 型测温片的反应速度较 A 型测温片快。

表 5-1 常见热电偶

型号	分度号	使用温度范围	铠装外径/mm	外　形	应　用
NR-81530	K,E,J	−50～500 ℃	1.0,1.6,2.3,3.2,4.8,6.4,8.0		适用于食品、油的温度测量,也可用于其他液体的温度测量
NR-81531A/B	K,E	−50～500 ℃	1.0,1.6,2.3,3.2,4.8,6.4,8.0		多用于对冷冻设备,以及产品表面与外壁温度的测量
NR-81532A/B	K,E	−50～500 ℃			多用于对冷冻设备,以及产品表面与外壁温度的测量

续表

型号	分度号	使用温度范围	铠装外径/mm	外 形	应 用
NR-81533A/B	K,E	−50～500 ℃			测量端的导管弯度为90°,适用于以特殊角度进行温度测量
NR-81535A/B	K,E	−50～500 ℃			多用于对冷冻设备,以及产品表面与外壁温度的测量
NR-81537	K,E,J	−50～600 ℃			适用于高温静止表面的温度测量
NR-81538	K,E,J	−50～600 ℃			适用于烘干机、输送管周围温度测量,可用于测量空气及各种气体的温度
TPK-1	K,T	−50～200 ℃			用于简易测温,可测气体温度等

5.8.2 热电阻

利用转换元件电磁参量随温度变化的特性,对温度和与温度有关的参量进行检测,将温度变化转换为电阻变化的传感器称为热电阻传感器。按材料分类,热电阻传感器可分为金属热电阻和半导体热电阻(常称为热敏电阻)两大类。金属热电阻常用的有铂热电阻、铜热电阻等。

热电阻是中低温区最常用的一种温度检测器。热电阻测温的优点是信号灵敏度高、易于连续测量、可以远传(与热电偶相比)、不需要参比温度,其中金属热电阻稳定性高、互换性好、准确度高,可以用作基准仪表。热电阻的主要缺点是需要电源激励、有自热现象(会影响测量精度)以及测量温度不能太高。

按结构分类,热电阻分为普通型、铠装型、薄膜型。

按用途分类,热电阻传感器可分为工业用热电阻、精密标准电阻。

1. 热电阻工作原理

以金属热电阻为例。当温度升高时,金属内部原子晶格的热振动将变得激烈,从而会妨碍金属内部的自由电子的运动,使金属电阻率变大,电阻值增加。金属的电阻率可用下式表示:

$$\rho = \rho_0 (1 + \alpha T) \tag{5-96}$$

式中:ρ 为金属的电阻率;ρ_0 为温度为 0 ℃时的 ρ 值;T 为变化的温度值;α 为电阻温度系数,$\alpha > 0$ 时,称其为正温度系数(positive temperature coefficient,PTC),即电阻值与温度的变化趋势相同。

而对于热敏电阻,温度低时,自由电子被晶格束缚住,温度高时则被释放出来,能运动的自由电子数目变多,所以电阻变小。相应的电阻温度系数 $\alpha < 0$,称为负温度系数(negative temperature coefficient,NTC)。

普通的热敏电阻组成是 Mo,Ni,Co 等的氧化物(半导体),温度特性同单一半导体,温度越高电阻越小,这种热敏电阻称为 NTC 型热敏电阻;改变电阻组成可制作各种温度特性的热敏电阻,例如,使用氧化钒系列材料的热敏电阻,温度升到某值,电阻突然变小,称为 CTR(critical temperature resistor,临界温度电阻)型热敏电阻;以钛酸钡为基体的热敏电阻,温度升到某值,电阻急剧地变大,称为 PTC 型热敏电阻。相对 NTC 型热敏电阻而言,PTC 型和 CTR 型热敏电阻虽不能用于宽温度范围测量,但可用于检测温度是否超过特定值(温度开关)。图 5-77 所示为热敏电阻的温度特性曲线。

2. 常见的热电阻

1) 铂热电阻

铂热电阻的电阻率较大,虽然电阻与温度间的关系呈非线性,但测温范围广,精度高,且材料易提纯;在氧化性介质中,甚至在高温下,其物理、化学性质都很稳定。按照国际温标 ITS—90,在 -259.34~630.74 ℃温度范围内,应以铂热电阻温度计作为基准温度仪器。

铂的纯度用百度电阻比 W_{100} 表示,W_{100} 是铂热电阻在 100 ℃时的电阻值 R_{100} 与 0 ℃时的电阻值 R_0 之比,即 $W_{100} = R_{100}/R_0$。W_{100} 越大,铂的纯度越高。目前技术已达到 $W_{100} = 1.3930$,相应的铂纯度为 99.9995%。国际温标 ITS—90 规定,作为标准仪器的铂热电阻的 W_{100} 应大于 1.3925。一般工业用铂热电阻的 W_{100} 应大于 1.3850。

目前工业用铂热电阻分度号为 Pt1000,Pt100 和 Pt10,其中 Pt100 铂热电阻最为常用,而 Pt10 铂热电阻是用较粗的铂丝制作的,主要用于热电阻标准器,也用于 600 ℃以上温度的测量。铂热电阻测温范围通常为 -200~850 ℃。对于 550 ℃以上的高温,只适合在氧化气氛中使用。工业用铂热电阻及其结构如图 5-78 所示。

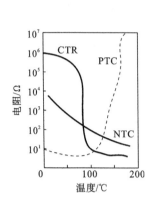

图 5-77 热敏电阻温度特性曲线

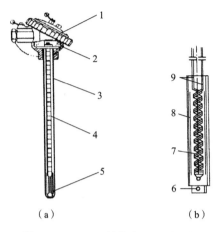

图 5-78 工业用铂热电阻及其结构

（a）装配式铂热电阻；（b）铂热电阻体结构
1—接线盒；2—接线端子；3—保护管；4—绝缘套管；
5—感热元件；6—铆钉；7—铂丝；8—骨架；9—银导线

铂热电阻阻值与温度变化之间的关系可以采用公式来近似表示：
在 0～850 ℃ 温度范围内，有
$$R_t = R_0(1 + AT + BT^2) \tag{5-97}$$
在 −200～0 ℃ 温度范围内，有
$$R_t = R_0[1 + AT + BT^2 + C(T-100)T^3] \tag{5-98}$$
式中：R_0，R_t 分别为 0 ℃ 和 T ℃ 的电阻值；A,B,C 均为常数，其中 $A = 3.90802 \times 10^{-3}/℃$，$B = 5.8019 \times 10^{-7}/℃^2$，$C = -4.27350 \times 10^{-12}/℃^3$。

工业用铂热电阻分度表见附录 A 表 A-9 和表 A-10。用铂热电阻制成的温度计，除作为温度标准外，还广泛应用于要求高精度的工业测量。由于铂为贵金属，一般在测量精度要求不高和测温范围较窄时，均采用铜热电阻。

2）铜热电阻

铜热电阻的电阻值与温度之间具有较好的线性关系，其材料易提纯，价格低廉；但因其电阻率较低，仅约为铂的 1/2，且体积较大，热响应慢；另因铜在 250 ℃ 以上温度下易于氧化，故通常工业用铜热电阻（分度号分别为 Cu50 和 Cu100）的工作温度范围为 −40～120 ℃。其电阻值与温度的关系为
$$R(T) = R_0(1 + AT + BT^2 + CT^3) \tag{5-99}$$
式中：R_0 是温度为 0 ℃ 时铜热电阻的电阻值（Cu100 为 100 Ω，Cu50 则为 50 Ω）；$R(T)$ 是温度为 T 时铜热电阻的电阻值；A,B,C 为常数，其中 $A = 4.28899 \times 10^{-3}/℃$；$B = -2.133 \times 10^{-7}/℃^2$；$C = 1.233 \times 10^{-9}/℃^3$。

工业用铜热电阻分度表见附录 A 表 A-11。

3）热敏电阻

对于温度在低温段（−50～350 ℃）、测温精度要求不高的场合，如家电、汽车等的温度测量和控制中，通常采用半导体热敏元件即热敏电阻作温度传感器。

热敏电阻和金属热电阻、热电偶及其他接触式感温元件相比具有下列优点：

(1) 灵敏度高,相比金属热电阻要大 1~2 个数量级,从而降低了对后面调理电路的要求;

(2) 有标称电阻在几欧到十几兆欧之间的不同型号、规格的多种,因而不仅能很好地与各种电路匹配,而且远距离测量时几乎无须考虑连线电阻的影响;

(3) 体积小,例如最小的珠状热敏电阻直径仅 0.1~0.2 mm,可用来测量点温;

(4) 热惯性小,响应速度快;

(5) 结构简单、坚固,能承受较大的冲击、振动,采用玻璃、陶瓷等材料密封包装后,可应用于有腐蚀性气体等的恶劣环境;

(6) 资源丰富,制作简单,可方便地制成各种形状,易于大批量生产,成本和价格低廉。

热敏电阻的主要缺点:

(1) 阻值与温度间的关系是非线性的;

(2) 元件的一致性、互换性较差;

(3) 元件易老化,稳定性较差;

(4) 除特殊高温热敏电阻外,绝大多数热敏电阻仅适合 0~150 ℃ 的温度范围。

4) 其他热电阻

(1) 铟热电阻为用 99.999% 高纯度的铟丝绕成的电阻,适宜在 -269~-258 ℃ 温度范围内使用,测温精度高,其灵敏度是铂热电阻的 10 倍,但其缺点是材料软、复现性差。

(2) 锰热电阻适宜在 -271~-210 ℃ 温度范围内使用,其优点是在 -271~-210 ℃ 温度范围内电阻随温度变化大,灵敏度高。但锰电阻的缺点是材料脆,难拉成丝,易损坏。

(3) 碳热电阻适宜在 -273~-268.5 ℃ 温度范围内使用,其优点是热容量小,灵敏度高,价格低廉,操作简便。但碳电阻的热稳定性较差。

5.8.3 集成温度传感器

集成温度传感器是将温敏晶体管及其辅助电路集成在同一芯片上而形成的温度传感器。其最大优点是体积小、成本低,能直接给出正比于绝对温度的理想的线性输出。目前广泛应用于 -50~150 ℃ 温度范围内的温度监测、控制和补偿场合。

温敏二极管 PN 结的正向压降 U 为

$$U = \frac{kT}{e} \ln \frac{I}{I_s} \tag{5-100}$$

式中:U 为 PN 结正向压降;I 为 PN 结正向电流;I_s 为 PN 结反向饱和电流;e 为电子电荷量;T 为绝对温度;k 为玻尔兹曼常数。

可见,只要通过 PN 结上的正向电流 I 恒定,PN 结的正向压降 U 与温度的线性关系就只受反向饱和电流 I_s 的影响。I_s 是温度的缓变函数,只要选择合适的掺杂浓度,就可认为在不太宽的温度范围内,I_s 近似为常数,因此,正向压降 U 与温度 T 成线性关系。这就是 PN 结温度传感器的基本原理。

二极管作为温度传感器虽然工艺简单,但线性差。把 NPN 晶体管的 bc 结短接,利用 be 结作为感温器件,即形成通常的三极管。三极管形式更接近理想 PN 结,其线性更为理想。为了使输出正比于绝对温度,实现严格的线性输出,集成温度传感器均采用图 5-79 所示的差分电路形式。电路中 T_1 和 T_2 是两个结构和性能完全相同的晶体管,分别在不同的集

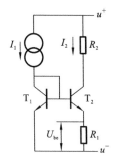

图 5-79 温敏三极管差分电路原理图

电极电流 I_1 和 I_2 下工作。电阻 R_1 上的电压即为 T_1 和 T_2 的基-射极电位差。晶体管的发射极电流密度可用下式表示：

$$J_e = \frac{1}{a} \cdot J_s \left(\ln \frac{qU_{be}}{kT} - 1 \right) \tag{5-101}$$

式中：a 为采用共基接法时的短路电流增益；J_s 为发射极饱和电流密度；U_{be} 为基-射极电位差。

通常 $a \approx 1$，$J_e \gg J_s$，将式(5-101)简化、取对数后得

$$U_{be} = \frac{kT}{q} \ln \frac{aJ_e}{J_s} \tag{5-102}$$

如果图中两晶体管满足条件 $a_1 = a_2$，$J_{s1} = J_{s2}$，$J_{e1} = J_{e2} = \gamma$ 为常数（γ 是 Q_1，Q_2 发射极面积比因子，由设计和制造决定，为常数），则两晶体管基、射极电位差 U_{be} 之差 ΔU_{be}（R_1 两端之压降）为

$$\Delta U_{be} = U_{be1} - U_{be2} = \frac{kT}{e} \ln \frac{J_{b2}}{J_{b1}} \tag{5-103}$$

式中：U_{be1} 和 U_{be2} 分别为两个晶体管的基-射极电位差；J_{b1} 和 J_{b2} 分别为两个晶体管的发射极饱和电流密度。可见，ΔU_{be} 正比于绝对温度 T。这就是集成温度传感器的基本原理。

集成温度传感器按输出信号可分为电压型和电流型两种。电压型集成温度传感器的温度系数约为 10 mV/℃；电流型集成温度传感器的温度系数约为 1 μA/℃，而且输出电压或电流与绝对温度成线性关系。

集成电路温度传感器按输出信号类型还可分为模拟式、数字式和逻辑式。常用的模拟式集成电路温度传感器有 AD590，LM135/235/335 等；常用的数字式集成电路温度传感器有 MAX6575/6576/6577，DS1612 和 DS18B20 等；常用的逻辑式集成电路温度传感器有 LM56，MAX6501/6502/6503/6504 和 MAX6509/6510 等。

集成温度传感器的用途广泛，除了温度测量外，还可用于分立元件的补偿和校准、流速测量、流体液位测量及风速测量。

5.9 气敏传感器

气敏传感器是一种将检测到的气体类别、浓度和成分转换成电信号的传感器。由于气体种类繁多，性质各不相同，因此，实现气-电转换的传感器种类也很多。从结构上可将气敏传感器分为干式（构成气敏传感器的材料为固体）和湿式（利用水溶液或电解液感知待测气体）两种；按构成材料可将气敏传感器分为半导体气敏传感器和非半导体气敏传感器两大类，使用较多的是前者，因此本节仅介绍半导体气敏传感器。

5.9.1 半导体气敏传感器的工作原理

半导体气敏传感器是利用气体在半导体表面的氧化和还原反应导致的敏感元件阻值变化而制成的。当半导体器件被加热到稳定状态，接触半导体表面的气体被吸附时，被吸附的分子首先在半导体表面物性自由扩散，失去运动能量，一部分分子被蒸发掉，另一部分残留分子产生热分解而固定在被吸附处（化学吸附）。当吸附分子的亲和力（气体的吸

附和渗透特性)足以克服半导体表面的电子的逸出功时,吸附分子将从半导体夺得电子,形成负离子吸附,半导体表面呈现电荷层。例如氧气等具有负离子吸附倾向的气体被称为氧化型气体或电子接收性气体。如果半导体的吸附功大于吸附分子的离解能,吸附分子将向半导体释放出电子,而形成正离子吸附。具有正离子吸附倾向的气体有氢气、一氧化碳、碳氢化合物和醇类,它们被称为还原型气体或电子供给型气体。

当氧化型气体吸附到 N 型半导体上、还原型气体吸附到 P 型半导体上时,半导体的载流子减少,电阻值增大。当还原型气体吸附到 N 型半导体上、氧化型气体吸附到 P 型半导体上时,半导体的载流子增多,电阻值下降。由于空气的氧含量大体上是恒定的,因此氧的吸附量也是恒定的,半导体器件阻值也相对固定。若气体浓度发生变化,其阻值也将变化。根据这一特性,可以从阻值的变化得知吸附气体的种类和浓度。半导体气敏时间(响应时间)一般不超过 1 min。N 型材料有氧化锡、氧化锌、氧化钛等,P 型材料有氧化钼、氧化铬等。

5.9.2 半导体气敏传感器的分类

半导体气敏传感器的分类如表 5-2 所示。

表 5-2 常见半导体气敏传感器的分类

类 型		主要物理特性	检测气体	气敏材料
电阻型	表面控制型	电阻	可燃性气体	氧化锡、氧化锌(烧结体、薄膜、厚膜)
	体控制型		酒精、可燃性气体、氧气	氧化镁、氧化锡、氧化钛(烧结体)、T-氧化铁
非电阻型	表面控制型	二极管整流特性	氢气、一氧化碳、酒精	铂-硫化镉、铂-氧化钛、金属-半导体(结型二极管)
		晶体管特性	氢气、硫化氢	铂、钯(栅型 MOS 场效应管)

待测气体与半导体表面接触时,可使半导体电导率等物理性质发生变化,半导体气敏传感器正是基于此而进行气体检测的。

按照半导体变化的物理特性,半导体气敏元件可分为电阻型和非电阻型两种。电阻型半导体气敏传感器利用敏感材料接触气体时的阻值变化特性来检测气体的成分或浓度;非电阻型半导体气敏传感器是利用其他特性,如二极管伏安特性和场效应晶体管的阈值电压变化特性来检测被测气体。

按照半导体与气体相互作用时产生的变化是限于半导体表面还是深入到半导体内部,半导体气敏传感器可分为表面控制型和体控制型两种。前者是半导体表面吸附的气体与半导体间发生电子转移而使半导体的电导率等物理性质发生变化,但内部化学组成不变;后者则是半导体与气体的反应使半导体内部组成发生变化,而导致电导率变化。

5.9.3 半导体气敏传感器

目前国产的气敏传感器有两种。一种是直热式,其加热丝和测量电极一同烧结在金属氧化物半导体管芯内;另一种为旁热式,其气敏元件以陶瓷管为基底,管内穿加热丝,管外侧有两个测量极,测量极之间为金属氧化物气敏材料,经高温烧结而成。

气敏传感器的参数主要有加热电压、电流,测量回路电压,灵敏度,响应时间,恢复时间,标定气体(0.1‰丁烷气体)中电压,负载电阻值等。例如,QM-N5 型气敏传感器适用于天然气、煤气、氢气、烷类气体、烯类气体、汽油、煤油、乙炔、氨气、烟雾等的检测,属于 N 型半导体气敏传感器。其灵敏度较高,稳定性较好,响应和恢复时间短,在市场上应用广泛。QM-N5 型气敏传感器参数如下:

(1) 标定气体(0.1‰丁烷气体,最佳工作条件)中电压≥2 V,响应时间≤10 s,恢复时间≤30 s。

(2) 最佳工作条件:加热电压为 5 V,测量回路电压为 10 V,负载电阻 R_L 为 2 kΩ。

(3) 允许工作条件:加热电压为 4.5~5.5 V,测量回路电压为 5~15 V,负载电阻为 0.5~2.2 kΩ。

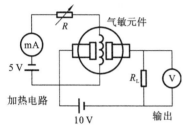

图 5-80　QM-N5 型气敏传感器的测量电路

图 5-80 所示为 QM-N5 型气敏传感器的测量电路。电压表指针变化越大,灵敏度越高,只要加一简单电路即可实现报警。常见的气敏传感器还有 MQ-31 型(专用于检测 CO)、QM-J1 型(专用于检测酒精)等。

5.10　红外传感器

1800 年英国的天文学家 William Herschel 在用分光棱镜将太阳光分解成从红色到紫色的单色光,依次测量不同颜色光的热效应时发现,将水银温度计移到红色光边界以外人眼看不见任何光线的黑暗区时,测得温度值反而比在红光区测得的更高。他通过反复实验证明,在红光区外侧,存在一种人眼看不见的"热线",这就是红外辐射。经过 200 多年的发展,红外辐射技术在科学研究、军事工程和医学等方面得到了广泛的应用,例如,红外制导火箭、热成像系统、红外警戒系统、红外遥感,天文学上基于红外线的天体演化研究,医学上的红外诊断和辅助治疗等。红外传感器是上述应用的重要和敏感部件。

5.10.1　红外辐射基础

由于红外辐射所辐射的是一种位于可见光中红色光以外的光线,故称之为红外线。红外线是一种不可见光,它的波长范围大致在 0.75~1000 μm 之间。红外线在电磁波谱中的位置如图 5-81 所示。工程上又把红外线所占据的波段分为四部分:近红外波段,波长为 0.75~3 μm;中红外波段,波长为 3~6 μm;远红外波段,波长为 6~15 μm;超远红外波段,波长为 15~1000 μm。

红外辐射的物理本质是热辐射,一个炽热物体向外辐射的能量大部分是通过红外线辐射出来的,太阳所辐射的大部分热量在红外波段。物体的温度越高,辐射出来的红外线越多,辐射的能量就越强。红外线的本质与可见光和电磁波一样,具有反射、折射、散射、干涉、吸收等特性,它在真空中以光速传播,并具有明显的波粒二相性。

红外线在介质中传播时会产生衰减,导致衰减的原因主要是介质的吸收和散射。红外线遇到金属时衰减非常大,多数半导体及一些塑料能使红外线透过,大多数液体对红外

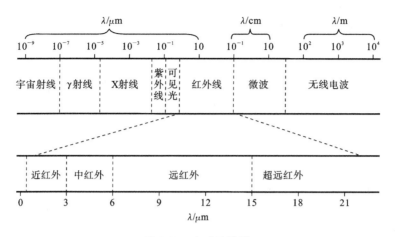

图 5-81 电磁波谱图

线的吸收率非常大,气体对红外线也有不同程度的吸收。介质不均匀、晶体不完整、有杂质或有悬浮小颗粒等情况都会引起红外线的散射。能全部吸收投射到它表面的红外线的物体称为黑体;能将红外线全部反射出去的物体称为镜体;能使投射到它表面的红外线全部透过的物体称为透明体;能部分反射、部分吸收红外线的物体称为灰体。严格地讲,在自然界中不存在绝对的黑体、镜体与透明体。

不仅仅是太阳,在绝对零度(-273 ℃)以上的物体都能辐射红外能量,例如,炉火、电机、冰块都能产生红外辐射。物体温度越高,产生的红外辐射能越多。物体在向周围发射红外辐射能的同时,也吸收周围物体发射的红外辐射能。由于各种物质内部的原子分子结构不同,它们所辐射出的红外线的频率也不相同,这些频率所覆盖的范围即称为红外光谱。根据维恩定律,黑体的峰值辐射波长 λ_m 与自身的绝对温度 T 具有如下关系:

$$\lambda_m = 2897/T \ (\mu m) \tag{5-104}$$

维恩定律指出,绝对黑体对应的峰值辐射波长与绝对温度 T 成反比。图 5-82 给出了不同温度下的光谱辐射通量密度的分布规律,图中虚线表示峰值辐射波长 λ_m 与温度的关系曲线。从图中可以看到,当温度升高时,光谱辐射通量最大值对应的波长会变短。

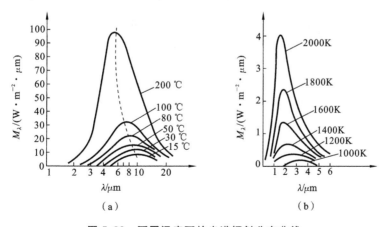

图 5-82 不同温度下的光谱辐射分布曲线
(a) 温度为 15~200 ℃;(b) 温度为 1000~2000 K

5.10.2　红外检测原理

红外检测从原理上可分为主动式和被动式两种：

（1）主动式：利用红外辐射源对被测物进行辐射，通过被测物实现红外线的吸收、反射和透射后，物体自身或红外线将发生变化，此变化与被测物的被测参数有关，从而实现红外检测。

（2）被动式：被测物本身就是红外辐射源，检测其红外辐射能实现温度测量，或根据物体各个点辐射能大小不同而生成热像图等。

无论是利用物体的红外辐射特性还是利用红外线的反射、吸收、透射特性等来实现红外检测，构成的检测系统中一般都包含有红外源、光学系统和接收红外线的传感器，以及信号调理等组成部分。红外传感器在红外检测系统中起着重要作用。

5.10.3　红外传感器分类

红外传感器是把红外辐射量转变成另一种便于测量的物理量（如电学量等）的器件，通常又称为红外探测器。按探测机理的不同，可分为红外热传感器和红外光子传感器。

1. 红外热传感器

红外热传感器的工作机理是：由于红外辐射的热效应，传感器的敏感元件吸收辐射能后温度升高，使有关物理参数发生相应变化，通过测量相关物理参数的变化来确定传感器所吸收的红外辐射能。根据吸收红外辐射能后传感器物理参数的变化，红外热传感器分为四类：热释电型、热敏电阻型、热电偶型和气体型。

热释电型红外传感器是根据热释电效应制成的。钛酸钡、水晶等晶体受热产生温度变化时，其原子排列将发生变化，晶体自然极化，在其两表面产生电荷，这种现象即称为热释电效应。用此效应制成的铁电体，其极化强度（单位面积上的电荷）与温度有关。当红外线辐射到已经极化的铁电体薄片表面上时，将导致薄片温度升高，使其极化强度降低，表面电荷减少，这相当于释放一部分电荷。如果将负载电阻与铁电体薄片相连，则负载电阻上便产生一个电信号输出。输出信号的强弱取决于薄片温度变化的快慢，从而反映出红外辐射的强弱。热释电型红外传感器的电压响应率正比于入射光辐射率变化的速率。应指出的是，只有在铁电体温度处于变化过程中时，才有电信号输出。所以需要对红外辐射进行调制，不断地引起传感器温度的变化，这样才能输出交变的电信号。

热敏电阻型红外传感器中的热敏电阻是由锰、镍、钴的氧化物混合烧结而成的，为了减小热惯性，一般将热敏电阻制成薄片状。当红外线辐射在热敏电阻上时，电阻温度升高，电阻值减小。测量电阻值的变化即可得知红外辐射的强弱。

热电偶型红外传感器是利用温差电效应制成的，气体型红外传感器则是利用在体积一定的条件下，温度升高时气体压强变化制成的。

用这些物理现象制成的红外传感器，在理论上对一切波长的红外线都具有相同的响应，但实际上仍存在差异，其响应速度取决于红外传感器的热容量和热扩散率的大小。相对而言，热释电型红外传感器探测率最高，频率响应最宽，也是目前应用最为广泛的红外传感器。

2. 红外光子传感器

利用光子效应制成的红外传感器称为红外光子传感器。常见的光子效应有外光电效应、光生伏特效应、光电磁效应、光电导效应。相应的红外光子传感器主要包括：利用外光电效应而制成的光电子发射式传感器；利用内光电效应制成的光电导式传感器；利用阻挡层光电效应制成的光生伏特式传感器；利用光磁电效应制成的光磁式传感器。

红外热传感器与红外光子传感器有以下区别：

（1）热传感器对各种波长都能响应，光子传感器只对一段波长区间有响应；

（2）工作时热传感器不需要冷却，光子传感器多数需要冷却；

（3）热传感器响应时间比光子传感器长；

（4）热传感器性能与器件尺寸、形状、工艺等有关，光子传感器容易实现规格化。

5.10.4 红外传感器的应用

从红外检测原理知，利用红外线的反射、透射、吸收特性可实现气体成分分析、厚度测量、无损探伤等；利用其辐射特性，可检测辐射体的温度，或建立红外报警系统。红外成像则是利用被检测物自身的红外辐射，或者利用对红外线的反射或透射，通过机械或电扫描方法依次将被测物各点红外辐射信号送入传感器，或者由传感器各点同时响应被测物对应点的红外辐射，根据各点红外辐射大小，建立相应的图像——热像图，从而实现对目标的检测与分析处理。下面介绍常用的红外成像系统的基本原理。

红外成像系统是利用红外传感器，在非接触的条件下接收物体表面的红外辐射信号，再将红外辐射信号转变为可测量的电信号，经电路处理后传送到显示屏，显示物体表面热分布，从而得到相应的"实时热图像"的装置，如图 5-83 所示。该系统由红外传感器和监视器等主要功能单元组成。红外传感器常为红外摄像机或红外摄像头，由成像物镜、光机扫描机构、制冷红外探测器、控制电路及前置放大器等组成。

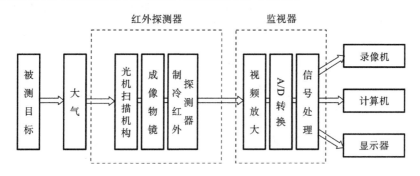

图 5-83 红外热成像系统框图

5.11 超声波传感器

超声检测技术是一门以物理、电子、机械及材料学为基础的通用技术，广泛应用于工业生产、医疗诊断、材料检测等各个领域（如超声清洗、超声焊接、超声医疗、超声测厚和探伤等），并取得了很好的社会效益和经济效益。

5.11.1 超声波的物理性质

声波是一种机械波。通常把频率在 $20 \sim 2 \times 10^4$ Hz 之间,能为人耳所闻的声波,称为可听声波;频率低于 20 Hz 的声波称为次声波;频率高于 2×10^4 Hz 的声波称为超声波。图 5-84 所示为机械波的频率界限。

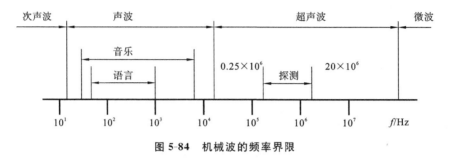

图 5-84 机械波的频率界限

超声波属于声波,故其具有与其他声波相同的性质。

根据声源在介质中的施力方向与波的传播方向的情况,超声波的波型分为以下几种:

(1) 纵波:质点振动方向与波的传播方向一致的波,它能在固体、液体和气体介质中传播。

(2) 横波:质点振动方向垂直于波的传播方向的波,它只能在固体介质中传播。

(3) 表面波:质点的振动介于横波与纵波之间,沿着介质表面传播,其振幅随深度增加而迅速衰减的波,表面波只在固体的表面传播。

超声波的传播速度与介质密度和弹性特性有关。

当超声波由一种介质入射到另一种介质时,由于其在两种介质中的传播速度不同,在介质界面上会产生反射、折射(见图 5-85)和波型转换(见图 5-86)等现象。

当超声波在界面外产生折射时,入射角 α 的正弦与折射角 β 的正弦之比,等于入射波在第一介质中的波速 c_1 与折射波在第二介质中的波速 c_2 之比,即

$$\frac{\sin\alpha}{\sin\beta}=\frac{c_1}{c_2} \tag{5-105}$$

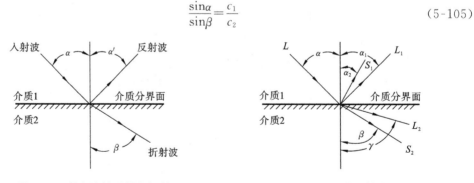

图 5-85 超声波的反射和折射　　　　图 5-86 波型转换

当超声波以某一角度入射到第二介质(固体)的界面上时,会发生波型转换。除有纵波的反射、折射以外,还会发生横波的反射和折射,如图 5-86 所示。在一定条件下,还能产生表面波。各种波型均符合几何光学中的反射定律,即

$$\frac{c_L}{\sin\alpha}=\frac{c_{L1}}{\sin\alpha_1}=\frac{c_{S1}}{\sin\alpha_2}=\frac{c_{L2}}{\sin\gamma}=\frac{c_{S2}}{\sin\beta} \tag{5-106}$$

式中：α 为入射角；α_1，α_2 为纵波与横波的反射角；γ，β 为纵波与横波的折射角；c_L，c_{L1}，c_{L2} 分别为入射介质、反射介质与折射介质内的纵波速度；c_{S1}，c_{S2} 分别为反射介质与折射介质内的横波速度。

如果第二介质为液体或气体，则仅有纵波，而不会产生横波和表面波。

超声波在介质中传播时，随着传播距离的增加，其能量将逐渐衰减，衰减的程度与超声波的扩散、散射及吸收等因素有关。

5.11.2 超声波探头的结构和各部分作用

超声波探头是典型的超声波传感器，其作用是在超声波检测中，作为声源将超声波发射出去，同时也可接收超声波，并将其变换成电信号。根据内部晶片数目，超声波探头可分为单晶片探头、双晶片探头和多晶片探头等多种类型；根据探头的结构不同，可分为直式探头、斜式探头、表面波探头、兰姆波探头、聚焦探头等多种类型。超声波探头按其作用原理分为压电式、磁致伸缩式、电磁式等，其中以压电式的最为常用。本节主要介绍压电式超声波探头。

图 5-87 为三种压电式超声波探头的基本结构图。压电式超声波探头主要由压电晶片、阻尼块（吸收块）、保护膜、引线和壳体等组成。图 5-87(a) 所示的直探头是通过发射垂直于探头表面传播的纵波进行检测的。图 5-87(b) 所示的斜探头通常还有一块使压电晶片与入射面成一定角度的可透声的斜楔，依入射角的不同，斜探头可在工件中产生纵波、横波和表面波。图 5-87(c) 所示的双晶探头是在同一个探头壳体内装有两个晶片，采用两个晶片一发一收的方式进行工作的探头。根据两个晶片法线构成的面与检测面垂直还是有一定倾角，可分为纵波双晶直探头和横波双晶斜探头。

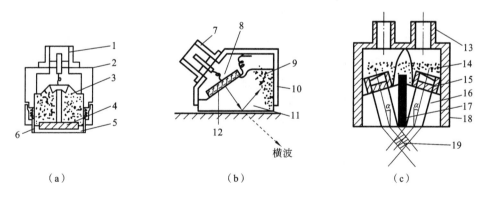

图 5-87 三种压电式超声波探头的基本结构
(a) 直探头；(b) 斜探头；(c) 双晶探头

1，7，13—接头；2，10，18—壳体；3，9，14—吸声材料；4，12，15—压电晶片；5—保护膜；6—接地环；8—阻尼块；11—透声的斜楔；16—延迟块；17—隔声层；19—探伤区

1）压电晶片

压电式超声波探头常用的材料是压电晶体，它是利用压电材料的压电效应来工作的，是探头中最重要的元件。利用压电材料的逆压电效应将高频电振动转换成高频机械振动，从而产生超声波的压电式超声波探头，可作为发射探头；利用压电材料的正压电效应

将超声波振动转换成电信号的压电式超声波探头,可作为接收探头。压电晶片多为圆板形,两面镀有银层(或金层、铂层),用作导电的极板,以使晶片上的电压均匀分布。晶片的尺寸和谐振频率决定着探头发射声场的强度、距离幅度特性与指向性。晶片制作质量的好坏,也关系到探头的声场对称性、分辨率、信噪比等特性。

2)阻尼块

阻尼块一般是由环氧树脂和钨粉等按一定比例配置而成的阻尼材料,黏附在压电晶片或楔块后面,其作用有三个:一是阻碍晶片的振动;二是吸收晶片向其背面发射的超声波能量;三是支撑晶片。

压电晶片在高压电脉冲激励下产生振动之后,其振动在一段时间内不容易停止,从而使得脉冲较宽。这样将会妨碍晶片对回波信号的接收,使得这段时间内的回波不能显现,深度分辨率降低。阻尼块可以增大晶片的振动阻尼,从而缩短晶片的振动时间,使振动着的晶片尽快恢复到静止状态,有利于晶片对回波信号的接收。阻尼块的阻尼作用越大,脉冲的宽度越窄,分辨率越高,但是,传感器灵敏度会下降,因此也不能片面最求过大的阻尼效果。

压电晶片发射超声波时是向阻尼块的两面同时发射的,晶片向阻尼块背面发射的超声波返回晶片后会产生杂乱信号。为了吸收晶片背面的超声波,要求阻尼块材料衰减系数较大的吸声材料。

在斜探头中,晶片粘贴在斜楔上,背面常不加阻尼块。但超声波在斜楔内多次反射后会产生一系列杂乱信号,所以,需在斜楔前面加上吸声材料,以减少噪声。

3)保护膜

压电晶体材料通常都很脆,用在超声波探头中,若直接使用,晶片很容易损坏。为此,常在晶片前面黏附一层薄的保护膜,以保护晶片和电极层不被磨损或碰坏,在某些情况下,这样也能改善探头与被测物体的耦合效果。

保护膜分为硬保护膜和软保护膜。硬保护膜用氧化铝、碳化硼、碳化钨、含硅砂塑料等材料制成,适用于检测表面比较平滑的物体。对于表面粗糙的物体,则常采用聚氨酯塑料等材料制成的可更换的软保护膜,以改善耦合效果。

保护膜会使探头发射的始波宽度增大,分辨率变差,灵敏度降低。在这方面,硬保护膜比软保护膜带来的问题更严重。石英晶片不易磨损,所以可不加保护膜。

4)斜楔

斜楔是斜探头中为了使超声波斜入射到检测面而装在压电晶片前面的楔块。斜楔使探头的压电晶片和被检测物体表面形成一个严格的夹角,以保证压电晶片发射的超声波按照设定的入射角入射,从而在界面处发生所需要的波型转换,在被检测物体内形成特定波型和角度的声束。有斜楔的探头在使用时,晶片不直接与物体表面接触,所以不再需要保护膜。

斜楔多用有机玻璃制成。其外形和尺寸设计非常重要。首先,精确设计斜楔角度才能保证得到所需要的折射波型和折射角度;其次,斜楔外形的设计应使得超声波在斜楔内多次反射的声波不再返回晶片,从而可减少或消除噪声。为此,在有些斜楔上制作了消声槽、孔等,或者把斜楔制成带牛角的形状,目的就是使斜楔内多次反射的声波散射掉,或者进入斜楔的牛角部位而不返回晶片,从而减少杂波对检测的干扰。

5.11.3 超声波传感器的应用

超声波的波长短,不易产生绕射,方向性好,遇到杂质或分界面就会反射,而且在液体、固体中衰减小,穿透性强,在日常生活、工程和国防等领域得到了广泛的应用。超声波检测技术可以用来测量液位、流量、温度、黏度、厚度等物理量,以及进行材料探伤、运动物体防碰撞报警等。本节介绍超声波检测在无损探伤中的应用。

超声波探头常用的探伤模式有两种:直接反射式(脉冲回波法)和对射式(穿透法),如图 5-88 所示。

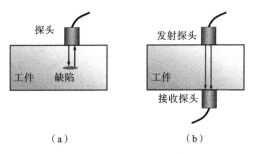

图 5-88 超声波探头的探伤模式
(a)直接反射式;(b)对射式

(1) 直接反射式(脉冲回波法)探伤:如图 5-89(a)所示,这是根据超声波在工件中反射情况的不同来判断工件内部质量的方法。超声波探头发射的是脉冲波,以一定速度在工件内传播,遇到缺陷时一部分超声波会反射回来,另一部分则继续传播至工件底部之后再反射回来。由缺陷和底面反射回来的超声波又被探头所接收,变为电脉冲。发射波(T)、缺损波(F)及底波(B)这三类波经放大后被送至显示屏显示出来,据此可以进一步分析是否存在缺损,以及缺损的位置、性质。当缺损面积大于声束面积时,超声波全部由缺损处反射回来,显示屏上只有发射波(T)和缺损波(F),没有底波(B);当工件完好时,显示屏上只有发射波(T)和底波(B),没有缺损波(F)。

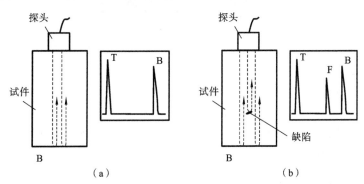

图 5-89 直接反射式探伤
(a)无缺陷;(b)有缺陷

(2) 对射式(穿透法)探伤:如图 5-90 所示,这是根据超声波穿透工件后能量的变化状况来判断工件内部质量的方法。采用两个探头,分别放置在被测工件两侧,一个发射超声波,另一个接收超声波。发射的声波可以是连续的,也可以是脉冲式的。当工件内部有缺陷时，会有部分能量被反射，接收探头接收到的能量较少；而无缺陷时，接收探头接收到的能量较多。根据接收能量的多少即可判断工件内部是否存在缺损。

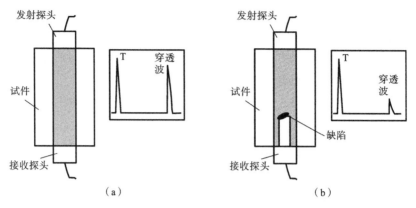

图 5-90 对射式探伤
(a) 无缺陷；(b) 有缺陷

超声波探伤具有如下特性：

(1) 超声波探头的检测范围取决于其使用的超声波的波长和频率。超声波的波长越大，频率越小，检测距离越大，如所用超声波波长在毫米级的超声波探头的检测范围为 300～500 mm，所用超声波波长大于 5 mm 的超声波探头的检测范围可达 8 m。为了精确检测相对较小的物体，可以选择超声波发射角较小（6°左右）的探头；而对于相对较大的物体，则可选择发射角为 12°～15°的探头。

(2) 直接反射式超声波探头无法可靠检测位于超声波探头到有效检测区起点的区域（该区域被称为盲区）。

(3) 环境温度和湿度会影响超声波探头的检测性能。如，空气温度每上升 20 ℃，检测距离最多增加 3.5%，同时对声速也会有影响。

5.12 光纤传感器

光纤传感技术是 20 世纪 70 年代中期发展起来的一种技术，它是随着光纤及光通信技术的发展而逐步形成的。与传统的各类传感器相比，光纤传感器具有许多优点：如不受电磁干扰，体积小，质量小，可挠曲，灵敏度高，耐腐蚀，绝缘强度高，防爆性好等。光纤传感器可用于压力、应变、位移、速度、加速度、振幅、压力、电流、磁场、电压、温度、湿度、声场、流量、浓度、pH 值等 70 多种物理量的测量，在自动控制、在线检测、故障诊断、安全报警等方面具有极大的应用潜力和良好的发展前景。

5.12.1 光纤结构及传光原理

光导纤维简称光纤，它是一种特殊结构的光学纤维，如图 5-91 所示。中心的圆柱体称为纤芯，围绕着纤芯的圆形外层称为包层。纤芯和包层通常由掺杂不同微量元素的石英玻璃制成。纤芯的直径一般是 5～75 μm，包层的直径一般是 100～200 μm。纤芯的折射率 n_1 大于包层的折射率 n_2。光纤的导光能力取决于纤芯和包层的性质。在包层外面还常有一层保护套,多为尼龙材料,以增加机械强度。

设有一段光纤,它的两个端面均为光滑的平面,如图 5-92 所示。当光线射向一个端面并与光纤轴线成 θ_i 角时,将在端面发生折射;进入光纤后,又以 φ_i 角入射至纤芯与包层的界面,这时光线有一部分透射进包层,一部分反射回纤芯。依据光的折射和反射定律,有

$$n_0 \sin\theta_i = n_1 \sin\theta' \quad (5\text{-}107)$$
$$n_1 \sin\varphi_i = n_2 \sin\varphi' \quad (5\text{-}108)$$

式中:n_0 为光纤外界介质的折射率,对于空气,$n_0=1$。

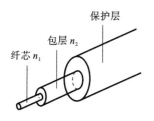

图 5-91 光纤的基本结构

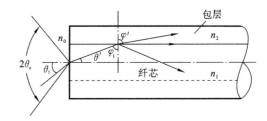

图 5-92 光纤的传光原理

若光在纤芯和包层的界面上发生全反射,即界面上的光线折射角 $\varphi'=90°$,对应的入射角 φ_2 称为临界角 φ_c。当 $\varphi_2 > \varphi_c$ 时,光线不再折射入包层,而是在纤芯内向前传播。有

$$n_1 \sin\theta' = n_1 \sin\left(\frac{\pi}{2}-\varphi_i\right) = n_1 \cos\varphi_i = n_1 \sqrt{1-(\sin\varphi_i)^2} \quad (5\text{-}109)$$

当 $\varphi'=\varphi_c=90°$ 时,有

$$n_1 \sin\theta' = \sqrt{n_1^2 - n_2^2} \quad (5\text{-}110)$$

所以,为了使光在光纤内发生全反射,光入射到光纤端面的入射角 θ_i 应满足:

$$\theta_i \leqslant \theta_c = \arcsin\left(\frac{1}{n_0}\sqrt{n_1^2 - n_2^2}\right) \quad (5\text{-}111)$$

此时,光线就不会透射出界面,而全部被反射,光在纤芯和包层的界面上反复多次全反射,呈锯齿波形在纤芯内向前传播,最后从光纤的另一端面射出,从而实现光在光纤内的传输。实际应用中光纤需要弯曲,但只要满足全反射条件,光线仍然会继续向前传播。

5.12.2 光纤的分类

光纤按纤芯和包层材料性质分类,通常有玻璃光纤及塑料光纤两大类;按折射率分类,有阶跃型和梯度型两种;按光纤的传播模式分类,可以分为多模光纤和单模光纤两类。

1) 阶跃型和梯度型光纤

(1) 阶跃型光纤:纤芯的折射率 n_1 分布均匀,不随半径而变化,包层内的折射率 n_2 分布也大体均匀。但在纤芯与包层界面处折射率变化呈阶梯状,光线传播的轨迹呈锯齿形。

(2) 梯度型光纤:纤芯的折射率沿径向由中心向外呈抛物线形状由大渐小,至界面处与包层折射率一致。这类光纤有聚焦作用,故也称自聚焦光纤。光线传播的轨迹近似于正弦波。

2) 多模光纤和单模光纤

在纤芯内传输的光波,可以分解为沿纵向传播和沿横向传播的两种平面波成分。后者在纤芯和包层的界面上会产生全反射。当它在横向往返一次的过程中相位变化为 2π 的整数倍时,将形成驻波。只有能形成驻波的那些以特定角度射入光纤的光才能在光纤内传播,这些光波就称为模。在光纤内只能传输一定数量的模。通常纤芯直径较粗(50~75 μm)时,能传播几百个以上的模;而纤芯很细(2~12 μm)时,只能传播一个模。前者称为多模光纤,后者称为单模光纤,如图 5-93 所示。

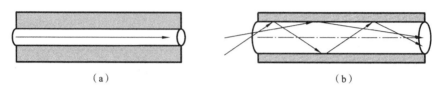

图 5-93 单模与多模光纤光线轨迹
(a) 单模光纤;(b) 多模光纤

5.12.3 光纤传感器的组成和分类

光纤传感器由光源、光探测器、信号处理系统以及光纤等组成,是通过被测量对光纤内传输的光进行调制,使所传输光的强度(振幅)、相位、频率或偏振等特性发生变化,再通过对被调制过的光信号进行检测,从而得出相应被测量的传感器。

按测量对象的不同,光纤传感器可分为有光纤温度传感器、光纤位移传感器、光纤流量传感器、光纤力传感器、光纤速度传感器、光纤加速度传感器、光纤磁场传感器、光纤电流传感器、光纤电压传感器、光纤振动传感器等。

根据光纤在传感器中的作用,可将光纤传感器分为两大类:功能型光纤传感器和非功能型光纤传感器。

1. 功能型光纤传感器

功能型光纤传感器是利用光纤对环境变化的敏感性,将输入物理量变换为调制的光信号而工作的。其利用了光纤的光调制效应——光纤在外界环境因素,如温度、压力、电场、磁场等等改变时,其传光特性(如相位与光强)会发生变化的现象。因此,如果能测出通过光纤的光的相位、光强等的变化,就可以知道被测物理量的变化。这类传感器又称敏感元件型或传光型光纤传感器。

在功能型光纤传感器中,光纤起到了敏感元件的作用。光纤与被测对象相互作用时,光纤自身的传输特性将发生变化,使光纤中的光波参量受到相应调制,即在光纤中传输的光波受到被测对象的调制,空载波变为调制波,或者说光纤自身的结构并不发生变化,而光纤中传输的光波将发生某种变化,携带被测对象的信息。

2. 非功能型光纤传感器

非功能型光纤传感器是由光检测元件、光纤传输回路及测量电路所组成的测试系统。其中光纤仅作为光的传播介质,所以又称传光型或非功能型光纤传感器。

在非功能型光纤传感器中,关键部件是光转换敏感元件。这句话有两层含义:其一是,光转换敏感元件与待测对象相互作用时,元件自身的性能将发生变化,由光纤送来的光波通过它时,光波参量将发生相关变化,空载波变成调制波,携带待测量信息;其二是,这种传感器不采用任何外加的光转换敏感元件,仅由光纤的几何位置排布实现光转换功能,结构十分简单。

显然:功能型光纤传感器能传输的光量越多越好,所以它主要用多模光纤构成;而非功能型光纤传感器主要靠被测对象调制或改变光纤的传输特性,所以只能用单模光纤构成。

5.13 传感器的选用原则

测量某一物理量时,可供选择的传感器往往很多,采用何种类型的传感器进行测量,则需要根据被测量的特点和传感器的使用条件,充分考虑诸多因素,如传感器量程、对传感器体积的要求、测量方式(接触式还是非接触式)、投入的测试成本等等。对某些特殊使用场合,可能无法选到适用的传感器,则需自行设计制造传感器。自制传感器的性能应满足使用要求。而就传感器本身而言,需要分析以下几个方面因素:

1) 灵敏度

显然,在传感器的线性范围内,我们期望其灵敏度越高越好。因为传感器只有具备高灵敏度,才能输出大的信号值,从而有利于后续的信号处理。但与此同时,与被测量无关的干扰也会被放大,从而影响测量精度。因此,传感器本身应具有较高的信噪比。

2) 线性范围

传感器的线性范围越宽,则其量程越宽,并且能保证一定的测量精度。但实际上任何传感器都不能保证绝对的线性,其线性度也是相对而言的。有时可将非线性误差较小的传感器近似看作具备线性特性的传感器,以满足某些测量需求。

3) 频率响应特性

传感器的频率响应特性决定了测量的有效频率范围,必须在允许频率范围内保持不失真的测量条件,同时期望传感器的响应延迟越小越好。

4) 稳定性

影响传感器长期稳定性的因素除传感器自身特点外,主要是使用环境状况。因此,对所使用的传感器稳定性,主要需根据其环境适应能力来判断。

5) 精度

传感器的精度关系着整个测试系统的测量精度。高精度传感器的价格也高,因此对传感器的精度不必要求过高,只要满足整个测试系统的精度要求即可。如果测量以定性分析为目的,可选用重复精度高的传感器;如果是为了定量分析,需要获得精确的测量值,则需选用高精度等级的传感器。

5.14 传感器技术的发展

综合当前的科技发展现状和趋势以及对传感器的需求和要求,传感器技术的主要发展方向有两个:一是开发传感器相关基础技术;二是传感器的集成化与智能化。

1. 传感器的基础技术开发

(1) 研究和探索新效应,开发新型传感技术。

一方面,随着知识结构的完善和对自然环境认识的深化,科学家们会不断地从科学的角度诠释当前各种待解的现象和效应等;另一方面,人们也在不断探索和发现新现象与新效应。研究物理现象、化学反应和生物效应是开发新型传感技术的基础,利用新的效应可研制出相应的新型传感器,提高传感器性能和拓展传感器的应用范围。

(2) 采用新型材料、新工艺,提高传感器的性能。

近年来,在传感器技术领域,所应用的新型材料主要有导体、半导体、石英晶体、功能陶瓷等。光导纤维、纳米材料、超导材料、人工智能材料等具有新效应的敏感功能材料的相继问世,以及精密细微加工技术在传感器制造中的应用,可极大地提高传感器的性能,并为传感器的集成化、微型化提供技术支撑。

2. 传感器的集成化和智能化

1) 传感器的集成化

利用集成电路(IC)制造技术,在微电子机械系统(MEMS)技术基础上,将敏感元件、测量电路、放大电路、补偿电路、运算电路等制作在同一芯片上,使传感器具备体积小、质量小、自动化程度高、制造成本低、抗干扰能力强、稳定性和可靠性好等优点。

2) 传感器的智能化

智能化传感器以微处理器为核心单元,具有检测、信息处理和诊断等功能。在硬件上,由微处理器系统对整个传感器电路、接口、信号转换进行处理调整;在软件上,可进行非线性校正、误差的自动校准和数字滤波处理,从而形成智能化传感系统。与一般传感器相比,智能化传感器具有以下几个显著特点:

(1) 精度高。由于智能化传感器具有信息处理的功能,因此通过软件不仅可以消除各种确定性系统误差(如传感器输入输出的非线性误差、温度误差、零点误差、正反行程误差等),而且还可以适当地补偿随机误差,降低噪声,从而使传感器的精度大大提高。

(2) 稳定、可靠性好。它具有自诊断、自校准和数据存储功能,对于智能结构系统还有自适应功能。

(3) 检测与处理方便。它不仅具有一定的自动化编程能力,可根据检测对象或条件的改变,方便地改变量程及输出数据的形式等,而且输出数据可通过串行或并行通信缆直接传输至远地计算机进行处理。

(4) 功能广。不仅可以实现多传感器多参数综合测量,扩大测量与使用范围,而且可以有多种形式输出(如 RS-232 串行输出、PIO(parallel input/output)端口并行输出、IEEE-488 总线输出以及经 D/A 转换后的模拟量输出等)。

(5) 性能价格比高。在相同精度条件下,多功能智式传感器与单一功能的普通传感器相比,其性能价格比高,尤其是在采用比较便宜的单片机后这一点较为明显。

思考题与习题

5-1 简述电阻应变片的工作原理。

5-2 试说明金属应变片与半导体应变片的相同和不同之处。

5-3 题图 5-1 为一变阻式直线位移传感器及其接线图,变阻器有效长度为 L,总电阻

$R_t = 200\ \Omega$,读数仪表电阻 $R_L = 500\ \Omega$,活动触电位置 $x = L/5$。求:

(1) 读数仪表的指示值 U_0;
(2) 指示值的非线性误差;
(3) 当 $R_L = 100\ \Omega$ 时,指示值的非线性误差。

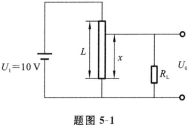

题图 5-1

5-4 电容式传感器有哪三大类?

5-5 简述电容式传感器的优缺点。

5-6 变极距型电容传感器的极板半径 $r = 4$ mm,极板间距 $\delta = 0.5$ mm,极板介质为空气,试求其静态灵敏度。若极板移动 2 mm,求其电容变化。

5-7 为什么电感式传感器一般都采用差动形式?

5-8 涡流的形成范围和渗透深度与哪些因素有关?被测物体对涡流传感器的灵敏度有何影响?

5-9 试分析比较可变磁阻式传感器、电涡流式传感器和互感式传感器的工作原理和灵敏度。

5-10 试利用电磁感应原理,设计一个旋转设备的测速装置,简述其组成和工作原理。

5-11 什么是霍尔效应?霍尔电动势与哪些因素有关?

5-12 什么是压电晶体的居里点?压电式传感器的等效电路是什么样的?

5-13 试说明为什么不能用压电式传感器测量变化比较缓慢的信号。

5-14 压电式传感器的测量电路中为什么要加入前置放大器?电荷放大器有何特点?

5-15 在使用压电式传感器时,如何减少电缆噪声对测量信号的影响?

5-16 什么是光电效应?光电效应根据其表现形式应如何分类?

5-17 列举分别利用了内光电效应和外光电效应的光电器件。

5-18 光敏电阻、光电池、光敏二极管和光敏三极管在性能上有什么差异?它们分别适用于什么测量场合?

5-19 简述热电偶能够工作的两个条件。

5-20 热电动势由哪几部分组成?

5-21 试举例说明热电偶冷端补偿方法。

5-22 试比较金属热电阻和热敏电阻的异同。

5-23 半导体气敏传感器是如何分类的?试简述 P 型半导体气敏传感器的工作原理。

5-24 红外传感器探测器有哪些类型?

5-25 现有一红外传感器,试分析其结构组成与工作原理。

5-26 超声波在介质中有哪些传播特性?

5-27 超声波探头主要由哪几部分组成?各部分作用是什么?

5-28 利用超声波测量材料厚度的基本原理是什么?

5-29 试设计一台超声波液位检测仪。

5-30 光是如何在光纤中传输的?对光纤和入射角有什么要求?

5-31 选用传感器时应注意哪些问题?

第6章 测试信号的转换与调理

6.1 概述

测试系统的第二个环节为信号的转换与调理环节(见图1-1)。被测物理量经传感环节被转换为电阻、电容、电感或电压、电流、电荷等电学量的变化,由于测量过程不可避免地会遭受各种内、外干扰因素的影响,且为了用被测信号驱动显示、记录和控制仪器等或进一步将信号输入计算机进行数据处理,需对传感环节输出信号进行调理、放大、滤波、运算分析等一系列加工处理。

信号的转换与调理涉及范围很广,本章将集中讨论一些常用的环节如电桥、调制与解调环节、信号的滤波环节。

6.2 电桥

电桥是将电阻、电容、电感等电学量的变化转换为电压或电流输出的一种测量电路。由于电桥电路简单可靠,且具有很高的精度和灵敏度,因此被广泛用作仪器测量电路。在应变测量、热电阻温度测量等方面都大量应用了电桥来进行信号的转换。

电桥按其所采用的激励电源类型可分为直流电桥和交流电桥两类。

6.2.1 直流电桥

图6-1给出了直流电桥的基本结构形式,其中电阻 R_1、R_2、R_3、R_4 组成电桥的四个桥臂。在电桥的一条对角线两端 a 和 c 处接入直流电源作为电桥的激励电源,而在电桥的另一对角线两端 b 和 d 处输出电压 e_o。该输出电压可直接用于驱动指示仪表,也可接入后续放大电路。

用于测量电路的直流电桥的工作原理是:利用四个桥臂中的一个或数个电阻的阻值变化引起电桥输出电压的变化,因此桥臂可采用电阻式敏感元件组成并接入测试系统。

图6-1所示为直流电桥,当输出端接输入阻抗较大的仪表或放大电路时,可视为开路,其输出电流为零,此时有

$$\begin{cases} I_1 = \dfrac{e_x}{R_1+R_2} \\ I_2 = \dfrac{e_x}{R_3+R_4} \end{cases} \tag{6-1}$$

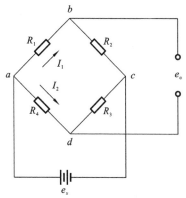

图6-1 直流电桥结构形式

a 端和 b 端之间与 a 端和 d 端之间的电位差分别为

$$U_{ab}=I_1R_1=\frac{R_1}{R_1+R_2}e_x \tag{6-2}$$

$$U_{ad}=I_2R_4=\frac{R_4}{R_3+R_4}e_x \tag{6-3}$$

由此可得输出电压：

$$\begin{aligned}e_o&=U_{ab}-U_{ad}=\frac{R_1}{R_1+R_2}e_x-\frac{R_4}{R_3+R_4}e_x\\&=\frac{R_1R_3-R_2R_4}{(R_1+R_2)(R_3+R_4)}e_x\end{aligned} \tag{6-4}$$

由式(6-4)可知,若要使输出为零,亦即当电桥平衡时,则应有

$$R_1R_3=R_2R_4 \tag{6-5}$$

式(6-5)即为直流电桥的平衡公式。由此式可知,R_1,R_2,R_3,R_4 四个电阻中的任何一个或多个的阻值发生变化而使电桥不平衡时,均可引起电桥输出电压的变化,因此适当选取各桥臂电阻值,可使输出电压仅与被测量引起的电阻值变化有关。

常用的电桥连接形式有单臂电桥、双臂电桥和全桥连接。图 6-2(a)所示为单臂电桥连接形式,在工作时仅有一个桥臂的电阻阻值随被测量变化,设该电阻为 R_1,其变化量为 ΔR,则由式(6-4)可得

$$e_o=\frac{R_1+\Delta R}{R_1+R_2+\Delta R}e_x-\frac{R_4}{R_3+R_4}e_x \tag{6-6}$$

实践中常设相邻桥臂上电阻的阻值相等,亦即 $R_1=R_2=R_0$,$R_3=R_4=R_0'$,若 $R_0=R_0'$,则式(6-6)变形为

$$e_o=\frac{\Delta R}{4R_0+2\Delta R}e_x \tag{6-7}$$

一般 $\Delta R \ll R_0$,因此式(6-7)可简化为

$$e_o \approx \frac{\Delta R}{4R_0}e_x \tag{6-8}$$

可见,电桥输出 e_o 与激励电压 e_x 成正比,且在 e_x 和 R_0 固定的条件下,e_o 与变化桥臂上电阻的阻值变化量成单调线性变化关系。

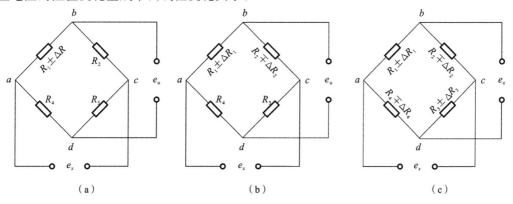

图 6-2 直流电桥的连接方式

(a) 单臂电桥；(b) 双臂电桥；(c) 全桥

图 6-2(b)为双臂电桥连接形式,工作时有两个桥臂(一般为相邻桥臂)的电阻阻值随被测量变化,且变化方向相反,若 R_1 增大,则 R_2 减小,反之亦然。同样,由式(6-4)可知,当 $R_1=R_2=R_0$,$R_3=R_4=R_0'$,$\Delta R_1=\Delta R_2=\Delta R$ 且 $R_0=R_0'$ 时,可得电桥输出电压

$$e_o=\frac{\Delta R}{2R_0}e_x \qquad (6-9)$$

图 6-2(c)所示的全桥连接形式中,四个桥臂相邻电阻的阻值均随被测量交叉反向变化,即当 R_1,R_3 增大时,R_2,R_4 减小,当 R_1,R_3 减小时,R_2,R_4 增大。同样,当 $R_1=R_2=R_3=R_4=R_0$ 且 $\Delta R_1=\Delta R_2=\Delta R_3=\Delta R_4=\Delta R$ 时,由式(6-4)计算得输出:

$$e_o=\frac{\Delta R}{R_0}e_x \qquad (6-10)$$

若四个桥臂的电阻阻值同时增大,而 $R_1=R_2=R_3=R_4=R_0$,阻值变化 ΔR_1,ΔR_2,ΔR_3,ΔR_4 相对各阻值本身为小量,可得此时的输出电压近似为

$$e_o=\frac{1}{4}\left(\frac{\Delta R_1}{R}-\frac{\Delta R_2}{R}+\frac{\Delta R_3}{R}-\frac{\Delta R_4}{R}\right)e_x \qquad (6-11)$$

由式(6-11)可看出桥臂阻值变化对输出电压的影响规律:

(1) 因相邻两桥臂电阻(图 6-2 中的 R_1 和 R_2)阻值变化而产生的输出电压为因两桥臂各电阻阻值变化而产生的输出电压之差;

(2) 因相对两桥臂电阻(如图 6-2 中的 R_1 和 R_3)阻值变化产生的输出电压为因两桥臂各电阻阻值变化而产生的输出电压之和。

这便是电桥的和差特性,这一特性可应用于实际的测量电路中。例如测量一悬臂梁结构的应变仪(见图 6-3),为提高灵敏度,常在梁的上、下表面各贴一个应变片,并将上述两应变片接入电桥的相邻两桥臂。这样当梁受载时,上、下两应变片阻值将分别增大 ΔR 和减小 ΔR,因二者阻值变化而产生的电压输出将相互抵消。由式(6-11)可知,此时电桥的输出为最大。电桥的和差特性也可用来实现温度误差的自动补偿,并在应变、温度测量技术中大量应用。

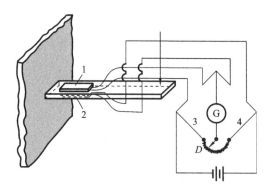

图 6-3 悬臂梁结构的应变仪结构

电桥的灵敏度定义为

$$S=\frac{\Delta e_o}{\Delta R} \qquad (6-12)$$

也有人将电桥的灵敏度定义为 $S=\dfrac{\Delta e_o}{\Delta R/R}$,其中 $\Delta R/R$ 为输入量。

直流电桥的优点是采用直流电源作激励电源,而直流电源稳定性高,电桥的输出 e_o 是直流量,可用直流仪表测量,精度高。电桥与后接仪表间的连接导线不会形成分布电容,因此对导线连接的方式要求较低。另外,电桥的平衡电路较简单,仅需对纯电阻的桥臂进行调整。直流电桥的缺点是易引入工频干扰,由于输出为直流量,而直流放大器一般都比较复杂,易受零漂和接地电位的影响。因此,直流电桥适合于静态量的测量。

6.2.2 交流电桥

交流电桥电路结构与直流电桥相似,所不同的是交流电桥的激励电源为交流电源,电桥的桥臂可以是电阻、电感或电容(见图 6-4,图中的 $z_1 \sim z_4$ 表示四桥臂的交流阻抗)。

若将交流电桥的阻抗、电流及电压用复数表示,则直流电桥的平衡关系式也可用于交流电桥。由图 6-4 可知,当电桥平衡时有

$$z_1 z_3 = z_2 z_4 \qquad (6\text{-}13)$$

式中:z_i 为各桥臂的复数阻抗,$z_i = Z_i e^{j\varphi_i}$,其中 Z_i 为复数阻抗的模,φ_i 为复数阻抗的阻抗角。

将 z_i 的表达式代入式(6-13)得

$$Z_1 Z_3 e^{j(\varphi_1 + \varphi_3)} = Z_2 Z_4 e^{j(\varphi_2 + \varphi_4)} \qquad (6\text{-}14)$$

式(6-14)成立的条件是

$$\begin{cases} Z_1 Z_3 = Z_2 Z_4 \\ \varphi_1 + \varphi_3 = \varphi_2 + \varphi_4 \end{cases} \qquad (6\text{-}15)$$

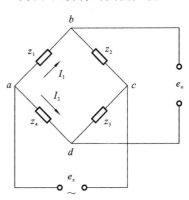

图 6-4 交流电桥结构

式(6-15)表明,交流电桥平衡要满足两个条件:两相对桥臂的阻抗模的乘积相等;两相对桥臂阻抗角的和相等。

由于阻抗角表示桥臂电流与电压之间的相位差,若桥臂为纯电阻,则 $\varphi = 0$,即电流与电压同相位;若桥臂的阻抗为电感性阻抗,则 $\varphi > 0$;若桥臂的阻抗为电容性阻抗,则 $\varphi < 0$。由于交流电桥平衡必须同时满足模及阻抗角方面的两个条件,因此桥臂结构可采取不同的组合方式,以满足相对桥臂阻抗角之和相等这一条件。

图 6-5 给出了两种常见的交流电桥形式,其中图(a)所示为电容式电桥,该电桥中一侧两相邻桥臂分别由纯电阻 R_2、R_3 构成,而另一侧两相邻桥臂分别由电容 C_1、C_4 构成(将 R_1、R_4 视为电容介质损耗的等效电阻),由此根据式(6-15)列出平衡条件:

$$\left(R_1 + \frac{1}{j\omega C_1}\right) R_3 = \left(R_4 + \frac{1}{j\omega C_4}\right) R_2 \qquad (6\text{-}16)$$

将式(6-16)展开,有

$$R_1 R_3 + \frac{R_3}{j\omega C_1} = R_2 R_4 + \frac{R_2}{j\omega C_4} \qquad (6\text{-}17)$$

式(6-17)中实部、虚部应分别相等,因此可得

$$\begin{cases} R_1 R_3 = R_2 R_4 \\ \dfrac{R_3}{C_1} = \dfrac{R_2}{C_4} \end{cases} \qquad (6\text{-}18)$$

由式(6-18)可知,为达到电桥平衡,必须同时调节电容与电阻。

图 6-5(b)所示为电感式电桥,一侧两相邻桥臂分别由电感 L_1、L_4 构成(将 R_1、R_4 视

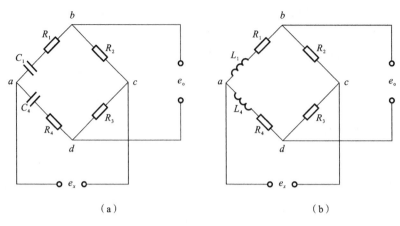

图 6-5 常见交流电桥结构形式
(a) 电容式电桥；(b) 电感式电桥

为电感介质损耗的等效电阻），另一侧两相邻桥臂分别由纯电阻 R_2，R_3 构成。同样，由电桥平衡条件最终可得

$$\begin{cases} R_1 R_3 = R_2 R_4 \\ L_1 R_3 = L_4 R_2 \end{cases}$$

调平衡就是分别调节电阻和电感，使电桥达到平衡。

表 6-1 列出了由不同的组合方式所构成的交流电桥形式。

表 6-1 测量用交流电桥形式

电桥形式	示例	说明
串联比较电阻测电感（电容）电桥		测量 L 或 C 的平衡方程： $Z_x = Z_s \dfrac{R_2}{R_1}$ 电感：$L_x = L_s \dfrac{R_2}{R_1}$ 电容：$C_x = C_s \dfrac{R_1}{R_2}$
麦克斯韦电桥		测量 L 的平衡方程（最好有 $\omega L_x / R_x < 10$）： $L_x = R_2 R_3 C$ $R_x = \dfrac{R_2 R_3}{R_1}$
海氏（Hay）电桥		测量 L 的平衡方程（最好有 $\omega L_x / R_x > 10$）： $L_x = \dfrac{R_2 R_3 C_1}{1 + \omega^2 C_1^2 R_1^2}$ $R_x = \dfrac{\omega^2 C_1^2 R_1 R_2}{1 + \omega^2 C_1^2 R_1^2}$

续表

电桥形式	示 例	说 明
谢林（Schering）电桥	（电路图：C_1, R_1, R_2, C_2, C_x, R_x）	测量 C 的平衡方程： $C_x = C_2 \dfrac{R_1}{R_2}$ $R_x = R_2 \dfrac{C_1}{C_2}$
谐振电桥	（电路图：R_1, R_2, R_3, R_4, L, C）	测量 L 或 C（f 已知）、f（L 和 C 已知）的平衡方程： $X_L = X_C$ 或 $L \cdot C = \dfrac{1}{\omega^2}$ $f = \dfrac{1}{2\pi\sqrt{LC}}$

由于交流电桥的平衡必须同时满足阻抗模与阻抗角两方面的条件，因此较之直流电桥，交流电桥的平衡调节要复杂得多。即使是纯电阻交流电桥，电桥导线之间形成的分布电容也会影响桥臂阻抗值，相当于在各桥臂的电阻上并联了一个电容（见图 6-6(a)）。为此，在调电阻平衡时尚需进行电容的调平衡。图 6-6(b)给出了一种用于动态应变仪的纯电阻电桥，其采用差动可变电容器 C_2 来调节电容，使并联的电容值得到改变，来实现电桥电容的平衡。

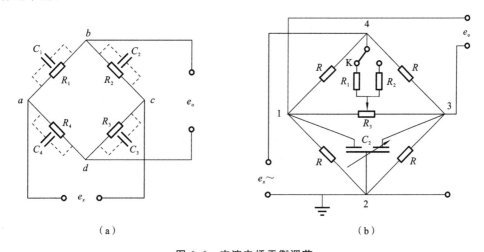

图 6-6 交流电桥平衡调节

(a) 电桥的分布电容；(b) 用于动态应变仪的纯电阻电桥

交流电桥测量精度的影响因素比直流电桥要多很多，如电桥各元件之间的互感耦合、无感电阻的残余电抗、泄漏电阻、元件间以及元件对地之间的分布电容等，应尽可能地采取适当措施将这些因素带来的影响加以消除。另外，对交流电桥的激励电源，要求其电压波形和频率必须具有很好的稳定性，否则将影响到电桥的平衡。当电源电压存在波形畸变时,因电压信号中亦包含高次谐波,即使针对基波频率将电桥调至平衡,也仍会有高次谐波的输出,电桥仍不一定能平衡。电桥电源多采用频率范围为 5~10 kHz 的音频交流电源,此时电桥输出将为调制波,外界工频干扰不易被引入电桥线路,由此后接交流放大电路便可采用一般简单的形式,且没有零漂的问题。

6.2.3　变压器式电桥

变压器式电桥将变压器中两感应耦合绕组作为电桥的桥臂,图 6-7 给出了其常用的两种形式。图 6-7(a)所示电桥常用于电感比较仪中,其中感应耦合绕组 W_1、W_2(阻抗分别为 Z_1、Z_2)与阻抗 Z_3、Z_4 组成电桥的四个臂,绕组 W_1、W_2 为变压器副边,平衡时有 $Z_1 Z_3 = Z_2 Z_4$。如果任一桥臂阻抗有变化,则电桥有电压输出。图 6-7(b)所示为另一种变压器式电桥形式,其中变压器的原边绕组 W_1、W_2(阻抗分别为 Z_1、Z_2)与阻抗 Z_3、Z_4 构成电桥的四个臂,若使阻抗 Z_3、Z_4 相等并保持不变,电桥平衡时,绕组 W_1、W_2 中磁通大小相等但方向相反,激磁效应互相抵消,此时变压器副边绕组中无感应电动势产生,输出为零。反之,当移动变压器中铁芯时,电桥失去平衡,促使副边绕组中产生感应电动势,从而有电压输出。

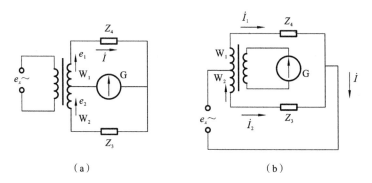

图 6-7　变压器式电桥

上述两种电桥中的变压器实际上均为差动变压器式传感器,通过移动其中的敏感元件——铁芯,将被测位移转换为绕组间互感的变化,再经电荷转换输出电压或电流。与普通电桥相比,变压器式电桥具有较高的测量精度和灵敏度,且性能也较稳定,因此在非电学量测量中得到了广泛的应用。

6.2.4　电桥使用中应注意的问题

电桥电路是常见的仪器电路,有着广泛的应用,尤其是在应变仪测量电路中。电桥电路有着很高的灵敏度和精度,且结构形式多样,适合于不同的应用。但其也易受外界各种因素的影响,除了以上介绍的温度、电源电压及频率等因素之外,也会受到传感元件的连接导线等的影响。此外,在不同的应用中需要调节电桥的灵敏度,以适应不同的测量精度需求。在具体的电桥应用中常需要特别注意以下几个方面的问题。

6.2.4.1　连接导线的补偿

实际应用中,传感器与所接的桥式仪表常常相隔一定的距离(见图 6-8(a)),这样连接导线会给电桥的一臂引入附加的阻抗(沿着导线阻抗按梯度变化),由此带来测量误差。若采取图 6-8(b)所示的三导线结构形式,由于其中附加的补偿导线与传感器的连接导线处在相邻桥臂上,因此它能平衡整个导线的长度,也可消除由此引起的任何不平衡。

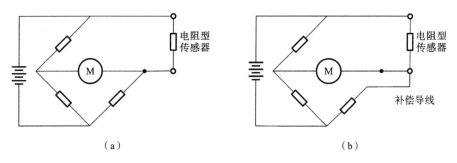

图 6-8 电桥接线的补偿方法

(a) 具有远距离连接传感器的电桥;(b) 带补偿电缆的电桥

6.2.4.2 电桥灵敏度的调节

由于下述原因,在电桥使用中常需要对其灵敏度做调节:

(1) 衰减大于所需电平的输入量;
(2) 要在系统标定值和仪器刻度之间建立直接联系,以方便读数;
(3) 要使各传感器的特性能适合预校正过的系统;
(4) 为控制诸如温度效应这样的外部干扰提供手段。

图 6-9 给出了一种调节电桥灵敏度的方法:在一根(或两根)输入导线上加入一可变串联电阻 R_s。假设所有桥臂的电阻值均为 R,则由电压源所看到的电阻值亦将为 R。因此若如图 6-9 所示串联一电阻 R_s,那么根据分压电路原理,电桥的输入将按一个比例因子成比例减小。该比例因子称为电桥因子,用 n 表示,其计算式为

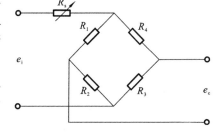

图 6-9 电桥灵敏度调节方法

$$n=\frac{R}{R+R_s}=\frac{1}{1+R_s/R} \quad (6-19)$$

电桥输出也相应地成比例减小。该方法简单且对电桥灵敏度控制十分有用。

6.2.4.3 电桥的并联校正

实际中常常需要对电桥进行标定或校正,所采用的方法是直接引入一个已知的电阻变化来观察其对电桥输出的校正效果。图 6-10 给出了一种电桥的并联校正法,图中的标定电阻 R_c 的阻值已知。若开始电桥在图中开关打开时是平衡的,则当开关闭合时,臂 ab 上的电阻改变,将导致整个电桥失去平衡。从电压表上可读出输出电压 e_{ac},引起该电压输出的电阻改变量 ΔR 可由下式计算:

$$\Delta R=R_1-\frac{R_1 R_c}{R_1+R_c} \quad (6-20)$$

电桥灵敏度为

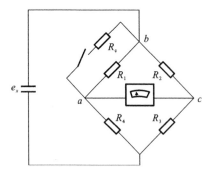

图 6-10 电桥并联校正方法

$$S = \frac{e_{ac}}{\Delta R} \ (\text{V}/\Omega) \qquad (6-21)$$

上述过程能够实现电桥的整体标定,因为其中考虑了所有的电阻值和电源电压。

有时为了使用方便,常常对基本的电桥电路附加其他一些特性或功能。图 6-11 给出了一种具有灵敏度调节、标定和调平衡多种功能的电桥,该电桥具有如下功能:

(1) 不改变电源电压而改变整个灵敏度;

(2) 即使在桥臂并非完全匹配的情况下,当被测物理量为零时仍能将输出电压精确地调为零。

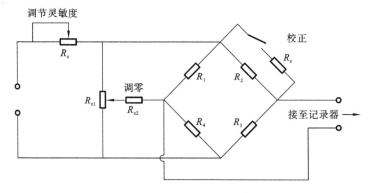

图 6-11 具有多种功能的电桥电路

注:若 $R_1 \approx R_2 \approx R_3 \approx R_4 < 1000 \ \Omega$(普通应变传感器),则 $R_{z2} \approx 100 R_1$,$R_{z1} \approx 25000 \ \Omega$。

6.2.4.4 能测量小电阻值的电桥

上述电桥电路均是惠斯通电桥电路,这种电路一般不能用来测量毫欧或微欧量级的微小电阻值,因为导线电阻以及内部的电缆及接点电阻均会增加测量电阻的数值量级。

采用汤姆孙电桥(Thomson bridge)能够解决以上问题。图 6-12 给出了一种汤姆孙电桥电路,其中电源电压 e_x 经可调前置电阻 R_V 给测量电阻 R 和标准电阻 R_N 供电,R 和 R_N 大小大致相等。电桥平衡时,R 和 R_N 中流过的电流大小相等。图中的级联十进位方

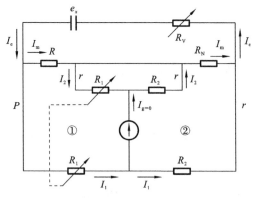

图 6-12 汤姆孙电桥

式用于使两个 R_1 的阻值始终相等,通过这样的配置形式能够容易地达到电桥平衡。

为导出平衡条件,分别得出回路①和②的电压平衡方程:

回路① $\qquad I_m R = I_1 R_1 - I_2 R_1 \qquad$ (6-22)

回路② $\qquad I_m R_N = I_1 R_2 - I_2 R_2 \qquad$ (6-23)

将式(6-22)和式(6-23)两式相除可得

$$\frac{R}{R_N} = \frac{R_1}{R_2} \qquad (6-24)$$

由式(6-24)可知,导线电阻 r 以及电路中接头电阻均不再影响测量结果,这一点与常规的电桥电路不一样,因为此处可将电阻 R_1 和 R_2 选得较高。用汤姆孙电桥可以测量的最小阻值可达 $10^{-7}\ \Omega$。

6.3 调制与解调

所谓调制是指利用某种信号来控制或改变高频振荡信号的某个参量(幅值、频率或相位)的过程。当被控制的量是高频振荡信号的幅值时,称为幅值调制或调幅;当被控制的量为高频振荡信号的频率时,称为频率调制或调频;而当被控制的量为高频振荡信号的相位时,则称为相位调制或调相。

在调制解调技术中,将控制高频振荡的低频信号称为调制信号,载送低频信号的高频振荡波称为载波,将调制所得的高频振荡波称为已调制波。根据被控制参量的不同,已调制波分别包括调幅波、调频波等。从时域上讲,调制即是使载波的某一参量随调制波的变化而变化,而在频域上,调制过程是一个移频的过程。

解调是从已调制波信号中恢复出原有低频信号的过程。调制与解调是一对信号变换过程,在工程上常常结合在一起使用。

调制与解调在工程上有着广泛的应用。测量过程中常常会碰到一些变化缓慢的量(比如力、位移等),这些量经传感器转换后形成低频电信号而被输出。如果对这些低频电信号直接进行直流放大,常会带来零漂和级间耦合等问题,造成信号的失真。因此常常设法先将这些低频信号通过调制手段变成高频信号,然后用简单的交流放大器进行放大,从而可避免前述直流放大中所遇到的问题。对该放大的已调制信号进行解调便可最终获取原来的缓变被测量。又如在无线电技术中,为了防止所发射的信号(例如各电台发射的无线电信号)间的相互串扰,常常要将发送的声频信号的频率移到各自被分配的高频、超高频频段上进行传输与接收,其中同样要使用调制解调技术。

一般来说,调制一个载波信号幅值的信号可能具有任何形式,如可为正/余弦信号、一般周期信号、瞬态信号、随机信号等。而载波信号也可具有不同的形式,如可为正弦信号、方波信号等。为了便于叙述和理解,本章将着重介绍工程测试技术中常用的以正(余)弦信号为载波信号的调制与解调。

6.3.1 幅值调制与解调

6.3.1.1 幅值调制

幅值调制(或称调幅)是将一个高频载波信号同被测信号(调制信号)相乘,使载波信号的幅值随着被测信号的变化而变化。如图 6-13(a)所示，$x(t)$ 为被测信号，$y(t)$ 为高频载波信号(此处选择余弦信号 $y(t)=\cos 2\pi f_0 t$)，则调制器的输出即已调制信号 $x_m(t)$ 为 $x(t)$ 与 $y(t)$ 的乘积：$x_m(t)=x(t)\cos 2\pi f_0 t$(见图 6-13(b))。由傅里叶变换性质知：两信号在时域中的乘积对应二者在频域中的傅里叶变换的卷积，即

$$x(t)y(t) \Leftrightarrow X(f)*Y(f)$$

则有

$$x(t)\cos 2\pi f_0 t \Leftrightarrow \frac{1}{2}X(f)*\delta(f+f_0)+\frac{1}{2}X(f)*\delta(f-f_0) \tag{6-25}$$

因此信号 $x(t)$ 与载波信号的乘积在频域上相当于将 $x(t)$ 在原点处的频谱移至载波频率 f_0 处，如图 6-13(c)所示。因此幅值调制过程在频域上就相当于一个移频的过程。

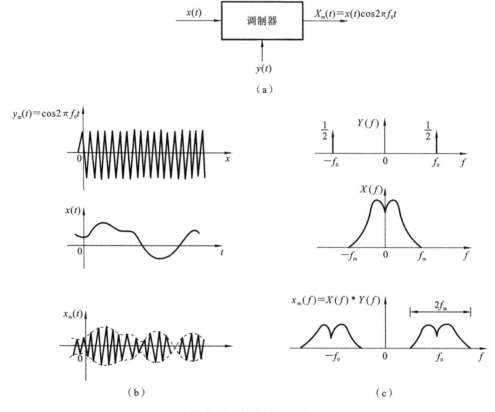

图 6-13　幅值调制原理

(a) 幅值调制原理方框图；(b) 时域；(c) 频域

调制信号 $x(t)$ 可以有不同的形式。以下分析 $x(t)$ 分别为正弦信号、周期信号和瞬态信号时，调幅过程中幅值与相位的变化情况。

1. 调制信号为正弦信号时的幅值调制

设调制信号 $x(t)=A_s\sin(\omega_s t)$，载波信号 $y(t)=A_c\sin(\omega_c t)$，则经调制后的已调制波信号为

$$x_m=x(t)\cdot y(t)=A_s\sin(\omega_s t)\cdot A_c\sin(\omega_c t) \tag{6-26}$$

式中：A_s 为调制信号幅值；ω_s 为调制信号角频率；A_c 为载波信号幅值；ω_c 为载波信号角频率。

载波信号、调制信号与已调制信号(输出信号)波形示于图 6-14。其中:调制信号处于正半周时,已调制信号与载波信号同相;当调制信号处于负半周时,已调制信号与载波信号反相。

为求出信号的频谱,可采用三角积化和差公式:

$$\sin\alpha\sin\beta = \frac{1}{2}\cos(\alpha-\beta) - \frac{1}{2}\cos(\alpha+\beta) \tag{6-27}$$

将式(6-27)应用于式(6-26)得

$$x_m = \frac{A_s A_c}{2}\{\cos[(\omega_c - \omega_s)t] - \cos[(\omega_c + \omega_s)t]\} \tag{6-28}$$

或

$$x_m = \frac{A_s A_c}{2}\sin\left[(\omega_c - \omega_s)t + \frac{\pi}{2}\right] + \frac{A_s A_c}{2}\sin\left[(\omega_c + \omega_s)t + \frac{\pi}{2}\right] \tag{6-29}$$

从图 6-15 可见,已调制信号的频谱是一个离散谱,仅仅位于角频率 $\omega_c - \omega_s$ 和 $\omega_c + \omega_s$ 处,即以载波信号频率 ω_c 为中心、以调制信号角频率 ω_s 为间隔的左右两频率(边频)处。其幅值大小等于 A_s 与 A_c 乘积之半。

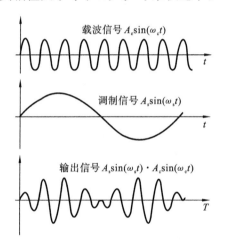

图 6-14 正弦信号幅值调制时间波形图

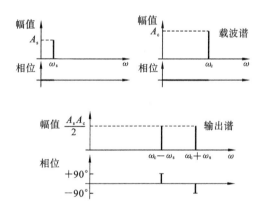

图 6-15 正弦信号的幅值调制频谱

幅值调制装置实质上是一个乘法器,在实际应用中经常采用电桥作调制装置,其中以高频振荡电源供给电桥作调制装置的载波信号,则电桥输出 e_0 便为调幅波。以下介绍一个应变片电桥的调幅实例。我们知道,若想方便地测量并记录来自传感器(比如应变仪)的很小的输出电压,就要有一个高增益的放大器,而由于放大器的漂移等问题,构造一个高增益的交流放大器远比构造一个直流放大器来得容易。但交流放大器不能放大静态的或缓变的量,因此不能直接用来测量静态应变(见图 6-16)。解决这一问题的方法是采用一个应变片电桥,电桥的激励电源为交流电源,如图 6-17 所示。图中电桥的电压为 5 V,频率为 3000 Hz。若所测应变量的频率变化为 0~10 Hz,亦即使应变从静态到缓变的一个范围,那么根据电桥原理,应变阻抗变化促使电桥产生的输出电压将是载波信号的电压(电源电压),其幅值为应变变化值所调制。图 6-18 所示为电桥调幅装置应变信号频谱、载波信号频谱及放大器输入信号频谱。电桥输出信号的频率范围,经计算为 2990~3010 Hz,该范围的频率易为后续交流放大器处理。这种放大器通常亦称载波放大器。

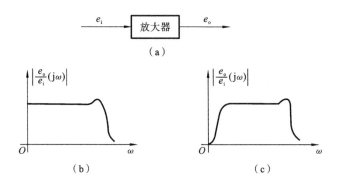

图 6-16 放大器原理方框图及幅频响应特性曲线

(a) 放大器原理方框图;(b) 直流放大器幅频响应特性曲线;(c) 交流放大器幅频响应特性曲线

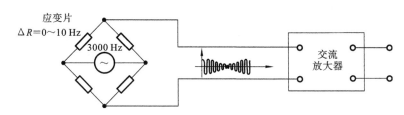

图 6-17 应变片电桥

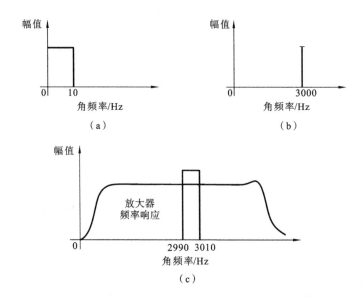

图 6-18 电桥调幅装置信号幅值-角频率关系曲线

(a) 应变信号幅值-角频率关系曲线;(b) 载波信号幅值-角频率关系曲线;(c) 放大器输入信号幅值-角频率关系曲线

2. 调制信号为普通周期信号

普通周期调制信号 $x(t)$ 用傅里叶级数展开为

$$x(t) = a_0 + \sum_{n=1}^{\infty}(a_n\cos n\omega_0 t + b_n\sin n\omega_0 t), \quad n=1,2,3,\cdots$$

则已调制信号相应为

$$x_\mathrm{m} = \left[a_0 + \sum_{n=1}^{\infty}(a_n\cos n\omega_0 t + b_n\sin n\omega_0 t)\right]A_\mathrm{c}\sin\omega_\mathrm{c}t \tag{6-30}$$

展开得

$$x_{\mathrm{m}} = A_0 A_{\mathrm{c}} \sin\omega_{\mathrm{c}} t + (A_1 A_{\mathrm{c}} \cos\omega_1 t \sin\omega_{\mathrm{c}} t + A_2 A_{\mathrm{c}} \cos\omega_2 t \sin\omega_{\mathrm{c}} t + \cdots)$$
$$+ (B_1 A_{\mathrm{c}} \sin\omega_1 t \sin\omega_{\mathrm{c}} t + B_2 A_{\mathrm{c}} \sin\omega_2 t \sin\omega_{\mathrm{c}} t + \cdots) \tag{6-31}$$

采用三角积化和差公式可得

$$x_{\mathrm{m}} = A_0 A_{\mathrm{c}} \sin\omega_{\mathrm{c}} t + C_1 \{\sin[(\omega_{\mathrm{c}} + \omega_1)t - a_1] + \sin[(\omega_{\mathrm{c}} - \omega_1)t + a_1]\} + \cdots \tag{6-32}$$

式中：
$$C_1 = \frac{A_{\mathrm{c}}}{2}\sqrt{A_1^2 + B_1^2}, \quad a_1 = \arctan\frac{B_1}{A_1}$$

已调制信号的频谱示于图 6-19。从图中可看到，已调制信号的频谱为离散谱，谱线分别位于 $\omega_{\mathrm{c}}, \omega_{\mathrm{c}} \pm \omega_1, \omega_{\mathrm{c}} \pm \omega_2, \cdots$ 处，亦即调制信号的每个频率分量均产生一对边频。

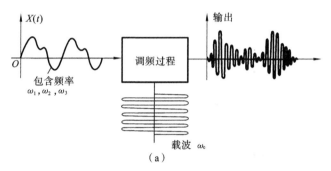

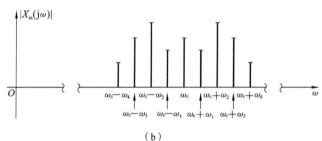

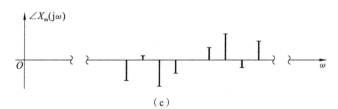

图 6-19 调制信号为周期信号时的已调制信号的频谱
(a) 调频过程方框图；(b) 幅频谱；(c) 相频谱

3. 调制信号为瞬态信号

此时已调制信号 $x_{\mathrm{m}}(t)$ 的傅里叶变换为

$$X_{\mathrm{m}}(\mathrm{j}\omega) = |X_{\mathrm{m}}(\mathrm{j}\omega)| \angle X_{\mathrm{m}}(\mathrm{j}\omega) \tag{6-33}$$

式中：
$$|X_{\mathrm{m}}(\mathrm{j}\omega)| = \frac{A_{\mathrm{c}}}{2}|X_{\mathrm{m}}[\mathrm{j}(\omega - \omega_{\mathrm{c}})]|$$

$$\angle X_{\mathrm{m}}(\mathrm{j}\omega) = \angle X[\mathrm{j}(\omega - \omega_{\mathrm{c}})] - \frac{\pi}{2}, \quad 0 \leqslant \omega < \infty$$

且载波信号仍为 $y(t)=A_c\sin\omega_c t$。

调制过程及结果的频谱示于图 6-20。

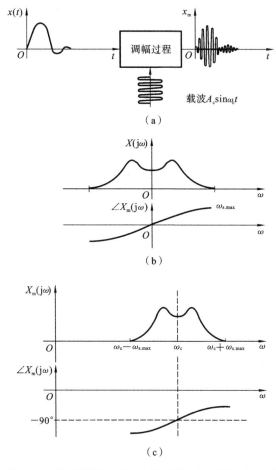

图 6-20　调制信号为瞬态信号时的已调制信号的频谱
(a) 瞬态信号幅值调制过程方框图；(b) 瞬态信号的频谱；(c) 瞬态信号调制后的频谱

从调幅原理看，载波信号频率 ω_c 必须高于调制信号的最高频率 $\omega_{s,max}$（见图 6-20），这样才能使已调制信号保持原信号的频谱，不致产生混叠现象。为减小放大电路可能引起的失真，信号的频宽（$2\omega_{s,max}$）相对于中心频率（载波信号频率 ω_c）应尽量小。通常实际载波信号频率 ω_c 至少数倍甚至数十倍于调制信号的最高频率，但载波信号频率的提高也受到放大电路截止频率的限制。

6.3.1.2　调幅波的解调

幅值调制的解调有多种方法，常用的有同步解调法、整流检波法和相敏解调法。由于相敏解调法在工程上应用较少，在此仅介绍前两种。

1. 同步解调法

将图 6-13 所示的调幅波信号经一个乘法器与原载波信号相乘，则调幅波的频谱在频域上被再次移频，结果如图 6-21 所示。由于载波信号的频率仍为 f_0，再次移频的结果是使原信号的频谱出现在 0 和 $\pm f_0$ 的频率处。设计一个低通滤波器将高频成分滤去，便可恢复原信号的频谱。由于在解调过程中所乘的信号与调制时的载波信号具有相同的频率与相位，因此这一解调的方法称为同步解调。在时域上有：

$$x(t)\cos 2\pi f_0 t \cdot \cos 2\pi f_0 t = \frac{x(t)}{2} + \frac{1}{2}x(t)\cos 4\pi f_0 t \qquad (6\text{-}34)$$

故只需将频率为 $2f_0$ 的高频信号滤去，即可得到原信号 $x(t)$。但须注意，原信号的幅值减小了一半，后续需要进行信号放大。同步解调方法较简单，但要求有性能良好的线性乘法器件，否则将引起信号失真。

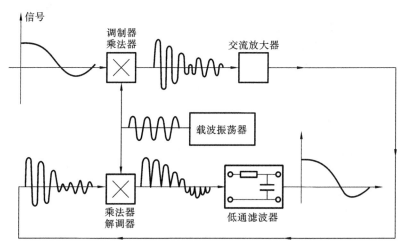

图 6-21　同步解调原理

2. 整流检波法

整流检波是另一种简单的解调方法。其原理是：对调制信号进行偏置，叠加一个直流分量 A，使偏置后的信号具有正电压（见图 6-22(a)），则该信号经调幅后形成的调幅波 $x_m(t)$ 的包络线将具有原信号形状。对调幅波 $x_m(t)$ 做简单的整流（全波或半波整流）和滤波便可恢复原调制信号，信号在整流滤波之后仍需准确地减去所加的偏置直流电压。

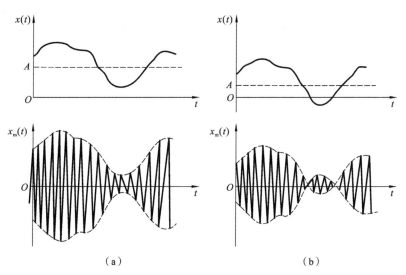

图 6-22　调制信号加偏置的调幅波
(a) 偏置电压足够大；(b) 偏置电压不够大

上述方法的关键是准确地加、减偏置电压。若所加偏置电压未能使调制信号电压位于坐标轴 t 的同一侧（见图 6-22(b)），那么在调幅之后便不能简单地通过整流滤波来恢复原信号。

6.3.2 频率调制与解调

利用调制信号控制高频载波信号频率变化进行频率调制的过程中，载波信号幅值保持不变，仅载波信号的角频率随调制信号的幅值成正比例变化。频率随调制信号幅值变化规律变化的信号称为调频信号或已调频信号。还有一类信号是其相位按调制信号相位变化规律变化的信号，称调相信号或已调相信号。由于这种高频信号的幅值与相位变化过程表现为高频信号总相角的变化，故也将它们统称为调角信号。因此这两类调制（调频或调相）过程也统称为角度调制。本节主要分析调频过程。

6.3.2.1 频率调制原理

首先研究频率与相位之间的关系。一个等幅高频余弦信号可表示为

$$e(t) = A\cos\theta(t) \tag{6-35}$$

式中：$\theta(t)$ 为信号的总相角，它是时间 t 的函数。

对于角频率与相位均为常量（即未调制）的普通信号，有

$$e(t) = A\cos(\omega_0 t + \varphi_0) \tag{6-36}$$

其总相角为

$$\theta(t) = \omega_0 t + \varphi_0 \tag{6-37}$$

而其角频率为

$$\omega_0 = \frac{\mathrm{d}\theta(t)}{\mathrm{d}t} \tag{6-38}$$

这里角频率 ω_0 为一常量，它等于总相角的导数。但在一般情况下，总相角 $\theta(t)$ 的导数可以不是常量。总相角的导数定义为瞬时角频率，用 $\omega_i(t)$ 表示，显然，$\omega_i(t)$ 亦是时间的函数。于是可得总相角 $\theta(t)$ 与瞬时角频率 $\omega_i(t)$ 之间的关系为

$$\omega_i(t) = \frac{\mathrm{d}\theta(t)}{\mathrm{d}t} \tag{6-39}$$

$$\theta(t) = \int \omega_i(t)\mathrm{d}t \tag{6-40}$$

设调制信号为 $f(t)$，由于载波信号的角频率随 $f(t)$ 成线性变化，故有

$$\omega_i(t) = \omega_0 + kf(t) \tag{6-41}$$

式中：k 为比例因子。

于是调频信号的总相角为

$$\theta(t) = \int \omega_i(t)\mathrm{d}t = \omega_0 t + k\int f(t)\mathrm{d}t + \varphi_0 \tag{6-42}$$

由此可将调频信号表示为

$$e_i(t) = A\cos\left[\omega_0 t + k\int f(t)\mathrm{d}t + \varphi_0\right] \tag{6-43}$$

图 6-23 给出了用三角波调制信号（图(a)）进行调制得到的调频信号波形（图(b)）。

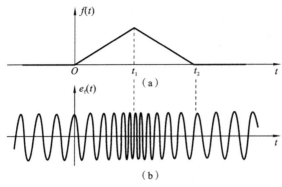

图 6-23 调频信号

由图可见:在 $0\sim t_1$ 区间,调频信号 $e_f(t)$ 的瞬时频率随调制信号 $f(t)$ 的增大而逐渐增高。而在 $t_1\sim t_2$ 区间内,调频信号的瞬时频率则随 $f(t)$ 的减小而逐渐降低。调频信号的总相角的增量与调制信号 $f(t)$ 的积分成正比(见式(6-42)),信号相位的任何变化均会引起信号频率的变化。这便是频率调制的原理。

对于采用任意信号 $f(t)$ 所调制的调频信号的分析十分复杂。这里仅分析调制信号为单一频率的正弦波的情形,用于说明调频信号频域表达的一般特点。

设调制信号 $f(t)$ 是一角频率为 Ω 的余弦信号:

$$f(t)=a\cos\Omega t \tag{6-44}$$

式中:a 为调制信号的振幅。

根据式(6-41),可知所得调频信号的瞬时角频率应为

$$\omega_i(t)=\omega_0+kf(t)=\omega_0+ak\cos\Omega t \tag{6-45}$$

瞬时角频率 $\omega_i(t)$ 偏离信号中心频率 ω_0(或 $f_0=\dfrac{\omega_0}{2\pi}$)的最大值称为频移或频偏 $\Delta\omega$(或 Δf)。由式(6-45)知,调频信号的频移为

$$\Delta\omega=ak \tag{6-46}$$

为了简便,设载波信号的初相角 $\varphi_0=0$,且调制信号是在 $t=0$ 时被接入的,则根据式(6-42)可得调频信号的总相角:

$$\theta(t)=\omega_0(t)+k\int f(t)\mathrm{d}t=\omega_0(t)+ak\int_0^t\cos(\Omega t)\mathrm{d}t=\omega_0(t)+\frac{ak}{\Omega}\sin(\Omega t) \tag{6-47}$$

定义最大频偏与调制信号 $f(t)$ 的频率之比为调频指数,用 m_f 表示,则

$$m_f=\frac{\Delta f}{f}=\frac{\Delta\omega}{\Omega}=\frac{ak}{\Omega} \tag{6-48}$$

由此可将余弦信号调制下的调频信号表示为

$$e_f(t)=A\cos[\omega_0 t+m_f\sin(\Omega t)] \tag{6-49}$$

可见 $e_f(t)$ 仍为一周期函数。式(6-49)可按贝塞尔函数展开:

$$e_f(t)=A\sum_{n=-\infty}^{\infty}J_n(m_f)\cdot\cos[(\omega_0+n\Omega)t] \tag{6-50}$$

式(6-50)中的 $J_n(m_f)$ 为第一类 n 阶贝塞尔函数。图 6-24 给出了部分第一类贝塞尔函数的图形。

由式(6-50)可见,用频率为 Ω 的调制信号 $f(t)$ 对高频信号载波进行调制之后,调频

信号 $e_f(t)$ 中除载波频率 ω_0 之外,还产生了边带频率 $\omega_0\pm\Omega,\omega_0\pm 2\Omega,\omega_0\pm 3\Omega,\cdots$,如图 6-25 所示。从理论上讲,边频有无限多个。但实际上,频率较高的分量其幅值很小,可予以忽略。当 $m_f\ll 1$ 时,仅 $J_0(m_f)$ 和 $J_1(m_f)$ 的幅值较大,而其余较高阶次的函数值 $J_2(m_f)$,$J_3(m_f)$,$\cdots$均可忽略不计。当 $m_f=2$ 时,$J_5(m_f)$,$J_6(m_f)$,$\cdots$都可略去。由贝塞尔函数的理论知,当 $n>(m_f+1)$ 时,$J_n(m_f)$ 的值小于 0.1。一般振幅小于未调载波信号振幅 10% 的边频分量可以忽略不计,则调频信号的带宽为

$$B=2(m_f+1)\Omega=2(\Delta\omega+\Omega) \tag{6-51}$$

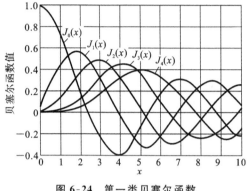

图 6-24 第一类贝塞尔函数

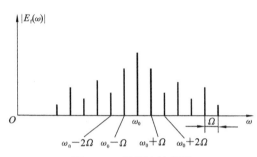

图 6-25 调频波的频谱

由式(6-51)可知,调频信号的带宽比调幅信号的带宽大 m_f+1 倍。

由式(6-48)知,若调制信号 $f(t)$ 的频率 $f=\dfrac{\Omega}{2\pi}$ 不变,振幅 a 改变时,调频信号的调频指数 m_f 随调制信号的幅值成正比例变化,从而使调频信号的频带也成正比例变化。图 6-26 给出了调制信号 f 不变、m_f 变化时调频信号频谱的变化情况。

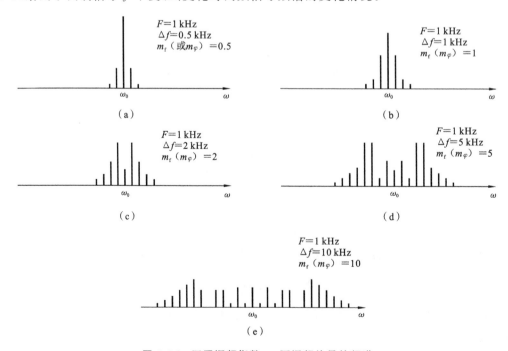

图 6-26 不同调频指数 m_f 下调频信号的频谱

又若调制信号振幅 a 不变而频率 f 变化，则调频信号的频偏 Δf 不变而调频指数 m_f 与调制频率 f 成反比例变化（见式(6-46)和式(6-48)）。这些性质在工程中都有一定的用途。

频率调制一般用振荡电路来实现，如 RC 振荡电路、变容二极管调制电路、压控振荡电路等。以 LC 振荡电路为例，如图 6-27 所示，该电路常被用在电容式、涡流式、电感式等形式的传感器中作测量电路，将电容（或电感）作为自激振荡器的谐振回路的调谐参数，则电路的谐振频率为

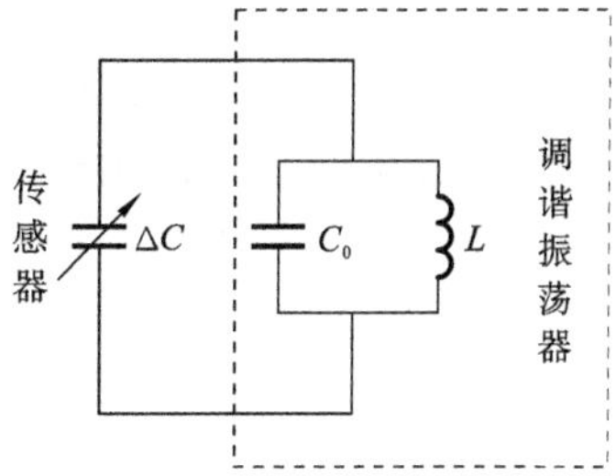

$$f_0 = \frac{1}{2\pi\sqrt{LC_0}} \qquad (6\text{-}52)$$

图 6-27 LC 振荡电路

若电容 C_0 的变化量为 ΔC，则式(6-52)变为

$$f = \frac{1}{2\pi\sqrt{LC_0\left(1+\frac{\Delta C}{C_0}\right)}} = f_0 \frac{1}{\sqrt{1+\frac{\Delta C}{C_0}}} \qquad (6\text{-}53)$$

将式(6-53)按泰勒级数展开并忽略高阶项得

$$f \approx f_0\left(1-\frac{\Delta C}{2C_0}\right) = f_0 - \Delta f \qquad (6\text{-}54)$$

式中：
$$\Delta f = f_0 \frac{\Delta C}{2C_0}$$

由式(6-54)可知，在 LC 振荡电路中，振荡频率 f 与调谐参量的变化成线性关系，亦即振荡频率 f 受控于被测物理量（这里是电容 C_0）。这种将被测参量的变化直接转换为振荡频率变化的过程称直接调频式测量。

另一种常用的调频电路是压控振荡电路，如图 6-28 所示。图中运算放大器 A_1 为正反馈放大器，其输入电压受稳压管 D_w 箝制，为 $+e_w$ 或 $-e_w$。M 为一乘法器，e_i 为恒值电压。开始时，设 A_1 的输出电压为 $+e_w$，则乘法器输出 e_z 也为正，积分器 A_2 的输出电压将线性下降。当积分器 A_2 的输出电压降至低于 $-e_w$ 时，A_1 翻转，其输出将变为 $-e_w$，此时乘法器 M 的输出亦即 A_2 的输入也将成负电压，从而使 A_2 的输出电压线性上升。当 A_2 的输出电压上升到 $+e_w$ 时，A_1 又翻转，输出 $+e_w$……如此反复。由此可见，在常值正电压 e_i 作用下，积分器 A_2 将输出频率一定的三角波，而 A_1 输出与 A_2 输出的三角波同频率的方波 e_o。由于乘法器 M 的一个输入端电压 e_o 为一定值（$\pm e_w$），因此改变另一输入值 e_i 可线性地改变乘法器 M 的输出，促使积分器 A_2 的输入电压也随之改变。这种改变将使 A_2 输出电压由 $-e_w$（或 $+e_w$）变化至 $+e_w$（或 $-e_w$）所需时间发生改变，从而使振荡器的振荡频率与电压 e_i 成正比。改变 e_i 的值便可达到控制振荡器振荡频率的目的。

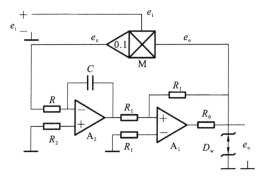

图 6-28 压控振荡电路

6.3.2.2 调频波的解调

对调频波的解调亦称鉴频,是将频率的变化相应地复原为原来电压幅值的变化。有多种方案可以使用。图 6-29(a)给出了一种测试工程中常用的振幅鉴频电路。图中 L_1,L_2 为变压器耦合的原、副边线圈,它们与电容 C_1,C_2 形成并联谐振回路。回路的输入为等幅调频信号 e_f,在回路谐振频率 f_n 处,线圈 L_1,L_2 中的耦合电流为最大,而副边输出电压 e_a 也最大。当 e_f 的频率偏离 f_n 时,e_a 随之下降。尽管 e_a 的频率与 e_f 的频率始终一样,但其幅值却有改变,其电压的幅值与频率之间的关系如图 6-29(b)所示。

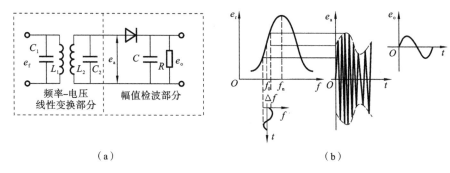

(a) (b)

图 6-29 振幅鉴频原理

频率调制的最大优点在于调频波的抗干扰能力强。调频依据的是频率变化,对噪声的影响不太敏感,因而调频电路的信噪比较高。而噪声干扰极易影响信号的幅值,因此调幅波容易受噪声的影响。

6.4 滤 波

6.4.1 概述

在信号处理中,往往要对信号做时域、频域分析与处理。基于不同目的,在分析与处理中往往需要将信号中相应的频率成分选取出来,而无须对整个的信号频率范围进行处理。此外,信号的测量与处理会不断地受到各种干扰的影响。因此在对信号做进一步处理之前,有必要将信号中的干扰成分去除掉,以利于信号处理的顺利进行。滤波便是实现上述功能的手段。滤波是选取信号中需要的成分,而抑制其他不需要的成分或使其衰减。能实施滤波处理的装置称为滤波器,滤波器可采用电的、机械的或数字的方式来实现。

图 6-30 给出了滤波器的几种不同应用,下面分别予以说明。

图 6-30(a)是采用合适的弹簧隔振支承来去除干扰振动输入的示例,整个质量-弹簧系统实际上是一种机械滤波器,仅允许振动结构运动能量的很小一部分被传递到仪器上。

图 6-30(b)所示应用中,万向环支架用来滤除对压力计的干扰性倾角输入,若万向环支承轴承基本无摩擦,则转角 θ_1 和 θ_2 便不会对压力计产生影响,从而使它永远保持在垂直位置上。

图 6-30(c)所示应用中,滤波器采用绝热手段来屏蔽环境温度波动对热电偶参考接点

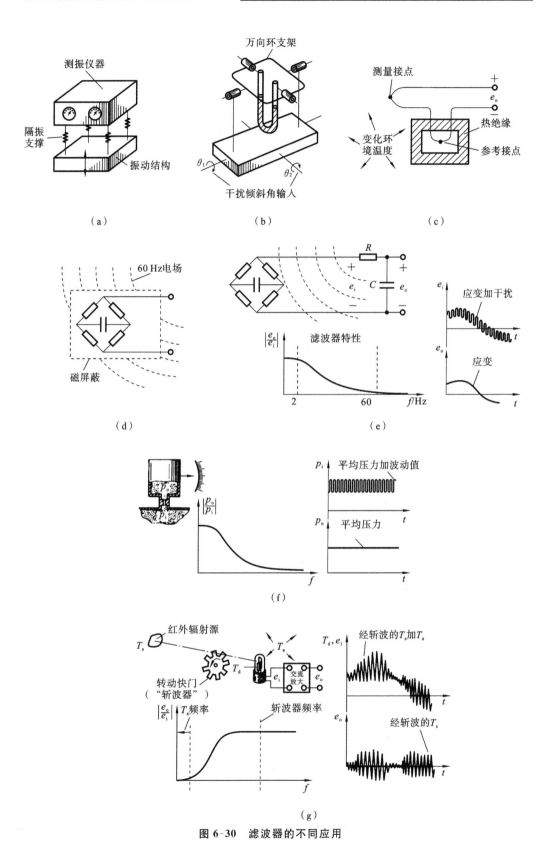

图 6-30 滤波器的不同应用

的影响。这种类型的滤波器专门用来滤除温度或热流输入。

图 6-30(d)中,应变仪电路被封闭于一种金属盒中,使之屏蔽掉 50 Hz 工频干扰。这种方式用于滤除干扰输入。

图 6-30(e)则给出了一种对输出做选频过滤的方式,通常应使所选(所期望)输出信号的频率范围远离信号中不需要的频率成分的频率范围,这样才利于滤波。在图示的例子中,被测应变信号为缓变或稳态信号,频率范围在 $0\sim2$ Hz 之内,因此,采用一个简单的 RC 滤波器便可完全抑制掉 50 Hz 工频干扰。

图 6-30(f)所示为压力计的例子,其中在压力源和活塞室之间加有一流量限制结构。上述结构形式有利于测量由往复式空气压缩机供气的大型气缸的平均气压。因为通过流量限制结构及其产生的气流体积的气动滤波效应便能将气压的高频波动平滑掉。其中输出-输入幅值比 p_o/p_i 随频率的变化关系类似于图 6-30(e)中的电气 RC 滤波器的 e_o/e_i 关系。用这种装置能测量稳态或缓变输入气压量,同时可使快速变化成分大量地衰减掉。在该结构中,气流限制机构可以是一个针阀,调节它即可调节滤波效果。

图 6-30(g)为一辐射计的例子。该装置根据发射出的红外辐射能量来测量某物体的温度 T_s。发射的能量被聚焦在一个检测器上,使检测器温度变为 T_d,从而改变检测器的输出电压 e_i。这种测量方式的困难在于检测器温度 T_d 也受到环境温度的影响。由于被测的辐射能引起的 T_d 的变化量很少,因此很小的环境温度变化就会完全掩盖所期望的输入量。解决的办法是在辐射源和检测器间放置一个转动快门(斩波器),以一定的转动频率调制所期望的输入信号。转动频率应远离环境温漂的频率。因此检测器的输出 e_i 便是慢变环境温度波动信号与 T_s 信号的高频波动成分的叠加。为了确保能从输出中检测出所需信号,需设计一滤波器来抑制恒定或慢变信号成分,并忠实保留快变信号。该滤波器的特性是典型的交流放大器特性。

从上述例子可见,采用机械的、电气的、热的、气动的以及其他方式来进行滤波是可行的。

根据选频方式一般可将滤波器分为低通滤波器、高通滤波器、带通滤波器和带阻滤波器,图 6-31 给出了这四种滤波器的幅频特性。

(1) 低通滤波器　通带(能够通过滤波器而不会产生衰减的频率成分)频率为 $0\sim f_2$,信号中高于 f_2 的频率成分将衰减掉。

(2) 高通滤波器　其通带为 $f_1\sim\infty$,信号中高于 f_1 的频率成分可无衰减地通过,低于 f_1 的频率成分将衰减掉。

(3) 带通滤波器　其通带为 $f_1\sim f_2$,信号中高于 f_1 而低于 f_2 的频率成分可以通过,其他频率成分将衰减掉。

(4) 带阻滤波器　其阻带(不能通过滤波器而衰减掉的频率成分)的频率为 $f_1\sim f_2$,信号中频率介于 f_1 和 f_2 之间的频率成分将衰减掉,其他频率成分则可通过。

上述四种滤波器的特性互相联系,带通、带阻滤波器均为低通滤波器和高通滤波器的组合。

滤波器还有其他的分类方法,比如按照信号处理的性质,可分为模拟滤波器和数字滤波器;按照构成滤波器的性质,亦可分为无源滤波器和有源滤波器等。

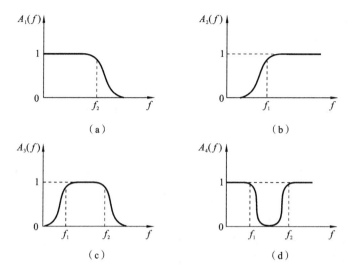

图 6-31 不同滤波器的幅频特性

(a) 低通滤波器;(b) 高通滤波器;(c) 带通滤波器;(d) 带阻滤波器

6.4.2 滤波器的一般特性

在前面的章节中介绍了精确测试的条件。对于一个理想的线性系统,若要满足精确测试的条件,该系统的频率响应函数应为

$$H(f) = A_0 e^{-j2\pi f t_0} \quad (6\text{-}55)$$

式中:A_0 和 t_0 均为常数。同样,若一个滤波器的频率响应函数 $H(f)$ 具有如下形式:

$$H(f) = \begin{cases} A_0 e^{-j2\pi f t_0}, & |f| < f_c \\ 0, & \text{其他} \end{cases} \quad (6\text{-}56)$$

则该滤波器称为理想低通滤波器,其幅频与相频特性如图 6-32、图 6-33 所示,其中相频图中的直线斜率为 $-2\pi t_0$。

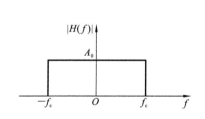

图 6-32 理想低通滤波器的幅频特性

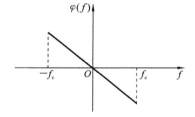

图 6-33 理想低通滤波器的相频特性

6.4.2.1 理想低通滤波器对单位脉冲的响应

若将单位脉冲输入理想低通滤波器,则它的响应应为一个 sinc 函数。如无相角滞后(见图 6-34),即 $t_0 = 0$,则

$$h(t) = 2A_0 f_c \text{sinc}(2\pi f_c t) \quad (6\text{-}57)$$

若考虑 $t_0 \neq 0$,亦即有延迟(见图 6-35),则式(6-57)变形为

$$h(t) = 2A_0 f_c \text{sinc}[2\pi f_c (t - t_0)] \quad (6\text{-}58)$$

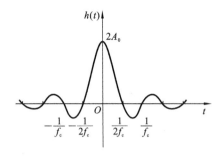
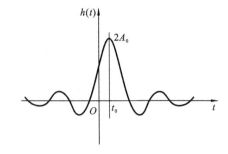

图 6-34　理想低通滤波器的无滞后脉冲响应　　图 6-35　理想低通滤波器的延时脉冲响应

从图 6-34、图 6-35 可看出,理想低通滤波器的脉冲响应函数的波形在整个时间轴上延伸,且其输出在输入 $\delta(t)$ 到来之前,亦即 $t<0$ 时便已经出现。实际的物理系统在信号被输入之前是不可能有任何输出的,出现上述结果是由于采取了实际中不可能实现的理想化传输特性的缘故。因此理想低通滤波器在物理上是不可能实现的。

6.4.2.2　理想低通滤波器对单位阶跃信号的响应

给理想低通滤波器输入阶跃信号,即

$$x(t)=\begin{cases}1, & t>0 \\ \dfrac{1}{2}, & t=0 \\ 0, & t<0\end{cases}$$

滤波器的响应(见图 6-34)为

$$y(t)=h(t)*x(t)=\int_{-\infty}^{\infty}x(\tau)h(t-\tau)\mathrm{d}\tau=\frac{1}{2}+2\mathrm{si}[2\pi f_c(t-\tau)] \quad (6\text{-}59)$$

其中,

$$\mathrm{si}[2\pi f_c(t-\tau)]=\int_0^{2\pi f_c(t-\tau)}\frac{\sin t}{t}\mathrm{d}t$$

函数 $\dfrac{\sin\eta}{\eta}$ 的定积分称正弦积分,用符号 $\mathrm{si}(x)$ 表示,即

$$\mathrm{si}(x)\xlongequal{\mathrm{def}}\int_0^x\frac{\sin\eta}{\eta}\mathrm{d}\eta$$

其函数值可以从相应的正弦积分表中查到。

由图 6-36 可知,输出从零(图中 a 点)变化到稳定值 A_0(b 点)须经过一定的建立时间($T_e=t_b-t_a$)。时移 t_0 仅影响曲线的左右位置,并不影响建立时间。对建立时间的物理意义可解释如下:由于滤波器的单位脉冲响应函数 $h(t)$(见图 6-34)的图形主瓣有一定的宽度即 $1/f_c$,当滤波器的 f_c 很大亦即其带宽 B 很大时,$1/f_c$ 很小,$h(t)$ 的图形主瓣则会比较窄,因而所得的建立时间 T_e 也将很小。反之,若 f_c 小,则 T_e 将变大,即建立时间变长。

建立时间也可这样理解:输入信号突变处必然包含有丰富的高频分量,低通滤波器阻挡住了高频分量,其结果是使信号波形变得圆滑。带宽越大,衰减的高频分量越少,信号便有越多的分量更快通过,因此建立时间较短,反之则越长。

故低通滤波器的阶跃响应的建立时间 T_e 和滤波器带宽 B 成反比,或者说两者的乘积

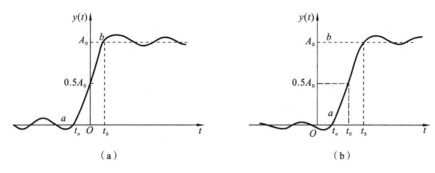

图 6-36 理想低通滤波器对单位阶跃输入的响应
(a) 无相角滞后,时移 $t_0=0$;(b) 有相角滞后,时移 $t_0\neq 0$

为常数,即

$$BT_e = 常数 \tag{6-60}$$

这一结论同样适用于其他滤波器(高通、带通、带阻滤波器)。

式(6-59)表明:

$$T_e = \frac{0.61}{f_c} \tag{6-61}$$

若按理论响应值的 0.1~0.9 作为计算建立时间的标准,则有

$$T_e = \frac{0.45}{f_c} \tag{6-62}$$

滤波器带宽表示它的频率分辨能力,通带窄,则分辨率高。这一结论表明:滤波器的高分辨能力与测量时快速响应的要求是矛盾的。若想采用一个滤波器从信号中获取某一频率很窄的信号(例如进行高分辨率的频谱分析),便要求有足够的建立时间,若建立时间不够,则会产生错误。对已定带宽的滤波器,一般采用 $BT_e=5\sim10$ 便足够了。

6.4.2.3 实际滤波器的特征参数

图 6-37 表示理想滤波器(虚线)和实际滤波器的幅频特性,从中可看出两者间的差别。对于理想滤波器,在两截止频率 f_{c1} 和 f_{c2} 之间的幅频特性值为常数 A_0,截止频率之外的幅频特性值均为零。对于实际滤波器,其特性曲线无明显转折点,通带中幅频特性值也并非常数。因此描述它需要有更多的参数,其中主要的参数有截止频率、带宽、纹波幅度、品质因数以及倍频程选择性等。

1) 截止频率

截止频率是幅频特性值 $\frac{A_0}{\sqrt{2}}$(-3 dB)所

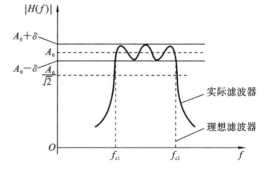

图 6-37 理想的和实际的带通滤波器的幅频特性

对应的频率(图 6-37 中的 f_{c1} 和 f_{c2})。若以信号幅值的平方表示信号功率,则截止频率对应的点为半功率点。

2) 带宽

滤波器带宽定义为上、下两截止频率之间的频率范围,即 $B=f_{c2}-f_{c1}$,又称 -3 dB 带宽,单位为 Hz。带宽表示滤波器的分辨能力,即滤波器分离信号中相邻频率成分的能力。

3) 纹波幅度

纹波幅度指通带幅频特性值的起伏变化量,图 6-35 中以 $\pm\delta$ 表示,δ 值越小越好。

4) 品质因数

对于带通滤波器,其品质因数 Q 为中心频率 f_0 与带宽 B 之比,即 $Q=\dfrac{f_0}{B}$。

5) 倍频程选择性

对于实际滤波器,在阻带与通带之间还有一个过渡带,过渡带的曲线倾斜度代表着幅频特性值衰减的快慢程度。通常用倍频程选择性来表征。倍频程选择性是指上截止频率 f_{c2} 与 $2f_{c2}$ 之间或下截止频率 f_{c1} 与 $f_{c1}/2$ 之间幅频特性值的衰减量,即频率变化一个倍频程的衰减量,以 dB 表示。显然,衰减越快,倍频程选择性越好。

6) 滤波器因数(矩形系数)

滤波器因数 λ 定义为滤波器幅频特性的 -60 dB 带宽与 -3 dB 带宽的比,即

$$\lambda=\frac{B_{-60\ \text{dB}}}{B_{-3\ \text{dB}}} \tag{6-63}$$

对于理想滤波器,有 $\lambda=1$。对于实际使用的滤波器,λ 一般为 $1\sim 5$。

6.4.3 滤波器类型

前面已介绍了滤波器的基本类型,即低通滤波器、高通滤波器、带通滤波器和带阻滤波器,本节将对这几种滤波器及其组合的特性和参数做详细介绍。

6.4.3.1 低通滤波器

图 6-38 所示给出了最简单的几种不同用途的低通滤波器形式。图(a)所示为用电路实现的一阶 RC 低通滤波器;图(b)所示为一阶弹簧-阻尼系统,它是一个机械式低通滤波器;而图(c)所示是一个液压计,它是一个以液压手段形成的一阶低通滤波器。它们都具有相同的传递函数。以 RC 低通滤波器为例,其输入、输出分别为 e_i 和 e_o,电路的微分方程为

$$RC\frac{de_o}{dt}+e_o=e_i \tag{6-64}$$

令 $\tau=RC$,τ 称为系统的时间常数。对式(6-64)做拉氏变换,可得传递函数:

$$H(s)=\frac{e_o(s)}{e_i(s)}=\frac{1}{\tau s+1} \tag{6-65}$$

同理可得其他两种低通滤波器的传递函数:

$$H(s)=\frac{x_o(s)}{x_i(s)}=\frac{p_o(s)}{p_i(s)}=\frac{e_o(s)}{e_i(s)}=\frac{1}{\tau s+1} \tag{6-66}$$

图 6-38(a)所示一阶 RC 低通滤波器的幅频、相频特性示于图 6-39 中。其中频率 $f=\dfrac{1}{2\pi RC}$ 对应于幅值衰减为 -3 dB 的点,该频率即为低通滤波器的上截止频率。调节 R,C 可方便地调节截止频率,从而改变滤波器的带宽。

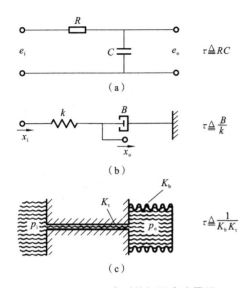

图 6-38 不同类型的低通滤波器图
(a) 电气式；(b) 机械式；(c) 液压式

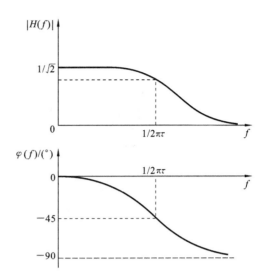

图 6-39 一阶 RC 低通滤波器的幅频、相频特性

由于图 6-38 所示滤波器均为简单的一阶系统，其频率衰减速度慢，亦即倍频程选择性差，仅为 6 dB 倍频程，因此在通带与阻带之间的过渡带曲线并不十分陡峭。为改善过渡带曲线的陡度亦即提高频率衰减的速度，可采取将多个 RC 环节级联的方式来提高滤波器阶次，并采用电感元件替代电阻元件（见图 6-40）。这样即可达到较好的滤波效果。增加滤波器阶次的设计方法有多种。对于模拟滤波器，采用这种设计方法的典型滤波器有巴特沃思（Butterworth）滤波器、切比雪夫（Chebyshev）滤波器、贝塞尔滤波

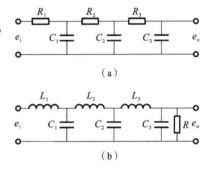

图 6-40 两种滤波器构造方式

器、考尔（Cauer）或椭圆（elliptic）滤波器。随着滤波器阶次的增加，滤波器过渡带的陡度也增加，亦即倍频程的衰减量增加，滤波效果也就更好。图 6-41(a)给出了同一阶次（八阶）的以上四种滤波器（低通）过渡带的情况，图 6-41(b)为不同阶次的滤波器幅频特性的比较，可以看出考尔滤波器具有最陡的过渡带衰减曲线，因此从这一意义上来说，其滤波效果最好。考尔滤波器的另一特点是它在通带和阻带中均具有较大的纹波量（见图 6-42），这是影响其滤波效果的一个因素。

理论上通过级联多个 RC 网络可提高滤波器阶次，从而达到提高衰减速度的目的，但在实际应用中必须考虑各级联环节之间的负载效应。解决负载效应的最好办法是采用运算放大器来构造有源滤波器。

上述采用 RC 无源元件来构造的滤波器均为无源滤波器，因为所有的输出能量均直接来自于输入。无源滤波器结构简单、噪声低、不需要电源，且其动态范围宽。但它的倍频程选择性不好，各级间负载效应严重。目前经常采用有源滤波器，有源滤波器基于运算放大器，因此要求有电源供电。有源滤波器参数更易于调节，覆盖的频率范围很宽，且具有很高的输入阻抗和很低的输出阻抗，有利于多级串联，并能方便地在不同的滤波器类型

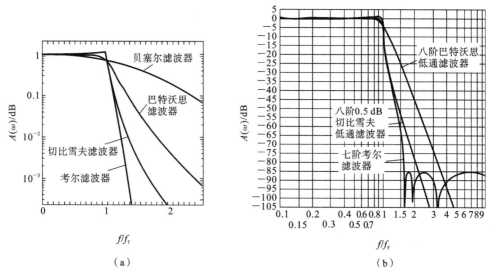

图 6-41 不同滤波器的过渡带

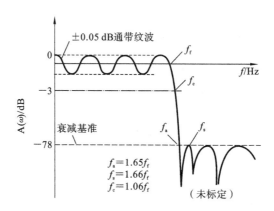

图 6-42 典型七阶考尔滤波器的幅频特性

之间进行转换。

简单的一阶有源低通滤波器电路如图 6-43(a) 所示。在该滤波器中，RC 无源网络被接至运算放大器的输入端，根据电路分析，其截止频率仍为 $f_{c2}=\dfrac{1}{2\pi RC}$，放大倍数为 $K=1+\dfrac{R_f}{R_1}$。

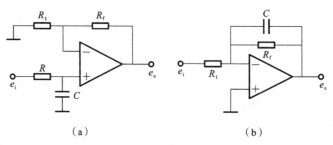

图 6-43 一阶有源低通滤波器电路

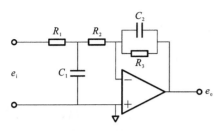

将高通网络接至运算放大器的反馈回路,则能实现低通滤波功能。如图 6-43(b)所示,其截止频率为 $f_{c2} = \dfrac{1}{2\pi R_1 C}$,放大倍数为 $K = \dfrac{R_f}{R_1}$。

图 6-44 给出了一个二阶有源低通滤波器电路,其中基本的 $R_1 C_1$ 网络被接至运算放大器的输入端。

图 6-44 二阶有源低通滤波器电路

6.4.3.2 高通滤波器

图 6-45 给出了最简单的几种不同类型的无源高通滤波器原理图,其中图(a)所示为电气 RC 高通滤波器电路,图(b)和图(c)所示分别为机械的和液压的高通滤波实现形式。它们均具有相同的传递函数。以 RC 高通滤波器电路为例,根据图 6-45(a)有

$$e_o + \frac{1}{RC}\int e_o \mathrm{d}t = e_i \tag{6-67}$$

令 $RC = \tau$,则得传递函数为

$$H(s) = \frac{\tau s}{\tau s + 1} \tag{6-68}$$

频率响应函数为

$$H(\mathrm{j}\omega) = \frac{\mathrm{j}\omega\tau}{1 + \mathrm{j}\omega\tau} \tag{6-69}$$

其幅频谱与相频谱函数分别为

$$|H(\mathrm{j}\omega)| = \frac{\omega\tau}{\sqrt{1+(\omega\tau)^2}} \tag{6-70}$$

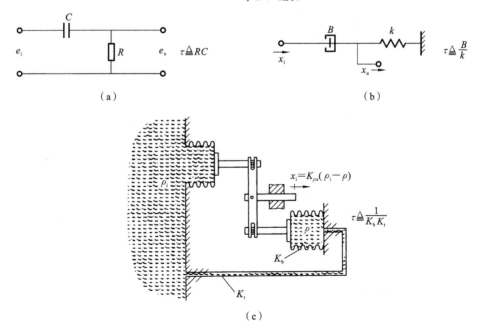

图 6-45 无源高通滤波器原理图
(a) 电气式;(b) 机械式;(c) 液压-机械式

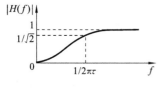
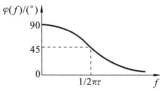

图 6-46 电气 RC 高通滤波器的幅频、相频特性曲线

$$\varphi(\omega)=\arctan\frac{1}{\omega\tau} \quad (6\text{-}71)$$

该 RC 高通滤波器的 -3 dB 截止频率为 $f_{c1}=\dfrac{1}{2\pi RC}$,其幅频、相频特性曲线如图 6-46 所示。

这种一阶无源高通滤波器的过渡带衰减也是十分缓慢的,同样可采用更为复杂的无源或有源结构来获得更快的频率衰减过程。

6.4.3.3 带通滤波器

将一个低通滤波器和一个高通滤波器级联便可获得一个带通滤波器(见图 6-47),其传递函数为高通与低通滤波器传递函数的乘积,即

$$H(s)=H_1(s)H_2(s) \quad (6\text{-}72)$$

式中:

$$H_1(s)=\frac{1}{\tau_1 s+1}, \quad H_2(s)=\frac{\tau_2 s}{\tau_2 s+1}$$

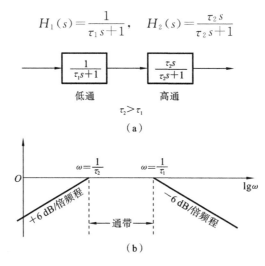

图 6-47 带通滤波器方框图与频率特性曲线
(a) 方框图;(b) 频率响应特性曲线

级联后所得带通滤波器的上、下截止频率分别对应原低通和高通滤波器的上、下截止频率,即 $f_{c1}=\dfrac{1}{2\pi\tau_1}$,$f_{c2}=\dfrac{1}{2\pi\tau_2}$。调节高、低通环节的时间常数 τ_2 和 τ_1 便可得不同上、下截止频率和带宽的带通滤波器。但要注意两级串联的耦合影响,在实际应用中常在两级之间加射极跟随器或采用运算放大器进行隔离。为避免两级串联耦合,常采用有源带通滤波器。

6.4.3.4 带阻滤波器

在很多仪器的输入电路中会应用带阻滤波器,因为这些仪器常受到 50 Hz 工频干扰电压的影响。

无源带阻滤波器采用桥式 T 形网络(见图 6-48)或双 T 形网络(见图 6-49),其中 T

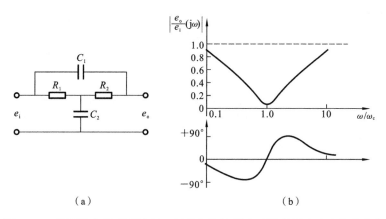

图 6-48 采用桥式 T 形网络的无源带阻滤波器电路及其频率响应特性曲线
(a) 滤波器电路;(b) 频率响应特性曲线

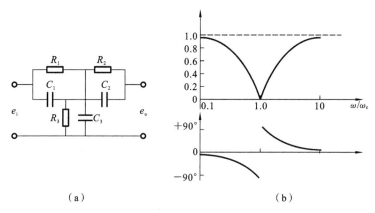

图 6-49 采用双 T 形网络的无源带阻滤波器及其频率响应特性曲线
(a) 滤波器电路;(b) 频率响应特性曲线

形网络不能完全抑制掉所要抑制的频率,而双 T 形网络(见图 6-48)的抑制特性明显好于 T 形网络。

将滤波网络与运算放大器结合可以构造二阶有源滤波器。

6.4.4 滤波器的综合运用

在工程中为了得到特殊的滤波效果,常将不同的滤波器或滤波器组进行串联和并联。

6.4.4.1 滤波器串联

为加强滤波效果,将两个具有相同中心频率的带通滤波器串联,其合成系统的总幅频谱函数是两滤波器幅频谱函数的乘积,从而使通带外的频率成分衰减更快。高阶滤波器便是由低阶滤波器串联而成的。但由于串联系统的相频谱函数是各环节相频谱函数的和,因此将增加相位的变化,在使用中应加以注意。

6.4.4.2 滤波器并联

滤波器并联常用于信号的频谱分析和信号中特定频率成分的提取。使用时将被分析信号通入一组具有相同增益但中心频率不同的滤波器,各滤波器的输出反映了信号中所含的各个频率成分。实现这样一组带通滤波器组可以有两种不同的方式:一是采用中心频率可调的带通滤波器,通过改变滤波器的 R、C 参数来改变其中心频率,使之随所要分析的信号频率范围变化。由于在调节中心频率的过程中一般希望不改变或不影响到诸如滤波器的增益及品质因数等参数,因此这种滤波器中心频率的调节范围是有限的,从而也限制了它的应用。另一种方法是采用一组由多个中心频率确定的、频率范围遵循一定规律、相互连接的滤波器。为使各带通滤波器的带宽覆盖整个分析的频带,它们的中心频率应能使相邻滤波器的带宽恰好相互衔接(见图 6-50)。通常的做法是使前一个滤波器的 -3 dB 上截止频率(高端)等于后一个滤波器的 -3 dB 下截止频率(低端),滤波器组还应具有相同的放大倍数。

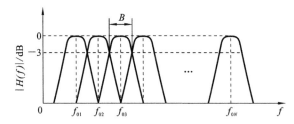

图 6-50 信号分析频带上带通滤波器的带宽分布

带通滤波器的中心频率 f_0 依滤波器的性质分别定义为上、下截止频率 f_{c2} 和 f_{c1} 的算术平均值或几何平均值。对恒带宽带通滤波器,采取算术平均的定义法,即

$$f_0 = \frac{1}{2}(f_{c2} + f_{c1}) \tag{6-73}$$

对恒带宽比带通滤波器,则采取几何平均的定义法,即

$$f_0 = \sqrt{f_{c1} \cdot f_{c2}} \tag{6-74}$$

带通滤波器的带宽为上、下截止频率之差,即

$$B = f_{c2} - f_{c1} \tag{6-75}$$

称 -3 dB 带宽,也称半功率带宽。

带宽 B 与中心频率 f_0 的比值称相对带宽或百分比带宽,用 b 表示,即

$$b = \frac{B}{f_0} \times 100\% \tag{6-76}$$

由前面对品质因数 Q 的定义可知,相对带宽等于品质因数的倒数,即

$$b = \frac{1}{Q} \tag{6-77}$$

Q 越大,则相对带宽越小,滤波器的倍频程选择性就越好。

因为在做信号频谱分析时,采用的是一组中心频率逐级可变的带通滤波器,当中心频率变化时,各滤波器带宽遵循一定的规则取值,从而构成不同特性的滤波器,如恒带宽比滤波器和恒带宽滤波器。

恒带宽比滤波器的相对带宽是常数,即

$$b = \frac{B}{f_0} = \frac{f_{c2} - f_{c1}}{f_0} \times 100\% = 常数$$

恒带宽滤波器的绝对带宽为常数,即

$$B = f_{c2} - f_{c1} = 常数$$

当中心频率 f_0 变化时，上述两种滤波器带宽变化的情况如图 6-51 所示。

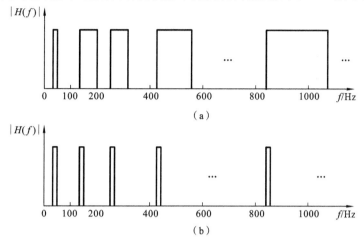

图 6-51　理想的恒带宽比和恒带宽滤波器的带宽变化
(a) 恒带宽比滤波器；(b) 恒带宽滤波器

常采用倍频程带通滤波器来实现恒带宽比滤波器。倍频程带通滤波器的上、下截止频率之间应满足以下关系：

$$f_{c2} = 2^n f_{c1} \tag{6-78}$$

式中：n 为倍频程数。若 $n=1$，则仍称该倍频程带通滤波器为倍频程带通滤波器；若 $n=1/3$，则称该倍频程带通滤波器为 1/3 倍频程带通滤波器；依此类推。

由于滤波器中心频率 $f_0 = \sqrt{f_{c1} \cdot f_{c2}}$，则由式 (6-78) 可得 $f_{c2} = 2^{n/2} f_0$ 及 $f_{c1} = 2^{-n/2} f_0$。又根据 $B = f_{c2} - f_{c1}$，可得

$$b = \frac{B}{f_0} = 2^{\frac{n}{2}} - 2^{-\frac{n}{2}} \tag{6-79}$$

同理可证，一个滤波器组中后一个滤波器的中心频率 f_{02} 与前一个滤波器的中心频率 f_{01} 之间应满足以下关系：

$$f_{02} = 2^n f_{01} \tag{6-80}$$

根据式 (6-79) 和式 (6-80) 便可以进行滤波器组的设计。只要根据频率分析的要求选定一个 n 值，便可确定滤波器组中各滤波器的带宽和中心频率。表 6-2 给出了 1/3 倍频程带通滤波器的中心频率和截止频率。

恒带宽滤波器的滤波性能在低频段较好，但在高频段由于滤波器带宽增大而变坏，使滤波器频率分辨率下降，从图 6-51 中可清楚地看到这一点。为使滤波器在所有频率段均具有良好的频率分辨特性，可使用恒带宽滤波器。为提高分辨率，滤波器的带宽可做得窄些，但这样会使整个频率分析范围内所使用的滤波器数量增加。因此恒带宽滤波器一般不做成固定中心频率的，常常使滤波器的中心频率跟随一个预定的参考信号变化。做信号频谱分析时，该参考信号用频率扫描的信号发生器来供给。恒带宽滤波器同样应满足带宽 B 与滤波器建立时间 T_e 之积应大于一个常数的要求，因此若用参考信号进行频率扫描，所得信号频谱是有一定畸变的。实际使用时，只要对扫频速度加以限制便可得到很精确的频谱。

表 6-2 1/3 倍频程带通滤波器的中心频率和截止频率

中心频率 f_0/Hz	下截止频率 f_{c1}/Hz	上截止频率 f_{c2}/Hz	中心频率 f_0/Hz	下截止频率 f_{c1}/Hz	上截止频率 f_{c2}/Hz
16	14.2544	17.9600	630	561.267	707.175
20	17.8180	22.4500	800	712.720	898.000
25	22.2725	28.0625	1000	890.900	1122.50
31.5	28.0634	38.5875	1250	1113.63	1403.13
40	35.6360	44.9000	1600	1426.44	1796.00
50	44.5450	56.1250	2000	1781.80	2246.00
63	56.1267	70.7175	2500	2227.25	2806.25
80	71.2720	89.8000	3150	2806.34	3536.88
100	89.0900	112.250	4000	3563.60	4490.00
125	111.363	140.313	5000	4454.50	5612.50
160	142.544	178.600	6300	5612.67	7071.75
200	178.180	224.500	8000	7127.20	8980.00
250	222.725	280.625	10000	8909.00	11226.0
315	280.634	353.588	12500	11136.3	14031.3
400	356.360	449.000	16000	14254.4	17960.0
500	446.450	561.250			

6.5 放大和隔离

由传感器输出的信号通常需要进行电压放大或功率放大,以便对信号进行检测,因此必须采用放大器。另外,在工业检测控制系统中,被测信号中往往包含高共模电压信号和干扰信号,为此往往需要采用隔离放大器,同时隔离共模电压信号和干扰信号。

放大器的种类很多,使用时应根据被测物理量性质的不同而合理选择,如对变化缓慢、非周期性的微弱信号(例如热电偶测温时的热电动势信号),可选用直流放大器或调制放大器,对压电式传感器常配备电荷放大器等。

6.5.1 运算放大电路

在放大电路中,运算放大器是应用最广泛的一种模拟电子器件。其特点是输入阻抗高、增益大、可靠性高、价格低廉、使用方便。一个理想的运算放大器具有以下性质:

(1) 开环增益无穷大;
(2) 输入阻抗无穷大;
(3) 输出阻抗等于 0;

（4）带宽无限大；

（5）无干扰噪声。

6.5.1.1 反相放大电路

由运算放大器构成的反相放大电路如图 6-52(a)所示。

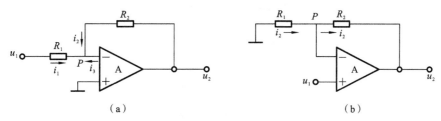

图 6-52 运算放大电路

(a) 反相放大电路；(b) 同相放大电路

根据基尔霍夫电流定律，输入电路中某节点的电流与输出节点的电流之和等于零。因此图 6-52(a)中 P 点的电流为

$$i_1 + i_2 + i_3 = 0$$

由运算放大器性质可知，输入阻抗为∞，即 $i_3 = 0$，可得

$$i_2 = -i_1$$

又知 $i_1 = u_1/R_1$, $i_2 = u_2/R_2$，故

$$u_2 = -u_1 R_1/R_2 = -k u_1 \tag{6-81}$$

式中：k 为电压放大系数。

k 的大小只与输入电阻 R_1 和反馈电阻 R_2 有关，而与运算放大器的开环放大倍数无关。当 $R_1 = R_2$ 时，$u_2 = -u_1$，即构成反相跟随器。

6.5.1.2 同相放大电路

反相放大电路存在的问题是输入阻抗 R_1 较低，通常为数千欧姆。若要再提高，则往往不经济。采用图 6-50(b)所示的同相放大电路则很容易解决这个问题，使运算放大器的输入阻抗大幅度提高。

因为

$$i_1 = \frac{u_1}{R_1}, \quad i_2 = \frac{u_2 - u_1}{R_2}$$

且有 $i_1 = i_2$，可得

$$u_2 = \left(\frac{R_2}{R_1} + 1\right) u_1 \tag{6-82}$$

6.5.1.3 测量放大电路

采用运算放大器放大微弱信号的方法，仅适用于信号回路不受干扰的情况。然而，传感器的工作环境往往较复杂和恶劣，在传感器的两条输入线上经常会产生较大的干扰，有时是完全相同的共模干扰。对信号微弱及具有较大共模干扰的场合，可采用测量放大器（或称仪表放大器、数据放大器）进行放大。测量放大器的基本电路（即测量放大电路）如

图 6-53 所示。

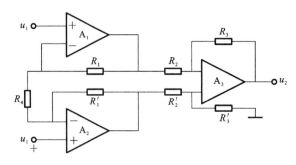

图 6-53 测量放大器的基本电路

放大器由二级运算放大器串联,前级由两个同相放大器组成,为对称结构,输入信号加在 A_1 和 A_2 的同相输入端,从而具有高的抑制共模干扰的能力和高输入阻抗。后级是差动放大器,它不仅可切断共模干扰的传输,还可将双端输入方式变换成单端输入方式,以适应对地负载的需要。测量放大器的放大倍数可由下式计算:

$$K=\frac{u_2}{u_1}=\frac{R_3}{R_2}\left(1+\frac{R_1}{R_4}+\frac{R_1'}{R_4}\right) \tag{6-83}$$

在该测量放大器的基本电路中,R_4 是用于调节放大倍数的外接电阻。通常 R_4 采用多圈电位计,并应靠近组件。若距离较远,则应将连线绞合在一起。改变 R_4,可使放大倍数在 1~1000 范围内变化。

不管选用哪种型号运算放大器,组成前级差动放大器的 A_1,A_2 的两个芯片都必须要配对,即两块芯片的温度漂移符号和数值应尽量相同或接近,以保证模拟输入为零时,放大器的输出尽量接近于零。此外,还应满足

$$R_3 R_2' = R_3' R_2 \tag{6-84}$$

6.5.1.4 微分和积分放大电路

微分放大电路如图 6-54 所示。

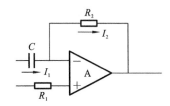

图 6-54 微分放大电路

由运算放大特性可得

$$I_1=\frac{\mathrm{d}Q}{\mathrm{d}t}=\frac{C\mathrm{d}e_1}{\mathrm{d}t} \tag{6-85}$$

$$I_2=-\frac{e_2}{R_2} \tag{6-86}$$

因为 $I_1=I_2$,所以

$$e_2=-CR_2\frac{\mathrm{d}e_1}{\mathrm{d}t}$$

可以看出,微分放大器的输出与输入的微分成正比。CR_2 称为微分时间常数。

积分放大电路如图 6-55 所示。

积分放大电路结构与反相放大电路类似,二者的主要区别在于前者的反馈回路采用了电容元件。由运算放大器特性可得

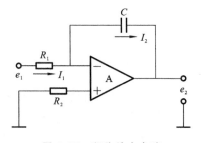

图 6-55 积分放大电路

$$I_1 = \frac{e_1}{R_1} \tag{6-87}$$

$$I_2 = \frac{\mathrm{d}Q}{\mathrm{d}t} = -C\frac{\mathrm{d}e_2}{\mathrm{d}t} \tag{6-88}$$

因为 $I_1 = I_2$，所以

$$e_2 = -\frac{1}{C}\int I_2\,\mathrm{d}t = -\frac{1}{R_1 C}\int e_1\,\mathrm{d}t \tag{6-89}$$

可知积分放大器的输出电压与输入电压的积分成正比。$R_1 C$ 称为积分时间常数。

6.5.2 隔离放大电路

在工业检测控制系统中，被测信号中往往包含高共模电压信号和干扰信号，经常需要采用各种隔离与耦合方法来提高系统的抗干扰能力。使用隔离与耦合方法可以让两个电路相互独立而不形成一个回路。例如，在系统中既有数字电路，又有模拟电路，当输入的模拟信号很小时，数字电路会对模拟电路产生较大的干扰，所以在实际的电路设计中应该避免数字电路和模拟电路之间有共同回路，即将两者加以隔离。此外，检测系统中单片机与数字电路、脉冲电路、开关电路的接口，一般也用光电耦合器进行隔离，以切断公共阻抗环路，避免长线感应和共模干扰。在需要采用较长信号传输线的场合，可以采用屏蔽与光电耦合相结合的隔离方法。

常用的隔离方法有光电耦合器隔离、变压器耦合隔离、继电器隔离等。光电耦合器响应速度比变压器、继电器要快得多，对周围电路无影响，并且体积小、质量小、价格便宜、便于安装。线性光电耦合器用在模拟电路中的信号线性变换场合，也用在放大器的隔离中。图 6-56 所示为采用光电耦合器隔离前级放大电路和后级放大电路的方法。其中，两个光电耦合器组成互补的形式，以改变放大电路的线性度，减少温度的影响。虽然线性光电耦合器的线性度好，但其转换精度较低，信号的动态范围也较小，所以现在大量使用的是用于数字量、开关量变换的光电耦合器。图 6-57 所示为几种采用光电耦合器进行隔离的方法。

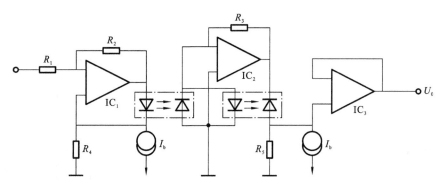

图 6-56 放大器间的光电隔离

注：I_b 为偏置电流。

图 6-58 为隔离放大器结构示意图。它主要由输入部分、输出部分、信号耦合器和隔离电源组成。输入部分对传感器输出的信号进行滤波及放大，并将其调制成交流信号，通

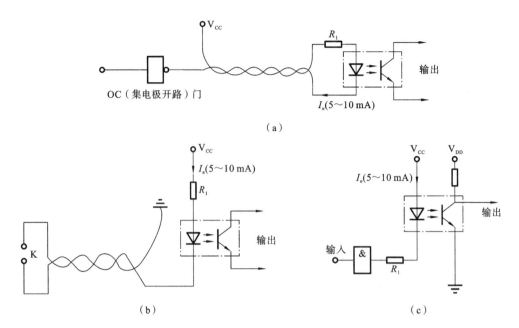

图 6-57 采用光电耦合器进行隔离的方法
(a) OC 门和光电耦合器的连接；(b) 接点和光电耦合器的连接；(c) 与门和光电耦合器的连接

过隔离变压器耦合并传输到输出部分，再将交流信号解调，使之变成直流信号，直流信号经放大后形成 $0\sim\pm10\text{ V}$ 的直流电压输出。其放大增益范围为 $1\sim1000$。

图 6-59 为 AD204 变压器耦合隔离放大器结构示意图。1,2,3,4 引脚为放大器的输入引线端，一般可接成跟随器；也可根据需要外接电阻，接成同相比例放大器或反相比例放大器，以便放大输入信号。输入信号经调制器调制成交流信号后，经变压器耦合后被送到解调器，然后由 37,38 引脚输出。31,32 引脚为芯片电源输入端，要求接直流 15 V 单电源，功耗为 75 mW。片内的 DC-DC 电流变换器对输入直流电压进行变换与隔离，然后将经过隔离的电源供给放大器输入级，同时送到 5,6 引脚输出。这样隔离放大器的输入级与输出级不共地，达到输入、输出隔离的目的。

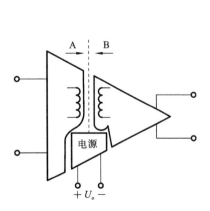

图 6-58 隔离放大器结构

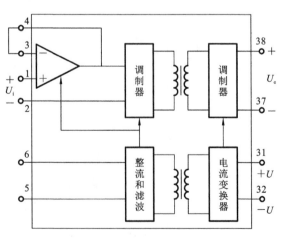

图 6-59 AD204 变压器耦合隔离放大器结构

思考题与习题

6-1 电桥有哪几种类型？其各有什么特点？

6-2 电桥的平衡条件是什么？如何进行平衡？

6-3 调制与解调在时域和频域各是什么样的一种运算过程？

6-4 实现调幅波解调的方法有哪几种？它们各有何特点？

6-5 用图解法来说明信号同步解调的过程。

6-6 试述频率调制和解调的原理。

6-7 信号滤波的作用是什么？滤波器的主要功能和作用有哪些？

6-8 试述滤波器的基本类型和它们的传递函数，并各举一工程中的实际例子来说明它们的应用。

6-9 在使用电阻应变仪时，为增加灵敏度，拟在电桥上增加应变片数量，做法如下：

(1) 双臂电桥各串联一片；

(2) 双臂电桥各并联一片。

试问按上述做法是否可以提高灵敏度？说明为什么。

6-10 若将高、低通网络直接串联，如题图 6-1 所示，是否能组成带通滤波器？写出此线路的频率响应函数，分析其幅频、相频特性，以及 R,C 的取值对其幅频、相频特性的影响。

6-11 以阻值 $R=120\ \Omega$、灵敏度 $S=2$ 的电阻丝应变片与阻值为 $120\ \Omega$ 的固定电阻组成电桥，如题图 6-2 所示，供桥电压为 $3\ \mathrm{V}$，假定负载电阻为无穷大，当应变片的应变为 $2\mu\varepsilon$ 和 $2000\mu\varepsilon$ 时，分别求单臂、双臂电桥的输出电压，并比较两种情况下的灵敏度。

6-12 交流电桥如题图 6-2 所示，已知：$Z_1=R_1=500\ \Omega$，$Z_2=R_2=1000\ \Omega$，$Z_3=-\mathrm{j}\cdot 1/(0.2\omega)$（$\omega$ 为振动频率），电源电压 $e_0=10\ \mathrm{V}$，$f=1000\ \mathrm{Hz}$。求：

(1) 在电桥平衡时 Z_4 为多少？（注明是容性还是感性阻抗）

(2) 如果把 Z_2,Z_3 对调，Z_4 为多少？

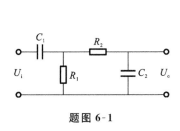

题图 6-1

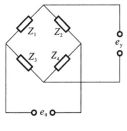

题图 6-2

6-13 用电阻应变片接成全桥电路，测量某一构件的应变，已知应变的变化规律为 $\varepsilon(t)=A\cos 10t+B\cos 100t$，若电桥激励电压 $e_0(t)=E\sin(100000t)$。试求此电桥输出信号的频谱。

6-14 用调制信号 $x(t)=\mathrm{e}^{-at}(a>0, t\geqslant 0)$ 调制载波 $\cos(\omega_0 t)$，再用此载波作同步解

调和相敏检波的参考信号。试求经同步解调和相敏检波后所得的时域波形和幅值频谱图。

6-15 求调幅波 $f(t)=A[1+\cos(2\pi ft)]\sin(2\pi f_0 t)$ 的幅值频谱。

6-16 有一1/3倍频程带通滤波器,其中心频率 $f_0=80$ Hz。求上、下截止频率 f_{c1} 和 f_{c2}。

6-17 如何分辨两种调制信号(见题图6-3)经幅值调制和解调后的时域波形?

6-18 求信号 $\sin(10t)$ 输入题图6-4所示线路后的输出信号。

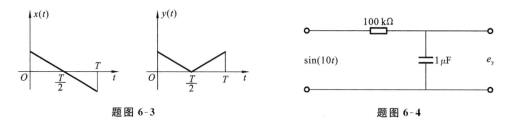

题图6-3　　　　　　　　　　题图6-4

第 7 章 转速测量技术

7.1 概述

转速是工程上经常需要检测的一个参数,例如,在舰艇发动机、压缩机和泵等转动机械设备中,转速是表征设备运行好坏的重要参量。转速通常分为瞬时转速和平均转速,根据定义的不同,二者在测量方法上略有不同,且瞬时转速对测量精度的要求更高。

转速的测量方法很多,按照测量方式的不同可以分为接触式测量和非接触式测量两大类。接触式测量是指通过一定的传动装置,如传动带、联轴器、齿轮等,使测量设备与被测物体相连接,被测物体带动测量设备工作。接触式转速表构造简单,但它会消耗被测转轴的能量,且精度一般较差,多用于能量损失可以忽略不计且对精度要求不太高的场合。非接触式测量是指在测量仪表不接触被测物体的前提下进行精准测量。非接触式测量相对接触式测量具有不受环境影响、不消耗被测转轴的能量、测量精度高等优点,但测量仪表结构相对复杂。

7.2 接触式转速测量装置

7.2.1 测速发电机

测速发电机是将机械转速变换成与之成比例输出电动势的微型特种电机,广泛应用于各种速度或位置控制系统。在自动控制系统中作为测量速度的元件,用以调节电动机转速或通过反馈来提高系统稳定性和精度;在解算装置中可作为微分、积分元件,用以产生加速或延迟信号,也可用来测量各种运动机械在摆动或转动以及直线运动时的速度。测速发电机分为直流和交流的两种。

7.2.1.1 直流测速发电机

直流测速发电机本质上是一种微型直流发电机,按定子磁极的励磁方式分为电磁式和永磁式两种,分别如图 7-1 所示。电磁式直流测速发电机的励磁绕组由外部直流电源供电,通电后产生磁场;永磁式直流测速发电机的定子磁场由永久磁钢产生,省去了励磁电源,因此该类测速发电机结构简单,使用方便,但永磁材料价格较贵。

在直流测速发电机中,定子产生恒定磁通 Φ_0,当转子在磁场中旋转时,转子绕组中即产生交变的电动势,经换向器和电刷转换形成与转速成正比的直流电压。有

$$U_\circ = \frac{C_e \Phi_0}{1+r/R_L} \cdot n \tag{7-1}$$

式中:$U_\circ$ 为发电机输出电压;C_e 为电机结构常数;Φ_0 为激磁电压或永久磁钢产生的恒定

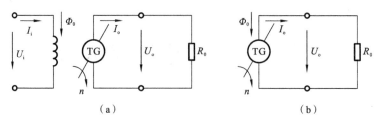

图 7-1 直流测速发电机原理
(a) 电磁式；(b) 永磁式

磁通；r 为转子绕组电阻；R_L 为负载电阻；n 为直流测速发电机转子转速。

由式(7-1)可知，当 C_e、Φ_0、r 及 R_L 都不变时，输出电压 U_o 与转速 n 成线性关系。

直流测速发电机的特点是灵敏度高，但由于有电刷和换向器，因而结构复杂，维护不便，摩擦扭矩大，有换向火花，输出特性不稳定。

直流测速发电机工作时，其输出电压与转速之间不能保持比例关系，造成这种状况主要原因和改进方法如下：

(1) 有负载时，受电枢反应去磁作用的影响，输出电压不再与转速成正比。遇到这种情况时可以在定子磁极上安装补偿绕组，或使负载电阻大于规定值。

(2) 由于电刷接触电阻是非线性的，当电机转速较低、相应的电枢电流较小时，接触电阻较大，从而使输出电压很小。只有当转速较高、电枢电流较大时，才可以认为电刷压降是常数。为了减小电刷接触压降的影响，即缩小不灵敏区，应采用接触压降较小的铜-石墨电极或铜电极，并在它与换向器相接触的表面上镀银。

(3) 励磁绕组中长期流过电流，其会发热，电阻值也相应增大，从而使励磁电流减小。在实际使用时，可在直流测速发电机的绕组回路中串联一个电阻值较大的附加电阻，再接到励磁电源上。这样，当励磁绕组温度升高时，其电阻虽有增加，但励磁回路总电阻的变化却较小，故可保证励磁电流几乎不变。

7.2.1.2 交流测速发电机

交流测速发电机可分为永磁式、感应式和脉冲式三种。

1. 永磁式交流测速发电机

永磁式交流测速发电机实质上是单向永磁转子同步发电机，定子绕组感应的交变电动势的大小 E 和频率 f 都随转速的变化而变化，有

$$\begin{cases} f = \dfrac{pn}{60} \\ E = 4.44 f N K_W \Phi_m = 4.44 \dfrac{p}{60} N K_W \Phi_m = Kn \end{cases} \quad (7\text{-}2)$$

式中：n 为转速(r/min)；K 为常系数，$K = 4.44 \dfrac{p}{60} N K_W \Phi_m$；$p$ 为电机极对数；N 为定子绕组每相匝数；K_W 为定子绕组基波绕组系数；Φ_m 为电机每极基波磁通的幅值。

这种测速发电机尽管结构简单，也没有滑动接触，但由于感应电动势的频率随转速而改变，致使电动机本身的阻抗和负载阻抗均随转速而变化，因此其输出电压不与转速成正比例关系。通常这种电机只作为指示式转速计使用。

2. 感应式测速发电机

感应式测速发电机是利用定子、转子齿槽相互位置的变化,使输出绕组中的磁通产生脉动,从而感应出电动势的。这种工作原理称为感应式发电机原理。图 7-2 所示为感应式测速发电机的原理结构。定子、转子铁芯均由高硅薄钢片冲制叠成,定子内圆周和转子外圆周上都有均匀分布的齿槽。在定子槽中放置节距为一个齿距的输出绕组,通常组成三相绕组,定子、转子的齿数应符合一定的配合关系。

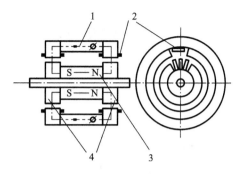

图 7-2 感应式测速发电机的原理结构
1—定子;2—输出绕组;3—永久磁铁;4—转子铁芯

当转子不转时,永久磁铁在电动机气隙中产生的磁通不变,所以定子输出绕组中没有感应电动势。当转子以一定速度旋转时,定、转子齿之间的相对位置发生周期性的变化,定子绕组中有交变电动势产生。每当转子转过一个齿距时,输出绕组的感应电动势便变化一个周期,因此,输出电动势的频率应为

$$f = \frac{z_r n}{60} \tag{7-3}$$

式中:z_r 为转子的齿数;n 为电动机转速(r/min)。

由于感应电动势频率和转速之间有严格的关系,相应感应电动势的大小也与转速成正比,此即感应式测速发电机可用于测速的原因;与整流电路结合后,可以作为性能良好的直流测速发电机使用。

3. 脉冲式测速发电机

脉冲式测速发电机与感应式测速发电机的工作原理基本相同。它以脉冲频率作为输出信号。由于其输出信号的电压脉冲频率和转速保持严格的正比例关系,所以脉冲测速发电机也属于同步发电机。其特点是输出信号的频率相当高,即使在较低转速下(如每分钟几转或几十转),也能输出较多的脉冲数,因而以脉冲个数显示的速度分辨率比较高,适用于速度比较低的调节系统,特别适合用于鉴频锁相速度控制系统。

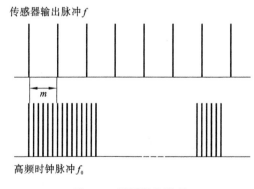

图 7-3 测周期法原理

脉冲式测速发电机测量转速的方法有两种:测频法和测周期法。

根据测出的脉冲信号频率求出待测转速的方法称为测频法,比较适合用于高转速测量。测频法有一个字计数误差,在转速较低时会引起较大相对误差,故在测量低转速时,应改用测周期法。

测周期法的原理如图 7-3 所示。在每两个相邻脉冲信号之间,输入频率已知的高频时钟脉冲并对其计数。设转轴每转一周传感器输出 Z 个脉冲,高频时钟频率为 f_0,测出传感器输出两个相邻脉冲之间的脉冲数为 m,则转速为

$$n = \frac{60 f_0}{mZ} \tag{7-4}$$

7.2.2 离心式转速表

离心式转速表是一种用来测量转动物体瞬时转速的机械式仪表,应用很早,现在仍广泛用于发动机、透平机等设备的转速测量与控制,其结构如图 7-4 所示。

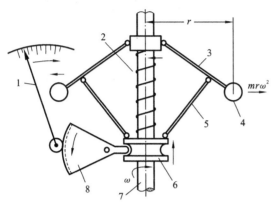

图 7-4 离心式转速表结构
1—指针;2—弹簧;3—连杆;4—重锤;
5—拉杆;6—套筒;7—转轴;8—扇形齿轮

离心式转速表由转轴、重锤、弹簧、连杆、套筒以及转速指示机构等组成。当转轴以角速度 ω 转动时,重锤随着转轴一起旋转产生离心力,在离心力的作用下,重锤向外张开,通过拉杆带动套筒沿转轴向上压缩弹簧,使之产生大小为 x 的位移变形,同时套筒带动齿轮放大机构,使指针偏转。当弹簧因压缩变形而产生的反作用力 F_s 与离心力的作用达到动态平衡时,指针就停留在一定的位置,从而指示出转轴的转速。显然,转速表指针的偏转与被测轴旋转方向无关。

离心力沿转轴方向的作用分量 F 和弹簧作用力 F_s 可分别表示为

$$F = mr\omega^2 \tag{7-5}$$

$$F_s = k_s x \tag{7-6}$$

式中:m 为重锤质量;r 为重锤旋转半径;k_s 为弹簧的刚度系数;x 为套筒位移(即弹簧变形量)。

F 和 F_s 相平衡时有

$$x = \frac{k}{k_s}\omega^2 \tag{7-7}$$

可见,x 与 ω 成非线性关系,所以离心式转速表的刻度是不均匀的。为减少表盘分度的不均匀性,可恰当选取转速表的各种参数及测量范围,充分利用其特性的线性部分,达到使表盘分度尽量均匀的目的。

离心式转速表是一个机械惯性系统,由于重锤质量大,所以惯性较大,不适合测量快速变化的转速,测量精度也受到多方面的限制(一般在 1%~2% 之间)。但离心式转速表具有结构简单、成本低、可靠、耐用、不怕冲击振动的特点,不需电源就可工作,测量范围较宽,可达 20000 r/min 以上,适用于对测量精度要求不高的对象。

7.3 非接触式转速测量装置

目前转速的非接触式测量方法主要是数字脉冲式测量,其测量方法是在被测转轴上装一个转盘(称为调制盘),盘上有一个或数个标记,如齿、槽、孔、狭缝、磁铁、反光条等,当标记经过测量装置时,测量装置便产生输出脉冲。测量基于测频计数原理,即在指定的时间 T 内,对测量装置的输出脉冲信号进行计数。若在时间 $T(s)$ 内计数值为 N,且被测转轴每转一周,测量装置产生的脉冲数为 Z,则被测转速 n 为

$$n = \frac{60N}{ZT} = \frac{60}{Z}f \qquad (7\text{-}8)$$

式中：f 为检测装置脉冲信号频率。可见，测定测量装置脉冲信号频率 f 就可求出转速 n。

将转速转换为脉冲信号进行测量的测量装置有很多种，如频闪式、磁电感应式、光电式、电容式、霍尔式转速测量装置等，本节主要介绍这其中的前三种转速测量装置（电容式和霍尔式转速测量装置第 5 章已有介绍）。

7.3.1 频闪式转速测量装置

频闪式转速表是常用的频闪式转速测量装置，它是利用频闪效应来测量转速的。所谓频闪效应即视觉暂留现象，就是物体在人的视野中消失后，在一段时间内人眼视网膜还能保留视觉印象。在物体一般光度条件下，这一视觉印象的持续时间一般为 1/5～1/20 s。如果来自被观察物体的视刺激信号是一个接一个到来的不连续信号，但每两次间隔都少于 1/20 s，则由于视觉印象来不及消失，人会产生错觉，以为信号是连续的。

将频闪效应与光电频闪装置结合起来就能测量转速，测量原理如图 7-5 所示。

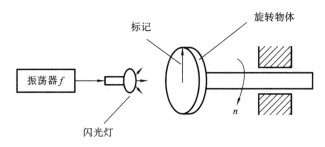

图 7-5　频闪式转速测量原理

在旋转的圆盘上（或在转轴上）做一标记，如画上一黑色条纹，然后用一个可调频率的闪光灯照射旋转圆盘。当闪光频率与圆盘转动频率相同时，盘上的标记即呈现停留不动的状态。这是因为每次闪光灯都是在标记转到同一位置时照亮圆盘，使人眼清晰地看到了标记，而其他时候标记转动形成圆环，因色彩反差不明显，故不清晰。所以，将此时的闪光频率乘以 60，就可以得到圆盘转速。

但是，如果转动频率是闪光频率的整数倍，因为相当于圆盘转 2,3,4,…,K 圈，闪光灯照射圆盘一次，也同样可以看到盘上标记在某一位置停留不动的现象。当转动频率是闪光频率的 1/2,1/3,… 时，圆盘上会出现 2 个，3 个，… 静止的标记。所以，在测转速时，要按以下方法调整闪光灯的频率：

（1）若已知被测转速范围是 $n \sim n'$，则先将闪光频率调到大于 $(n \sim n')/60$，然后从高频逐渐下降，直到第一次出现标记不动的现象，此时就可以读出被测实际转速；

（2）若无法估计被测转速，则调整闪光频率，当旋转的圆盘上连续出现两次标记停留现象时，分别读出对应的转速值，然后按下式计算出真实被测转速 n：

$$n = m \cdot \frac{n_1 n_2}{n_1 - n_2} \qquad (7\text{-}9)$$

式中：n_1 为测得转速的较大值；n_2 为测得转速的较小值；m 为圆盘上静止标记的个数。

频闪式转速表就是根据上述频闪测速原理制成的一种转速测量仪器，它主要由多谐振荡器、闪光灯、频率检测系统及电源等部分组成。仪器上带有指示刻度盘,在调节振荡频率的同时,指示每分钟频闪次数。

由频闪测速原理可以看出,频闪式转速表振荡器的精度决定了频闪的精度,即决定了仪器的转速测量精度。因此,采用高稳定性的振荡器和均匀变频装置是提高频闪测速精度的主要途径。

频闪式转速表的主要优点是采用非接触测量方式,使用方便,测速范围可达 1.5×10^5 r/min,测量误差小于 1%。

7.3.2 磁电式转速测量装置

磁电式传感器是利用电磁感应原理,将输入运动速度变换成感应电动势输出的磁电式转速测量装置。它不需要辅助电源就能把被测对象的机械能转换成易于测量的电信号,是一种有源传感器。它只适合进行动态测量,由于它有较大的输出功率,故配用电路较简单;其零位及性能稳定,工作频带一般为 10~1000 Hz。

图 7-6 所示是磁电式转速测量装置原理。

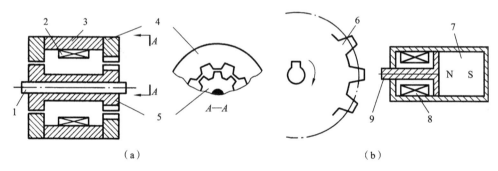

图 7-6 磁电式转速测量装置

(a) 闭磁路变磁通式;(b) 开磁路变磁通式

1—转轴;2,8—感应线圈;3,7—永久磁铁;4—外齿轮;5—内齿轮;6—调制盘;9—软铁

图 7-6(a)为闭磁路变磁通磁电式转速测量装置原理,该转速测量装置由装在转轴上的内齿轮和外齿轮、永久磁铁和感应线圈组成,内、外齿轮齿数相同。测量时,转轴与被测轴连接,外齿轮不动,内齿轮随被测轴转动。内、外齿轮的相对转动使气隙磁阻产生周期性变化,从而引起磁路中磁通的变化,使感应线圈中产生频率与被测转速成正比的感应电压信号,将该电压信号进行放大、整形,形成计数脉冲送入计数器,求出转速。

图 7-6(b)所示为开磁路变磁通磁电式转速测量装置,该转速测量装置由调制盘、永久磁铁、感应线圈、软铁构成。测量时,线圈、磁铁静止不动,安装在被测转轴上、开有 Z 个齿的调制盘随转轴转动,每转动一个齿,齿的凹凸就使磁路磁阻变化一次,从而使感应线圈中产生感应电动势,其变化频率与被测转速与齿数 Z 的乘积成正比。开磁路变磁通磁电式转速测量装置原理结构简单,但输出信号较小。

7.3.3 光电式转速测量装置

光电式转速传感器是利用光电转换元件(如光电池、光电管、光敏电阻等)对光的敏感性来进行转速测量的装置。光电式转速传感器通过将转速的变化转变成光通量的变化,再利用在光电转换元件将光通量的变化转换成电学量变化,即将光电脉冲变成电脉冲,从而实现测量。光电转换元件的工作原理是光电效应。

图 7-7 所示为光电式转速测量装置结构原理。测量装置由装在被测轴(或与被测轴相连接的输入轴)上的带狭缝的圆盘、光源、光敏器件等组成。光源发出的光透过缝隙照射到光敏器件上,当缝隙圆盘随被测转轴转动时,圆盘每转一周,光敏器件就输出与圆盘缝隙数目相等的电脉冲。若按 90°相位差安放两个相同的光敏器件,则根据输出脉冲信号的相位差就可以测出转速。

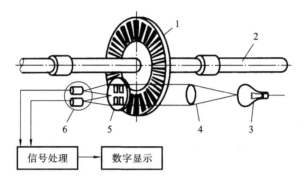

图 7-7 光电式转速测量装置结构
1—光电盘;2—转轴;3—光源;4—聚光镜;5—圆盘;6—光敏器件

思考题与习题

7-1 常用的转速测量方法有哪几种?各举一例说明。

7-2 简述直流测速发电机的误差产生原因以及相应的解决方法。

7-3 在测量一台计算机的电源冷却风扇的转速时,选择下面设备中的哪一种比较合理可行?说明具体实施方案。

(1)机械式转速表;(2)光电式转速传感器;(3)磁电式转速传感器;(4)闪光测速仪。

7-4 用频闪式转速表测量电机转速时,在电机轴上做一个箭头标记。当闪光频率分别为 500 Hz,1000 Hz 和 2000 Hz 时,观察到箭头标记停在某一位置上不动。将闪光频率调到 4000 Hz 时,观察到两个停在对称位置上不动的标记。求此时电机的转速。

第8章 温度测量技术

8.1 温度和温标

温度是用来定量描述物体冷热程度的物理量。温度的测量无论是对人们的日常生活还是工农业生产和科学研究均具有重要意义。温度与长度、质量等参量不同。长度、质量是外延量。如果把某两个有确定长度的物体连接起来,它们的长度就相加了。同样,把一个均质物体分成两半,其质量也就分成了两半。而温度则不然,它是一个内涵量。对温度的定义来自热平衡的经验事实:两个系统若处于热平衡状态,则它们具有相同的温度。因此把两个相同温度的系统放在一起,其温度将保持不变。

在选择零点(对于外延量这一步骤是不需要的)之后,才可以把物体的任意一个热特性通过协定来解释为温度的度量,这样,具有外延特性的代用温度标准最后就能被确定和接受。因为对温度测量仪器的选择从根本上就是自由的,所以在选择时要考虑其复现性、实际操作性以及对理论温度的要求。

ITS—90 热力学温度记作 T_{90},单位是 K;用 ITS—90 摄氏温度记作 t_{90},单位是 ℃。

T_{90} 与 t_{90} 的关系为

$$t_{90}[℃] = T_{90}[K] - 273.15[K] \tag{8-1}$$

ITS—90 的定义固定点共 17 个,见表 8-1。

表 8-1 ITS—90 定义固定点

序号	温度		物质	状态	$W_r(T_{90})$
	T_{90}/K	$t_{90}/℃$			
1	3~5	−270.15~−268.15	He	蒸气压点	
2	13.8033	−259.3467	e-H_2	三相点	0.00119007
3	17	−256.15	e-H_2	蒸气压点(气体温度计测定点)	
4	20.3	−252.85	e-H_2	蒸气压点(气体温度计测定点)	
5	24.5561	−248.5939	Ne	三相点	0.00844974
6	54.3584	−218.7916	O_2	三相点	0.09171804
7	83.8058	−189.3442	Ar	三相点	0.21585975
8	234.3156	−38.8344	Hg	三相点	0.84414211
9	273.16	0.01	H_2O	三相点	1.00000000
10	302.9146	29.7646	Ga	熔点	1.11813889
11	429.7485	156.5985	In	凝固点	1.60980185
12	505.078	231.928	Sn	凝固点	1.89279768

续表

序号	温度		物质	状态	$W_r(T_{90})$
	T_{90}/K	$t_{90}/℃$			
13	692.677	419.527	Zn	凝固点	2.56981730
14	933.473	660.323	Al	凝固点	3.37600860
15	1234.93	961.78	Ag	凝固点	
16	1337.33	1064.18	Au	凝固点	4.28642053
17	1357.77	1084.62	Cu	凝固点	

整个温标分为四个温区,其相应标准仪器分别如下:

(1) 0.65~5.0 K,氦蒸气压温度计。

(2) 3.0~24.5561 K,定容氦气温度计。

(3) 13.8033~1234.93 K,铂电阻温度计。

(4) 1234.93 K 以上,光学高温计或光电高温计。

温度计的探头材料由于老化或承受负荷太大等原因会改变最初的特性,因此对每只温度计均应定期进行校准以检验其测量精度。仪器校准是通过跟温标做比较来进行的。有两种比较方法:一种是与一个或多个基本固定点或次级固定点做比较;另一种是在理想的环境条件下与一个标准仪器做比较。

利用固定点做校准能得到最大的精度。其缺点是只能在离散的几个温标点上进行比较,在中间点上只能进行插补。这种标准实验要求有特殊的装置,并用该装置来十分小心地调整固定点位置。另外,要使所有部件均达到热平衡状态,所需的准备时间是很长的。由于这种校准所需费用较大,因而很少采用。但是有些固定点例外,这些点在任何实验室中都可采用简单的平均法来能实现,这些固定点是:水的冰点(0 ℃)、水的三相点(0.01 ℃)、水的沸点(100 ℃)以及硫的沸点(444.60 ℃)。

(1) 水的冰点 在所有温度固定点中,水的冰点最容易实现:一个绝热容器(杜瓦瓶)里充满纯净的水和冰屑的混合液(图 8-1(a)),该混合液的温度便体现了水的冰点。冰必须由纯水制成,因为如果其中含有不纯物质,则会降低结冰点。温度是在环境压力为 $p_0 = 1.013 \times 10^5$ Pa 的条件下测得的。待校准的温度计应浸没至刻线末端。在读数时应将它在短时间内抽出。可达到的温度重复性在周密的操作条件下优于 0.01 K。

(2) 水的三相点 该点是物相(固相、液相、气相)达到平衡状态时的固定点(0.01 ℃),它可以很精确地加以实现。三相点与气压无关。

三相点室(图 8-1(b))由一个双层壁的玻璃管构成,中间室充以极纯净的去气水,最上部充以蒸气。在测量过程开始之前,先将该室置于普通冰浴之中,并装满干冰使之冷却,在内壁形成冰层。紧接着注入热水取代干冰,这时在玻璃与冰层间将形成薄层水膜。最后,将三相点室浸到杜瓦瓶中进行冰水浴,并向温度计插孔中注入冰水。这样能在较长的时间里产生三相点温度,并能很好地将热量传递给待校准的接触式温度计。用这种校准装置能达到的重复性可优于 0.0001 K。

(3) 水的沸点 根据定义,水和蒸气之间的平衡状态温度在普通气压($p_0 = 1.103 \times$

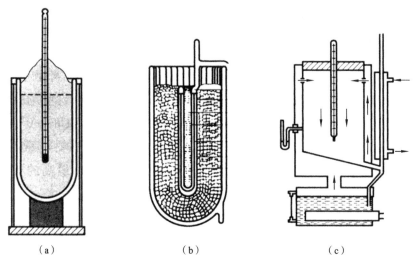

图 8-1 温标固定点的简单实现方法
(a) 水的冰点；(b) 水的三相点；(c) 水的沸点

10^5 Pa)之下正好为 100 ℃。将要检验的温度计浸入沸水是一种简单的方法，在最好的情形下测量结果的精度能达到 0.5～1 K，这对粗测来说足够了。对较高的测量要求可采用沸点仪(图 8-1(c))，这种仪器通常不是把水的沸腾温度作为固定点，而是用蒸气的凝固温度作为固定点。仪器的最好重复性为 0.001 K。

对温度敏感元件的监控可通过与标准元件(液体玻璃温度计、电阻温度计、热电偶)做比较来进行，这些标准元件随温度变化的误差应是已知的，该比较方法比在固定点上做校准的方法简单得多。在大多数实验室中，只要具有合适的实验装置如标定槽或恒温器等，都可以进行这些比较测量。在这些装置中，温度在一定的工作范围内连续地变化。但这种方法也存在一定的问题，因为人们不能肯定温度敏感元件是否与原始温度计和标准温度计具有相同的温度。标准温度计的精度决定了标定的品质，因而在标准仪器上做比较测量比在固定点做比较测量所得结果精度要低。但对于大部分工业应用场合，这种测量结果的精度已经足够了。

根据不同工作温度范围，标定可在液体槽、金属块或管炉中进行，其中液体槽由于具有良好的传热特性和所需测量装置结构简单而被用得最多。液体槽由绝热容器组成，内部含有加热或冷却装置、旋转泵或螺旋搅拌器，以及传热和辐射防护装置。温度计从上方浸入液体槽。实际应用中经常用电加热棒或外罩式加热元件进行加热。冷却是通过蛇形冷却管与外部冷却设备相连，或通过直接装在仪器内部的佩尔捷元件来进行的。温度调节可用接触式温度计，对不同的设备可达到的精度为 0.01～0.1 K。新近采用的还有半导体阻抗敏感元件，用它加上可控硅元件可以直接控制加热功率。

测量装置工作温度范围是由液体所决定的，对于甲醇为 −100～0 ℃，对于水为 0～100 ℃，对于硅树脂油和矿物油为 50～250 ℃，对于盐水为 150～600 ℃。对于油类要注意考虑到必要的循环流动条件，低温下的黏滞度不能太大，油的发火点应尽量高于最高的工作温度。

8.2 接触式温度测量

接触式温度计是通过热传导和热对流,使已知热特性的物体同未知物体达到热平衡状态,从而测得待测物体的温度的。根据温度计能实现的输出信号形式,接触式温度计可分为机械接触式和电气接触式两种。

机械接触式温度计以材料的热膨胀为基础,更精确地说,是以两种不同材料的热膨胀差为基础,故又称为膨胀式温度计。三种物态(固态、液态、气态)的介质均可用作敏感元件或在敏感元件中作为膨胀体。机械接触式温度计大部分都很结实、维护费用少、精度高、价格低廉。它们通常都是在测量点直接显示测量值,也有的适合在一定范围内做远距离传递测量。通常作为温度开关、温度传输器(其输入信号有气动的、液压的和电气的)或不带辅助能量的机械式温度调节器。

机械接触式温度计尽管造价低,但可靠性差,需要一定的维护;其信号不能远距离传送,且不能与其他信号相连接作为信息以做进一步的处理。因此在测量温度时大多采用电气接触式温度计。电气接触式温度计利用了材料在温度变化时电特性发生变化的性质,其中最重要的几种是金属或半导体材料的正、负电阻值,以及金属对或金属-合金对的热电压值随温度变化而变化的性质。这种温度计由于要处理电信号,因而费用和价格较机械接触式温度计要高,但测量精度、测量范围及测量动态特性都要好得多。

8.2.1 膨胀式温度计

膨胀式温度计是利用物体受热膨胀原理制成的温度计,主要有液体温度计、固体温度计和气体温度计三种。

1. 玻璃温度计

玻璃温度计是典型的液体式温度计。

玻璃温度计在舰艇设备温度机旁测量中得到了大量应用,例如图 8-2 为某型舰艇蒸汽管路温度测量用玻璃温度计。玻璃温度计测量的实际上是液体相对于容器的伸长量,液体的主要部分在一个球状或柱状容器中,该容器便是温度计的敏感元件(图 8-3)。它与

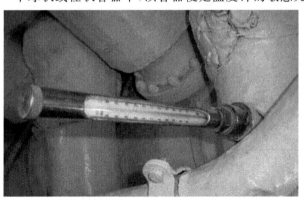

图 8-2 某型舰艇蒸汽管路温度测量用玻璃温度计

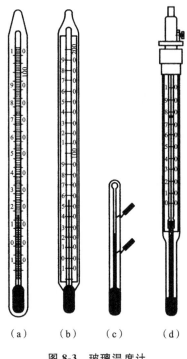

图 8-3 玻璃温度计

一细长的玻璃毛细管相连,毛细管上端是扩张室,在温度计被加热至超出其测量范围时用作溢流容器,以防止毛细管因压力太高而炸裂。同样,在毛细管底部也经常加上这样一种附加装置,用于低于零点的情况。

实际上所有的液体均可用作玻璃温度计中的填充液体。一般将它们分成浸润液体(如有机液体)和不浸润液体(如水银)两大类。浸润液体在温度下降时会产生附加的测量误差。有机液体必须加颜色,以使其在毛细管中时能被看见,从而减小读数的困难。由于水银具有较大的膨胀系数,因此水银温度计的溢流容器要比其他液体温度计大。膨胀公式如下:

$$\Delta V = \beta \cdot V \Delta \theta$$

或

$$V_\theta = V_0 (1 + \beta \theta) \quad (8-2)$$

式中:V,V_0,V_θ 分别为起始状态、温度为 0 ℃ 和温度为 θ 时液体的体积(m^3);β 为体膨胀系数,大约等于线膨胀系数的 3 倍。不同材料的 β 值对温度的依赖程度也不一样($\beta = f(\theta)$),亦即它不是一个常数。

温度计的刻度可以直接刻在厚壁毛细管的外面(图 8-3(a));也可以做在一块乳白色玻璃的标度尺上,将毛细管放置在它上面,然后将它们一起装在保护玻璃管内(图 8-3(b))。根据不同的测量范围和精度要求,普通温度计刻度有以 0.1 K,0.2 K,0.5 K,1 K 作间隔的,也有以上述数字的整数倍作间隔的。有些温度计还要进行腐蚀处理,腐蚀的部分为温度计浸入的深度。玻璃温度计除了某些特种类型之外,一般精度要求不是很高,但应用广泛,适用于实验室,型号有多种。

玻璃温度计的测量范围取决于温度计所采用的液体。表 8-2 列出了使用不同液体的玻璃温度计的测量范围。

表 8-2 使用不同液体的玻璃温度计的测量范围

温度计液体	测量范围/℃
异戊烷	-195~+35
正戊烷	-130~+35
乙醇	-110~+210
甲苯	-90~+110
水银-铊	-60~+30
水银	-30~+1000

温度低于 -60 ℃ 时,只能采用浸润液,这种玻璃温度计一般精度很差。此外,在低温下液体的黏度也会变大,在高温时要防止液体蒸发。

水银玻璃温度计通常用在真空状态下进行普通温度范围内温度的测量,当温度高于 150 ℃ 时应在增加压力的情况下(最大加压至 1×10^7 Pa)在温度计中注入干燥的惰性气体。

2. 双金属温度计

双金属温度计是典型的固体温度计。

双金属温度计也大量应用在舰艇设备温度测量上,例如图 8-4 为某型舰艇蒸汽管路温度测量用双金属温度计,双金属部分插入管道中,只有表盘露在外面。

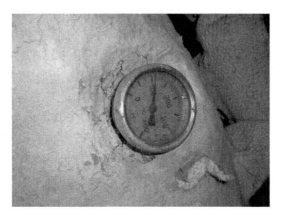

图 8-4　某型舰艇蒸汽管路温度测量用双金属温度计

双金属温度计实质上是利用两种不同材料的伸长差来显示温度变化值的。双金属温度计可以做得很小,这是一个很大的优点。这种温度计成本很低,运动部分很少,可做成多种形式,且牢固、便宜。

双金属部分是双金属温度计的敏感元件。可将两层或多层不同的双金属材料碾平,根据不同的用途将其做成不同的形状。图 8-5(a)～(d)给出了这种双金属敏感元件最常

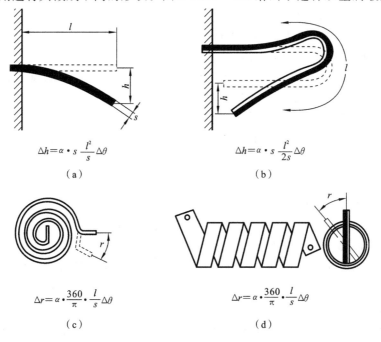

图 8-5　不同形状的双金属敏感元件

(a) 带式;(b) 发针式;(c) 平面涡卷式;(d) 螺旋式

用的几种形式。其中采用带式和发针式双金属敏感元件的双金属温度计主要用作温度开关(溢流释放器)和温度补偿式机械仪器。采用平面涡卷式和螺旋式双金属敏感元件的双金属温度计由于具有较大的偏移量,适合用于直接显示式温度计。

双金属敏感元件的一端固定张紧,另一端与传动装置相连,或直接与显示装置相连(图 8-6)。双金属敏感元件的做功能力很小,因而在实际中常用作显示仪器,但很少用于远距离显示。

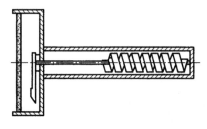

图 8-6 双金属温度计原理

这种温度计的测量范围为 $-50 \sim +600$ ℃。双金属片经适当的时效处理后,在 500 ℃高温下仍能保持稳定的热特性。如果温度高达 600 ℃,那么只允许短时间的应用。其测量误差为 $\pm(1\% \sim 3\%)$。当测量范围扩大时,其弯曲常数 a 与温度之间的非线性关系就会变得很显著。双金属温度计(尤其是采用螺旋式双金属敏感元件的温度计)具有相对较大的表面,置于环境介质之中时其保护装置较小。相对来说它对温度变化的反应很快,因此在空调技术方面用得很多。

8.2.2 气体温度计

气体温度计又称压力式温度计。

1. 普通气体温度计

根据理想气体状态方程,气体的压力 p 和体积 V 是温度的函数:
$$pV = mRT \tag{8-3}$$
式中:质量 m 和气体常数 R 均是常量。

对于工程技术领域,普通气体温度计用起来比较麻烦。尽管如此,仍有一些普通气体温度计被用在这一领域。气体温度计的误差较大,为温度测量范围值的 $1\% \sim 2\%$。其结构和作用原理跟液体温度计一样。温度计中的充填气体为惰性气体(氦或氮),在常温下被作用一个预加的高压。温度变化所引起的压力变化由气压计来显示。温度测量精度取决于整个测量装置的精度。

普通气体温度计的温度探头相对较大。其最小可测温度稍高于所用充填气体的临界点温度(对于氮为 -147 ℃,对于氦为 -268 ℃),其上限值由探头材料在高温下的强度和密度决定,普通的测量范围为 $-125 \sim +500$ ℃。

普通气体温度计敏感元件内的充填气体密度较小,因此,采取探头与显示仪分开的结构方式时,温度变化所造成的两部分的高度差不太大。由于普通气体温度计中的气体处于高压作用之下,故这种温度计不受大气压的影响。同时,这种温度计探头的热容量小(其中的充填气体实际上不占多少的热容量),因此普通气体温度计比液体温度计在动态特性方面优越。

2. 蒸气压温度计

蒸气压温度计的作用原理也类似于液体温度计及普通气体温度计,其与这两种温度计的差别在于其中充入的是易蒸发的液体及其蒸气。这种温度计的作用原理是:每种液体均具有一条蒸气压特征曲线,该蒸气压只与温度有关,与液体体积无关,这种蒸气压被称为饱和蒸气压。蒸气压与温度的关系是非线性的，因而在较高的温度范围内，显示器的刻度分度距离较大。表 8-3 列出了几种使用不同气体的蒸气压温度计的测量范围。

表 8-3 使用不同气体的蒸气压温度计的测量范围

温度计气体	测量范围/℃
丙烷	−40～+40
乙醚	40～195
乙醇	85～245
甲苯	115～320
混合二甲苯	150～360

蒸气压温度计的最大优点是当毛细管温度和弹簧管温度低于探头温度时，温度计显示值不被它们所影响。与气体温度计和液体温度计相反，毛细管和弹簧管中的气体体积可以较大，因为此时的压力值相应于一定的液体温度。如果毛细管受热产生暂时的压力上升，则在探头容器中相应地会产生一定量的冷凝蒸气，直至压力重新调整到合适的大小为止。然而，跟所有液体温度计一样，它也受到由探头和显示元件间的高度差以及大气压所引起的误差影响。由于气压与温度间的关系近似为平方关系，因而蒸气压温度计在温度超出测量范围时就变得特别敏感。溢流容器被做成在下测量限一侧总有蒸气存在，在上测量限一侧总有液体存在。容器中的气压为 $(5\sim 25)\times 10^5$ Pa，测量范围为 −40～+350 ℃。这种温度计的测量误差随制造类型的不同而异，一般为 ±1%～±3%。

8.2.3 电阻式温度计

电阻式温度计属于热电阻传感器，其工作原理已经在前文进行了阐述，这里只介绍其测量技术。

1. 电阻测温元件

金属热电阻测温元件常做成薄的铂或镍丝贴在绕组载体上，或做成螺旋形装在保护体孔中。根据不同的温度范围，载体常用耐热塑料、陶瓷、玻璃或云母制成。被缠绕的载体常常覆盖有一层玻璃保护层。为使电阻测温元件免受强机械载荷（振动、冲击等）以及腐蚀性载荷作用，常将其安放在保护装置之中，这些装置对应于不同的用途均已被标准化，并且也适合用作热电偶的测温元件。如要显示、记录测量点的温度并在调整和控制系统中做进一步处理，则通常将三个互相绝缘的测量绕组（在 0 ℃ 时每个绕组的阻值均为 100 Ω）贴在一个共同的载体上，用来消除与所接仪器之间的电气依赖性。

与金属热电阻测温元件相反，热敏电阻温度元件能做得很小。例如烧结成直径为 $(0.2\sim 0.5)$ mm 的小球，或做成尺寸相近的板、杆和片。但对这些元件仍需根据不同的使用条件加以保护，大多数场合均在其外面包一层薄的玻璃、陶瓷或钢的外壳。热敏电阻探头尖的制造通常遵循如下原则：将半导体尽量向前安置于利于热传导的环境中（最好是银材料）；外罩由传热差的不锈钢组成，而管的内壁绝缘层则由石英砂材料组成（图 8-7）。这样能得到最小的热传递误差。

2. 电阻测温电路

电阻测温电路通常采用电桥电路。电桥电路常采用直流电源供电，有时亦采用交流

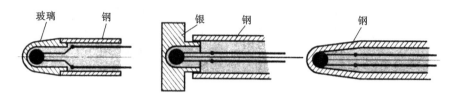

图 8-7 热敏电阻探头的结构形式

电源供电。温度计与电桥连接时,一般要求导线长度合适,因为连接导线本身由温度等原因引起的电阻值变化,均会被误认为是温度计探头温度变化所造成的,从而引起测量误差。因此,要求导线电阻小于探头电阻。另外,在精密测量中还经常采取导线补偿措施。

图 8-8 给出了几种不同的补偿导线电阻的电路连接方式,用于减小导线误差。从图 8-8(a)(b)(c)可看出,相邻两桥臂 AD 和 DC 均具有相同的导线长度。假设导线具有相同的电特性,它们经受环境条件影响时所造成的误差会相互抵消。上述每一种情况下,电池和电压表均可互换而不会影响电桥平衡。采用图 8-8(a)所示的三导线式(西门子式)连接方式时,平衡时中间导线上不会有电流。图 8-8(b)所示的平行导线回路式(凯林达式)连接方式尤其适合用于将两个温度计分别配置在桥臂 AD 和 DC 中的情况,以提供正比于

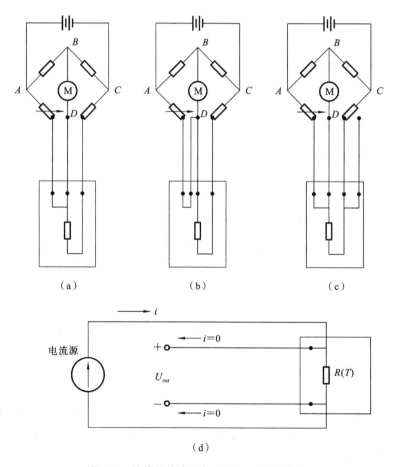

图 8-8 补偿导线电阻的四种电路连接方式

(a) 三导线式连接;(b) 平行导线回路式连接;(c) 四导线式连接;(d) 四电缆恒流电路

两温度计间温差值的输出。四导线式电桥(图 8-8(c))与三导线式电桥的作用原理相同，但在四导线式电桥中可以对其中的三根导线做任意组合，由此来检查不等的导线阻抗。采用读数的平均值可得到更精确的测量结果。该连接方式可用于要求高精度的测量之中。

采用电桥时,电流必须流经每个桥臂,由于消耗功率 i^2R 元件会发热，因而便会引入误差。对电阻式温度计来说，该误差与探头因热传导和辐射而造成的误差符号相反，因此最终的误差一般较小。图 8-8(d)所示为用于电阻式温度计的四电缆恒流电路。无论导线和传感器的电阻如何变化，电流源均会使 i 保持恒定。采用高输入阻抗的仪表读取输出电压 U_{out}，不会从输出导线中抽取电流，因而在导线上也不会产生压降。这样输出电压便是传感器电阻的线性函数，即 $U_{out}=iR(T)$，且与导线电阻无关。然而由于该电路本质上是一种稳流电路，因此它没有电桥电路对小阻抗变化那样的灵敏度。另外，它本身仍存在电阻发热现象。

电阻温度计的自身发热是指电阻探头自身温度高于被测环境温度 $\Delta\theta$，这种温度升高是因焦耳热($P=R \cdot i^2$)产生的。温度升高会带来测量误差，该误差除了电流 i 之外还取决于传到环境中去的热量。探头的材料和大小以及环境的状态、热特性决定了热交换的形式。制造商通常针对一定类型的探头以图表的形式提供电流和电压的最大允许值。图 8-9 是制造商给定的某电阻温度计许用电压及电流图，其中电阻测温元件只能在图中左边特性曲线的上升部分工作，此时在一定的边界条件下无干扰温升。举例来说，一种插

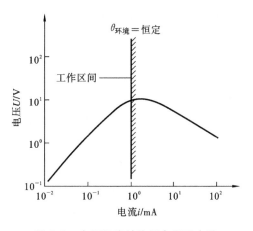

图 8-9　电阻温度计许用电压及电流

在金属管中的陶瓷电阻探头(Pt100)，当其中流经 3 mA 的电流时，它在静止的水中自身温度可能会升高 0.01~0.02 K，在静止空气中温度会升高 0.1 K，因而其最大电流不应超过 10 mA。对于小型的热导体，其最大电流仅允许为几毫安。

8.2.4　热电偶温度计

热电偶的原理已经在第 5 章中阐述，这里主要介绍实际热电偶的结构和测量方式。

8.2.4.1　热电偶材料

在选择热电偶材料时，除了要考虑价格和可靠性之外，还要考虑以下几个其他方面的要求：

(1) 温度电压系数，一般该系数越大越好；
(2) 热电压特性；
(3) 动态特性；
(4) 耐高、低温的机械特性；
(5) 耐腐蚀性；

(6) 长时间的热电稳定性。

通常按材料不同将热电偶分为两种：贵金属热电偶和非贵金属热电偶。

贵金属热电偶主要由铂和铂-铑合金（Pt10Rh-Pt；Pt30Rh-Pt6Rh）组成，非常精密，具有重复性很好的热电压特性曲线，Pt10Rh-Pt 因而被用来复制 630.7 ℃ 和 1064.4 ℃ 温度之间的国际实用温标（IPTS—68）。较之于非贵金属热电偶，贵金属热电偶更耐腐蚀和氧化，因而可用于较高的温度范围（对于 Pt10Rh-Pt 为 0～1600 ℃；对于 Pt30Rh-Pt6Rh 为 0～1700 ℃）。在很高的温度下往纯铂金属中掺进某些杂质后，会使之变脆并能极大地改变其热电特性。将铂金属高度合金化后再使用时，它的灵敏度会降低。贵金属热电偶均具有较小的热电压系数，价格相对较贵。

非贵金属热电偶主要用于通常的温度测量，比贵金属热电偶要便宜得多。它们的应用占全部热电偶应用的极大部分，并且部分热电偶已在许多国家被标准化了，如铜-康铜、铁-康铜以及镍铬-镍热电偶等。

铜-康铜热电偶适用于 -250～400 ℃ 的低温范围。铜在高温时经受氧气侵蚀的能力差，它与铁-康铜热电偶一样都具有很大的温度系数，但线性度较差。

铁-康铜热电偶具有从 -250～+700 ℃ 的测量范围，条件是只能在不具有腐蚀性的气体中工作，因为铁在一定条件下会严重锈蚀和氧化。铁-康铜热电偶材料热电特性的长期稳定性不是很好。

镍铬-镍（接近于铬镍-铝镍材料）热电偶在非贵金属热电偶中具有最大的温度测量范围：-200～1300 ℃。这种热电偶较精确、耐用。镍铬-镍的温度系数小于铜-康铜或铁-康铜的温度系数；它的特性曲线线性度很高，当温度高于 600 ℃ 时氧化现象变得比较明显，在高温范围内只能短时期应用。

8.2.4.2 热电偶的类型

热电偶测量温度的可靠性取决于热电偶种类和配置方式以及与周围环境接触的情况，只要物理和化学特性允许，热电偶可以不加任何保护罩而直接置于环境中。这一点优于其他所有接触式温度计，因为它可以被放入难以接近的地点，而且能显示很好的动态特性。在高温及具有侵蚀性介质的环境中，热电偶应加上保护外罩。

1）无罩式热电偶

热电偶中的金属导体通常做成线状，很少做成薄片或箔的形式，金属线直径为 0.1～5 mm。最简单的热电偶由两根热电导线组成，其两端采用软焊和硬焊，大多数情况下是在保护气体中焊接而成的。这些不加保护罩的热电偶只能用于不太恶劣的环境条件中，例如浸在非侵蚀性液体、黏性的或塑性的物质中（图 8-10(a)），又如装入管或容器（图 8-10(b)）。两脚式热电偶（图 8-10(c)）没有任何热导线的连接点（该连接点做在导电体表面上（铁片、金属块、金属条等），由导体本身组成连接点）。衣架式温度计（图 8-10(d)）有弹簧带压在拱形表面上，末端所焊接的连接点及材料的其余部分经该弹簧带紧紧压在被测物体上，故热传导误差很小。

2）带罩式热电偶

带罩式热电偶一般是用金属或陶瓷管子对热电偶金属导体做绝缘处理后插入一端封闭的保护管而形成的。金属保护管可使热电偶免受机械力的作用；陶瓷保护管能阻止气

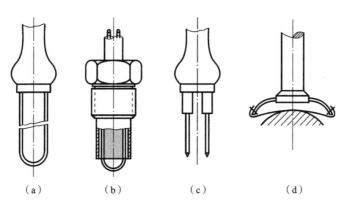

图 8-10　无罩式热电偶

体在高温时扩散进热电偶,而这种扩散会影响热电偶的热电特性。

带罩式热电偶还有另一种类型——外套式热电偶。外套式热电偶是将热电偶金属导体埋入耐高温的陶瓷粉末中而形成的。金属导体上的焊接点可以是绝缘的,也可以与外套材料连接在一起(图 8-11(a))。外套通常用抗锈蚀的高合金材料做成,针对某些特殊用途则用贵金属制成。这种热电偶元件可以包含多达三对金属电极(图 8-11(b)),耐几百个大气压的压力。由于结构紧凑,所以其尺寸可以做得很小(外径为 0.25～6 mm)。在保证足够的机械强度条件下它可以是挠性的,最小的弯曲半径为外径的 6 倍。这种热电偶有着更广泛的用途。

3) 箔式热电偶

箔式热电偶元件的时间特性很好。使用时,箔式热电偶被埋入由塑料或铝制成的两片薄载体材料中,可像应变片一样被粘贴,也易被固定在不平坦的表面上,厚度一般为 0.05 mm～1 mm(图 8-12)。

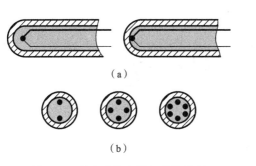

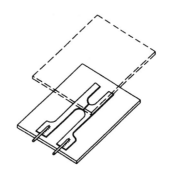

图 8-11　外套式热电偶元件的种类　　　　图 8-12　箔式热电偶

8.2.4.3　热电偶测量电路

考虑到热电偶的高阻值及费用问题,热电偶的长度应做得尽量短。常在测量点附近配置一个连接点(大多数为带保护管的接线端子),通过该连接点将测量点同作为平衡电缆的导线连接起来。

将平衡电缆直接连接到一个显示仪器上便形成最简单的电路(图 8-13(a))。比较测量点被设置在测量仪器的接线柱上,该点温度未知且不恒定,因此这种方法精度不高,仅

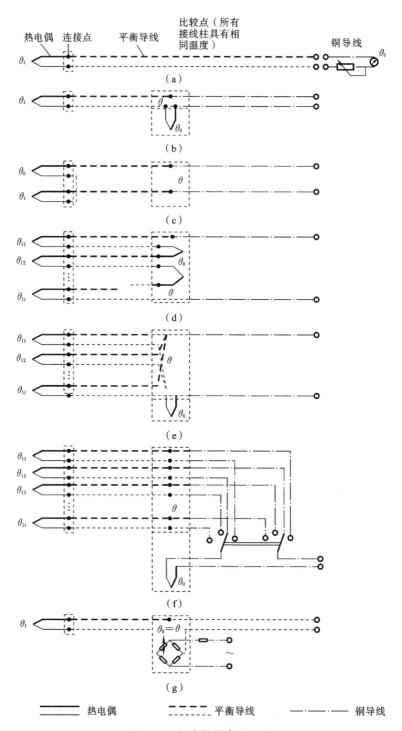

图 8-13 热电偶用电路形式

(a) 简易电路；(b) 普通电路；(c) 温差电路；(d) 串联电路；
(e) 并联电路；(f) 测量点转换电路；(g) 自动比较点补偿电路

用于一般要求的测量。正确的电路(图 8-13(b))中应有一个单独的比较测量点,该点的温度由一恒温器维持在 50 ℃。在同一壳体中通常还连接有仪器导线,这些导线应是铜制的,所有的接线柱均应具有相同的温度 θ_0。

图 8-13 还给出了热电偶用电路形式。

在实验室测量中,比较点温度 θ_0 应始终保持在水的冰点(冰水混合物)。但由于用作冷却装置的佩尔捷恒温器所花的费用很高,因而常把比较温度设置为高于室温的某一温度。常用电加热的方法使 $\theta_0=50\ ℃\pm0.1\ ℃$。对已获得的测量值,必须用前面提到过的方法加以校正。校正电路(图 8-13(g))为一附加的电阻式电桥,其中有阻值随温度而变化的电阻。电桥由一高度稳定的直流电压源供电。电桥的平衡应该使其对角线的电压输出在 $\theta_0=0\ ℃$ 时为零。

8.2.5 其他接触式温度计

1. 测温贴

测温贴(图 8-14)是将材料颜色的改变作为环境温度的函数进行温度测量的。

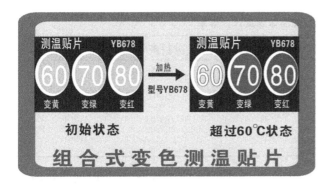
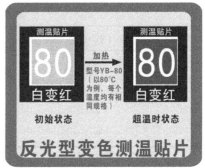

图 8-14 常见的测温贴

将热敏颜料以液体形式直接涂到被测物体表面,或将用热敏颜料制成测温粉笔涂到被测物体表面,在达到一定温度时热敏颜料会变到相应的色调上。这种热敏颜料有着一系列的等温线,根据这些等温线能推断出被测敏感构件的温度分布以及热应力。液体颜料的使用范围为 40~1350 ℃。该测温法的相对误差较大,约为±5 ℃,温度变化受作用时间的影响较大。当需要快速测量已经加热好的刚体时,采用测温粉笔更好。它只需要很短的时间(1~2 s)就能改变色调。测温粉笔的测量范围为 60~850 ℃。还有一些热敏颜料能呈现四种色调,例如,65 ℃ 时为淡蓝,145 ℃ 时为黄色,175 ℃ 时为黑色,340 ℃ 时为橄榄绿。

精度略高的测温贴为温度显示箔,这种显示箔是在黏性塑料片上涂上一层热敏材料而形成的,热敏材料颜色在温度上升时会从亮色变为暗色。这种颜色的变化是不可恢复的。显示温度值的误差为标定值的 ±1%~±2%。显示箔的温度测量范围为 40~250 ℃。

除上述热敏颜料之外,还有一些测温颜料能够连续改变色调而在冷却后能保持住色调,这样便可以用来观察较大的温度范围,通过与标定过的色调标尺做比较就能进行定性估值。这种方法带有很大的主观性。

另外,还有一些色调变化可逆的测温颜料,这些测温颜料主要利用了液晶的光学性质。在温度间隔仅为几度时,颜色可以从红变化到绿,并且可反过来从绿到红连续地经过所有的中间颜色。通过将不同的液晶材料混合在一起,可以显示$-20\ ℃\sim +250\ ℃$的温度变化。由于这种测温方法也基于颜色的比较原理,因而同样具有主观性。

2. 石英晶体温度计

采用不同方式制造的石英晶体,其谐振频率能或多或少地随环境温度的变化而变化,这一现象称为石英晶体的温度效应。这种温度效应在其被发现后的很长一般时间里都没有得到应用,后来高精度电子计数器出现,才促使这种效应能用于温度测量。

在温度计探头中装一个石英振荡器,该振荡器在 $0\ ℃$ 时以 $f_0=28.2\ \text{MHz}$ 的频率振荡。探头温度与频率间的关系为 $k=1\ \text{kHz/K}$,且很稳定。在进行绝对温度测量时,需对探头晶体振荡频率与参考晶体的振荡频率做比较。参考晶体采用了与探头晶体不同的制造方法,因而其频率不随温度变化。振荡频率由电子计数器测量,如要确定频率差,则要对两个温度探头元件的频率进行比较。

石英晶体温度计具有很高的测量精度,测量范围为$-80\sim 250\ ℃$,在该范围内的最大线性度偏差值为$\pm 0.05\%$,绝对误差为 $0.02\ ℃$。其分辨率取决于所选择的计数时间(表8-4)。

表 8-4　石英晶体温度计分辨率

计数时间/s	分辨率/K
0.1	0.1
1.0	0.01
10.0	0.001
100.0	0.0001

系统的动态特性取决于探头大小,在流速为 $v\approx 0.5\ \text{m/s}$ 的水中,探头时间常数的均值约为 $2.5\ \text{s}$。

石英晶体温度计不但精度高,而且结构简单、应用范围广。由于测量的是频率,因而导线长度及杂散干扰电压并不会对测量结果产生影响,采用直接的数字显示方式能迅速给出测量结果。因此这种仪器能为记录仪器进一步的数字处理提供合适的信号。

8.3　非接触式温度测量

非接触式测量一般采用辐射式温度计,测量所依据的是物体的热辐射理论。由于是非接触式测温,因此测量装置不会干扰测量对象的温度分布。辐射式测温方法主要应用在高温测量方面,工程中的高温一般指高于 $500\ ℃$(约为 $1000\ ℉$)的温度。在高温范围内,除了少数的热电偶和电阻式温度计尚可被应用之外,其他的接触式温度仪器均不适用,因此要用到非接触式的辐射式温度计。但辐射式温度计并不仅仅适用于高温测量,它们也可被用于低温(小于 $500\ ℃$)区域的测量,舰艇设备温度测量就经常采用红外辐射检测方式。非接触测温的主要缺点是未知发射度和干扰辐射会引起较大的测量误差。但在做相对温度测量时,或者把被测信号用于实现调整或控制目的并且会对测量结果做进一步处理时,上述缺点并不十分重要。

8.3.1 非接触辐射式测温原理

任何物体都会以一定波长的电磁波辐射能量,能量的强度取决于该物体的温度。通过计算这种在已知波长上发射的能量,便可获知物体的温度。

上述的能量传送是以电磁波的形式以光速进行的。物质发送和吸收辐射能的速度取决于物质本身的绝对温度和物理性质。到达一种材料表面的辐射部分被吸收、部分被反射、部分被透过,因而有如下等式:

$$a+\rho+\tau=1 \tag{8-4}$$

式中:a 为物体的吸收率;ρ 为物体的反射率;τ 为物体的透射率。

不同材料的上述三种参数是不一样的。对于一个理想的反射器(可通过采用一种高度抛光的表面来实现),它的反射率 $\rho \to 1$。许多气体具有高透射率,它们的透射率 $\tau \to 1$。在一个大的腔体上开的一个小孔则可近似于一个理想的吸收器或者黑体,它的吸收率 $a \to 1$。

当一个物体与其周围环境处于一种辐射平衡状态时,它吸收的能量与发射的能量相等。由此可知,一个好的吸收器也是一个好的辐射器;也可以说,理想的辐射器或黑体的吸收率 a 的值为 1。因而常把黑体作为参考来描述一个非黑体。当讨论发射的辐射能而非吸收的辐射能时,要用到发射率的概念。发射率 ε 定义为

$$\varepsilon=\frac{E}{E_0} \tag{8-5}$$

式中:E 为物体的全辐射能;E_0 为黑体的全辐射能。

ε 是温度 T 和波长 λ 的函数,且 $\varepsilon \leqslant 1$。表 8-5 给出了一些材料表面的发射率值。

表 8-5 一些材料表面的发射率值($\lambda=0.85\ \mu m$)

材料	温度/℃	发射率 ε	材料	温度/℃	发射率 ε
抛光铝	20	0.06	抛光镍	23	0.045
液态铝	800~1000	0.12~0.17	铝箔	100	0.087
纯铁	800	0.35	石膏	10~88	0.91
液态铁	1600~1800	0.44~0.48	粗糙红砖	21	0.98
生锈铁	20	0.70	石棉纸	38~371	0.93~0.945
带轧制层的铁	20	0.78	光滑玻璃	22	0.937
抛光铁	20	0.07	水	0~100	0.95~0.963
铂	1000	0.30	陶瓷	1200	0.78
铂灯丝	25~1225	0.036~0.192	黑体	—	≈1.00
抛光银	225~625	0.0198~0.0324			

8.3.2 辐射式温度计

辐射式温度计分为全辐射温度计和部分辐射温度计。

1. 全辐射温度计

全辐射温度计是利用物体在全光谱范围内总辐射能量与温度的关系来测量温度的,

由于是对全辐射波长进行测量,所以希望光学系统有较宽的光谱特性,而且热敏检测元件也采用没有光谱选择性的元件。全辐射温度计测温系统结构如图 8-15 所示。

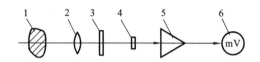

图 8-15　全辐射温度计测温系统结构示意图
1—被测物体;2—透镜;3—热屏蔽器;4—热敏元件;5—放大电路;6—显示仪表

图 8-15 中透镜 2 的作用是把被测物体 1 的辐射聚焦在热敏元件 4 上,热敏元件 4 受热而输出与被测物体温度大小有关的电信号。为了使热敏元件 4 只受到正面来的热辐射而不受其他方向热辐射的影响,采用热屏蔽器 3 对其加以保护。

2. 部分辐射温度计

为了提高温度计的灵敏度,辐射式温度计有时也可根据特殊的测量要求,采用具有光谱选择性的检测元件。由于这些温度检测元件只能对部分光谱能量进行测量,而不能工作在全光谱范围内,所以称这类温度计为部分热辐射式温度计。常见的部分热辐射式温度计的检测元件主要有光电池、光敏电阻、红外探测元件等。

红外温度计是仅能检测在红外波长范围内的辐射能造成的温度变化的部分辐射温度计。

自然界中任何物体,只要其温度在绝对零度以上,都会产生红外线,向外界辐射出能量。所辐射能量的大小,直接与该物体的温度有关,具体地说是与该物体热力学温度的四次方成正比,即

$$E=\sigma\varepsilon(T^4-T_0^4) \tag{8-6}$$

式中:E 为物体在温度 T 时单位面积和单位时间的红外辐射总能量;σ 为斯蒂芬-玻尔兹曼常数,$\sigma=5.67\times10^{-8}$ W/m² · K⁴;ε 为物体的发射率,对于黑体 $\varepsilon=1$;T 为物体的温度(K);T_0 为物体周围的环境温度(K)。

通过测量物体所发射的辐射能 E,就可测得物体的温度。

利用这个原理制成的温度测量仪表称为红外温度计。用红外温度计进行测量时,温度计不需要与被测对象接触,因此这种测量方式属于非接触式测量。红外温度计可用于很宽范围温度(从－50 ℃至高于 3000 ℃)的测温。在不同的温度范围,对象发出的电磁波的波长分布不同,在常温(0 ℃~100 ℃)范围内,电磁波波长主要集中在中红外和远红外区。

红外温度计的测温原理如图 8-16 所示。

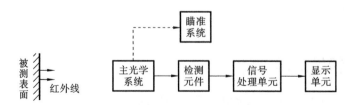

图 8-16　红外温度计测温原理图

图 8-16 中,主光学系统有两个作用:① 把被测处的红外线集中到检测元件上;② 把进入仪表的红外线发射面限制在固定范围内。检测元件把红外线能量转换为电信号。信号处理单元把检测元件输出的信号用电子技术和计算机技术进行处理,变成人们需要的各种模拟量和数字量信息。显示单元把处理过的信号变成人们可阅读的数字或画面。瞄准系统用于瞄准(或指示)被测部位。有些红外温度计不需要瞄准。

8.3.3 亮度式温度计

亮度式温度计是利用物体的单色辐射亮度 $L_{\lambda T}$ 随温度变化的原理,以被测物体光谱的一个狭窄区域内的亮度与标准辐射体的亮度进行比较来测量温度的。由于实际物体的单色辐射发射系数小于绝对黑体,因而实际物体的单色亮度小于绝对黑体的单色亮度。在温度为 $T(K)$ 时,绝对黑体的单色辐射亮度 $L_{\lambda T}^*$ 为:

$$L_{\lambda T}^* = \frac{c_1 \lambda^{-5}}{\pi} \exp(-c_2/\lambda T) \tag{8-7}$$

式中:c_1 为第一辐射常数,$c_1 = 2\pi c^2 h = 3.74177 \times 10^{-16}$ W·m², 其中 c 为光速,h 为普朗克常数;c_2 为第二辐射常数,$c_2 = ch/k = 0.014388$ m·K,其中 k 为玻尔兹曼常数;λ 为波长。

实际物体的单色辐射亮度为

$$L_{\lambda T} = \varepsilon_{\lambda T} L_{\lambda T}^* = \varepsilon_{\lambda T} \frac{c_1 \lambda^{-5}}{\pi} \exp(-c_2/\lambda T) \tag{8-8}$$

从式(8-8)中可以看出,物体的单色辐射亮度与物体的被测温度满足一一对应的函数关系,故只要能测得被测物体的单色辐射亮度便能测得物体的被测温度。

8.3.4 比色温度计

比色温度即光电比色温度传感器,它是以两个波长的辐射亮度之比随温度变化的原理来进行温度测量的,图 8-17 为光电比色温度计的工作原理图。

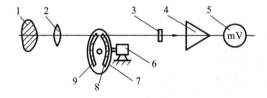

图 8-17 光电比色温度计测温系统结构

1—被测物体;2—透镜;3—光敏元件;4—放大电路;5—显示仪表;6—步进电动机;7—调制盘;8,9—滤光片

被测物体 1 的辐射射线经过透镜 2 射到由电动机 6 带动的旋转调制盘 7 上,在调制盘的开孔上附有两种颜色(一般为红色和蓝色)的滤光片 8 和 9,把光线调制成交变的,从而使射到光敏元件 3 上的两种颜色的光线交叉,进而使光敏元件输出与两种颜色光线相对应的电信号。然后对电信号进行放大并运算,之后送到显示仪表 5,得到被测物体的温度。

8.3.5 非接触式温度测量的应用

温度测量是舰艇设备日常科学使用管理的重要依据,由于很多舰艇设备带有强电(例如配电板触点),还有很多设备位于舱底等难以到达的部位,很难使用接触式测温方式进行温度监测。非接触式温度测量方式则非常适合舰艇设备温度的巡回检测。目前在舰艇上广泛使用的红外点温仪与红外热像仪均采用红外遥测原理,使用方便、快捷,在设备检测中发挥着重要作用。

红外点温仪用来测量设备表面上某点周围小面积的平均温度,其基本原理框图如图 8-18 所示。红外点温仪的基本构成包括四大部分,即红外光学系统、红外探测器、信号放大与处理系统、结果显示与输出系统。光学系统把被测目标发射的红外辐射能量收集起来,送到红外探测器上进行辐射能向电能的转换,然后对转换好的电信号进行放大及其他处理,最后将结果显示并输出。

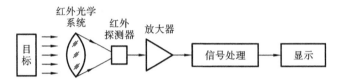

图 8-18 红外点温仪的基本原理框图

图 8-19 为常用的一种红外点温仪——Raytek ST60 型红外测温仪,其面板上六个按钮(见图 8-20)的作用为:

(1) 激光/背景光开/闭按钮:扣动扳机,按下按钮以激活激光/背景光。
(2) "SET"按钮:用于进行参数设置(设置高低温报警和发射率值)。
(3) "LOG"按钮:用于进行测温数据记录。
(4) 上、下箭头按钮:用于调节参数数值。
(5) "MODE"按钮:用于设置工作模式。

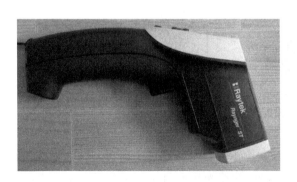

图 8-19 Raytek ST60 型红外测温仪整体外形图

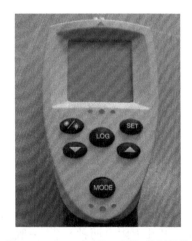

图 8-20 Raytek ST60 型红外测温仪面板及按钮图

红外点温仪不具备成像功能,具备成像功能的红外测温系统称为红外热成像系统,其可分为两大类:一类是用于军事目标的红外成像系统,只要求对目标清晰成像,不需要定量监测温度,它的性能要求重点是高的取像速度和高的空间分辨率;另一类是民用领域应用的红外热成像系统,它大量应用在工业、医疗、交通、科研实验领域,不仅要对被测物体表面的热场分布进行清晰成像,而且还要给出精确的温度测量结果,一般将这种红外热成像系统称为红外热像仪。

根据红外辐射信号来源的不同,红外热成像方法可分为主动式和被动式两大类。主动式红外热成像是以红外辐射源去照射目标,利用被反射的红外线生成目标的热图像。被动式红外热成像是利用目标自身发射的红外线生成目标的热图像。舰艇应用的都是被动式红外热成像仪。

红外热像仪原理如图 8-21 所示。被测物体表面的热信号借助于红外辐射被发射到红外热像仪的光学系统中,被光学系统接收后又通过光机扫描机构扫描成像而显示在探测器上,再由红外探测器转换成视频电信号,经过放大后送到终端显示出被测物体的热图像。

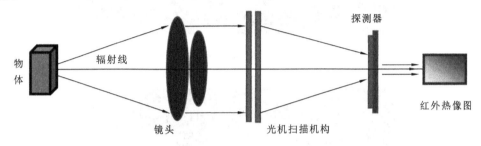

图 8-21 红外热像仪原理

红外热像仪分为简易式和精密式两种,图 8-22 所示为 FLUKE Ti30 型简易手持式红外热像仪,图 8-23 所示为 FLIR P65 型精密红外热像仪。

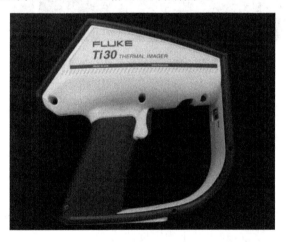

图 8-22 FLUKE Ti30 型简易手持式红外热像仪

红外热像仪的作用是对被测设备的红外温度场进行非接触式测量,从而了解和掌握设备在使用过程中的状态,确定其整体和局部是正常或异常的,从而及早发现故障及其原因。图 8-24 为柴油机排烟管的红外热像图,由于排烟管温度很高,外围必须布置绝热材料,随着使用时间的增长,部分绝热材料会产生破损,从而影响绝热安全。以往绝热材料破损的检查都需要拆检才能进行,而使用红外热像图则可以直观看出其温度场分布是否均匀(绝热材料破损部位分呈现温度高的局部"热点"),这样就可大大加快检测速度和增强检测的准确性,降低漏检率。

图 8-23　FLIR P65 型精密红外热像仪

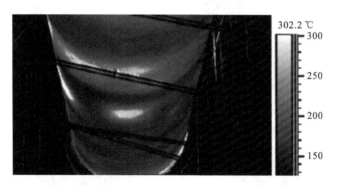

图 8-24　柴油机排烟管红外热像图

思考题与习题

8-1　在什么温度值上摄氏温度和华氏温度数值一致？

8-2　一个温度计在满刻度时的不确定度为±1%，若该温度计量程为-20~120 ℃，根据该温度计量程上的读数，画出其不确定度曲线。

8-3　为什么温度测量与长度测量、质量测量等不一样？为什么要定义一个温标？

8-4　如何来复制一个温标？请使用实验室设备仪器来复制水的冰点。

8-5　试述双金属片温度计的工作原理，说明决定其测量精度的主要因素。

8-6　在空调设备中使用热电偶来测量不同点温度，记录参考点的温度为 22.8 ℃，若不同热电偶分别提供-1.623 mV，-1.088 mV，-0.169 mV 和 3.250 mV 的电动势输出，求出相应的温度。

8-7　试述红外热成像探测的原理。为什么用红外热成像仪仅能检测物体表面或浅层的温度？

第 9 章 压力测量技术

9.1 概述

压力测量仪表简称压力计或压力表，属于压力测量传感器。根据应用场合的不同要求，其可以具有指示、记录、远传变送、报警、调节等多种功能。压力可用指针显示或用数字显示屏显示。根据测量压力的原理不同，压力测量仪表通常可分为基于重力平衡法、基于弹性力平衡法和基于物性测量法的三种。常用的压力测量仪表和装置如图 9-1 所示。

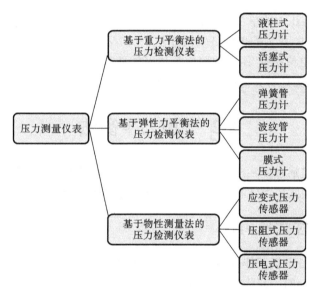

图 9-1 常见的压力测量传感器和装置

9.1.1 压力的定义

流体或固体垂直作用在单位面积(S)上的力(F)称为压力(p)，也称压强。按此定义，压力可用下式表示：

$$p = \frac{F}{S} \tag{9-1}$$

压力是工业生产过程中常见的一个重要参数，在武器装备设计与使用中更是经常用到，如潜艇的深度测量、机械设备的润滑、深弹的定深测量以及飞机飞行高度的测量等等。此外，如物位、流量等参数的测量，有时是通过测量压力或差压来间接实现的。

工程中常用的压力有绝对压力(p_a)、表压力(p_g)、真空度(p_v)和差压(Δp)等几种，它们的定义、计算公式如表 9-1 所示。

表 9-1　各种压力的定义、计算公式

名称	符号	定　义	计算公式
绝对压力	p_a	相对于绝对压力零线测得的压力,或作用于物体上的全部压力	$p_a = p_g + p_0$
表压力	p_g	绝对压力 p_a 与当地大气压力 p_0 的差值,当 $p_a > p_0$ 时,p_g 为正,称为正表压力;当 $p_a < p_0$ 时,p_g 为负,称为负表压力(又长真空度)	$p_g = p_a - p_0$
真空度	p_v	将负表压力称为真空度(理想真空下的压力是绝对零压力)	$p_v = p_0 - p_a$
差压	Δp	任意两个压力之差	$\Delta p = p_1 - p_2$

9.1.2　压力的计量单位

根据公式(9-1),压力的单位是力和面积的导出单位,但各种单位制中力和面积的单位不同。在 SI 单位制中,压力的单位是牛顿每平方米(N/m^2),也称为帕斯卡或帕(Pa),1 Pa≈1 mmH_2O;在 CGS 单位制中,压力的单位是达因每平方厘米(dyn/cm^2),称为巴(bar),1 bar=0.1 MPa;另外,压力还有其他单位,如标准大气压(atm),1 atm=101 325 Pa。

9.2　重力平衡法

重力平衡法法是通过使一定高度液柱的重力或砝码的重量与被测压力相平衡来测量压力的方法。例如液柱式压力计和活塞式压力计等就是基于重力平衡法来进行压力测量的。

9.2.1　液柱式压力计

液柱式压力计是根据流体静力学原理,把被测压力转换成液柱高度,通过液柱高度来反映被测压力的大小的。其优点是结构简单,使用方便,有相当高的准确度。缺点是量程受液柱高度的限制,体积大,玻璃管容易损坏,读数不方便,并且测量范围不大。液柱式压力计采用水银、酒精或水作为工作液体,常用于低压、负压或压力差的检测。

U 形管压力计是将一根内径为 6～10 mm 的玻璃管弯成 U 形或用橡皮管将两根平行的玻璃管连通起来固定在平板上而形成的,两管之间装有刻度标尺,刻度零点在标尺中央。测量时,U 形管高压侧液面下降,低压侧液面上升,分别读出两管液柱从零点位置上升和下降的高度,两个高度之和即为被测压力(以液柱高度表示)。U 形管液压计结构如图 9-2 所示。

其测量的压力表示为

$$\Delta p = p_1 - p_2 = \rho g(h_1 + h_2) \quad (9-2)$$

U 形管通常一端接被测介质,另一端通大气,即 $p_2 = p_{atm}$。此时液柱高度差代表两种介质的压力差。

在使用液柱式压力计时,应注意:

(1) 避免将液柱式压力计安装在过热、过冷、有腐蚀或有振动的地方。

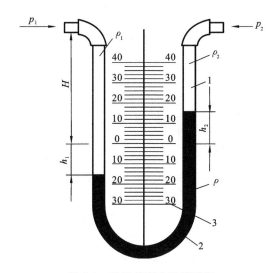

图 9-2　U 形管压力计原理图

1—U 形玻璃管；2—工作液；3—刻度尺

（2）通常将液柱式压力计垂直安装在测压点附近的支架上。对于需要水平放置的斜管压力计，应用水平校准仪将其放平。测压点与压力计之间的距离应尽量短，一般应在 3～5 m 之间。

（3）工作液的密度必须与制作仪表刻度标尺时的液体密度一致。应使液面对准标尺零点。

（4）对采用有毒的工作液的液柱式压力计应加装收集瓶。

（5）被测介质不能与工作液混合或起化学反应。如能混合或起反应则应更换工作液或加装隔离罐。

（6）为了减小读数误差，必须在正确的液面位置读数。一般按照工作液弯月面顶点的位置在标尺上读取测量结果。

9.2.2　活塞式压力计

活塞式压力计是根据静力学的原理和帕斯卡定律来进行测量的。对于封闭的体系，作用于系统中各处的压力相等。在封闭的系统中引入被测压力后，通过在已知面积的表面上加砝码的方法来实现压力的平衡，这样就可由有效作用面积与作用重力直接计算出被测压力 p。计算公式为

$$p = \frac{G}{S} \tag{9-3}$$

式中：G 为砝码重量加活塞杆及承重盘的自重；S 为活塞的有效面积。

从式（9-3）中可以看出，活塞有效面积愈小，所加的砝码产生的重力愈大，则被测的压力就愈大。

活塞式压力计主要用于标准压力的量值传递。根据使用的工作介质的不同，活塞式压力计可以分为油压式和气动式。在活塞和活塞筒间隙中使用油的称为油压式，使用气体的称为气动式。气动式活塞压力计中，以浮球式压力计最为常见。

活塞式压力计的测量范围可为 0.01～0.25 MPa，0.04～0.6 MPa，0.1～6 MPa，

1.0～60 MPa,5.0～250 MPa。

图 9-3 为装备修理厂、计量实验室使用较为广泛的 CWZ 活塞式压力计,量程为 0～25 MPa。

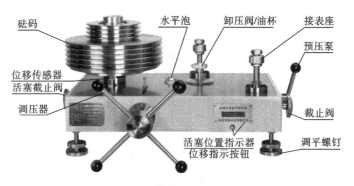

图 9-3 CWZ 活塞式压力计

使用过程中:首先打开卸压阀、截止阀,用预压泵排去内腔空气,随即关闭卸压阀;卸下快速接头处堵头,关闭卸压阀并用预压泵加压,排出接表座中的空气,并将压力计与被测量仪器相连。然后,用预压泵加压,当内腔已有压力时,持续加压,同时逆时针旋转调压器,随即关闭右侧截止阀。在压力计上加放与被测量压力相应的砝码,并用双手转动活塞,转速一般为 30～60 r/min,用调压器加压,使活塞上升。当活塞工作位置指示器显示数值在 0.0 mm 附近时读数(在测量活塞面积时,使两活塞都保持在工作位置,达到平衡状况,即可读数)。根据被检定点的压力值依次在压力计上加放所需要的砝码,再用调节器加压并读数,直至测量完毕。最后打开卸压阀、截止阀,恢复原状,取下被测量仪器,并在快速接头处加放堵头。

9.3 弹性力平衡法

基于弹性力平衡法测量压力的仪表通常被称为弹性压力计,根据所用弹性元件的不同有多种形式。这种压力仪表具有可靠性高、结构原理简单、使用维护方便等特点,在舰艇上大量被使用,通常所说的模拟压力表即为该类型测压仪表。另外,有的舰艇上还装备有通过压力作用来实现间接温度测量的温度继电控制器,如国产的 YWK-50 型压力继电器,以及 T21K1 型、KPM 型等系列温度、压力继电控制器。

图 9-4 所示为弹性压力计基本组成。在基于弹性力平衡法的压力仪表中,弹性元件是核心部分,用于感受压力并产生弹性变形。弹性元件要根据测量要求选择和设计。弹性元件的位移变形较小,故在其与指示机构之间设有变换放大机构,将弹性元件的变形进行变换与放大。指示机构用于给出压力示值,其形式有直读式的指针或刻度标尺,也可将压力值转为电信号远传;调整机构用于调整压力计的零点和量程。

弹性压力计的测压性能主要取决于弹性元件的弹性特性,它与弹性元件的材料、加工方式和热处理质量有关,同时还与环境温度有关。弹性元件有多种结构形式,常用的材料有铜合金、合金钢、不锈钢等,各适用于不同的测压范围和被测介质。工程上常用的弹性元件类型、结构和适用的压力范围如表 9-2 所示。

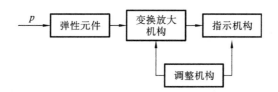

图 9-4 弹性压力计组成框图

表 9-2 弹性元件的结构和适用的压力范围

类型	弹簧管		波纹管	弹性膜		
	单圈弹簧管	多圈弹簧管		平膜	波纹膜	挠性膜
结构示意图						
适用的压力范围	0~10^6 kPa	0~10^5 kPa	0~10^3 kPa	0~10^5 kPa	0~10^3 kPa	0~10^2 kPa

弹簧管又称波登管。单圈弹簧管是一根弯成约 270°圆弧的椭圆截面的空心金属管，管子一端封闭，另一端开口为固定端，通入被测介质后，椭圆形截面在压力的作用下将趋于圆形，而弯成圆弧形的弹簧管也随之产生扩张变形。同时，使弹簧管的自由端产生位移，所以只要测得位移，就能反映压力的大小。为增加位移量，弹簧管还可做成多圈形式的，即多圈弹簧管。弹簧管压力测量范围大，可用于高、中、低压或负压的测量。

波纹管是一端封闭的薄壁圆管，壁面有环状波纹。将被测压力从开口端引入后，封闭端将产生位移。波纹管的位移相对较大，灵敏度高，用于低压或差压测量。

弹性膜是外缘固定的片状弹性元件，有平膜、波纹膜和挠性膜几种，其弹性特性由中心位移与压力的关系表示，用于低压、微压测量。平膜位移很小，波纹膜压有正弦波形、锯齿形或梯形曲线等围成的环状同心波纹，挠性膜仅用作隔离膜，需与测力弹簧配用。

9.3.1 弹簧管压力计

弹簧管压力计是应用很广泛的一种测压仪表，以单圈弹簧管结构的应用最多。有时为了提高测量精度，也采用多圈弹簧管结构。

图 9-5 所示为单圈弹簧管压力计。

被测压力由接口引入，迫使弹簧管的自由端 B 产生弹性变形；拉杆 3 带动扇形齿轮 2 逆时针偏转，并使与其啮合的中心齿轮 5 顺时针偏转，与中心齿轮同轴的指针 8 将同步偏转，在表盘的刻度标尺上指示出被测压力 p 的数值。弹簧管压力计的刻度标尺是线性的。

扇形齿轮的一端有调节开口槽 10，通过调整螺钉可以改变拉杆与扇形齿轮的接合点位置，从而可以改变传动机构的传动比，调整仪表的量程。游丝一端与中心齿轮连接，另一端固定在底座 4 上，用以消除扇形齿轮与中心齿轮之间的啮合间隙，减小测量误差。直

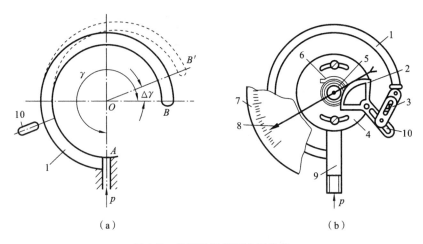

图 9-5　单圈弹簧管压力计结构

1—弹簧管；2—扇形齿轮；3—拉杆；4—底座；5—中心齿轮；6—游丝；
7—表盘；8—指针；9—接头；10—调节开口槽

接改变指针套在转动轴上的角度，可以调整弹簧管压力计的示值零点。

在压力作用下，弹簧管变形相对较小，一般用于测量较大的压力。弹簧管压力计结构简单，使用方便，价格低廉，测压范围宽，精度最高可达±0.1%。

9.3.2　波纹管压力计

波纹管压力计以波纹管作为弹性元件，用来进行压力-位移转换。由于金属波纹管在压力作用下容易变形，所以测压灵敏度很高，常用于低压或负压的测量。在波纹管压力计中，波纹管既是弹性测压元件，也是隔离元件，用以隔离被测介质。为改变量程，在波纹管上还可加辅助弹簧。

图 9-6 所示是一种采用双波纹管测量压差的双波纹管差压计的结构。

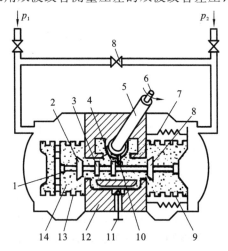

图 9-6　双波纹管差压计结构

1—连接轴；2—保护阀；3—阻尼环；4—推板；5—扭力管；6—心轴；7—量程弹簧；
8—平衡阀；9—低压波纹管；10—摆杆；11—阻尼阀；12—中心基座；13—高压波纹管；14—填充液

图中,连接轴 1 固定在高压波纹管 13 和低压波纹管 9 的端面上,将两波纹管刚性地连接在一起。量程弹簧 7 在低压室,其两端分别与连接轴和中心基座 12 相连。两波纹管及中心基座间的空腔中充有填充液以传递压力。当压力 p_1,p_2($p_1 > p_2$)经管道引入差压计时,高压波纹管被压缩,其中的填充液经中心基座间的环形间隙流向低压波纹管使其伸长,量程弹簧被拉伸,直至差压在波纹管的端面上形成的力与量程弹簧及波纹管产生的弹性力相平衡为止。这时连接轴被波纹管端面带动向低压侧偏移,连接轴上的推板 4 推动摆杆 10,带动扭力管 5 转动,使与扭力管固定在一起的心轴 6 扭转,心轴的扭转角则反映了被测压差的大小。

阻尼阀 11 起控制填充液的流动阻力的作用;保护阀 2 用于保护仪表,使其在压差过大或单向受压时不致损坏;平衡阀 8 在压差计工作时应关闭。

9.3.3 膜式压力计

膜式压力计有膜片压力计和膜盒压力计两种,前者主要用于测量腐蚀性介质或非凝固、非结晶的黏性介质的压力,后者常用于测量气体微压和负压。

膜式压力计的弹性元件为弹性膜。弹性膜的形状如表 9-2 所示。弹性膜四周固定,引入压力后,两侧面存在压差时,膜片将向压力低的一侧弯曲,膜片中心产生一定的位移,通过传动机构带动指针转动,指示出被测压力。膜式压力计的传动机构和显示装置在原理上与弹簧管压力计基本相同。

为了增大膜片中心位移,提高仪表测压灵敏度,可以把两金属膜片的周边焊接在一起制成膜盒,甚至可以把多个膜盒串接在一起,形成膜盒组。图 9-7 所示是一种膜盒式压力计的结构。

图 9-8 所示为某艇上安装使用的舱室真空报警装置。该装置能够实时监测柴油机机舱气压变化,当舱室气压低于报警压力时发出报警信号,当气压继续降低至事故压力时发出柴油机紧急停车信号,防止潜艇密封舱室因气压过低危害艇员的人身安全,造成事故。

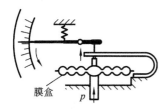

图 9-7 膜盒式压力计结构

图 9-8 舱室真空报警装置

该装置的感压元件为一真空膜盒组件,其结构如图 9-9 所示。其工作过程为:向压力接嘴 5 通入被测介质,当被测压力减小时,膜盒组件 1 的下膜片表面承受压力减小,下膜片上、下表面形成压差,在压力作用下从初始平衡位置向下移动。导杆与下膜片焊接在一起,随同下膜片一同向下运动。导杆3上端与差动变压器电路相连,导杆位移的微小变化会使差动变压器产生不同峰值的电压信号输出。当压力减小值超过报警阈值时,报警电路接通,开始报警。该装置具有抗干扰能力强,灵敏度高,测量的稳定性好、准确性好等诸多优点。

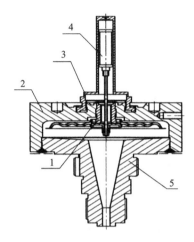

图 9-9 感压真空膜盒组件结构

1—膜盒组件(上膜片、上膜片衬套、下膜片、下膜片衬套);2—底座;3—衔铁导杆;4—衔铁组件(衔铁、衔铁衬套、中心杆);5—压力接嘴

9.4 物性测量法

物性测量法是根据压力作用于物体后所产生的各种物理效应来实现压力测量的方法。采用物性测量法的常见压力测量仪表有应变式压力传感器、压阻式压力传感器和压电式压力传感器。

9.4.1 应变式压力传感器

应变式压力传感器是一种通过测量弹性元件因压力的作用而产生的应变来间接测量压力的传感器,它由弹性元件、应变片及测量电路等组成,具有精度高、体积小、质量小、测量范围宽等优点,同时抗振动、抗冲击性能良好。但应变片阻值受温度影响较大,需要考虑温度补偿。

常用的应变式压力传感器有以下几种。

1. 筒式的应变式压力传感器

图 9-10 是筒式的应变式压力传感器的结构示意图。筒式的应变式测压传感器的弹性元件是一只钻了盲孔的圆筒,称之为应变筒。使用时空腔中注满油脂,所注油脂的种类和测量压力的大小有关。测量时压力作用在油脂上,油脂受压后,把压力传送到应变筒的内壁,使应变筒外壁膨胀,发生弹性变形。在应变筒外壁的中部,沿圆周方向贴有一片或两片工作应变片,以测量应变筒受压力作用时所产生的应变。应变筒的应变可按照厚壁

圆筒公式计算,应变筒外表面的切向应变 ε_t 和压力 p 之间的关系为

$$\varepsilon_t = \frac{p}{E} \frac{d_1^2}{d_2^2 - d_1^2}(2-\mu) \tag{9-4}$$

式中:E 为应变筒材料的弹性模量;d_2 为应变筒外径;d_1 为应变筒内径;μ 为应变筒材料的泊松比。

对于测量小压力用的薄壁应变筒,由于 $d_2^2 - d_1^2 = (d_2+d_1)(d_2-d_1) \approx 2d_1 b$($b$ 为应筒壁厚),故有

$$\varepsilon_t = \frac{pd_1}{Eb}(1-0.5\mu) \tag{9-5}$$

2. 平膜式的应变式压力传感器

平膜式的应变式压力传感器结构如图 9-11(a)所示。该传感器的弹性元件是周边固定的圆形平膜,在上面粘贴一个组合应变片,当膜片在被测压力作用下发生弹性变形时,应变片也发生相应的变化,从而使应变片的阻值发生变化,由四个电阻组成的电桥就有相应的输出信号。

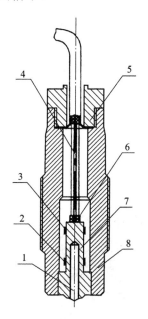

图 9-10 筒式的应变式压力
传感器示意图

1—压力传递介质;2—工作应变片;3—补偿应变片;
4—引线;5—压紧螺盖;6—接线环氧板;
7—带密封球头的应变管;8—壳体

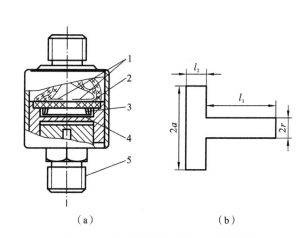

图 9-11 平膜式的应变式压力传感器
(a) 结构示意图;(b) 传输管道图
1—温度补偿电阻;2—接线板;
3—组合应变片;4—膜片;5—接管嘴

周边固定的圆形平膜的一面承受压力时,膜片将发生弯曲变形,在另一面(应变片粘贴面)沿膜片半径方向的应变(径向应变)ε_r 和沿膜片切线方向的应变(切向应变)ε_t 按以下公式计算:

$$\varepsilon_r = \frac{3pr_0^2}{8Eh^2}(1-\mu^2)\left(1-3\frac{r^2}{r_0^2}\right) \tag{9-6}$$

$$\varepsilon_t = \frac{3pr_0^2}{8Eh^2}(1-\mu^2)\left(1-\frac{r^2}{r_0^2}\right) \tag{9-7}$$

式中：p 为作用于膜片的压力；r_0 为膜片有效半径；r 为膜片任意点半径；h 为膜片厚度；E 为膜片材料弹性模量；μ 为膜片材料泊松比。

由式(9-6)和(9-7)可知，当 $r=0$（膜片中心处）时，径向应变 ε_r 和切向应变 ε_t 都达到最大值：

$$\varepsilon_t = \varepsilon_r = \frac{3pr_0^2}{8Eh^2}(1-\mu^2) \tag{9-8}$$

当 $r=r_0$（膜片边缘处）时，$\varepsilon_t=0$，ε_r 达到负的最大值（压缩应变），即

$$\varepsilon_r = -\frac{3pr_0^2}{4Eh^2}(1-\mu^2) \tag{9-9}$$

当 $r=\frac{1}{\sqrt{3}}r_0$ 时，径向应变 $\varepsilon_r=0$；当 $r<\frac{1}{\sqrt{3}}r_0$ 时，径向应变为正应变（拉伸应变）；当 $r>\frac{1}{\sqrt{3}}r_0$ 时，ε_r 为负应变（压缩应变）。

根据以上分析，膜片的应变分布曲线如图 9-12 所示。根据膜片应变分布来设计箔式组合应变花，其图形如图 9-13 所示。由图 9-13 可看到，位于膜片中心部分的两个电阻 R_1 和 R_3 感受正的切向应变 ε_t（拉伸应变），应变片丝栅按圆形排列，丝栅被拉伸时电阻增大；而位于边缘部分的两个电阻 R_2 和 R_4 感受负的径向应变 ε_r（压缩应变），应变片丝栅按径向排列，丝栅被压缩时电阻减小。这样组成的全桥电路的灵敏度较高，并具有温度自补偿作用。

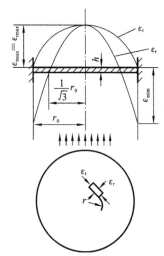
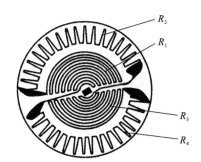

图 9-12　膜片应变分布曲线　　　　图 9-13　箔式组合应变花

选定膜片半径 r_0 后，根据膜片所允许的最大应变量 ε_r（即应变片所允许的应变）和传感器的额定量程 p，就可求得膜片的厚度：

$$h = \sqrt{\frac{3pr_0^2}{8E\varepsilon_r}(1-\mu^2)} \tag{9-10}$$

周边固定圆形平膜自振频率由下式计算：

$$f_0 = \frac{2.56h}{\pi r_0^2}\sqrt{\frac{Eg}{3\gamma(1-\mu^2)}} \tag{9-11a}$$

式中：h 为膜片的厚度；γ 为膜片材料比重；g 为重力加速度。

这种结构形式的压力传感器在膜片前面有一个进压管道和容腔,如图 9-11(b)所示。在测量动态压力时必须考虑管道-容腔系统的动态响应问题。该管道-容腔系统的固有频率可用下式估算:

$$f_0 = \frac{c}{2\pi}\sqrt{\frac{\pi r^2}{V(l_1+1.7r)}} \tag{9-11b}$$

式中:c 为容腔中介质的声速;r 为进口孔道半径;l_1 为进口孔道长度;V 为容腔容积,$V=\pi a^2 l_2$,其中 a 为容腔半径,l_2 为容腔长度。

由式(9-11b)可知,要提高该传感器的频率响应,应减小容腔的容积,适当增大进口孔道的直径,减小进口孔道的长度。在这种形式的传感器中,膜片的固有频率比管道-容腔系统的固有频率要高得多,因此,传感器的频率响应主要受管道效应(参见 9.5 节)的影响。

9.4.2 压阻式压力传感器

压阻式压力传感器是基于半导体材料的压阻效应制成的,它的敏感元件是利用集成电路工艺直接在作为弹性元件的硅平膜片上按一定晶向[①]制成的扩散电阻,因此这种压力传感器易于微小型化、灵敏度高、自振频率高。此外,压阻式压力传感器还具有重复性与稳定性好、工作可靠、测量范围宽、精度高等优点。压阻式压力传感器特别适合用在中、低温度条件下,进行中、低压测量。

图 9-14 所示是压阻式压力传感器的结构。传感器的端部是高弹性钢质薄膜,头部充满低黏度硅油,它起传递压力和隔热的作用。敏感元件硅杯浸在硅油中,被测压力通过钢膜片和硅油传递给硅杯,硅杯的集成电阻通过引线与绝缘端子相连。在印制电路板上有各种补偿电阻。该传感器由于集成电阻表面是承压面,其径向和切向的应力公式分别为

$$\sigma_r = \frac{3p}{8h^2}[(3+\mu)r^2 - (1+\mu)r_0^2] \tag{9-12}$$

$$\sigma_t = \frac{3p}{8h^2}[(1+3\mu)r^2 - (1+\mu)r_0^2] \tag{9-13}$$

硅杯应力分布如图 9-15 所示。在硅膜上集成的电阻有:在 $r=0.812r_0$ 处,沿平行于 $\langle 110 \rangle$ 晶向的径向扩散的两个电阻 R_r,沿垂直于 $\langle 110 \rangle$ 晶向的切向扩散的两个电阻 R_t,其电阻相对变化分别为

$$\left(\frac{\Delta R}{R}\right)_r = \pi_{/\!/}\sigma_{/\!/} + \pi_{\perp}\sigma_{\perp} = \pi_{/\!/}\sigma_r + \pi_{\perp}\sigma_t \tag{9-14}$$

$$\left(\frac{\Delta R}{R}\right)_t = \pi_{/\!/}\sigma_{/\!/} + \pi_{\perp}\sigma_{\perp} = \pi_{/\!/}\sigma_t + \pi_{\perp}\sigma_r \tag{9-15}$$

由于在 $r=0.812r_0$ 处 $\sigma_t=0$,因此有

$$\left(\frac{\Delta R}{R}\right)_r = \pi_{/\!/}\sigma_r \tag{9-16}$$

$$\left(\frac{\Delta R}{R}\right)_t = \pi_{\perp}\sigma_r \tag{9-17}$$

式中:$\pi_{/\!/}$、$\pi_{\perp}$ 分别为纵向压阻系数与横向压阻系数;$\sigma_{/\!/}$、$\sigma_{\perp}$ 分别为纵向应力与横向应力。

---

① 晶向:晶体的一个基本特点是具有方向性,沿晶格的不同方向晶体性质不同。晶向就是晶体点阵中过原点连接原子、离子或分子阵点的直线所代表的方向。

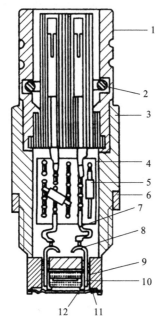

图 9-14 压阻式压力传感器结构

1—插座;2—橡皮圈;3—壳体;4—印制电路板;5—补偿电阻;
6—密封圈;7—连接导线;8—玻璃绝缘馈线;9—硅杯组件;
10—金引线;11—硅油;12—钢膜片

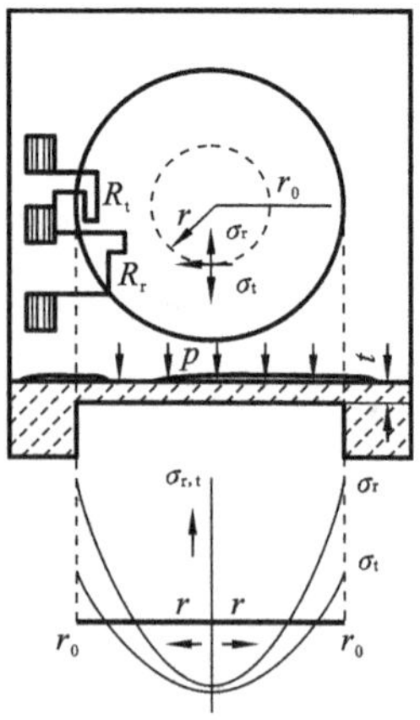

图 9-15 硅杯表面应力分布

对于 P 型 Si,在 $\langle 110 \rangle$ 晶向,有

$$\pi_{/\!/} = \frac{1}{2}\pi_{44}, \quad \pi_{\perp} = -\frac{1}{2}\pi_{44}$$

在 $\langle 1\bar{1}0 \rangle$ 晶向,有

$$\pi_{/\!/} = \frac{1}{2}\pi_{44}, \quad \pi_{\perp} = -\frac{1}{2}\pi_{44}$$

式中:π_{44} 为剪切压阻系数。由此可得

$$\left(\frac{\Delta R}{R}\right)_r = \frac{1}{2}\pi_{44}\sigma_t \tag{9-18}$$

$$\left(\frac{\Delta R}{R}\right)_t = -\frac{1}{2}\pi_{44}\sigma_r \tag{9-19}$$

即

$$\left(\frac{\Delta R}{R}\right)_r = \left(\frac{\Delta R}{R}\right)_t = \frac{1}{2}\pi_{44}\sigma_r \tag{9-20}$$

由此可知,扩散的四个电阻可组成差动电桥。

9.4.3 压电式压力传感器

压电式压力传感器是利用由压电材料制成的压电元件受到压力作用时产生的电荷量的变化进行压力测量的一种传感器。它具有体积小,结构简单,工作可靠、测量范围宽、测量精度高、频率响应高等优点,但不适宜测量缓慢变化的压力和静压力。

图 9-16 是活塞式的压电式压力传感器的结构示意图。该传感器主要由传感器本体、

活塞、砧盘、压电晶片、导电片、引出导线等组成。测量时，传感器通过螺纹安装到测压孔上，锥面起密封作用。被测压力作用在活塞的端面上，并通过活塞的另一头把压力传送到压电晶体上。

图 9-17 是膜片式的压电式压力传感器的结构示意图。膜片式的压电式压力传感器主要由本体、膜片和压电元件组成。压电元件支撑于本体上，由膜片将被测压力传递给压电元件，再由压电元件输出与被测压力成一定关系的电信号。膜片用微束等离子焊和本体焊接在一起，整个结构是密封的。因此，膜片式结构在性能稳定性和重复性上都大大优于活塞式结构，目前正在逐渐取代后者。由于膜片质量小，和压电元件相比，刚度也很小，如果提供合适的预紧力，传感器的固有频率可达 100 kHz 以上。这种传感器的特点是体积小、动态特性好、耐高温等。

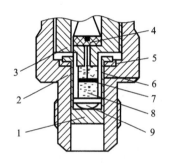

图 9-16　活塞式的压电式传感器结构

1—活塞；2—本体；3—顶螺母；
4—支撑环；5—橡皮垫圈；6—绝缘导向器；
7—导电片；8—压电晶片；9—砧盘

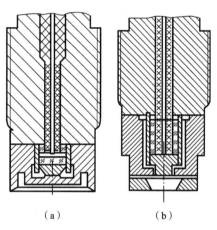

图 9-17　膜片式的压电式压力
传感器结构示意图

为了提高压电式压力传感器的性能，目前生产的压电式压力传感器都采取一些补偿措施，主要有温度补偿和加速度补偿。

压电传感器的温度特性主要表现在两方面：一是温度会引起传感器的灵敏度变化；二是温度会引起传感器的零点漂移。对于由物理特性良好的石英制成的石英晶体压电式压力传感器，温度引起的灵敏度变化是很小的，尤其是采取水冷措施后，传感器的实际温度并不高，灵敏度变化可忽略。但温度的变化会引起传感器各零件产生不同程度的线膨胀。由于石英晶体的膨胀系数远小于金属零件的线膨胀系数，因此当温度变化时，会引起预紧力的变化，导致传感器发生零点漂移，严重时还会影响线性度和灵敏度。对于这种影响，目前采取的补偿办法是在晶片的前面安装一块金属片，如图 9-18 所示。金属片材料选用线膨胀系数大的金属，如纯铝。当温度变化时，补偿金属片的线膨胀

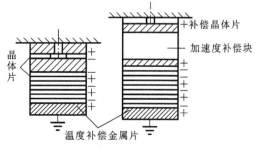

图 9-18　温度补偿结构

可弥补石英晶体与金属线膨胀之间的差值,以保证预紧力的稳定性。

石英晶体压电式压力传感器在振动条件下测量压力时,由于晶体片本身及膜片、弹性罩体、温度补偿金属片等零件都有一定的质量,在加速度作用下会产生惯性力。对于中、高量程的传感器,这个惯性力相对直接作用在膜片上的被测压力而言给晶体施加的载荷是很小的,可忽略不计。但对于低量程压力传感器,尤其是高精度压力传感器,就必须考虑振动加速度所引起的附加输出信号。

为了减小加速度的影响,目前通常采用主动式振动补偿结构,如图 9-19(a)所示。在这种结构中,在电极的上部有一块补偿晶体片,放置这块晶体片时,应使它的电荷极性与晶体片组产生的电荷极性相反。这样,当有加速度存在时,设计适当的质量块,就能使晶体片组因加速度所产生的附加电荷与补偿晶体片因质量块产生的附加电荷因大小相等、极性相反而互相抵消,从而达到加速度补偿的目的。由于有一块极性反向安装的晶体片,采用这种结构的压电传感器与晶体片数目相同而没有加速度补偿的压电传感器相比,其输出灵敏度要低。此外,这种结构比较复杂,且需要较大的空间,不适合用于微型压力传感器。最新的一种被动式振动补偿结构如图 9-19(b)所示。它是瑞士 Kistler 公司的专

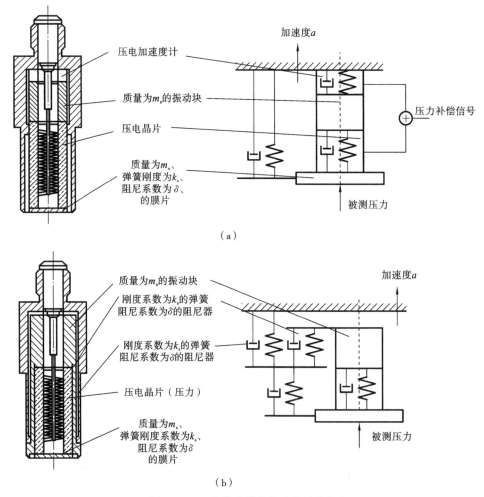

图 9-19 压力传感器的振动补偿结构

(a) 主动式振动补偿结构;(b) 被动式振动补偿结构

利,这种结构巧妙地使附加悬置惯性力与膜片惯性力正好抵消。

9.5 动态压力测量的管道效应

感压元件前的引压管道和空腔的存在会引起压力信号的衰减和相位滞后,这就是动态压力测量的管道效应。在压力测量时,传感器和压力测量部位之间有空腔和管道的情况是很多的,甚至是无法避免的,这会显著地影响传感器的频率响应特性。管道效应会使压力测试系统的动态响应特性变差,甚至会造成动态压力测量曲线严重失真,在进行动态压力测量时必须予以考虑。一般应尽量减小不必要的空腔容积和管道长度。

在直管道情况下,管道长度应与被测量的最高频率相匹配。管道的最低纵向共振频率为

$$f=\frac{c}{2\pi l} \tag{9-21}$$

式中:c 为给定温度下流体中的声速;l 为管道长度。

由式(9-21)可见,直管道系统的固有频率与流体中的声速和管道长度有关。为提高系统固有频率,可在管道与空腔内充满液体以提高声速;同时,应尽可能减小管道长度,在引压管道长度无法改变时,增大管径可提高系统的频率 f。

在有空腔和管道的情况下,系统的频率响应特性会受到明显的影响,其中空腔的容积及管道的内径、长度将起主要影响作用。系统固有频率与空腔容积及管道内径、长度的关系式为

$$f=\frac{cd}{4}\sqrt{\frac{1}{\pi lV}} \tag{9-22}$$

式中:d 为管道内径;V 为空腔容积。

由于管道内流动现象的复杂性,关于管道效应的详细研究本书不讨论,但我们必须重视管道效应对传感器使用效果的影响。

思考题与习题

9-1 压力的法定计量单位是什么?

9-2 什么是绝对压力、大气压、表压力及真空度?它们的相互关系是怎样的?

9-3 用一单管水银压力计测某气罐内的压力。当环境温度为 30 ℃时,压力表读数为 420 mmHg,求罐内的绝对压力。($g=980.665$ cm/s², $\rho_{Hg}=13.6$ g/cm³)

9-4 弹簧管压力计的测压原理是什么?试述弹簧管压力计的主要组成及测压过程。

9-5 双波纹管式差压计的波纹管内为什么要充满液体?

9-6 应变式压力传感器和压阻式压力传感器的转换原理有何异同?

9-7 压力检测系统中,引压管道和空腔的容积对动态压力测量有什么影响?

9-8 要实现准确的压力测量需要注意哪些环节?

第 10 章　流量测量技术

10.1　概　　述

10.1.1　流量检测的基本概念

流体或物料某一时间内通过管道某截面的体积或质量称为流量。流量分为瞬时流量与累积流量两种。瞬时流量指单位时间内的流量；累积流量指一段时间内的总流量，也称为积分流量。流动的介质可以是液体、气体、颗粒状刚体，或是它们的组合形式。液流可以是层流或紊流、稳态的或瞬态的。流体特性参数的多样性决定了对它的测量方法的多样性。

流量测量在舰艇装备中应用较为广泛，尤其是在潜艇的潜浮系统和姿态调整系统中，流量计被大量应用。潜艇的上浮与下沉、横纵倾姿态调整是通过调整浮力调整水柜和均衡水柜中海水量来实现的，水柜中海水的多少直接影响到潜艇航行的姿态和上浮、下沉的速度，因此流量是海军装备测试工作中主要的测量参数之一。

10.1.2　流量仪表的主要技术参数

1. 流量范围

流量范围指流量计可测量的最大流量与最小流量的范围。正常使用条件下，在给定范围内流量计的测量误差不超过允许值。

2. 量程和量程比

流量范围内最大流量与最小流量所限定的范围，称为流量计的量程。最大流量与最小流量的比值称为量程比。量程比是评价流量计计量性能的重要参数，它可以用于比较不同流量计的性能。量程比大，说明可测量流量范围宽。流量计的流量范围越宽越好，但流量计量程比的大小受仪表测量原理和结构的限制。

3. 允许误差和精度等级

流量仪表在规定的正常工作条件下允许的最大误差，称为流量计的允许误差。流量计的精度等级是根据允许误差的大小来划分的，有允许误差为 0.02 mm、0.05 mm、0.1 mm、0.2 mm、0.5 mm、1.0 mm、1.5 mm、2.5 mm 等的多种精度等级。

为了满足各种测量需要，几百年来人们根据不同的测量原理，开发并制造出了数十种不同类型的流量计，大致分为容积式、速度式、差压式等。各种类型的流量计的原理、结构不同，它们既有各自的特点又存在局限性。为达到较好的测量效果，需要针对不同的测量领域、不同的测量介质、不同的工作范围，选择不同种类、不同型号的流量计。

10.2 差压式流量计

差压式流量计是目前工业生产中用来测量液体、气体或蒸汽流量的最常用的一类流量仪表。流体在通过设置于流通管道上的流动阻力件时会产生压力差,根据伯努利方程和流体连续性方程,差压与流体流量之间是有确定关系的,因此可通过测量差压来求得流体的流量。产生差压的装置有多种形式,相应的有各种不同的差压式流量计,其中使用最广泛的是节流式流量计,其他形式的差压式流量计还有均速管流量计、弯管流量计、靶式流量计、浮子流量计等。

10.2.1 节流式流量计的工作原理

节流式流量计由节流装置、引压管路、三阀组和差压计组成,如图 10-1 所示。

节流式流量计中产生差压的装置称为节流装置,其主体是一个流通面积小于管道截面的局部收缩阻力件,称为节流元件。当流体流过节流元件时,流体流速和压力均发生变化,在节流元件两侧形成压力差。流体流经节流元件时的压力、速度变化情况如图 10-2 所示。从图中可见,稳定流动的流体沿水平管道流动到节流元件前的截面 1 处之后,流束开始收缩,靠近管壁处的流体向管道中心加速,而管道中心处流体的压力开始下降。由于惯性作用,流体流过节流元件后流束继续收缩,因此流束的最小截面位置不在节流元件处,而在节流元件后的截面 2 处(此位置随流量大小而变),此处流体平均流速 U_2 最大,压力 p_2 最小。截面 2 后,流束逐渐扩大。在截面 3 处,流束又充满管道,流体速度 U_3 恢复到节流前的速度 $U_1(U_3 = U_1)$。由于流体流经节流元件时会产生旋涡以及沿程的摩擦阻力等会造成能量损失,因此压力 p_3 不能恢复到原来的数值 p_1。p_1 与 p_3 的差值 $\Delta p(\Delta p = p_1 - p_3)$ 为流体流经节流元件时的压力损失。

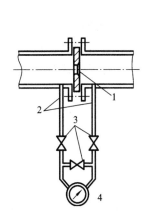

图 10-1 节流式流量计组成

1—节流元件;2—引压管路;3—三阀组;4—差压计

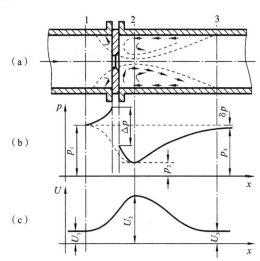

图 10-2 流体流经节流元件时压力和流速变化情况

沿管壁流体压力的变化和管道轴线上流体压力的变化是不同的;节流件对流体的阻

碍,造成节流件前部分流体局部滞止,使贴近管壁的流体静压比上游压力稍高。图10-2(b)中粗实线表示贴近管壁的流体压力沿轴向的变化,细虚线表示管道轴线上流体压力沿轴向的变化。

差压式流量计实际上是测量被测流体流过节流装置时所产生的差压信号,并根据生产的要求,以不同信号形式把差压信号传递给显示仪表,从而实现对流量参数的显示、记录和自动控制。流体的压力测量装置被称作差压计,其种类很多,凡可测量差压的仪表均可作为节流式流量计中的差压计使用。目前常用的差压计有双波纹管差压计、电动膜片式差压变送器、电容式差压变送器等。

10.2.2 节流式流量计的主要特点

节流式流量计的主要优点是:结构简单,工作可靠,成本低,而且检测件与差压显示仪表可分别在不同专业化工厂生产,便于形成规模经济,它们的结合非常灵活方便。节流式流量计的应用范围非常广泛,能够测量各种工况下的液、气、蒸汽等全部单相流体和高温、高压下的流体,也可应用于部分混相流,如气-固、气-液、液-固混相流等的测量;有丰富、可靠的实验数据和运行经验,标准节流装置设计加工已标准化,无须实流标定就可在已知不确定度范围内进行流量测量。

节流式流量计的主要缺点是:现场安装条件要求较高,需较长的直管段;测量范围窄,量程比小,一般为3∶1~4∶1;流量计对流体流动的阻碍造成的压力损失较大;测量的重复性、精度不高,由于影响因素错综复杂,精度也难以提高。

10.3 叶轮式流量计

体积流量为平均流速与管道横截面面积的乘积,若测得管道截面上流体的平均流速,则可由此求出流体的体积流量。这种通过测量管道截面上流体的平均流速来测量流量的方法称为速度式测量方法。叶轮式流量计是一种速度式流量仪表,它利用置于流体中的叶轮受流体流动的冲击而旋转时的角速度与流体平均流速成比例的关系,通过测量叶轮的转速来达到测量流过管道的流体流量的目的。叶轮式流量计是目前流量仪表中比较成熟的高精度仪表,主要有涡轮流量计、分流旋翼流量计、水表、叶轮风速计等。

在各种流量计中,涡轮流量计的重复性和精度都较好,主要用于测量精度要求高、流量变化快的场合,还用作标定其他流量计的标准仪表。涡轮流量计广泛用于测量石油、有机液体、无机液体、液化气、天然气、煤气和低温流体等测量对象的流量。

10.3.1 结构与工作原理

涡轮流量计主要由壳体、导流器、支承轴承、涡轮和磁电转换器组成,其结构如图10-3所示。

壳体用非磁性材料制成,用于固定和保护流量计其他部件以及与管道相连。导流器由前、后导向片及导向座构成,采用非磁性材料,其作用有两个:一是支承涡轮;二是对进入流量计的流体进行整流和稳流,将流体导直,使流束基本与轴线平行,防止流体因自旋而改变与涡轮叶片的作用角度,以保证流量计测量的准确性。

涡轮是测量元件,由导磁材料制成。为提高对流速变化的响应性,涡轮的质量要尽可能小。

支承轴承要求间隙和摩擦系数尽可能小、有足够高的耐磨性和耐腐蚀性,这关系到涡轮流量计的长期稳定性和可靠性。

磁电转换装置由线圈和磁钢组成,安装在流量计壳体上,它可分成磁阻式和感应式两种。磁阻式磁电转换装置的磁钢被放置在感应线圈内,

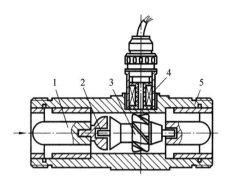

图 10-3 涡轮流量计结构
1—导流器;2—支承轴承;3—涡轮;
4—磁电转换器;5—壳体

当由导磁材料制成的涡轮叶片旋转着从磁钢下通过时,磁路中的磁阻会发生改变,使得通过线圈的磁通量发生周期性变化,因而在线圈中感应出电脉冲信号,其频率就是转过叶片的频率。感应式磁电转换装置的磁钢被放置在涡轮内腔中,涡轮叶片由非导磁材料制成。磁钢随涡轮旋转,在线圈内感应出电脉冲信号。磁阻式磁电转换装置由于结构比较简单、可靠性好,所以使用较多。

除磁电转换装置外,也可用光电元件、霍尔元件等将涡轮叶片转速转换成电脉冲信号。为提高抗干扰能力和增大信号传送距离,在磁电转换装置内装有前置放大器。

涡轮流量计是基于流体动量矩守恒原理工作的。当流体流经涡轮流量计时,在流体推力作用下涡轮受力旋转,其转速与管道平均流速成正比。涡轮转动时磁电转换装置的磁阻值会周期性地改变,检测线圈中的磁通随之发生周期性变化,从而形成周期性的电脉冲信号。在一定的流量(雷诺数)范围内,该电脉冲信号与流经涡轮流量计处流体的体积流量成正比。将电脉冲信号进行放大、整形后送给显示记录仪表,再通过单位换算与流量积算电路计算得出被测流体的瞬时流量和累积流量。

10.3.2 涡轮流量计的特点和安装使用

涡轮流量计的主要优点是:测量精度高,基本误差可达±0.1%;复现性好,短期重复性可达0.05%~0.2%;测量范围度可达(10~20):1,适合于流量变化幅度较大时的流量测量;压力损失较小;耐高压,适用的温度范围宽;对流量变化反应迅速,动态响应好;输出为脉冲信号,抗干扰能力强,信号便于远传及与计算机相连;结构紧凑轻巧,安装维护方便,流通能力强。

涡轮流量计的主要缺点是:不能长期保持校准特性,需要定期校验;流体物性(黏度和密度)对测量准确性有较大影响;对被测介质的清洁度要求较高。

涡轮流量计可用于测量气体、液体流量,其安装方式如图10-4所示。流量计应水平安装,并保证其前后有足够长的直管段或便于加装整流器。要求被测流体黏度低,腐蚀性小,不含杂质,以减少轴承磨损,因此一般应在流量计前加装过滤装置。如果被测液体易气化或含有气体,要在流量计前装消气器。

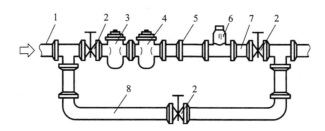

图 10-4 涡轮流量计安装示意图

1—入口;2—阀门;3—过滤器;4—消气器;5—前直管段;6—流量计;7—后直管段;8—旁路管

10.4 电磁流量计

电磁流量计是 20 世纪 50—60 年代随着电子技术的发展而迅速发展起来的流量测量仪表,具有一系列优良特性,可以应用于其他流量计不宜应用的场合,如脏污流、腐蚀流的测量。目前电磁流量计已广泛地应用于工业过程中各种导电液体的流量测量。

10.4.1 结构及原理

电磁流量计是基于法拉第电磁感应原理制成的一种流量计,其测量原理如图 10-5 所示。

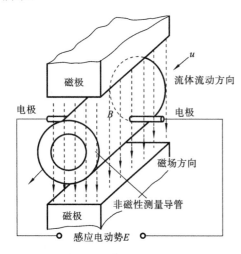

图 10-5 电磁流量计原理

当被测导电流体在磁场中沿垂直于磁力线方向流动而切割磁力线时,在对称安装在流通管道两侧的电极上将产生感应电动势,其方向由右手定则确定。如果磁场方向、电极及管道轴线三者在空间互相垂直,且以下测量条件成立:

(1) 磁场是均匀分布的恒定磁场;
(2) 管道内被测流体的流速成轴对称分布;
(3) 被测流体是非磁性的;
(4) 被测流体的电导率均匀且是各向同性的。

则感应电动势 E 的大小与被测液体的流速有确定的关系,即

$$E = BDu \tag{10-1}$$

式中:B 为磁感应强度;D 为管道内径;u 为流体平均流速。

当仪表结构参数确定时,流体流量方程为

$$q_V = \frac{1}{4}\pi D^2 u = \frac{\pi D}{4B} E = \frac{E}{k} \tag{10-2}$$

式中:k 为仪表常数,$k = \dfrac{4B}{\pi D}$。对于确定的电磁流量计,k 为定值,因此测量感应电动势就

可以测出被测导电流体的流量。

由式(10-2)可见,体积流量 q_V 与感应电动势 E 和测量管内径 D 成线性关系,与磁场的磁感应强度 B 成反比,与其他物理参数无关。

电磁流量计的结构如图10-6所示。图中,励磁线圈和磁轭构成励磁系统,以产生均匀和具有较大磁通量的工作磁场。为避免磁力线被测量导管管壁短路,并尽可能地降低涡流损耗,测量导管应采用非导磁的高阻材料制成,一般为不锈钢、玻璃钢或某些具有高电阻率的铝合金。导管内壁采用搪瓷或专门的橡胶、环氧树脂等材料做绝缘衬里,使流体与测量导管绝缘并增加耐腐蚀性和耐磨性。电极一般由非导磁的不锈钢材料制成,测量腐蚀性流体时,多采用铂铱合金、耐酸钨基合金或镍

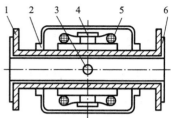

图 10-6　电磁流量计结构

1—导管;2—外壳;3—电极;4—磁轭;
5—马鞍形励磁线圈;6—内衬

基合金等材料的电极。电极嵌在管壁上,必须和测量导管很好地绝缘。电极应沿管道水平方向安装,以防止沉淀物堆积在电极上而影响测量准确性。电磁流量计的外壳用铁磁材料制成,以屏蔽外磁场的干扰,保护仪表。

10.4.2　电磁流量计的特点及应用

电磁流量计的主要优点是:结构简单;其测量管道中无阻力件,流体通过流量计时不会引起任何附加的压力损失,节能效果显著;因其测量管道中无阻碍流动的部件,故适于测量含有固体颗粒或纤维的液固二相流体,如纸浆、煤水浆、矿浆、泥浆和污水等的流量;由于其电极和衬里材料可根据被测流体性质来选择,故电磁流量计可测量腐蚀性介质;其测量过程不受流体密度、黏度、温度、压力和电导率(只要在某阈值以上)变化的影响,故用水标定后电磁流量计就可以用于测量其他任何导电液体的体积流量;流量测量范围度大,可达100:1;口径范围比其他品种流量仪表宽;可测正反双向流量,也可测脉动流量。

电磁流量计的主要缺点是:不能测量电导率很低的液体,如石油制品和有机溶剂等的流量;不能测量气体、蒸汽和含有较多较大气泡的液体的流量;受衬里材料和电气绝缘材料耐温的限制,目前还不能用于高温高压流体流量的测量;易受外界电磁干扰影响;其结构比较复杂,价格较高。

使用电磁流量计时要注意:应尽量避免将其安装在会产生剧烈振动和交直流强磁场的地方;在任何时候测量导管内都应能充满液体;在垂直安装时,流体要自下而上流过仪表,水平安装时两个电极要在同一平面上;要根据被测流体情况确定合适的内衬和电极材料;因测量精度受管道的内壁,特别是电极附近结垢的影响,在使用过程中应注意维护和清洗。

10.5　超声波流量计

超声波流量计是一种利用超声波脉冲来测量流体流量的速度式流量仪表,当超声波在流动的流体中传播时就载上流体流速的信息,通过接收到的超声波就可以检测出流体的流速,从而换算成流量。近十几年来随着集成电路技术、数字技术和声学材料技术等的

发展,超声波流量测量技术发展很快,基于不同原理,适用于不同场合的各种形式的超声波流量计已在工农业、水利以及医疗、河流和海洋观测等领域的计量测试中得到了广泛应用。

10.5.1 组成与分类

超声波流量计由超声波换能器、测量电路、显示积算仪三部分组成。超声波换能器包括发射换能器和接收换能器。发射换能器用于将电能转换为超声波振动,并将超声波发射到被测流体中;接收换能器接收超声波信号,通过测量电路将其放大并转换为代表流量的电信号,送至显示积算仪进行显示和积算,实现流量的检测。

超声波换能器通常采用压电材料制成,发射换能器利用了逆压电效应,而接收换能器则是利用了压电效应。压电元件多采用锆钛酸铅材料制作,并且常做成圆形薄片,薄片直径超过厚度的10倍,以保证振动的方向性。为使超声波以合适的角度入射到流体中,需把压电元件嵌入声楔,构成换能器。换能器安装时通常还需配用安装夹具。

10.5.2 测量原理

目前超声波流量计最常采用的测量方法主要有两类:传播速度差法和多普勒效应法。

1. 传播速度差法测量原理

超声波在流体中的传播方向与流体流速有关,顺流时传播速度大,逆流时传播速度小。传播速度差法利用超声波在流体中顺流与逆流传播的速度变化来测量流体流速,进而求得流过管道的流量。按具体测量参数的不同,传播速度差法又可分为时差法、相差法和频差法。现以应用最多的时差法为例,介绍其测量原理。

时差法就是测量超声波脉冲顺流和逆流时传播的时间差。

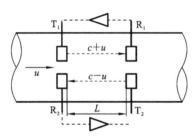

图 10-7 传播速度差法原理

如图 10-7 所示,在管道上、下游相距 L 处分别安装两对超声波发射换能器(T_1,T_2)和接收器(R_1,R_2)。设声波在静止流体中的传播速度为 c,流体的流速为 u,则当 T_1 按顺流方向、T_2 按逆流方向发射超声波时,超声波到达接收器 R_1 和 R_2 所需要的时间 t_1 和 t_2 与流速之间的关系为

$$t_1 = \frac{L}{c+u}, \quad t_2 = \frac{L}{c-u}$$

传播时间差为

$$\Delta t = t_2 - t_1 = \frac{2Lu}{c^2 - u^2} \tag{10-3}$$

由于声速 c 很大,一般在液体中达 1000 m/s 以上,而工业系统中流体流速相对声速而言很小,即 $c \gg u$,因此时差

$$\Delta t = t_2 - t_1 \approx \frac{2Lu}{c^2} \tag{10-4}$$

而流体流速为

$$u = \frac{c^2}{2L}\Delta t \tag{10-5}$$

因此,当声速 c 为常数时,流体流速和时差 Δt 成正比,测得时差即可求出流速 u。如果 u 是管道截面上的平均流速,则可求得流量

$$q_V = uA = \frac{\pi}{4}D^2 u \tag{10-6}$$

式中:D 为管道内径。

采用传播速度差法的超声波流量计称为传播速度差法超声波流量计。

用传播速度差法测量时要求流体洁净,不含有气泡或杂质,否则将会影响测量精度。

2. 多普勒效应法测量原理

根据多普勒效应,当声源和观察者之间有相对运动时,观察者所感受到的声音频率将不同于声源所发出的频率,这个频率的变化量与声源和观察者之间的相对速度成正比,多普勒超声波流量计就是基于多普勒效应来测量流量的。

在多普勒效应法中,超声波发射器为固定声源,随流体一起运动的固体颗粒相当于与声源有相对运动的观察者,它的作用是把入射到其上的超声波反射回接收器。发射声波与接收器接收到的声波之间的频率差,就是由于流体中固体颗粒运动而产生的声波多普勒频移。这个频率差正比于流体流速,故测量该频率差就可以求得流速,进而得到流体流量。

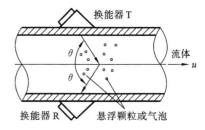

图 10-8 多普勒效应法流量测量原理

利用多普勒效应测流量的必要条件是:被测流体中存在一定数量的具有反射声波能力的悬浮颗粒或气泡。因此,多普勒超声波流量计能用于两相流测量,而两相流测量是其他流量计难以实现的。多普勒效应法测流量的原理如图 10-8 所示。

10.5.3 超声波流量计的特点与应用

超声波流量计是一种非接触式流量测量仪表,与传统流量计相比,其主要优点是:

(1) 对介质适应性强,既可测量液体,也可测量气体,甚至可以测量含杂质的流体(多普勒效应法),特别是可以测量其他流量计难以测量的具备高黏度、强腐蚀性、非导电性、放射性的流体的流量;

(2) 不用在流体中安装测量元件,故不会改变流体的流动状态,也没有压力损失,因而是一种理想的节能型流量计。

(3) 解决了大管径、大流量以及各种明渠、暗渠、河流流量测量困难的问题。因为一般流量计随着测量管径的增大会产生制造和运输上的困难,造价提高、能损加大、安装不便。而超声波流量计仪表造价基本上与被测管道口径大小无关,故大口径超声波流量计性能价格比较优越。

(4) 测量准确度几乎不受被测流体参数影响,且测量范围较宽,量程比一般可达 20∶1。

(5) 各类超声波流量计均可管外安装,从管壁外测量管道内流体流量,故仪表的安装及检修均可不影响生产管线运行。

超声波流量计主要缺点是:用传播速度差法只能测量清洁流体,不能测量含杂质或气

泡超过某一范围的流体;而多普勒效应法只能用于含有一定悬浮粒子或气泡的液体的流量测量,且多数情况下测量精度不高,如果管道结垢太厚、锈蚀严重或衬里与内管壁剥离则不能测量;另外,超声波流量计结构复杂,成本较高。

根据超声波流量计的原理和结构特点,在应用中,应注意要合理安装换能器。安装换能器时需要考虑安装位置和安装方式两个问题。和其他流量计一样,超声波流量计前、后需要一定长度的直管段,一般直管段长度对于上游侧需要在 $10D$(D 为管道内径)以上,对于下游侧则需要在 $5D$ 左右。确定安装位置时还要注意换能器应尽量避开有变频调速器、电焊机等污染源的场合。超声波流量计的换能器大致有夹装型、插入型和管道型三种结构形式,其在管道上的配置方式主要有对贴式和 Z、V、X 式三种,如图 10-9 所示。多普勒超声波流量计的换能器采用对贴式配置方式。传播速度差法超声波流量计换能器配置方式选择的一般原则是:若有足够长的直管段,流速分布关于管道轴对称时选 Z 式,流速分布不对称时采用 V 式,当换能器安装间隔受到限制时采用 X 式。当流速分布不均匀而表前直管段又较短时,可采用多声道(例如双声道或四声道)来克服流速扰动带来的流量测量误差。

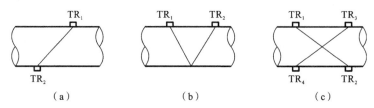

图 10-9　超声波换能器在管道上的配置方式
(a) Z 式;(b) V 式;(c) X 式

10.6　流体振动式流量计

在特定的流动条件下,流体流动的部分动能会转化为流体振动,而振动频率与流速(流量)有确定的比例关系,依据这种原理工作的流量计称为流体振动式流量计。这种流量计可分为利用流体自然振动的卡门旋涡分离型和流体强迫振荡的旋涡进动型两种,前者称为涡街流量计,后者称为旋进旋涡流量计,目前应用较多的是涡街流量计。

10.6.1　涡街流量计

涡街流量计是 20 世纪 60 年代末发展起来的,因其具有许多优点,发展很快,应用范围不断扩大。

1. 涡街流量计原理

在均匀流动的流体中,垂直地插入一个具有非流线型截面的柱体,称之为旋涡发生体(可为圆柱、三角柱、矩形柱、T 形柱)。在该旋涡发生体两侧会交替地分离释放出两列规则的交替排列的旋涡涡街,并随着流体流动,称之为卡门涡街。冯·卡门在理论上证明,当两列旋涡之间的距离 h 和同列中相邻旋涡的间距 L 满足关系 $h/L=0.281$ 时,涡街是稳定的。实验已经证明,在一定的流量(雷诺数)范围内,每一列旋涡产生的频率 f 与旋涡发生体的形状和流体流速 u 有确定的关系:

$$f = S\frac{u}{d} \tag{10-7}$$

式中:d 为旋涡发生体的特征尺寸;S 为斯特鲁哈尔数。

S 与旋涡发生体形状及流体雷诺数有关,但在雷诺数 $Re=500\sim150000$ 的范围(工业上测量的流体雷诺数几乎都不超过上述范围)内,S 值基本不变,对于圆柱 $S=0.21$,对于三角柱 $S=0.16$。式(10-7)表明,旋涡产生的频率仅取决于流体的流速 u 和旋涡发生体的特征尺寸,而与流体的物理参数如温度、压力、密度、黏度及组成成分无关。

当旋涡发生体的形状和尺寸确定后,可以通过测量旋涡产生频率来测量流体的流量。假设旋涡发生体为圆柱体,直径为 d,管道内径为 D,流体的平均流速为 u,在旋涡发生体处流体的流通截面面积为

$$A = \frac{\pi D^2}{4}\left[1 - \frac{2}{\pi}\left(\frac{d}{D}\sqrt{1-\left(\frac{d}{D}\right)^2} + \sin^{-1}\frac{d}{D}\right)\right] \tag{10-8}$$

当 $d/D < 0.3$ 时,可近似为

$$A = \frac{\pi D^2}{4}\left(1 - 1.25\frac{d}{D}\right) \tag{10-9}$$

则其流量方程为

$$q_V = uA = \frac{\pi D^2 f d}{4S}\left(1 - 1.25\frac{d}{D}\right) \tag{10-10}$$

从流量方程可知,体积流量与频率成线性关系。

2. 旋涡频率的测量

伴随旋涡的产生和分离,旋涡发生体周围流体同步发生着流速、压力变化和下游尾流周期振荡,依据这些现象可以进行旋涡频率的测量。

旋涡频率的测量方式有多种:可以测量旋涡发生体受力的变化频率,一般可采用应力、应变、电容、电磁测量技术等来进行测量;也可以测量在旋涡发生体附近的流动变化频率,一般可采用热敏、超声、光电测量技术等来进行测量。可以将检测元件放在旋涡发生体内进行测量,也可以在下游设置测量仪器进行测量。基于不同的测量技术,就构成了各种不同类型的涡街流量计。

图 10-10 所示为圆柱旋涡发生器原理。在圆柱旋涡发生器中,中空的圆柱体两侧开有导压孔;空腔由中间有孔的隔板分成两部分,孔中装有铂电阻丝。当流体在下侧产生旋涡时,旋涡的作用将使下侧的压力高于上侧的压力;如在上侧产生旋涡,则上侧的压力高于下侧的压力。产生旋涡后,由于导压孔的作用,上下侧产生交替的压力变化,空腔内的

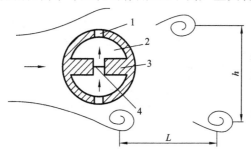

图 10-10 圆柱旋涡发生器原理

1—导压孔;2—空腔;3—隔板;4—铂电阻丝

流体亦脉动流动。用电流加热铂电阻丝,当脉动的流体通过铂电阻丝时,交替地对电阻丝产生冷却作用,改变其阻值,从而产生和旋涡频率一致的脉冲信号,检测此脉冲信号,即可测出流量。也可以在空腔内采用压电式或应变式检测元件测出交替变化的压力。

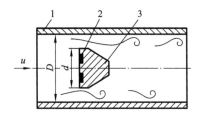

图 10-11　三角柱涡街检测器原理
1—管道；2—热敏电阻；
3—三角柱旋涡发生体

图 10-11 为三角柱涡街检测器原理示意图。在该检测器的三角柱旋涡发生体的迎流面对称地嵌入两个热敏电阻组成桥路的两臂,以恒定电流加热使其温度稍高于流体,在交替产生的旋涡的作用下,两个电阻被周期性地冷却,使其阻值改变;由桥路测出阻值的变化,即可测得旋涡产生频率,从而测出流量。三角柱旋涡发生体可以生成更强烈更稳定的旋涡,故应用较多。

10.6.2　旋进旋涡流量计

旋进旋涡流量计与涡街流量计差不多被同时开发出来,但由于各种原因,其推广应用范围不够广,与涡街流量计相比发展速度相对缓慢。近年来,由于检测元件和信号处理方面的技术取得突破,这种流量计迅速发展起来,性能提高,功能不断完善,应用逐渐增多。

1. 结构

旋进旋涡流量计由壳体、旋涡发生器、检测元件、消旋器以及转换器等几部分组成。

壳体一般由不锈钢或铝合金制造,内部管道与文丘里管相似,有入口段、收缩段、喉部、扩张段和出口几个部分。旋涡发生器是旋进旋涡流量计的核心部件,它由一组具有特定角度的螺旋叶片组成,作用是迫使流体发生旋转并产生涡流。消旋器是用直叶片组成的十字形、井字形或米字形流动整直器,其作用是消除旋涡,减小旋涡对下游测量仪表的影响。旋涡检测元件安装在管道喉部与扩张段交接处。可采用热敏元件、力敏元件、电容、光纤元件等检测旋涡信号。转换器将检测元件的输出信号放大、处理后转换成方波信号或 4～20 mA 标准信号。

2. 工作原理

旋进旋涡流量计的工作原理如图 10-12 所示。

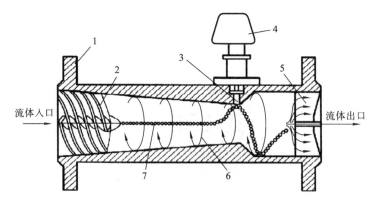

图 10-12　旋进旋涡流量计
1—壳体；2—旋涡发生器；3—检测元件；4—转换器；5—消旋器；6—旋涡；7—旋涡中心流

流体通过由螺旋形导流叶片组成的旋涡发生器后,被强制性地绕测量管道轴线旋转,形成旋涡流。在经过管道收缩段和喉部时,旋涡流加速,强度增强;通过扩张段时,旋涡急剧减速,压力上升,产生回流。在回流作用下,旋涡中心沿一锥形螺旋进动。在一定的流量(或雷诺数)范围内,旋涡流的进动频率与流经旋进涡轮流量计流体的体积流量成正比,即

$$q_V = Kf \tag{10-11}$$

式中:K 为仪表系数,它仅与流量计结构参数(如旋转发生器、管道尺寸)有关,而与流体的物理性质和成分无关。

10.6.3 流体振动式流量计特点

流体振动式流量计的主要优点是:在管道内无可动部件,使用寿命长,压力损失小,量程比较大,可达 30∶1;水平或垂直安装均可,安装与维护比较方便;在一定的雷诺数范围内,测量几乎不受流体参数(温度、压力、密度、黏度)变化的影响;仪表输出与体积流量成比例的脉冲信号,易与数字仪表或计算机接口;与差压式流量计相比,测量精度较高。

流体振动式流量计的局限性是:它实际上是一种速度式流量计,旋涡分离的稳定性受流速分布影响,需要配置足够长的直管段才能保证测量精度;与同口径涡轮流量计相比,仪表系数较小,且随口径增大而降低,分辨率也随口径增大而降低,只适合中小口径管道;不适合用于有较强管道振动的场合。

相比较而言,涡街流量计可测气体、液体和蒸汽介质,压损较旋进旋涡流量计小,但对直管段长度要求高;而旋进旋涡流量计压损较大,虽然原理上可测量液体,但现在还只能用于气体测量。不过,旋进旋涡流量计对直管段长度要求低,低流速特性好,目前在天然气流量测量方面应用较多。

思考题与习题

10-1 试述节流式流量计测量原理。

10-2 原来测量水的节流式流量计,现在用来测量相同测量范围的石油的流量,读数是否准确?为什么?

10-3 已知涡轮流量计的流量系数为 $\xi=25000$ 脉冲$/m^3$,现在测得流量计输出信号频率为 300 Hz,求流体的瞬时流量和 5 min 内的累积流量。

10-4 电磁流量计为什么要采用交变磁场?

10-5 超声流量计是如何检测流量的?流体温度发生变化会对测量有影响吗?

10-6 简述涡街流量计的检测原理。常用的旋涡发生体有哪几种?

10-7 流体振动式流量计的测量原理是什么?它主要有哪些类型?各有什么特点?

10-8 选用流量仪表时应考虑哪些问题?

第 11 章 力与扭矩测量技术

11.1 概述

在工程实际中,测量力、力矩、应力以及应变是分析机械零件或结构受力状态、验证其设计正确性以及确定整机在实际工作时负载情况的重要手段之一。为了保证舰艇装备的可靠性和安全性,通常需要进行各种关于力的测试,例如:潜艇耐压壳的应力测量;隔振系统中传递力的隔离效果;扭矩测量(以测量轴系的变形以及动力装置的输出功率)。力的测量方法可分为直接比较法和间接比较法两种。在直接比较法中采用梁式天平,通过归零技术将被测力与标准质量块的重力进行平衡。直接比较法的优点是简单易行,在一定的条件下可以获得很高的精度。力的测量仪器通常包括分析天平、摆式秤和台式秤等机械式称量系统以及测力传感器等。扭矩的测量分为动态测量和静态测量两大类,通常是采用扭矩传感器(又称力矩传感器、扭力传感器、扭矩传感器、扭矩仪),将各种旋转或非旋转机械部件上的扭力变化转换成精确的电信号,从而达到测量目的。本章介绍力和扭矩测量的相关内容。

11.2 力传感器

力的本质是物体之间的相互作用,不能直接得到其值的大小。力施加于某一物体后,将使物体的运动状态或动量改变,使物体产生加速度,这是力的动力效应;还可以使物体产生应力,发生变形,这是力的静力效应。可以利用这两种效应来实现对力的检测。力的测量方法包括力平衡法、测位移法和利用某些物理效应测力的方法等。用于测力的传感器有很多,如电阻应变式、弹簧式、电感式、压电式、压磁式、电容式、电磁式、液压式和气压式力传感器等,本节主要介绍在舰艇实验中常用的电阻应变式力传感器和压电式力传感器。

11.2.1 电阻应变式力传感器

电阻应变式力传感器的主要特点是测量范围宽、精度高、结构简单,既可以测量静态力,也可以测量动态力。

1. 弹性元件

力传感器的弹性元件主要有柱式、梁式和环式等形式的。下面分别介绍其工作原理及特点。

1) 柱式弹性元件

柱式弹性元件分为实心柱弹性元件和空心柱弹性元件两类,如图 11-1 所示。实心柱弹性元件可以承受较大的负荷,空心柱弹性元件用于小集中力测量。在弹性范围之内,柱

式弹性元件的应力和应变成正比例关系,即

$$\varepsilon=\frac{\Delta l}{l}=\frac{\sigma}{E}=\frac{F}{SE} \tag{11-1}$$

式中:F 为外部作用力;S 为圆柱的横截面面积;E 为材料的弹性模量。

2) 梁式弹性元件

梁式弹性元件有悬臂梁(包括等截面梁和等强度梁)和两端固定梁。图 11-2(a)(b) 分别为等截面梁和等强度梁。对于等截面梁,根据材料力学理论,作用力 F 与某一位置处的应变关系为

$$\varepsilon_x=\frac{6(l-x)}{ShE}F \tag{11-2}$$

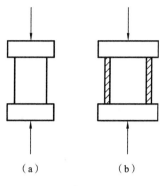

图 11-1 柱式弹性元件

(a) 实心柱;(b) 空心柱

式中:ε_x 为距离固定梁 x 端处的应变;S 为梁的横截面面积;E 为梁材料的弹性模量;h 为梁的高度。

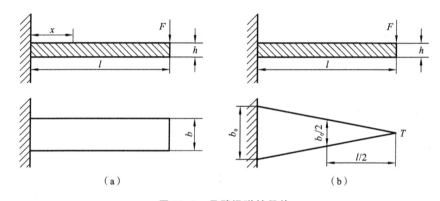

图 11-2 悬臂梁弹性元件

(a) 等截面梁;(b) 等强度梁

在等强度梁自由端施加作用力时,梁各处产生的应变大小相等。等强度梁的灵敏度与长度方向的坐标无关。为了保证等应变性,作用力 F 必须加在梁两边的交点 T 处。根据材料力学理论,等强度梁在各点的应变值为

$$\varepsilon=\frac{6l}{b_0h^2E}F \tag{11-3}$$

图 11-3 所示是两端固定梁,中间加载荷,中心处的应变为

$$\varepsilon=\frac{3l}{4bh^2E}F \tag{11-4}$$

3) 环式弹性元件

环式弹性元件结构比较简单,在外力作用下,各点的应力差别较大。图 11-4 所示薄壁圆环厚度为 h,外径为 R,宽度为 b,应变片 R_1,R_4 贴在外表面上,R_2,R_3 贴在内表面上,贴片处的应变为

$$\varepsilon=\pm\frac{3\left[R-\left(1-\frac{2}{\pi}\right)\frac{h}{2}\right]}{bh^2E}F \tag{11-5}$$

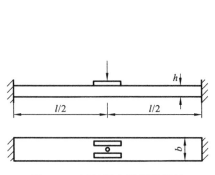

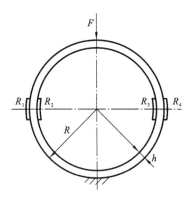

图 11-3　两端固定梁弹性元件　　　　　　图 11-4　环式弹性元件

2. 测力过程中应变片的布置

以悬臂梁式称重仪和材料受力分析中实际应力测试为例,对测力过程中应变片的布置进行讨论。对悬臂梁式称重仪(图 11-5(a)),当悬臂梁受力 F 的作用时(图 11-5(b)),其固定端的应变最大,且梁的上下面应变极性相反。主要通过选用不同应变片数量、不同的布置方式、不同的接桥方式来分析测量力时的结果。

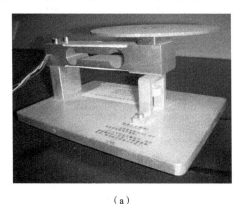
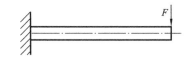

(a)　　　　　　　　　　　　　　　(b)

图 11-5　悬臂梁受力

(a) 悬臂梁式称重仪;(b) 悬臂梁受力示意图

1) 单桥臂方式——采用一个应变片的情况

在梁的根部应变最大处贴应变片 R_1,如图 11-6 所示。测量电路采用单臂直流电桥(参见图 6-2(a))。

2) 双臂方式——采用两个应变片的情况

在梁的根部应变最大处上下面贴上应变片 R_1 和 R_2,如图 11-7 所示。测量电路采用双臂直流电桥(参见图 6-2(b))。

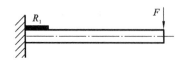

图 11-6　单个应变片布置　　　　　　　　图 11-7　两个应变片布置

3) 全桥方式——采用四个应变片的情况

在梁的应变最大处上面贴应变片 R_1，R_3，下面贴应变片 R_2，R_4，如图 11-8 所示测量电路采用直流全桥（参见图 6-2(c)）。

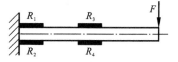

图 11-8 四个应变片布置图

3. 测应变计算应力

在应用电阻应变测量法进行应力分析时，首先测量出构件上某一点处的应变，通过换算后得到应力。

1) 单向应力状态

在杆件受到拉伸（或压缩）的情况下（图 11-9），杆件中只有一个主应力 σ_1，它的方向平行于外加载荷 F 的方向，所以这个主应力 σ_1 的方向是已知的。沿主应力方向的应变为 ε_1，而垂直于主应力 σ_1 方向的应力虽然为零，但该方向的应变 $\varepsilon_2 \neq 0$，而且 $\varepsilon_2 = -\mu\varepsilon_1$。由此可知：在单向应力状态下，只要知道应力 σ_1 的方向，就可通过沿主应力 σ_1 的方向贴一个应变片测得 ε_1，利用公式 $\sigma_1 = E\varepsilon_1$ 求得 σ_1。

2) 主应力方向已知的平面应力状态

平面应力是指构件内的一个点在两个互相垂直的方向上受到拉伸（或压缩）作用而呈现的应力状态，如图 11-10 所示。图中单元体受到已知方向的平面应力 σ_1 和 σ_2 的作用，在 X 和 Y 方向上的应变分别为

$$\varepsilon_1 = \frac{1}{E}(\sigma_1 - \mu\sigma_2) \tag{11-6}$$

$$\varepsilon_2 = \frac{1}{E}(\sigma_2 - \mu\sigma_1) \tag{11-7}$$

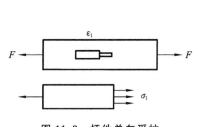

图 11-9 杆件单向受拉

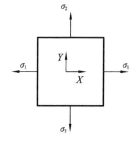

图 11-10 已知主应力方向的平面应力状态

将式（11-6）和式（11-7）变形后可得

$$\sigma_1 = \frac{E}{1-\mu^2}(\varepsilon_1 - \mu\varepsilon_2) \tag{11-8}$$

$$\sigma_2 = \frac{E}{1-\mu^2}(\varepsilon_2 - \mu\varepsilon_1) \tag{11-9}$$

由此可以知道，在平面应力状态下，如果已知主应力 σ_1 和 σ_2 的作用方向（相互垂直），那么只要沿 σ_1 和 σ_2 的方向各贴一个应变片，测得应变 ε_1 和 ε_2，再代入式（11-8）和式（11-9），就可求得 σ_1 和 σ_2 的值。

3) 平面主应力方向未知的情况

当平面应力的主应力 σ_1 和 σ_2 的大小和方向都未知时，需要对一个测点贴三个沿不同方向的应变片，测出三个方向上的应变，这样才能确定主应力 σ_1 和 σ_2 及主方向角 θ 三个

未知量。实际测量中,为了简化分析,三个应变片与特定轴的夹角 $\theta_1,\theta_2,\theta_3$ 总是选取特殊角,如 $\theta_1=0°,\theta_2=45°,\theta_3=90°$ 或 $\theta_1=0°,\theta_2=60°$ 和 $\theta_3=120°$ 角,并将三个应变片的丝栅制在同一基底上,形成所谓的应变花。

4. 采用应变片测力时的注意事项

采用电阻应变式力传感器测力时,合理地布置应变片,可以有效地提高测量准确度。在力测量中:首先要对弹性元件的受力情况进行分析,找出应变最大的位置,并注意是否有应变极性相反的地方。利用电桥的和差特性,可以提高测试灵敏度;其次确定要应变片的个数,主要包括工作应变片的个数和补偿应变片的个数。

电阻应变片总是被粘贴到试件上或传感器的弹性元件上。在测力时,粘接剂所形成的胶层起着非常重要的作用。它必须能够准确地将试件或弹性元件的应变传递到应变片的敏感栅上去。在粘贴应变片时:一是要根据应变片的工作条件、温度、湿度和稳定性要求等因素,选择合适的粘接剂;二是采用正确的粘接工艺。实践表明,粘接剂和粘贴技术对测量结果有直接的影响,不能忽视它们的作用。

11.2.2 压电式力传感器

压电式力传感器如图 11-11(a)所示。由于它的内阻很大,对测量电路要求比较高,适合用来测量动态力,如图 11-11(b)所示。

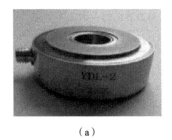

(a)

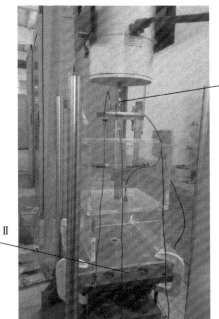

(b)

图 11-11 压电式力传感器及应用

(a) YDL-2 型压电式力传感器;(b) 压电式力传感器测力传递率实验

这种传感器用石英晶体片作主动测量元件。受载时,在石英晶体片表面产生与载荷成正比的电荷,电荷量为

$$Q = dF \tag{11-10}$$

式中：d 为压电系数；F 为石英晶体片所受载荷。

根据晶体切片表面与晶体轴所成的角度，石英晶体片分为拉力敏感型和压力敏感型两种。所产生的电荷信号经后接的电荷放大器转换为相应的电压信号输出。

为了便于了解力传感器的具体参数，以下给出 YDL-2 型石英压电式力传感器的部分指标：

(1) 型号：YDL-2。

(2) 固有频率：75 kHz。

(3) 测量范围：50 kN。

(4) 质量：48 g。

(5) 最大允许误差：1%FS。

(6) 外形尺寸：ϕ35 mm×11 mm。

(7) 中心孔直径：ϕ11 mm。

YDL-2 型石英压电式力传感器可用于测量动态、短期静态的振动和冲击力，机械结构的拉伸和压缩力；另外，与激振器配合能够用于测量和控制激振力，与加速度、速度传感器配合可用于测量机械阻抗。

石英晶体片具有很高的机械强度、线性的电荷特性曲线和很弱的温度依赖性，并具有很高的电阻率。由于在力作用的瞬间即产生电荷，因此石英式压电力传感器尤其适合用来测量快变和突变的载荷，同时它也应用于高温环境。

图 11-12 为一个石英压电式力传感器的结构示意图。在两个钢环之间配置有环状的压电晶体片，两晶体片之间为一电极，用于接收所产生的电荷。根据传感器尺寸的不同，石英晶体片可做成环状薄片，也有的做成多个石英晶体片埋在一个环形绝缘体中的形式（图 11-13、图 11-14）。将多个不同切片类型的石英晶体片互相叠起来，可得到一种可以测量两个或三个分力（比如既可测压力又可测剪切力）的传感器。

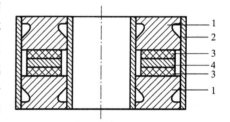

图 11-12　石英压电式力传感器结构

1—钢环；2—外壳；3—石英晶体片；4—电极

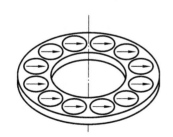

图 11-13　用于测量剪切力的石英晶体片配置方式

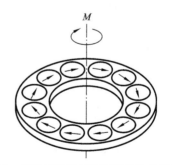

图 11-14　用于测量扭矩的石英晶体片配置方式

压电式力传感器具有很高的刚度，受载时的变形仅为几微米。压电式力传感器可用来测量高频（大于 100 kHz）下的动态变化力。由于它的分辨率高，因而可用来测量微小的动态载荷。这种传感器的最大允许误差为 ±1%。设计中应对传导电荷的绝缘措施予以注意。

11.3 扭矩测量

11.3.1 扭矩仪

扭矩仪的基本工作原理是：机械设备输出轴（中间传动轴）在承受扭矩作用时，轴所产生的扭转变形与传动扭矩的大小成比例。

根据材料力学理论可知，在外扭矩 M 作用下传动轴相距 L 的两截面间的相对扭转角（简称扭转角）为

$$\varphi = \frac{L}{GI_p} M \tag{11-11}$$

式中：G 为轴材料的剪切弹性模量；I_p 为轴截面的极惯性矩。

由式（11-11）可知，当轴的几何形状、尺寸、材料及测量基长 L 一定时，扭转角 φ 与扭矩 M 成比例，且为线性关系。因此，只要测出扭转角的大小，即可间接计算出 M 值。在此基础上，可根据同时测出的转速确定发动机的有效功率 P_e。

发动机的有效功率 P_e 可用下式表示：

$$P_e = C M_k n \tag{11-12}$$

式中：M_k 为发动机输出扭矩；n 为输出轴转速；C 为与单位有关的常数，当 P_e 的单位为 kW、M_k 的单位为 N·m、n 的单位为 r/min 时，$C = 1/9550$。

1. 电阻应变式扭矩仪

等圆截面的传动轴在承受扭矩时，在轴的外圆面上将产生最大的剪应力，两个主应力分别与轴线成 45°，135° 的夹角。电阻应变式扭矩仪基于这个原理，在轴表面产生主应力的方向上粘贴电阻应变片，通过电桥和动态应变仪测量轴扭转变形所引起的电阻应变片电阻变化，得出应变值，根据测定的应变值计算输出轴扭矩，扭矩计算式为

$$M = \frac{E W_n \varepsilon}{1 + \mu} \tag{11-13}$$

式中：E 为轴材料的弹性模量；ε 为测得的应变值；W_n 为轴的抗扭截面模量；μ 为轴材料的泊松比。

由于应变片贴在转轴上，应变片桥路的信号输出通常采用接触式和非接触式两种方法。

接触式信号采用可拆卸的、半圆式碳刷集流器输出，如图 11-15 所示。由于测量电桥的输出电流通常仅有几十微安，因此要求碳刷集流器的接触电阻要小，并且稳定。但由于油脂及灰尘的污染、轴系振动、转速的变化、温度及湿度的变化等往往会引起接触电阻的变化，使得测量误差较大，因此测量精度不高。

非接触式信号采用耦合变压器输出，如图 11-16 所示。A，C 为固定在轴上的两个变压器线圈，随轴旋转。它们或是直接卷绕并被粘接在轴上；或是用开槽环形圈作为线圈骨架，靠摩擦力固定在轴上。线圈 A 与 B，C 与 D 成对装在铁芯上（图 11-16(b)），或四个线圈同轴卷绕（图 11-16(c)），且在空间固定不动。线圈 C 和 D 组成电桥电源输入变压器，A 和 B 组成信号输出变压器。测量扭矩时，在线圈 B 的两端输出信号。这种非接触式输出

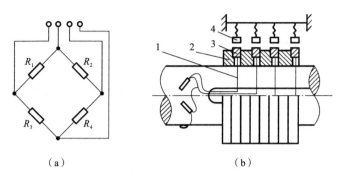

图 11-15 电阻应变式扭矩仪碳刷集流器输出

(a) 应变片连接;(b) 接触式信号输出

1—引出线;2—绝缘体;3—铜环;4—碳刷

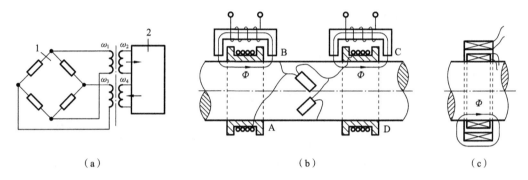

图 11-16 电阻应变式扭矩仪耦合变压器输出

(a) 耦合变压器输出原理图;(b) 铁芯式耦合变压器;(c) 同轴卷绕式耦合变压器

装置测量精度比接触式高。

2. 压磁式扭矩仪

铁磁物体的机械状态与磁状态相互作用会造成两种现象:一种是铁磁体在外磁场的作用下产生机械变形,这种现象称为磁致伸缩效应;另一种是铁磁体的磁导率在外力作用下产生变化,这种现象称为压磁效应。压磁式扭矩仪就是利用压磁效应来测量扭矩的。

压磁效应的规律是:铁磁体在拉应力作用方向上的磁导率增大,磁阻减小;在压应力作用方向上的磁导率降低,磁阻增大;当外力取消时,铁磁体磁导率复原。

压磁式扭矩仪的基本结构如图 11-17(a)所示。其传感器为变压器式,通过在相互垂直的两Ⅱ形铁芯上各绕一组线圈构成。一组线圈接交流电源,为初级线圈;另一组线圈接指示仪表,为次级线圈。铁芯头部与被测轴保持 1~2 mm 的间隙。

压磁式扭矩仪的工作原理如图 11-17(b)(c)所示。当轴不受应力作用时,因轴材料原具有磁各向同性的性质,A,B 线圈通电后产生的磁场在其磁极下的磁力线分布是关于 A,B 磁极对称的,因此线圈 C,D 的铁芯极靴位于同一磁势内,铁芯中无磁通通过,C,D 线圈不产生感应电动势。而当轴受扭矩作用时,在轴上产生 ±45° 方向性应力,根据压磁效应,轴表面磁导率发生变化,沿拉应力(+σ)方向磁阻减小,沿压应力(−σ)方向磁阻增大,从而使磁力线分布不对称。线圈 C,D 的铁芯极靴处于不同的磁势内,铁芯中有磁通通过,线圈 C,D 中则感应出与扭矩对应的电动势,由线圈 C,D 感应电动势的大小可得知被测扭矩值。

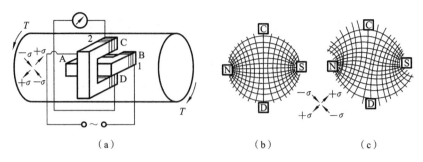

图 11-17 压磁式扭矩仪原理图

(a) 压磁式扭矩仪的基本结构;(b) 不受应力时压磁式扭矩仪的磁力线;
(c) 受应力时压磁式扭矩仪的磁力线

压磁式扭矩仪具有无触点、坚固耐用、输出信号强、对材料无特殊要求(一般采用低、中碳钢即可)、对温度不敏感等优点,很适合用于测量舰艇轴系扭矩。但扭轴弯曲应力、机械振动等会使输出信号波动,转速对信号强弱也有一定影响。这种扭矩仪通常用于转速在 500 r/min 以下的工况,测量误差一般为 2%~4%。

3. 振弦式扭矩仪

振弦式扭矩仪工作原理如图 11-18 所示。两个卡环分别卡在被测轴上相距 L 的两个截面上。每个卡环上均有两个凸台,即 1A,1B 和 2A,2B。两根钢弦分别安装在 1A,2A 和 1B,2B 之间。当轴转动传递扭矩 M 时,轴产生扭转变形。两卡环截面相对产生角位移 φ,使一根弦拉紧(称之为拉弦),另一根弦放松(称之为压弦)。由于钢弦张力变化会引起弦振动频率的变化,因此可以通过测量钢弦振动频率的变化来测量被测轴的扭矩。

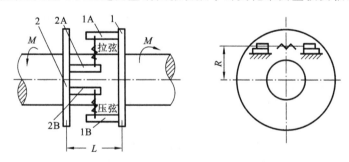

图 11-18 振弦式扭矩仪测量装置

1,2—卡环;1A,1B,2A,2B—卡环凸台

振弦的振动频率信号是利用磁电式变换器原理转换为电信号的,如图 11-19 所示。当弦振动时,弦与永久磁钢 1 的间隙改变,从而使磁路的磁阻改变,使线圈 1 中产生感应电动势,感应电动势的频率即弦振动频率。该信号经放大器放大后输出以便测量,同时一

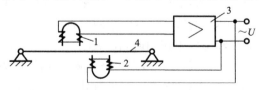

图 11-19 振弦式扭矩仪原理

1—感应线圈和永久磁钢;2—激振线圈;3—放大器;4—钢弦

部分反馈到激振线圈,以提供弦持续振动的能量。

实际的振弦式扭矩仪结构如图 11-20 所示。两组磁铁和线圈用环氧树脂固封于壳体 8 内。其中一组用于产生感应电动势,称为接收线圈,另一组为激振线圈。振弦 6 采用琴钢丝,在其中央部分绕有软铁丝 5,用以增大振弦的振幅。凸轮 2 用来调节弦的初始张力,它可以顶着夹紧了振弦的夹紧装置 1 移动,从而使弦张拉紧。初始张力调节完毕后,就把安装块 7 用螺钉与图 11-18 所示的卡环凸台固定,然后使凸轮反旋脱离夹紧装置。输出电动势和反馈电流的导线经接线柱 10,通过碳刷集流器与接收仪相连。

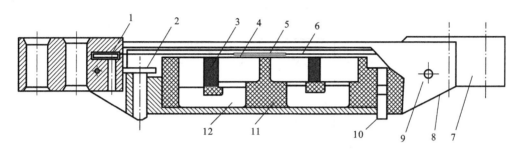

图 11-20　扭矩仪仪结构图

1—夹紧装置；2—凸轮；3—线圈；4—极靴；5—软铁丝；6—振弦；7—安装块；
8—壳体；9—定位装置；10—接线柱；11—环氧树脂；12—永久磁铁

测量振弦的振动频率有两种方法。一是直接测频法,即将振弦式传感器输出的感应电压信号直接送至数字频率计以显示其频率,再根据频率与扭矩的关系计算扭矩,或将振弦传感器的感应电压信号与转速信号一起送至计算机,经处理计算后直接数字显示输出轴传递的有效功率。另一种方法是间接测频法,也称比较法,即将测量弦输出信号与一基准弦输出信号做比较,基准弦的频率、张力或伸长量可调可知,因此可由基准弦与测量弦进行比较调节而得到的读数,得知测量弦的频率、张力或伸长量。

1) 比较法振弦式扭矩仪

图 11-21 所示为采用比较法测量弦振动频率,进而求得扭矩的测量仪器原理图。扭矩传感器的感应电压信号经放大后被送至波管的 y 轴偏转板。在接收器中设有结构与传感器相仿的基准弦,其振动信号被送至示波管的 x 轴偏转板。由物理学理论可知,两个相互垂直的谐振动,若其频率相等,则可合成为椭圆运动。因此,可以调节基准弦的张力,使示波管上出现椭圆图形。此时基准弦与测量弦振动频率相等,其张力和伸长量也相等。基准弦的伸长量可由刻度盘读得,于是可根据读数计算所测的扭矩 M_k。

设在扭矩作用下,卡环所在的两截面相对转角为 φ,则距轴心 R、固定于卡环凸台上的振弦的伸长量 Δl 正比于 $R\varphi$。调节基准弦,当轴受扭前后示波器上分别出现一次椭圆图形时,可得刻度盘上对应的两次读数,二者的差值(也称格数差)ΔS 也正比于 Δl,即

$$R\varphi \propto \Delta S \propto \Delta l$$

令

$$R\varphi = C\Delta S$$

则

$$\varphi = \frac{C\Delta S}{R} \tag{11-14}$$

式中:C 为振弦常数(cm/格)。

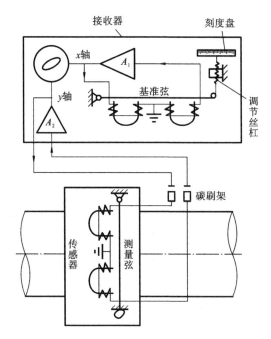

图 11-21 比较法振弦式扭矩仪原理

将式(11-14)代入式(11-11),可得所测扭矩为

$$M_k = \frac{GI_p}{L}\varphi = \frac{GI_p}{RL}CS \tag{11-15}$$

为了消除温度和离心力的影响,测量时在卡环上安装两只传感器,即拉弦和压弦。对于被测扭矩,两弦张力变化符号相反;在温度、离心力的作用下,两弦张力变化符号相同。测量结果取两弦的测量格数差的平均值可消除温度和离心力的影响。这时所测扭矩应为

$$M_k = \frac{GI_p}{RL}\left(\frac{C_1\Delta S + C_2\Delta S}{2}\right) \tag{11-16}$$

式中:C_1,C_2 为拉、压弦常数;ΔS_1,ΔS_2 分别为拉、压弦的测量格数差,$\Delta S_1 = S_1 - S_{01}$,$\Delta S_2 = S_{02} - S_2$,其中 S_1,S_2 为测量轴受扭后刻度盘读数,S_{01},S_{02} 为测量轴受扭前刻度盘读数。对于一般钢材的轴,其剪切弹性模量 G 为 $(7.9 \sim 8.2) \times 10^{10}$ N/m²。对于空心轴,其截面的极惯性矩为 $I_p = \frac{\pi}{32}(D^4 - d^4)$,其中 D 为轴外径,d 为轴内径,对于实心轴 $d = 0$。为保证测量精度,C_1 和 C_2 应尽量一致。

2) 数字振弦式扭矩仪

数字振弦式扭矩仪可直接测取振弦式传感器感应电压信号的频率及轴的转速,经计算器运算后用数字显示轴传递的转速、扭矩和功率。

数字振弦式扭矩仪在被测轴上的传感装置与比较法振弦式扭矩仪相同,也是通过碳刷集流器(滑环、电刷)经电缆与接收器相连,所不同的是其接收器是数字式仪器,该仪器具有采样、运算、存储、数字显示及打印等功能。

设在扭矩 M_k 作用下,卡环所在两截面(相距为 L)的相对角位移为 φ,则固定于卡环凸台上、距轴心 R 的振弦对应角 φ 的伸长量 Δl 正比于 $R\varphi$。

另设在初始预紧力 T_0 作用下振弦伸长 Δl_0,所引起的弦振动初始频率为 f_0,因 Δl_0 正

比于 T_0，且 T_0 正比于 f_0^2，可知 Δl_0 正比于 f_0^2。

同理，轴受扭后弦的总张力为 T，弦总伸长量为 $\Delta l_0 + \Delta l$，弦振动频率为 f，则 $\Delta l_0 + \Delta l$ 正比于 f^2，于是 Δl 正比于 $f^2 - f_0^2$。

综上所述可知

$$\Delta l \propto R\varphi \propto f^2 - f_0^2$$

令

$$R\varphi = K(f^2 - f_0^2)$$

则

$$\varphi = \frac{K(f^2 - f_0^2)}{R} \tag{11-17}$$

式中：K 为振弦常数。

将式（11-17）代入式（11-11）可得所测扭矩为

$$M_k = \frac{GI_p}{L}\varphi = \frac{GI_p}{RL}K(f^2 - f_0^2)$$

考虑到离心力及温度补偿，同比较法振弦式扭矩仪一样，数字振弦式扭矩仪也装有拉、压弦，则所测扭矩为

$$M_k = \frac{GI_p}{RL} \cdot \frac{K_1(f_1^2 - f_{01}^2) + K_2(f_{02}^2 - f_2^2)}{2} \tag{11-18}$$

式中：K_1，K_2 分别为拉、压弦常数；f_1，f_2 分别为轴受扭后拉、压弦振动频率；f_{01}，f_{02} 分别为轴受扭前拉、压弦振动频率。

测量前将有关数据：振弦与轴心距离 R、两卡环处轴截面距离 L、轴材料剪切弹性模量 G、轴直径 D、拉弦常数 K_1 和压弦常数 K_2 等输入接收器，接收器即可根据受扭前后弦振动频率显示出所测扭矩值，并由脉冲转速传感器所测得的转速，计算和显示对应功率值。

ZRN503 系列动态扭矩传感器是一种工程上用于测量各种扭矩、转速及机械功率的精密测量仪器，如图 11-22 所示。其测量原理是采用应变片电测技术，在弹性轴上组成应变桥，向应变桥提供电源即可测得该弹性轴受扭的电信号。将该应变信号放大后，经过压/频转换，输出与扭应变成正比的信号。

ZRN503 动态扭矩传感器的主要应用：

（1）用于电动机、发动机、内燃机等旋转动力设备输出扭矩及功率的检测；

（2）用于风机、水泵、齿轮箱、扭力扳手的扭矩及功率的检测；

（3）用于铁路机车、汽车、拖拉机、飞机、舰艇、矿山机械中的扭矩及功率的检测；

（4）用于污水处理系统中的扭矩及功率的检测；

（5）用于制造黏度计；

（6）用在过程工业和流程工业中；

（7）用于浓密机、搅拌机扭矩测量装置、扭矩测量装置、扭矩保护系统。

ZRN503 动态扭矩传感器的主要特点如下：

（1）信号输出可任意选择波形（方波或脉冲波）；

（2）检测精度高、稳定性好、抗干扰能力强；

（3）不需反复调零即可连续测量正反扭矩；

（4）可测量静止扭矩，也可测量动态扭矩。

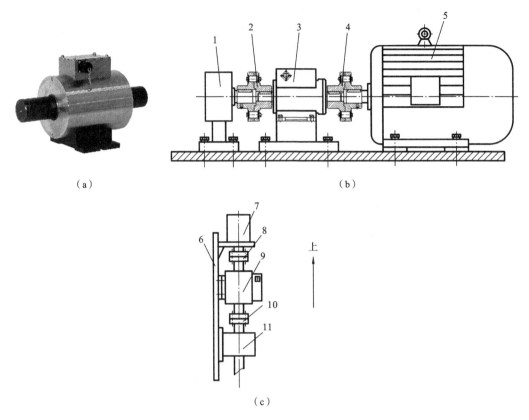

图 11-22　ZRN503 动态扭矩传感器

(a) ZRN503 动态扭矩传感器；(b) 水平安装方式；(c) 垂直安装方式

1,11—负载设备；2,4,8,10—联轴器；3,9—扭矩传感器；5,7—动力设备；6—基座板

11.3.2　测功器

工程应用中,扭矩的测定方法有传递法和吸收法两种。传递法是通过测定发动机与被驱动机械的连接轴的角位移或应变,间接测轴传递的扭矩,故称采用传递法的扭矩测量装置为传递式测功器。吸收法是用某种装置给轴以制动力矩,与发动机功相当的制动功以热的形式散发,测量这时的制动力矩就可求得发动机输出扭矩。由于这时的扭矩测量装置会把发动机的功全部吸收,故称之为吸收式测功器。以下介绍一些常见的测功器。

1. 水力测功器

1) 水力测功器的基本工作原理

水力测功器的基本工作原理:利用在水中旋转的运动物体,使水产生涡流运动,形成摩擦阻力矩。

图 11-23 所示为水力测功器的结构原理。测功器圆盘 2 固定在转轴 4 上,与转轴一起在外壳内旋转,构成测功器的转子。转子由轴承支承在外壳 3 内,而外壳又由外轴承支承在测功器底座上,它可以绕轴线自由摆动。水经进水阀流入外壳的内腔。当内燃机飞轮带动转子在外壳中旋转时,由于转盘与水之间的摩擦作用,水也跟着一起旋转。在离心力的作用下,水被甩向外壳内壁。外壳因受水的冲击,要绕轴线摆动。水冲击外壳内壁

时,受到内壁的摩擦阻力的作用速度降低,产生动能损失;在水压的作用下,水折向外壳中心流动,形成环形涡流水圈。由于水圈与外壳内壁的摩擦,外壳的旋转(摆动)速度比转子的转动要慢,因而水圈就要阻止转子的转动而产生一个阻力矩。此阻力矩通过联轴器直接作用在内燃机的飞轮上,这就是加在内燃机上的负荷。或者说,水吸收了内燃机的功率。这个负荷可以通过调节进、出水量来控制。水圈愈厚,阻力矩愈大,水吸收的功率愈多。

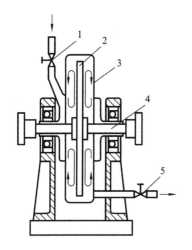 

图 11-23 水力测功器结构原理图
1—进水阀;2—圆盘;3—外壳;4—转轴;5—排水阀

外壳受一定的力矩作用,其摆动由测力机构的摆锤所平衡。图 11-24 为水力测功器的测力机构图。根据作用力矩与反作用力矩大小相等、方向相反的原理,当转子转速稳定时,水对外壳所产生的摩擦力矩(阻力矩)等于内燃机带动转子旋转传给水的扭矩。实际上内燃机所发出的扭矩应等于外壳传出的扭矩加上滚动轴承的摩擦力矩。但因后者很小,引起的误差仅为测功器最大制动力矩的 0.01%~0.02%,所以可忽略不计。外壳偏转所传出的扭矩可以从测力机构上测量出来。

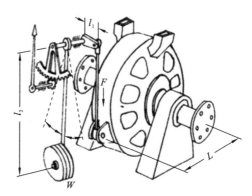

图 11-24 水力测功器的测力机构

设测力机构测得制动力为 F,力臂为 L,如图 11-24 所示,则制动力矩 $M_k=FL$,所测得的制动功率为

$$P_e = CM_k n = CFLn \tag{11-19}$$

式中:C 为系数;n 为转子转速。

当摆锤 W 偏转角度 φ 很小时,由摆锤经杠杆所产生的制动力 F 与 φ 成正比,与指针偏转的指示值 B 也成正比,于是式(11-19)可表示为

$$P_e = KBn \tag{11-20}$$

式中:K 为水力测功器常数。

影响水力测功器制动力矩的主要因素是尺寸和转速。

设圆盘的外半径为 R_a,内半径为 R_b,在圆盘上距中心 R 处刻划出一小圆环,其面积为 dS,如图 11-25 所示。当小圆环在水层中旋转时,水层对圆环存在阻力。也可以认为圆环是静止的,水层相对圆环做与圆环旋转方向相反的流动,因而可以认为圆环上受到的力全是摩擦阻力。

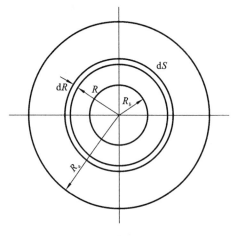

图 11-25 测功器圆盘示意图

这个阻力的大小与小圆环面积 dS、水层与小圆环的相对速度、水的密度及雷诺数等因素有关。根据牛顿阻力定律,摩擦阻力 dF_m 可表示为

$$dF_m = 2\eta_m \rho dS \left(\frac{v}{k}\right)^2 \tag{11-21}$$

式中:ρ 为水的密度;η_m 为摩擦力损失系数;v 为在半径 R 处的圆周速度;$\frac{v}{k}$ 为小圆环与水之间的相对速度,$k>1$。

水对小圆环的摩擦力矩为

$$dM_m = dF_m R = 2\eta_m \rho dS \left(\frac{v}{k}\right)^2 R = 2\eta_m \rho 2\pi R dR \left(\frac{2\pi R n}{k}\right)^2 R = \frac{16\pi^3 \eta_m \rho}{k^2} n^2 R^4 dR \tag{11-22}$$

令

$$\xi = \frac{16\pi^3 \eta_m \rho}{k^2}$$

则

$$dM_m = \xi n^2 R^4 dR$$

水对整个圆盘的摩擦力矩为

$$M_m = \int_{R_b}^{R_a} \xi n^2 R^4 dR = \xi n^2 \int_{R_b}^{R_a} R^4 dR = \frac{\xi n^2}{5}(R_a^5 - R_b^5) \tag{11-23}$$

令

$$\psi = \frac{\xi}{5}$$

则

$$M_m = \psi n^2 (R_a^5 - R_b^5) \tag{11-24}$$

由以上各式可见,水对圆盘的摩擦力矩与摩擦损失系数、转速的平方、圆盘外半径与内半径的五次方的差成正比。因此,圆盘表面愈粗糙、测功器尺寸愈大、转速愈高、水层径向厚度愈大,则制动力矩愈大。

调节测功器中的水量,也即改变圆盘内半径 R_b 的值,就能改变测功器吸收功率的大小。一般通过改变出水口的位置来改变 R_b。

2)水力测功器的结构类型

根据其结构特点和制动力矩的调节方法,水力测功器大致可分为以下几种。

(1) 圆盘式水力测功器　图 11-26 所示为圆盘式水力测功器结构简图。转轴上固定有多片圆盘,并在各圆盘上沿同心圆开孔。转子圆盘由固定在外壳上的固定圆环相互隔开。固定圆环上也钻有孔或铸有凹坑,以增加对水的摩擦阻力。出水调节阀上有螺旋形出水口,当转动阀门手柄时,此出水口的通道截面能从最小过渡到最大,从而可以均匀地调节旋转水层的厚度。

(2) 销棒式水力测功器　图 11-27 所示为销棒式水力测功器结构。这种测功器的外壳内与转子转鼓上均装有多排菱形(或方形)钢销,且外壳内的钢销和转鼓上的钢销相互错开。测功器工作时,转子上的钢销搅动外壳内的水形成涡流水圈,并冲击外壳内的钢销,使外壳承受一定的力矩,该力矩可由测力机构测出。测功器的水量由进、出水阀调节。目前国产 D 系列水力测功器均为这种结构的。销棒式水力测功器的优点是尺寸不大,而功率储备较大。但其工作状况不够稳定,在低负荷区这一点尤为明显。

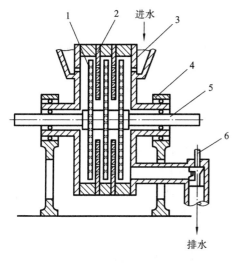

图 11-26　圆盘式水力测功器结构
1—圆盘;2—固定圆环;3—外壳;
4—轴承架;5—转轴;6—出水调节阀

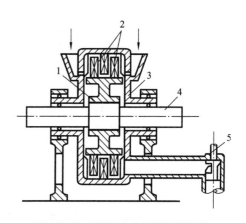

图 11-27　销棒式水力测功器结构
1—转鼓;2—钢销;3—外壳;
4—转子轴;5—出水阀

(3) 闸套式水力测功器　图 11-28 所示为闸套式水力测功器结构。这种测功器在工作时,进、出水阀均打开,测功器体壳内充满了水。当转子旋转时,水在壳体内和转子间做强烈的环形涡流运动。转子的扭矩通过旋流转移到外壳上,使壳体摆动,并通过测力机构测出。负荷可通过手轮、齿轮及正反两段螺纹的丝杠加以调节。丝杠转动时,带动安装在定子与转子之间的半圆形闸套合拢或分开,从而改变通道面积和在凹槽内做涡流运动的水量,达到调节扭矩的目的。

由于测功器内部一直充满着水,依靠闸套的合拢和分开来调节扭矩,因此闸套式水力测功器受水压影响较小,工作稳定,在低负荷下工作也比较平

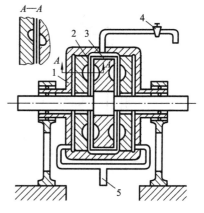

图 11-28　闸套式水力测功器结构
1—定子;2—闸套;3—转子;
4—出水阀;5—进水管

稳,操作方便。其缺点是结构复杂,不能反转。

3) 水力测功器的供水系统

水力测功器属于吸收式测功器。工作中,设备输出的机械功通过转子转化为水的动能,并由水与转子、外壳的摩擦转变为热能,使水温升高。随着机械功的不断输入,水温会不断升高。因此,测功器中的水需要不断循环,才能将热量带走,否则水温升高到一定程度后,水就会汽化而影响测功器的正常工作。通常测功器的出水温度应保持在50~70 ℃以下。

为使测功器能稳定工作,对其供水系统提出了如下要求:首先,测功器的供水压力要稳定;其次应具有一定的循环水量,不会使水温过高,否则,将直接影响测功器的工作稳定性。

水力测功器每小时需流过的水量可以根据热量平衡方程求得:

$$q_m = \frac{P_e}{C(t_2 - t_1)} \quad (11-25)$$

式中:C 为水的比热容,$C=4.186$ kJ/(kg·K);P_e 为内燃机的有效功率;q_m 为每秒通过测功器的水的质量;t_1 为测功器的进水温度;t_2 为测功器的出水温度。

由式(11-25)可知,若进水温度与出水温度之差为35~60 ℃,则每千瓦功率需要的供水量为25~14 kg/h。供水水头一般为10~30 m。

对于功率较小的发动机实验台,可采用简易的供水系统,如图11-29所示。水由进水管1经水位调节阀3进入蓄水箱2。当测功器工作时,蓄水箱中的水经供水管5进入测功器6,工作完了的水经排水管7流入地沟。当水箱中的水超过需要的高度时,多余的水经溢流管4排入地沟。这种供水系统的缺点是水不能回收。对于发动机功率较大的实验台,必须考虑水的回收,否则浪费太大,故通常建立循环水池。

4) 水力测功器的曲线

测功器所能吸收的功率(或扭矩)与测功器转子转速的关系,称为测功器的特性。测功器的特性曲线表明了它的工作范围,即表明了在不同转速下测功器能吸收的最大和最小功率。图11-30给出了某水力测功器的典型工作范围。

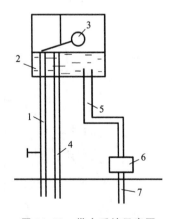

图11-29 供水系统示意图

1—进水管;2—蓄水箱;3—水位调节阀;4—溢流管;
5—供水管;6—测功器;7—排水管

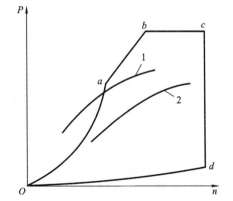

图11-30 某水力测功器的工作范围

Oa(立方抛物线)表示测功器水量最大(充满)时所能吸收的功率。

ab 为最大制动力矩线。为了保证扭矩不变,当转速增加时,需要适当减小测功器中的水层厚度。

bc 为最大功率限制线。测功器所能吸收的最大功率由测功器的出水温度及最大循环水量确定。

cd 为最大转速限制线。测功器转子最大转速受转子的离心力负荷的限制。

dO 为空载线,表示测功器中没有水时其能吸收的最小功率。该最小功率由空气阻力和转子轴承的摩擦力矩确定。

曲线 $OabcdO$ 所包围的图形,即表示了测功器的工作范围。它是选择与被测发动机相匹配的测功器依据。选择测功器时,要求发动机的外特性曲线全部落在曲线 $OabcdO$ 所包围的图形内,并尽量靠近 Oab 线,以保证工作的稳定性。图 11-30 中的线 1,2 分别为发动机 1,2 的外特性曲线。从图 11-30 中可以看出发动机 1 外特性曲线在低速低负荷区的一段越出了测功器的工作范围,这说明其匹配具有图 11-30 所示特性的水力测功器不合适。而发动机 2 匹配该水力测功器是合适的。

2. 电力测功器

电力测功器的最简单工作原理是由发动机直接驱动普通的直流或交流发电机,然后根据发电机输出的电功率及效率求出发动机的有效功率。

对于直流发电机

$$P_e = \frac{UI}{\eta} \tag{11-26}$$

对于交流发电机

$$P_e = \frac{\sqrt{3}UI}{\eta}\cos\varphi \tag{11-27}$$

式中:U 为发电机的电压,对于三相发电机为相电压;I 为发电机的输出电流;η 为发电机的效率;$\cos\varphi$ 为交流发电机的功率因素。

由于 η 与发电机工作时的摩擦损失、风扇损失等复杂因素有关,且不是一个固定值,是随负荷及转速而变化的,因此很难确定 η 的准确数值,也就很难得到功率测量的精确结果。在实际的发动机功率测量中,这种方法较少采用,而广泛采用平衡式电力测功器。以下介绍平衡式直流电力测功器。

1) 平衡式直流电力测功器的结构与工作原理

平衡式直流电力测功器的结构如图 11-31 所示。它实际上是一台直流发电机。电枢 1 在定子 4 的轴承 3,5 之中旋转;定子 4 与普通电机的定子不同,它由轴承 2,6 支承,可以绕电枢轴线摆动,并且在定子外壳上与水力测功器一样装有称量机构。

平衡式直流电力测功器的工作原理如图 11-32 所示。当定子由激磁电源给予激励条件时,产生与激磁电流相应的磁场。发动机带动电枢旋转,电枢的导线切割磁力线产生感应电动势,经电机负载电阻形成电流。此电流在磁场的作用下,产生一个与电枢转向相反的电磁阻力 F,形成阻力矩。要维持电枢的旋转速度必须克服这个阻力矩,即要消耗发动机的能量。同时,电流本身也形成磁场,该磁场对定子的磁极产生力 F',形成使定子摆动的力矩。此摆动力矩大小与阻力矩相等,方向顺着电枢旋转方向,由与定子外壳相连的秤量机构所给出的秤量力矩所平衡。由秤量力矩可知发动机的输出扭矩大小。

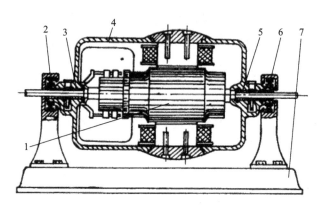

图 11-31　平衡式直流电力测功器

1—电枢；2、3、5、6—轴承；4—定子；7—底座

实际测量中，电力测功器的风扇、轴承、整流子等均会产生阻力矩，称为附加力矩，用 ΔM 表示。要提高测量精度，必须对附加力矩 ΔM 进行处理。ΔM 是随转速而变化的，对某一台具体的测功器可用实验的方法求得 ΔM 的变化曲线，如图 11-33 所示。于是可用下列公式对所测得的力矩进行修正。

$$M_D = M_W + \Delta M \tag{11-28}$$

式中：M_D 为发动机输出扭矩；M_W 为测功器秤量力矩。

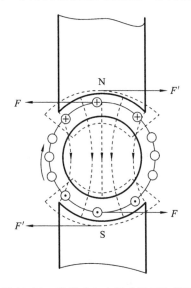
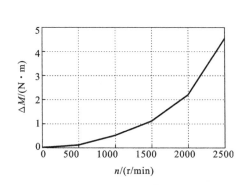

图 11-32　平衡式电力测功器工作原理　　图 11-33　附加力矩变化曲线

电力测功器不仅可以如上述那样按发电机运行，作为测功设备，而且可作为电动机拖动发动机启动或测量发动机的摩擦功率，从而得到发动机的机械效率。电力测功器按电动机运行测量发动机摩擦功率 M_{Dm} 时，力矩修正公式为

$$M_{Dm} + \Delta M = M_W \tag{11-29}$$

2）平衡式直流电力测功器的秤量机构

在测功器的测力机构中，电子秤也获得了广泛的应用。在图 11-34 所示的电子秤秤量测功系统中，电子秤由拉压传感器及其测量控制电路组成。拉压传感器将测功器的被

秤量力变换为相应的电信号,由测量电路对电信号进行放大等处理,最后将信号以数字形式显示出来。拉压传感器的形式很多,如电阻应变式、电感式、压电式、压磁式等等。

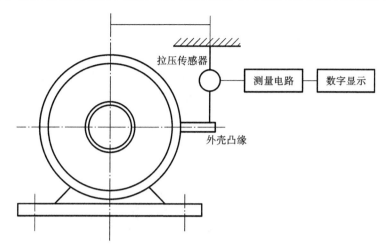

图 11-34 电子秤秤量测功系统

电子秤信号可以远传,测量精度高,读数直观,便于实现实验台自动化和数据处理。

3) 电力测功器的特性曲线

电力测功器的特性曲线表示电力测功器所吸收的功率与转速的变化关系。选用电力测功器和选用水力测功器时一样,也要保证发动机的外特性曲线在测功器的特性曲线之内。

电力测功器作为发电机测功时,在转速稳定后,电磁力矩的大小即等于所测发动机扭矩。由于测功器是由专门的激磁机给予激磁,所以定子的磁场强度与转速及负荷无关。而电枢电压与定子的磁通及转速成正比,即

$$U = C\Phi n \tag{11-30}$$

在外激磁情况下,$C\Phi = a$(常数),则

$$U = C\Phi n = an \tag{11-31}$$

若负载电阻为 R,则电枢电流强度为

$$I = \frac{U}{R} = \frac{an}{R} \tag{11-32}$$

故测功器所吸收的功率为

$$P_e = \frac{IU}{\eta} = \frac{a^2 n^2}{\eta R} \tag{11-33}$$

如果忽略 η 随负荷及转速的变化,可以近似地引用常量 B,即

$$B = \frac{a^2}{\eta R}$$

则得

$$P_e = B n^2 \tag{11-34}$$

这样,测功器所吸收的功率近似地与转速平方成正比。图 11-35 是典型的电力测功器特性曲线。

线 Oa、Oab:负载电阻最小和最大时的限制线。它由电机所允许的最大激磁电流来确定。

线 ab：最大扭矩限制线，或者是电枢最大电流限制线。它由转动机件所允许的最大扭矩或电枢所允许的最大电流来确定。

线 bc：为最大功率限制线。它由电机所允许的最大温升及散热条件确定。

线 cd：最大转速限制线。它由转动机件（电枢绕组）所允许的离心力负载确定。

3. 电涡流测功器

图 11-36 所示为电涡流测功器的结构，它主要由转子（包括发动机驱动轴 7 及感应子 3）和摇动架（即定子，包括产生制动力矩的涡流环 4、铁芯 1、激磁线圈 2）组成。摇动架与测力机构相连。测力机构一般采用精密摆锤式秤。

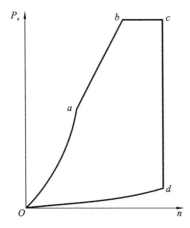

图 11-35　电力测功器特性曲线

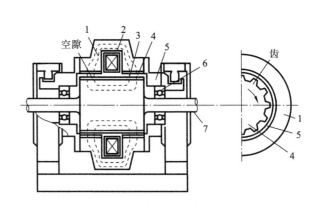

图 11-36　电涡流测功器结构

1—铁芯；2—激磁线圈；3—感应子；4—涡流环；
5—轴承架；6—轴承；7—驱动轴

电涡流测功器是利用电涡流起制动作用来测量扭矩的。当在激磁线圈 2 中通以直流电流时，在感应子 3、涡流环 4 及铁芯 1 间即形成一闭合磁力线回路。

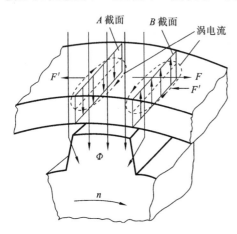

图 11-37　电涡流测功器工作原理

图 11-37 为电涡流测功器的工作原理。当感应子转动时，在涡流环的 A 截面处由于齿槽与涡流环之间的空气隙增厚，磁阻增加，磁力线密度减小。由电磁感应原理可知，在 A 截面处将产生一感应电流，以阻止磁通量的减少。在 B 截面处则相反。感应电流的方向用右手定则判定。感应电流与产生它的磁通 Φ 相互作用，使摇动架受一电磁力，它的方向由左手定则确定。由于在齿顶处的磁通密度较两侧的大，齿顶所对应的涡流环处的电磁力 F 大于两侧的电磁力 F'，所以摇动架总的受力方向与 F 的方向相同。整个摇动架受到一个方向与转子旋转方向相同的扭矩，由测力机构指示出读数。

电涡流测功器的制动力矩是通过改变激磁电流来调节的。激磁电流由专用的电流控制柜提供。测功器所吸收的机械能通过电涡流转化为热能，再由冷却水进行散热。冷却水的流量一般为 0.5~0.7 L/(kW·min),出水温度不宜超过 65~70 ℃。应使用软水,否则在测功器内会形成水垢,影响散热,而温度过高会使测功器的绝缘电阻遭到破坏。

图 11-38(a)表示了为电涡流测功器在不同激磁电流下的扭矩特性。图 11-38(b)表示了电涡流测功器的功率特性及其工作范围,图中:

01 段——激磁电流最大时所能吸收的功率随转速变化的曲线;

12 段——测功器所能测量的最大功率线,其值受测功器所允许的最高工作温度的限制;

23 段——允许使用的最大转速线,受转子离心力负荷的限制;

30 段——无激磁电流通过时的制动功率随转速变化的曲线,由空气阻力和摩擦阻力所形成。

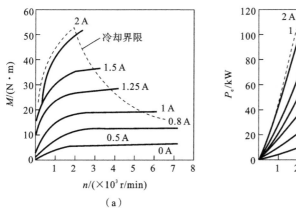

图 11-38 电涡流测功器的特性曲线和工作范围
(a) 不同激磁电流下的扭矩特性曲线;(b) 电涡流测功器功率特性曲线

4. 各类测功器的比较

水力测功器、电力测功器、电涡流测功器等测功设备各有其优缺点,都有其适合的应用场合。应根据具体实验要求,正确、经济、有效地选用和使用测功设备。

水力测功器的型号配套齐全,功率系列全,转速范围宽,是最基本的测功设备,对大、中、小型,高、中、低速发动机都能适应,其吸收功率可大至数万千瓦,转速可高至每分钟一万转以上。其结构比较简单,尺寸小,价格低廉,工作可靠,维护保养简单,具有足够的准确度(其误差不超过 1%),在一定程度上也能满足自动控制的要求。因此,这种测功器应用最为广泛。它的缺点是低负荷时工作不够稳定,变工况时所需的过渡时间较长,发动机能量不能利用,全部被冷却水带走。

平衡式直流电力测功器在整个功率范围内工作都比较平稳,调节精细,改变工况比较迅速,操作方便,比较清洁,测量精度高,可以倒拖发动机进行启动、冷磨合及测量摩擦功率,能量可以回收利用。但其使用一般局限于中小功率及中高速发动机,因为低速大功率电力测功器电机尺寸大,耗铜多,价格昂贵,需要庞大的配电设备,一次投资费用很高。即使中小型电力测功设备价格也比水力测功器高得多,因此,它多用于实验室,而工厂较少使用。

电涡流测功器结构简单,运转平稳,振动小,具有足够的精度,转速范围可至 25000 r/min,功率可达 4500 kW,因而它既可用于活塞式发动机的功率测量,也可用于燃气轮机的功率测量。但它对转子平衡性及轴承精度要求高,工作时需大量的冷却水,且对冷却水的水质要求较高,价格也较高昂。水力测功器、电力测功器和电涡流测功器都只能用于实验台测量平均扭矩。而扭矩仪则可以用来测量实际运行中的舰艇、车辆上的发动机输出扭矩。它不仅可以测量平均扭矩,也可以用于绘制扭矩变化曲线。扭矩仪不需冷却系统等辅助设备,比其他测功设备简单,并且成本低,体积小,不消耗发动机功率,具有足够的精度,因此便于现场测试,使测量结果反映动力机械的实际工作情况。

思考题与习题

11-1 力的测量方式有哪些?简述两种测力方式的工作原理。
11-2 简述两种扭矩的测量方式及原理。
11-3 举例说明工程实际中哪些情况下要使用测功器。
11-4 简述水力测功器的工作原理及特点。
11-5 简述电涡流测功器的工作原理及特点。
11-6 简述电力测功器的工作原理及特点。

第 12 章　振动测量技术

12.1　概　述

振动是工程技术领域的一个普遍性问题,如舰艇装备所属的旋转式机械设备、往复式机械设备、各类轴承、泵、风机、齿轮箱在工作过程中都会产生振动。振动的破坏性是多方面的,例如:设备的振动会引起结构噪声,从而使舰艇向水中辐射的噪声增加,影响其隐蔽性;剧烈的振动会使零部件强度削弱、磨损加快、寿命降低,并会加速操作人员疲劳,妨碍周围仪器设备正常工作,对周围环境产生严重的噪声污染。情况严重时会造成机件破坏,如严重的轴系扭转振动及轴系径向回旋振动都可能造成断轴的重大事故,这对在风浪中航行的舰艇来说是很危险的。因此,需要研究振动问题,找出解决办法。

关于振动的分析计算已有了一整套基本理论和方法。在机器或舰艇动力系统设计阶段,通常会进行振动的理论分析和计算。但是,相对简化的力学模型与实际系统间存在的差别,难以准确确定的阻尼系数、边界条件及其他一些难以确定或不定的因素,使得理论分析与实际之间仍存在一定距离。因此,还需对舰艇设备进行实际振动测量和对测量结果进行分析,这样才能对实际振动情况做出准确评价。舰艇装备振动测量的主要目的是为安全运行提供指导。通过测量,确定振动幅度、振动应力及共振转速,对发动机及轴系给出安全转速范围;确定振动系统的振动特性参数,如系统的固有频率、阻尼、振型等;测试各类振动与船体振动的传递特性,研究各种减振方法等;从振动信号中提取一些有用的信息如振幅、频率和相位(振动三要素)加以利用,并根据设备振动变化趋势预测设备的运行状态,为科学管理装备提供依据。

12.2　振动测量原理

振动测量有两种方法:一种是利用振动体外部的静止点(参考点)进行测定,称为相对式测振;另一种是在振动体上安装拾振器来进行测定,称为绝对式测振,或称惯性式测振。

12.2.1　相对式测振

相对式测振是以外部静止点作为参考点,测量被测振动体相对于参考点的振动量,如图 12-1 所示。或直接读取振幅(图 12-1(a)),或在恒速移动的记录纸上记录下振动位移时间历程图(图 12-1(b))。但是,一般振幅较小,需要进行放大。为此,可用带刻度的显微镜,测定装在振动体上的光点的运动来确定振幅。另外,也可用机械杠杆放大原理进行测量,如用测振千分表测定振幅,或用基于机械杠杆放大原理的测振仪(图 12-2)进行记录。

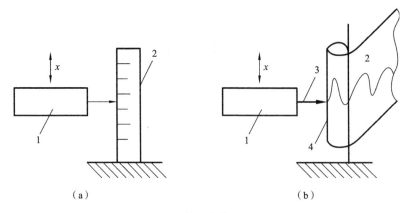

图 12-1　由静止参考点测定振动
(a) 直接测振幅方式；(b) 采用纸带记录方式
1—振动体；2—静止标尺；3—记录笔；4—记录纸

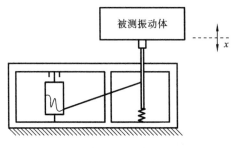

图 12-2　相对式机械测振原理

用机械杠杆放大原理测振时，仪器的活动部分的顶杆压在被测振动体上，使弹簧产生一定的变形和压力。被测振动体的振动力和弹簧力的共同作用，使顶杆、杠杆及记录笔等活动部分运动。要正确地传递振动，就要求顶杆能始终与被测振动体接触，跟随其运动。跟随条件是顶杆与被测振动体的接触力始终大于 0。

设被测振动是振幅为 x_m、角频率为 ω 的谐振，仪器活动部分质量为 m，则其跟随振动最大惯性力为 $m\omega^2 x_m$。若弹簧刚度为 k，其预压缩量为 x_0，则要满足跟随条件，即

$$x_0 > \frac{m}{k}\omega^2 x_m \tag{12-1}$$

而仪器活动部分的固有角频率为 $\omega_n = \sqrt{\dfrac{k}{m}}$，因而式(12-1)可改写为

$$x_0 > \left(\frac{\omega}{\omega_n}\right)^2 x_m = \left(\frac{f}{f_n}\right)^2 x_m \tag{12-2}$$

可见，顶杆跟随条件由被测振动的振幅、频率及仪器活动系统的固有频率所决定。当仪器活动系统的固有频率一定，弹簧预压缩量限定时，所能测量的振动频率和振幅则受限制。

在相对式测振过程中，也可应用电学方法，用电阻应变式、电容式、电感式、磁电式或电涡流式等形式的传感器将振动参量变换为电学量进行测量；还可用光学杠杆、光楔、频闪法及光干涉法等光学方法进行测量。

相对式测振仪原理简单，结果直观。但实际上，在被测对象（如舰艇、飞机、汽车等）附近往往很难找到静止点，只能测出结构本身与被测点之间的相对振动，而不能测出被测点相对于大地或惯性空间的振动量。

12.2.2 惯性式测振

惯性式测振方法是在不能得到静止点时,把拾振器直接安装在振动体上,间接地求得振动体相对静止点的振动的方法。这种测振仪的拾振原理如图 12-3 所示。质量为 m 的质量块用刚度系数为 k 的复位弹簧和具有黏性阻尼系数 c 的阻尼器悬挂在外壳体上,构成单自由度振动系统。被测振动体相对静止坐标的位移为 X,这就是应测定的量。质量块相对于外壳体的位移 x 可用测振仪测量。

当壳体与被测振动体同时以 X 位移产生振动时,x 与 X 有如下关系:

$$m\frac{d^2(x+X)}{dt^2}+c\frac{dx}{dt}+kx=0 \quad (12\text{-}3)$$

或

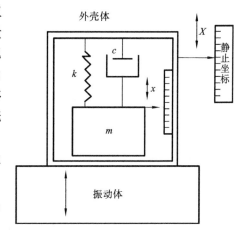

图 12-3 惯性式测振仪的拾振原理图

$$\frac{d^2(x+X)}{dt^2}+2\zeta\omega_n\frac{dx}{dt}+\omega_n^2 x=0 \quad (12\text{-}4)$$

式中:ω_n 为拾振器惯性系统的固有频率,

$$\omega_n=\sqrt{k/m}$$

ζ 为惯性系统的阻尼系数,

$$\zeta=\frac{c}{2\sqrt{mk}}$$

如果被测振动体做正弦振动,振动方程为 $X=X_0\sin\omega t$,则方程的稳态解为

$$x=K_D X_0 \sin(\omega t-\varphi) \quad (12\text{-}5)$$

式中:K_D 为动态放大倍数(或幅值比),

$$K_D=\frac{\lambda^2}{\sqrt{(1-\lambda^2)^2+4\zeta^2\lambda^2}}$$

φ 为相位滞后角,

$$\varphi=\arctan\frac{2\zeta\lambda}{1-\lambda^2}$$

λ 为频率比,

$$\lambda=\frac{\omega}{\omega_n}$$

根据所选取的频率比和阻尼度的不同,拾振器将具有反映不同振动参数的性能,从而表现为不同功能的传感器。

(1) 位移传感器 当 $\lambda\gg 1$(即 $\omega\gg\omega_n$),而 ζ 足够小时,式(12-5)中的 $K_D\approx 1$,$\varphi=\pi$。因此,拾振器的输出为

$$x=X_0\sin(\omega t-\pi)=-X \quad (12\text{-}6)$$

除方向外,拾振器反映的位移 $x(t)$ 与被测振动体位移 $X(t)$ 完全一致。这种仪器就是位移拾振器。

(2) 加速度传感器　将式(12-5)改写为以下形式：

$$x = K_A \left(\frac{\omega}{\omega_n}\right)^2 X_0 \sin(\omega t - \varphi) \tag{12-7}$$

式中：
$$K_A = \frac{1}{\sqrt{(1-\lambda^2)^2 + 4\zeta^2\lambda^2}}$$

当 $\lambda \ll 1$，ζ 足够小时 $K_A \approx 1$，$\varphi \approx 0$。因此，式(12-7)变成

$$x = \frac{1}{\omega_n^2} \omega^2 X_0 \sin\omega t = \frac{1}{\omega_n^2}\ddot{X} \tag{12-8}$$

响应 x 与输入振动加速度 $\ddot{X}$ 成正比。这时灵敏度为 $\frac{1}{\omega_n^2}$，应测量的频率 ω 越高，则所选拾振器 ω_n 的固有频率就应越高。这时的拾振器主要反映加速度，为加速度传感器。为此，拾振器灵敏度将急剧下降，需提高放大倍数。

(3) 速度传感器　将式(12-5)改写为

$$x = K_V \frac{\omega}{2\zeta\omega_n} X_0 \sin(\omega t - \varphi) \tag{12-9}$$

式中：
$$K_V = \frac{1}{\sqrt{\left(\frac{1-\lambda^2}{2\zeta\lambda}\right)^2 + 1}}$$

当 $\zeta \gg 1$ 时，即在过阻尼状态下，$K_V \approx 1$，$\varphi \approx \pi/2$，式(12-9)可改写为

$$x = \frac{\omega}{2\zeta\omega_n} X_0 \sin\left(\omega t - \frac{\pi}{2}\right) = -\frac{1}{2\zeta\omega_n}\dot{X} \tag{12-10}$$

这时，响应 x 与输入振动速度成正比，灵敏度为 $1/(2\zeta\omega_n)$。但是，从结构上考虑，使 ζ 很大有困难。因此，实际检测振动速度时用磁电式拾振器按位移传感器调整惯性系统，来获得正比于振动速度的输出电压。

以上三种类型传感器的幅频响应特性分别如图 12-4、图 12-5、图 12-6 所示；位移传感器相频特性图 12-7 所示。

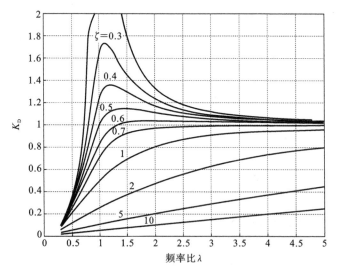

位移传感器幅频特性计算程序

图 12-4　位移传感器幅频特性曲线

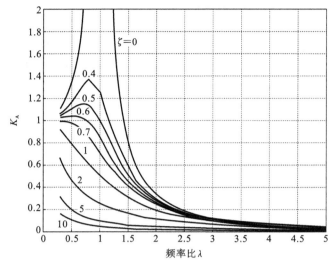

图 12-5　加速度传感器幅频特性曲线

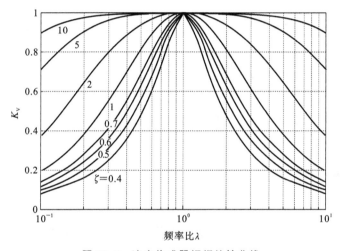

图 12-6　速度传感器幅频特性曲线

位移传感器的允许误差若为 ±5%，则当 $\zeta=0.7$ 时，频率比 $\lambda=\omega/\omega_n=1.5\sim1$ 的振动理论上是能测定的。实际上，由于拾振器结构限制和后接放大器截止性能的限制，测量频率 ω 值有其上限。ω 值也有下限，这是因为弹性元件的强度和惯性质量块的尺寸、质量决定了 ω_n 不能过低。

加速度传感器允许误差为 ±5%，则当 $\zeta=0.7$ 时，其可以测量 $\lambda=\omega/\omega_n=0\sim2/3$ 的振动加速度。但加速度传感器要实现有效阻尼比较困难。实际的 ζ 值多在 0.05 以下，因此来自拾振器系统的自由振动衰减很慢，从而使其输出叠加这种自由振动信号。不过，自由振动振幅通常很小，必要时还可在后续电路中加低通滤波器抑制之，因此不会对测量造成影响。在 $\zeta<0.05$ 的情况下，若 $\omega<0.2\omega_n$，相位滞后近似于零，因此可忽略其相位失真。加速度拾振器理论上具有零频特性，实际上可测频率也可达到极低的下限；另外，由于 ω_n 可以做得很高，使可测频率上限很高，因此，可以实现宽频带测振动。

速度传感器的允许误差若为 ±5%，当 $\zeta=10$ 时，其可以测量 $\lambda=\omega/\omega_n=0.1\sim10$ 的振

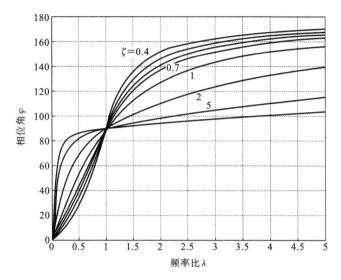

位移传感器相频
特性计算程序

图 12-7 位移传感器相频特性曲线

动速度。如式(12-10)所示,速度传感器灵敏度与 ζ 值有关,要注意 ζ 随温度的变化。

12.3 测振传感器

测振传感器是将机械振动变换为电学量进行测量和数据处理的仪器。常用的测振传感器有磁电式振动速度传感器、压电式振动加速度传感器。

12.3.1 磁电式振动速度传感器

磁电式振动速度传感器是利用基于电磁感应原理的磁电式变换器构成的测振传感器。它输出的电信号与振动速度成正比,因此又称为速度传感器。按照结构形式,其可以分为线圈-磁钢活动型和衔铁活动型两类。

1. 线圈-磁钢活动型

线圈-磁钢活动型结构是磁电式振动速度传感器采用较多的一种结构形式。利用这种结构可以构成相对式振动速度传感器和惯性式振动速度传感器。

1) 相对式振动速度传感器

图 12-8 为相对式振动速度传感器结构。磁钢 3 与壳体 4 构成磁回路,线圈 2 置于磁回路的缝隙中。测振时,用手持传感器外壳或将传感器固定在静止参考点上,将测杆 5 紧压在被测振动体上。

当被测振动体通过测杆使线圈运动时,线圈因切割磁力线而产生电动势 e,其大小为

$$e = NBlv \tag{12-11}$$

式中:N 为线圈匝数;B 为气隙中的磁感应强度;l 为每匝线圈平均长度;v 为线圈相对壳体运动速度。

如果测杆的运动符合前述的跟随条件式(12-2),则线圈的运动速度就是被测振动体的振动速度,因而线圈的输出电压反映被测振动速度的变化规律。

这种相对式传感器的测量频率范围主要受簧片7、连杆1、线圈2及磁钢3等构件组成的振动系统的固有频率限制。如果不用簧片,直接将磁钢和线圈分别固定在静止参考物体和被测振动体上,如图12-9所示。此时,测量频率范围的上限可提高到数千赫兹,而下限则受信噪比的限制。

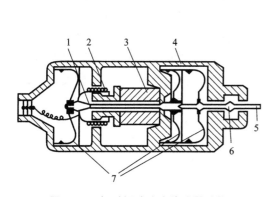
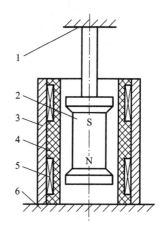

图12-8 相对振动速度传感器结构

1—连杆;2—线圈;3—磁钢;4—壳体;
5—测杆;6—限位块;7—簧片;

图12-9 磁钢与线圈分别固定的相对式磁电传感器结构

1—静止参考物体;2—磁钢;3—导磁体;
4—骨架;5—线圈;6—被测振动体

2) 惯性式振动速度传感器

惯性式振动速度传感器的力学原理如图12-10所示。由芯轴5、感应线圈7及其骨架、阻尼杯2及弹簧1和8构成一个固有频率很低的低频惯性系统,被悬挂在外壳6上,并使线圈处于钢制外壳6与磁钢3组成的磁回路的空气隙中。传感器固定安装于被测振动体上,与被测部位产生相同的振动。当被测频率ω远大于传感器惯性系统的固有频率ω_n时,惯性质量可作为"静止的基准"。于是线圈与磁钢间产生相对运动,线圈因切割磁力线而产生感应电动势输出,此电动势正比于振动速度。

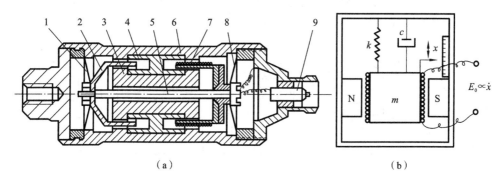

图12-10 惯性式振动速度传感器

(a) 结构图;(b) 简化力学模型

1,8—弹簧;2—阻尼杯;3—磁钢;4—铅架;5—芯轴;6—外壳;7—感应线圈;9—输出接线座

为了扩展被测频率下限,尽可能采用软弹簧来支承芯轴,使系统固有频率降低。阻尼杯2由紫铜等良导体材料制成,在磁场中运动时会因感应生成电涡流,形成对惯性系统的

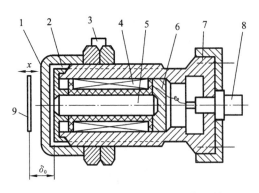

图 12-11 非接触式相对振动传感器
1—保护罩；2—托架；3—卡环；4—线圈；5—磁钢；
6—导磁体；7—壳体；8—引出线端口；9—衔铁

阻尼力。

2. 衔铁活动型

衔铁活动型结构可用来构成非接触式相对振动传感器。图 12-11 所示为非接触式相对振动传感器结构原理图。磁回路由磁钢 5、导磁体 6、壳体 7 及衔铁 9 等构成。衔铁可以是被测振动体本身(被测振动体采用导磁材料时)，也可以是固定在非导磁材料的振动体上的衔铁片。当被测对象相对传感器产生振动位移 x 时，衔铁便相对磁钢做相应的运动，使磁路的磁阻产生相应的变化，从而改变线圈 4 的磁通量 Φ，在线圈中感应出相应的电动势 e。该电动势与被测振动速度成正比，同时也与原始气隙尺寸 δ_0、衔铁材料及几何尺寸等因素有关。这类传感器的缺点是线性差，因此主要用于 x/δ_0 比值很小和精度要求不高的场合。

除以上两种之外，磁电式速度传感器还有其他的结构形式。

总的来说，磁电式速度传感器有以下特点：它能自身感应生电，不需特殊电源，操作简单方便；灵敏度高，可测微小振动；输出信号大，输出阻抗低，因此电气性能稳定，可直接与通用电子放大器和记录仪器等相接；传感器所用材料、元件都比较稳定，适合长期使用。缺点是动态范围有限，尺寸和质量较大。

12.3.2 压电式振动加速度传感器

1. 压电式振动加速度传感器的构成

压电式振动加速度传感器(图 12-12)主要由压电元件、惯性质量块、弹性元件和外壳等部件组成。测振时，将压电加速度传感器固定在被测振动体上，使之与被测振动体一起振动。由于惯性质量块的惯性力与振动加速度成正比，当惯性力作用在压电晶体上时，压电效应会使压电晶体产生与振动加速度成正比的电信号输出。

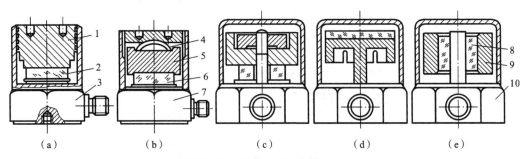

图 12-12 压电式加速度传感器
(a) 基座压缩型；(b) 隔离压缩型；(c) 单端压缩型；(d) 弯曲型；(e) 剪切型
1,5,9—惯性质量块；2,6,8—压电晶片；3,10—基座；4—弹簧

图 12-12 给出了几种压电振动加速度传感器的典型结构。其中：图(a) 所示为基座压缩型结构，其压电晶片安装在惯性质量块与外壳基座之间，外壳筒体起弹性元件的作用，

调节惯性质量块在筒体上的旋紧程度（即对晶片施以预紧力），可保证在测量时压电晶片始终处于受压状态。这种结构形式简单，固有频率较高，但由于外壳筒体起弹性元件作用，传感器对基座应变、瞬时温升、强声场等因素敏感，当倒置使用或在大加速度下使用时，螺纹易松动。图（b）所示是改进的用隔离弹簧作弹性元件的结构，设计时使弹簧刚度小于外壳筒体的刚度，以减小筒体对测量结果的影响，这是目前采用较多的结构形式。图（c）所示为单端压缩型结构，预紧力由旋在中心杆上的螺母兼弹簧施加，壳体仅起屏蔽作用，可完全消除瞬时温升和强声场的影响，但采用这种结构的传感器制造、装配较困难，主要用于精密测量和用在标准加速度计中。图（d）所示为压电元件工作时处于弯曲状态的结构，压电晶片粘贴在金属弹性元件上，振动时与金属弹性元件一起弯曲变形而产生压电效应。图（e）所示为压电元件工作时处于剪切变形状态的结构，该结构由一个圆筒形惯性质量块和一个轴向极化的圆筒形压电元件粘接在一起而形成。

压电式加速度传感器与压电式力传感器组合在一起，就构成一个测量机械阻抗的传感器，称为机械阻抗头。机械阻抗是振动系统中激励力与响应之比，根据响应的不同可分为位移阻抗、速度阻抗和加速度阻抗。在图12-13中，测力的两压电晶片6的信号从接头5输出，测加速度的压电晶片4的信号由接头1输出。测量时，机械阻抗头通过壳体2上的螺孔与被测结构相连，通过压块7上的螺孔与激振器相连。激振器工作时，激振力通过压电晶片6传给振动结构，振动结构与机械阻抗头一起振动，质量块3因而也产生一个与振动加速度成正比的力给压电晶片4。于是，机械阻抗头同时输出激振力与机械构件的加速度响应信号，进而可以求得相应的机械阻抗。

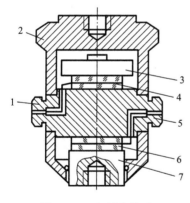

图 12-13　机械阻抗头　　　　图 12-14　7100A 加速度传感器

1,5—接头；2—壳体；3—质量块；4,6—压电晶片；7—压块

压电式加速度传感器具有固有频率高的特点（最高可达 100～200 kHz），因此工作频率范围宽；它的灵敏度高；质量小（至数十克），尺寸小（至几毫米），可以测量一特定点处的振动而不至于给振动结构加载；可以很容易地与电子积分网络一起使用而得到与速度或位移成正比的电压；工作温度范围较宽，通常为 −100～250 ℃；温度稳定性达 $0.1g\ ℃^{-1}$（g 为重力加速度）；时间稳定性好，每年仅变化 1%。由于这些特点，压电式振动传感器被广泛应用于机械振动测量，尤其对于宽频带随机振动和存在瞬态冲击等的场合，它几乎是唯一合适的传感器。电荷型压电式振动传感器一般后接电荷放大器使用。

图 12-14 所示为 7100A 加速度传感器，该传感器是单轴 IEPE（压电集成电路）加速

度传感器,为了便于了解加速度传感器的具体参数,以下给出 7100A 加速度传感器的常用指标:工作温度范围为 $-55\sim150\ ℃$,量程范围为 $\pm(50g\sim500g)$,频率响应带宽可达 15 kHz。外壳采用不锈钢封装,用标准安装螺栓安装。其电气连接方式为电缆连接,供电电源为 DC 18~30 V。

该传感器的典型应用为:振动与冲击监测、高温 IEPE 应用、飞行实验、齿轮箱振动监测、高频测试。

2. 传感器安装方法对测量的影响

在实际测量中,压电式振动加速度传感器使用的上限频率受其安装方法的影响。表 12-1 列举了几种压电式振动加速度传感器常用安装方法,图 12-15 所示为采用不同安装方式时传感器的频率响应曲线。

表 12-1 压电式振动加速度传感器的几种固定方法及性能比较

比较项目	钢螺栓紧固	绝缘螺栓加云母垫片	永久磁铁	手持探针	薄蜡层粘接	粘接剂
谐振频率	最高	较高	中	最低 (1000 Hz)	较高	低 (<5000 Hz)
负载加速度	最大	大	中 (<200g)	小	小	小

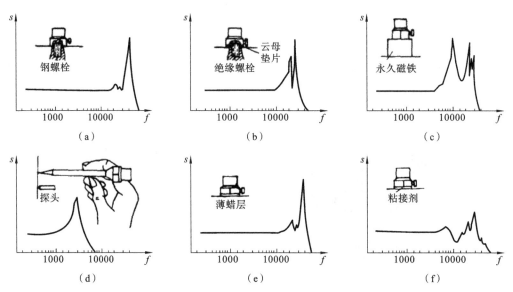

图 12-15 压电式振动加速度传感器安装方法及相应的频率响应曲线
(a) 用钢螺栓紧固;(b) 用绝缘螺栓加云母垫片安装;(c) 用永久磁铁安装;
(d) 手持探针;(e) 用薄蜡层粘接;(f) 用粘接剂粘接

用淬火钢制双头螺栓将加速度传感器固定在被测振动体上,可以获得最好的频率响应。当安装表面不十分平滑时,可先在安装表面涂一层很薄的硅油,然后再旋紧传感器,以增加安装刚度。旋紧传感器时应注意不要引起其基座弯曲,以免对传感器输出产生影响。但这种方法需在被测振动体上钻孔和攻螺纹,在很多舰用设备上不允许采用这种方式。

用绝缘双头螺栓加云母垫片安装,可使传感器与被测振动体绝缘,实现测试系统在一个点接地,接地点最好在放大器里,这样可以避免形成封闭干扰回路,从而可减小感应噪声信号的影响。

用永久磁铁固定的方法比较简单。永久磁铁与传感器间用双头螺栓连接。采用闭合磁路可使传感器不受磁场影响。

手持探针用在被测振动频率较低、测点较多的情况。

用粘接剂或蜡粘接,不用在被测振动体上钻孔和攻螺纹,不会对被测振动体造成损伤,舰艇装备振动监测中常用这种方式。

为保护压电式振动加速度传感器,使其不受潮气影响,可在电缆与传感器接头处涂密封复合电缆膏。电缆本身应在刚一离开传感器处就贴在或捆扎在被测振动体上,连接前置放大器的另一端应在振动量最小的一点离开被测振动体,这样可以减小由于电缆不断变化的弯曲、拉伸和压缩变形所引起的电缆噪声的影响。

12.4 振动传感器和测点选择

12.4.1 传感器选择

在设备振动评价中,尽管通常采用的评定量标是振动速度有效值,但并不是说只能通过测量机器的振动速度来评价设备振动。反映机内振动的参数有位移、速度和加速度三种,且它们是可以相互转换的。加速度积分一次得到速度,再积分一次得到位移。振动传感器的选择应依据振动信号的频率而定。

位移、速度、加速度传感器的频率响应特性是不同的,测量振动时应根据机器振动信号的频率成分选用合适的传感器,如表12-2所示。

表12-2 振动传感器适应频率范围

传感器类型	位移	速度	加速度
适用频率范围	2~10 Hz	10~1000 Hz	>1000 Hz

这些要求主要是保证传感器的输入信号和输出信号成线性关系以及传感器的灵敏度变化不超过允许值。在工程实际中,除要求传感器的各项性能指标在规定范围内,还要求连接系统在测量频率范围内能保证振动信号的正确传递,且连接导线应与系统匹配,固定牢靠,不得有相对运动。

12.4.2 测量位置和测量方向

测点选择的总原则是:便于对设备振动状态做出全面的描述;应是敏感点;应是机械设备核心部位最近的关键点;应是易产生劣化现象的易损点。具体要求如下:

(1) 测点位置最好选在振动能量向弹性基础或系统其他部位进行传递的地方,如可在轴承座、基座等部位选择测点。

(2) 测点应选在机器本体刚性好、能代表机器振动的部位,可产生局部振动的部位不得布点,例如,电机的弹性外壳、机体仪表盘安装架等部位。

(3) 测量可在三个互相垂直的方向上进行:一个方向与机器旋转轴方向重合;另一方

向为水平方向,且垂直于机器转轴;第三个方向与上述两方向组成的平面垂直。

12.4.3 测量条件

在测试过程中,需要注意如下几点:
(1) 被测机器应处于正常安装状态;
(2) 当机器达到正常运转状态时方可进行测量;
(3) 测量应在机器典型使用工况下进行;
(4) 测量环境中应无强烈外部干扰。

例 12-1 在某艇柴油机振动烈度的测试中,当测量柴油机振动时,应将测点选在局部刚度较大的部位,以使测量结果能反映整机的振动量级。通常选在柴油机机体前、后端顶部,机脚前、后端部及输出端传动箱上部等部位,在同一测点的三个互相垂直的方向上进行振动测量,如图 12-16 所示。柴油机振动的测量通常是在标定工况下进行。当柴油机运行转速范围内包含谐振转速时,还须在其共振转速下进行振动测量。

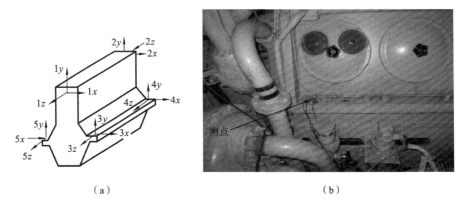

图 12-16 柴油机振动测点的选择
(a) 测点示意图;(b) 柴油机测点

例 12-2 在某大型发电机组的振动测试过程中,测点应选择在振幅尽量大且易安装振动传感器的位置,振幅大小以自由振动计算所得振型为参考。图 12-17 所示为发电机

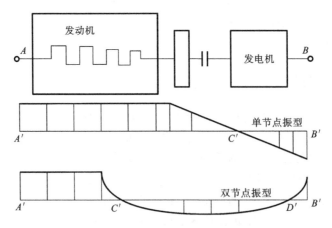

图 12-17 发电机组及其不同振型示意图

组及其不同振型示意图。一般取发动机自由端 A 点和发电机或测功器的末端 B 点为测点,因为这两点便于安装传感器,且振幅较大。注意不应该将测量点布置在振动节点(如点 C' 和 D')处,因振动节点处振幅为零。

思考题与习题

12-1 振动信号的三要素是什么?

12-2 测试设备振动加速度时,对测点的布置有哪些要求?

12-3 为了诊断舱内某机组是否产生谐振,如何测试机组的固有频率?

12-4 设计一个方案测试某新型减振器的阻尼系数。

12-5 测试过程中惯性式振动加速度传感器获得不失真响应的条件是什么?

12-6 某艇空压机振动测点布置方式如题图 12-1 所示,根据前面所学的知识判断该布置方式是否合理,为什么?

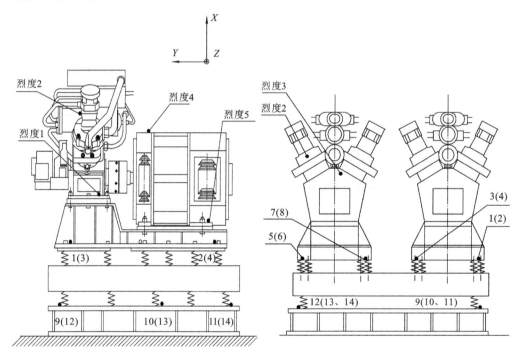

题图 12-1 空压机振动测点布置图

第 13 章　噪声测量技术

噪声是指不需要的声音,它从多方面对人们产生有害的影响。噪声直接干扰人们正常的生活、工作和学习,可使人烦恼,注意力分散,引起生产率下降,甚至导致事故发生;长期处于噪声环境,人们会产生听力、心血管系统、神经系统方面的许多病变。噪声是污染环境的公害之一。世界上许多国家已先后颁布目的在于控制噪声、减少公害的噪声限制标准。各种动力系统中的发动机及其驱动的机械和运输工具的噪声,是形成工业和交通噪声的主要成分,因此必须对这些噪声进行测量,并设法控制和降低,使其符合规定标准。

噪声测量主要包括:评价机械产品质量是否符合噪声标准规定的整机测量;为了查明主要噪声源,以便改进其中某一部件、降低噪声的测量。另外,近年来迅速发展的机械故障诊断技术中,把噪声测量作为故障诊断的检测手段,将机械在工作中所发出的噪声作为信息的载体,用以判断机械各部分运转是否正常,是否需要维护。根据测量的不同目的,将采用不同的测量方法。

13.1　噪声的基本参数

噪声通常由许多不同幅度、频率和相位的正弦纯音复合而成。从物理本质上说,噪声是声波的一种,具有声波的一切特性。因此,噪声的描述、分析和测试与一般的声音相比并无特别之处。

13.1.1　声压和声压级

在声波作用下,大气压相对其静压强的变化量就是声压,单位为 Pa,$1\ \text{Pa}=1\ \text{N/m}^2$。由于人耳膜的惯性作用,感觉不出声压随时间 t 的瞬时变化 $p(t)$,起作用的是声压在一段时间 T 内的均方根值,称为有效声压,可用 p 表示为

$$p = \sqrt{\frac{1}{T}\int_0^T p^2(t)\mathrm{d}t}$$

对于幅值为 p_m 的正弦波,其有效声压为

$$p = \frac{p_\mathrm{m}}{\sqrt{2}}$$

在实际使用中,若不另加说明,声压 p 就是有效声压的简称。

听觉正常的人能听到的 1000 Hz 纯音最弱声压为 2×10^{-5} Pa,称为可听阈声压,也称作基准声压,用 p_0 表示。听觉正常的人能忍受而不感到痛苦的最大声压为 20 Pa,称为痛阈声压,用 p_T 表示。p_T 为 p_0 的 100 万倍,用帕作单位衡量声音的强弱不太方便。另外,实验证明,人耳是按对数的方式对感觉到的声音响度做出反应的。因此,类似于风和地震的"级",声学上也用"级"来表示声音的大小。对应于声压 p 的声压级 L 定义为

$$L_p = 20\lg\frac{p}{p_0} \tag{13-1}$$

声压级 L_p 的单位是分贝,记作 dB。分贝没有量纲,在这里用以表示声压 p 相对基准声压 p_0 的大小。从可听阈到痛阈的声压级动态范围为 0～120 dB。

13.1.2 声强和声强级

在声场的某点处,单位时间内垂直于声传播方向的截面的单位面积内通过的声音能称为声强,记作 I,单位为 W/m²。

对于距离声源足够远处行进的平面波和球面波,声强 I 与声压 p 之间的关系可表示为

$$I = \frac{p^2}{\rho c} \tag{13-2}$$

式中:ρ 为空气密度;c 为声速;ρc 为声阻抗,其大小随大气压力和温度的变化而变化(Pa·s/m)。

与声压一样,声强大小也用"级"来表示,称为声强级。相应于声强 I 的声强级 L_I 定义为

$$L_I = 10\lg\frac{I}{I_0} \tag{13-3}$$

式中:I_0 为基准声强,取 10^{-12} W/m²;L_I 的单位为 dB。

在常温常压下,声特性阻抗变化不太大。如果取 $\rho c =$ 常数,则

$$L_I = 10\lg\frac{I}{I_0} = 10\lg\frac{p^2}{p_0^2} = 20\lg\frac{p}{p_0} = L_p \tag{13-4}$$

实际上,在 0～40 ℃ 温度范围内,L_I 与 L_p 差别小于 ±0.2 dB,可以忽略。因此,可以通过测量声压级得到声强级。

13.1.3 声功率和声功率级

声源在单位时间内辐射出的总能量称为声源的声功率,记作 W,单位为瓦。它是表征声源特性的物理量,与声波传播的距离及环境等无关。

声功率用"级"来表示时,就是声功率级。基准声功率 W_0 取值 10^{-12} W,则声功率 W 对应的声功率级为

$$L_W = 10\lg\frac{W}{W_0} \tag{13-5}$$

声功率与声强之间的关系可表示为

$$W = \oiint_S I_n \mathrm{d}S \tag{13-6}$$

式中:S 为包围声源的封闭面面积;I_n 为声强法向分量。

声功率为 W_p 的点声源在自由空间向四周均匀辐射球面声波时,在距声源 r 处的声强为

$$I = \frac{W_p}{4\pi r^2} \tag{13-7}$$

如果点声源在平硬地面上,则声能只能向半球面空间辐射,距声源 r 处声强为

$$I = \frac{W_p}{2\pi r^2} \quad (13\text{-}8)$$

可用距声源 r 处的声压级求得声源的声功率级。对于球面声波,有

$$L_{W_p} = L_p + 20\lg r + 11 \quad (13\text{-}9)$$

对于半球面声波,有

$$L_{W_p} = L_p + 20\lg r + 8 \quad (13\text{-}10)$$

13.1.4 声级的合成

1. 声级的加法

在舰艇装备中,通常情况下声源不是单一的,总是多个声源同时存在。因此,需要考虑声级的合成问题。声级的合成用加法来进行。

在各声源发出的声波互不相干的情况下,若相加的声压级分别为 $L_{p1}, L_{p2}, \cdots, L_{p_n}$ 则总的声压级 L_{p_t} 为

$$L_{p_t} = 10\lg\left(\sum_{i=1}^{n} 10^{L_{p_i}/10}\right) \text{ (dB)} \quad (13\text{-}11)$$

式中:L_{p_i} 为第 i 个声源的声压级(dB)。

同理,可得声强级的求和公式:

$$L_{I_t} = 10\lg\left(\sum_{i=1}^{n} 10^{L_{I_i}/10}\right) \text{ (dB)} \quad (13\text{-}12)$$

式中:L_{I_t} 为总的声强级(dB);L_{I_i} 为第 i 个声源的声强级(dB)。

声功率级的求和公式:

$$L_{W_t} = 10\lg\left(\sum_{i=1}^{n} 10^{L_{W_i}/10}\right) \text{ (dB)} \quad (13\text{-}13)$$

式中:L_{W_t} 为总的声功率级(dB);L_{I_i} 为第 i 个声源的声功率级(dB)。

在声学工程和声的测量中,对于小数分贝值一般都会予以忽略,除非需要非常精确的计算。为了计算方便,通常不用公式来计算,而是用图13-1(a)和表13-1进行简易计算。利用这些图表的计算结果,其误差小于1 dB。

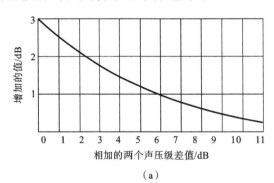
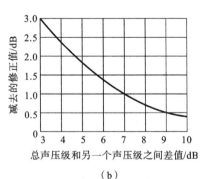

(a) (b)

图 13-1 声级的运算

(a)声级加法图;(b)声级减法图

例 13-1 已知 $L_{p_1} = 86$ dB,$L_{p_2} = 80$ dB,求总声压级 L_{p_t}。

解 $$L_{p_1} - L_{p_2} = 6 \text{ dB}$$

查表 13-1,得到相应的增加值 $\Delta L=1$ dB,因此
$$L_{p_t}=L_{p_1}+\Delta L=87 \text{ dB}$$

表 13-1 声级相加表

分贝差值/dB	0	1	2	3	4	5	6	7	8	9	10
加到大值的数值/dB	3.0	2.6	2.1	1.8	1.4	1.2	1.0	0.8	0.6	0.5	0.4

2. 声级的减法

在某些情况下,需要考虑被测噪声源以外的声音(如背景噪声,即被测噪声源停止发声后的环境噪声,也称本底噪声)对总的测量结果的影响,以确定单独由被测噪声源产生的声压级,这就要进行声级相减法计算。设总的声压级为 L_{p_t},背景噪声的声压级为 L_{p_c},可得声源的声压级 L_{p_s} 为

$$L_{p_s}=10\lg(10^{L_{p_t}/10}-10^{L_{p_c}/10}) \text{ (dB)} \tag{13-14}$$

同分贝相加一样,声级减法也可用图表进行,图 13-1(b)所示为减去背景噪声影响的修正曲线。

3. 声级的平均值

声级平均值求法由声级求和法而来,即

$$\overline{L}_p = 10\lg\left(\frac{1}{n}\sum_{i=1}^{n}10^{L_{p_i}/10}\right) \text{ (dB)} \tag{13-15}$$

式中:n 为测点数目;L_{p_i} 为第 i 点测得的声压级(dB);$\overline{L}_p$ 为测点数目为 n 点的平均声压级。

13.1.5 噪声的主观量度和响度曲线

人耳判别的声音强弱用响度表示,它取决于声压、频率与波形。响度的单位为"宋"(sone),定义频率为 1000 Hz 的纯音在声压级为 40 dB 时的响度为 1 sone,并规定声压级每升高 10 dB,响度增加 1 倍,即 50 dB 为 2 sone,60 dB 为 4 sone,……然而人耳对声响大小的感觉与声压并非线性关系。声压相等而频率不同的两个纯音,听起来却不一样响。例如,一个频率为 1000 Hz 的声音和一个频率为 100 Hz 的声音,声压级同为 50 dB,听起来前者比后者响。当后者提高为 60 dB 时,两者才一样响。这说明人耳的听觉特性是对高频声更为敏感。

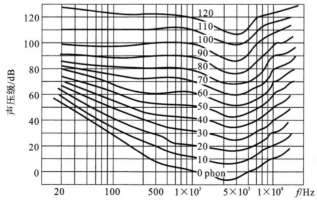

图 13-2 纯音的等响度曲线(双耳、自由声场)

图 13-2 为纯音的等响度曲线，它是根据对大量受试人判断的结果进行统计后作出的。每条曲线上的声音具有同样的响度。也可用响度级表示，称响度相同的声音具有同样的响度级，其大小为所处的等响度曲线上的 1000 Hz 纯音声压级的分贝数，单位为"方"（phon）。响度级 L_N 与响度 N 的关系为

$$N = 2^{0.1(L_N - 40)} \tag{13-16}$$

$$L_N = 40 + 10\log_2 N \approx 40 + 33.22 \lg N$$

从图 3-2 中可以看出：人耳对 4000 Hz 左右的纯音最敏感；响度级越高，曲线越平坦，即频率的影响越小。

13.2 测量噪声的仪器

13.2.1 声级计

声级计是最简单的噪声测试系统，它用于现场的噪声级测量，也可作各种噪声分析仪的前置放大器使用，如果把电容传声器换成加速度传感器，还可用来测量振动加速度。声级计原理方框图如图 13-3 所示。

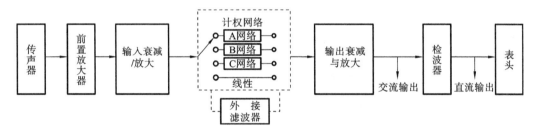

图 13-3 声级计原理方框图

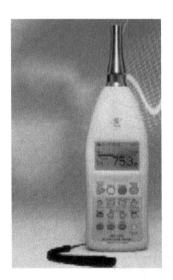

图 13-4 NL20 型声级计

图 13-4 所示为 NL20 型声级计。

NL-20 声级计可测 L_p, L_{eq}, L_e, L_{max}, L_{min} 等参数（L_{eq} 为等效连续声压级，L_E 为暴露声压级，L_{max} 为最大声压级，L_{min} 为最小声压级），不仅符合当前 IEC 标准，而且也能满足新的 IEC 61672-1 标准的技术要求。对其技术性能说明如下。

(1) 通用测量时间：10 s, 1 min, 5 min, 10 min, 15 min, 30 min, 1 h, 8 h, 24 h 和人工控制时间（最大 200 h）。

(2) 测量范围：28～138 dB（A 加权），33～138 dB（C 加权）。

(3) 电源技术要求：电池使用寿命在使用 LR6 碱性电池组时为 34 h 左右，使用 R6P 锰电池组时为 14 h 左右，使用背景灯光时电池使用寿命减少约一半；AC 转接器 NC34B 的工作电压为 AC 220 V。

(4) 适用的环境条件：温度为 −10～50 ℃；相对湿度为 10%～90% RH。

声级计的基本组成通常包括:传感器、计权网络、衰减器和放大器、检波电路和显示系统。

1. 传声器

传声器又称微音器或话筒,它是将声波信号转换为电信号的传感器。传声器安装在声级计的端部,根据现场的需要,也可通过伸长杆或电缆将传声器延长使用。

测量用理想传声器应具有以下特点:

(1) 在可听声范围内,有良好的频率响应特性,即应具有平坦的幅频特性和没有相位畸变。

(2) 在整个动态范围内具有可预见的及可重复的灵敏度。

(3) 即便在测量最低声级时,输出信号也应比本身固有的电噪声大数倍。

(4) 与声波的波长相比,传声器的尺寸应很小,以使它在声场中引起的声反射与绕射的影响可以忽略。

(5) 它的输出不受温度、湿度、磁场、大气压和风速等的影响,并能长期保持稳定。

(6) 用于工程上噪声源识别时,希望指向性好;用于室内混响测量时,希望无方向性。

实际上很难有一个传声器能满足上述全部要求,必须根据测量目的,选择适当形式的传声器。常用的传声器有如下几种:

(1) 电容式传声器 电容式传声器如图13-5所示,它由张紧的金属膜片(振膜)3和金属背板2构成以空气为介质的电容器两极板,当一个直流电压 E 加在两极板间时,电容器充电,所加电压称为极化电压(大小可为几十伏到几百伏)。在声压作用下振膜将产生振动,从而改变极板间的距离,引起电容量的变化,于是将有一个对应声压的交变电压 Δu 输出。背板上设有若干个阻尼孔,振膜振动所形成的气流可通过这些小孔产生阻尼效应。在壳体上的均压孔可以

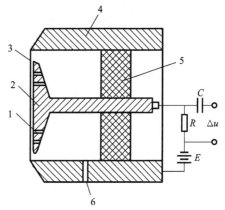

图 13-5 电容传声器结构
1—阻尼孔;2—背板;3—振膜;
4—壳体;5—绝缘体;6—均压孔

平衡振膜两侧的静压力,避免大气压力变化时振膜凸起或凹下造成灵敏度变化,甚至使膜片损坏。

电容式传声器输出阻抗很高,因此须配以高输入阻抗前置放大器。

电容传声器灵敏度较高,可达 50 mV/Pa;在可听声范围内响应特性曲线平直;测量动态范围宽,为 12～170 dB;输出性能稳定,对周围环境适应性强,在 −50～150 ℃温度范围和 0%～100% 的相对湿度下,性能变化很小;外形尺寸可以做得较小;对机械振动灵敏度低。因此,电容传声器适于精密测量。但它对材料和加工要求都非常严格,因此制造成本高。使用时还必须配高稳定性直流极化电压和高输入阻抗前置放大器。电容传声器多用于精密及标准声级计。

(2) 压电式传声器 压电式传声器又称晶体话筒。它是利用压电晶体的压电效应,将声压信号转换为电信号而工作的,其结构如图13-6所示。感受声压振动的振膜2与压电晶体梁3机械连接。振膜在声压作用下发生位移,使压电晶体梁产生弯曲变形,因压电

效应的作用而输出电压信号。

压电式传声器结构简单,量程宽广(最高可达 250 dB),频率响应特性曲线较平直,价格较便宜,不需极化电压,可气密封装。它的缺点是灵敏度较低,能测的最小声压级比电容传声器约高出 10 dB 以上;受温度影响较大;对机械振动较敏感;输出阻抗高,也需接高输入阻抗前置放大器。压电式传声器多用于普通声级计。

(3) 动圈式传声器 动圈式传声器又称电动式传声器,其结构如图 13-7 所示。它的工作原理是:在振膜 2 下附有一线圈 1,线圈放在永久磁铁 5 的气隙中,在声压作用下,线圈随振膜一起振动,切割磁力线后,产生感应电动势,电动势的大小与振动速度成正比。这种传声器结构简单,制造方便,造价低,容易保养维护,可靠性好,寿命长,使用环境适应性强,对温度、湿度不敏感,输出阻抗小,可以接长电缆而灵敏度不降低,固有噪声低。但它的体积大,灵敏度低,频率特性不均匀度较大,易产生电磁感应噪声,对机械振动较敏感。目前多用于电声扩音。作为测量传声器,仅用于普通声级计。

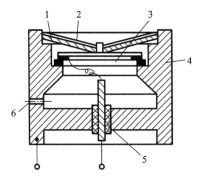

图 13-6 压电式传声器结构

1—背板;2—振膜;3—压电晶体梁;
4—壳体;5—绝缘体;6—均压孔

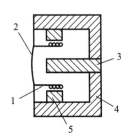

图 13-7 动圈式传声器结构

1—线圈;2—振膜;3—导磁体;
4—壳体;5—永久磁铁

2. 计权网络

计权网络是根据人耳对声音的频率响应特性而设计的滤波器。它对不同频率的声音实行不同程度的衰减策略,以使仪器的频率响应与人的听觉感受近似一致,也即让仪器对不同频率、不同声压级但具有同样响度的声音有相同的测量值。

声级计中一般均有 A,B,C 三种国际标准计权网络,它是参考等响度曲线而设置的,如图 13-8 所示。

C 网络模拟 100 phon 等响度曲线倒立形状,在整个可听声频率范围内基本上没有衰减。因此它一般代表总声压级测量。

B 网络模拟 70 phon 等响度曲线倒立形状,在 500 Hz 以下低频段有衰减。

A 网络模拟 40 phon 等响度曲线倒立形状,对高频敏感,对低频不敏感。这与人的听觉特性比较接近,因此普遍采用 A 网络测得的值代表噪声响度的大小。

用声级计测得的经过频率计权后的声压级,称为噪声级,单位为 dB,并且在所测得的值后要标记所用计权网络名称。如 85 dB(A),表示用 A 计权网络测得噪声级(简称 A 声级)为 85 dB。

为得到关于声级的定量概念,表 13-2 给出了一些声源的有关参数。

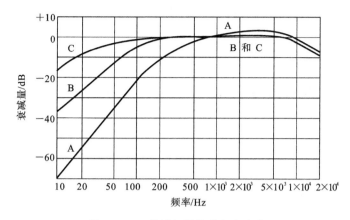

图 13-8 三种计权网络的频率响应

表 13-2 一些声源的声压和声级

声源(或环境)	声压/Pa	A声级/dB	声源(或环境)	声压/Pa	A声级/dB
静夜、安静住宅	0.0002~0.002	20~40	普通车床、重型汽车	0.2~0.7	80~90
办公室内、家用电冰箱	0.002~0.02	40~60	汽油机、中小型柴油机、鼓风机	0.7~7	90~110
普通谈话声、家用洗衣机	0.02~0.07	60~70	大型柴油机进排气噪声	7~70	110~130
城市街道两侧、小轿车	0.07~0.2	70~80	喷气式飞机、大炮	70~700	130~150

注：测点距声源一般为 1 m,对于谈话声为 0.3 m,对于汽车为 7.5 m,对于大炮等为 25 m 以上。

可用 A,B,C 计权网络对噪声成分进行大致估计。设用 A,B,C 网络测同一噪声,所得噪声级分别为 L_A,L_B 和 L_C。若 $L_A \approx L_B \approx L_C$,则说明此噪声未受低频衰减影响,含高频成分较多;若 $L_A < L_B \approx L_C$,说明此噪声含中频成分较多;若 $L_A < L_B < L_C$,则说明此噪声含低频成分较多。

3. 衰减器和放大器

衰减器和放大器的作用,是确保声级计在测量微弱信号或强信号时,表头指针能获得适当的偏转。

声级计上衰减选择旋钮一般分上下两层。下层旋钮控制输入衰减器,上层旋钮控制输出衰减器,以 10 dB 分挡。为提高信噪比,使用时,应尽量将上层输出衰减器旋钮沿顺时针旋到底,使输出衰减最大。只有当信号微弱,下层输入衰减量调至最小表头指针仍偏转很小时,才可减小输出衰减量。

声级计测得的噪声级分贝数,等于衰减器旋钮指示值与表头指示值之和。

4. 检波电路和显示系统

为测量有效声压,声级计中设有均方根值检波器,将输出放大器放大后的信号变成直流有效值,由显示系统显示。均方根值的实际时间,即仪器对噪声的平均时间,按国际电工委员会(IEC)规定,分为"快"和"慢"两挡。"快"挡的平均时间为 0.27 s,接近人耳听觉生理平均时间,所以"快"挡声级变化与人的感觉协调。"慢"挡的平均时间为 1.05 s。若噪声起伏超过 4 dB,则可改用"慢"挡读数。用"慢"挡时:指针摆动量若小于 3 dB,则测量值可取摆动的最大与最小读数的平均值;若大于 3 dB,则应分析是声源还是仪器存在问题。

13.2.2 噪声频谱分析仪

1. 频程与频谱

工程实际中,噪声由大量不同频率的声音复合而成。为了分析噪声产生的原因,需要对噪声进行频谱分析。声频范围很广,一般不可能也没有必要对每个频率逐一进行测量。为方便起见并考虑实用上的需要,通常把声频范围划分为若干较小的频段,称之频程或频带。完成这种频带分割的是一组带通滤波器。

图 13-9(a)所示为采用两种倍频程时某四冲程汽油机排气噪声测量结果。由图可看出,用 1/3 倍频程分析可以清楚地反映频率为 63 Hz,125 Hz 和 250 Hz 时的声压级峰值,而利用 1 倍频程分析只能看到噪声频率大致的变化。图 13-9(b)为某艇辅循环水泵噪声1/3 倍频图。

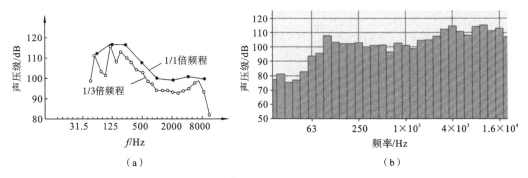

图 13-9　两种设备的噪声倍频程图

(a)汽油机排气噪声频谱图;(b)某艇辅循环水泵噪声的 1/3 倍频图

有许多噪声,在一定频带中,其声压级基本上是按频率连续分布的。如果用不同频程的滤波器对同一声源进行测量,虽然中心频率相同,但所得频带声压级可能不同,宽频带的声压级比窄频带的大,因此两声源对比应该用同一频程。

2. 频谱分析仪类型

1)模拟式频谱分析仪

模拟式频谱分析仪以模拟滤波器为基础。实际应用的模拟式频谱分析仪有以下几种:

(1)并列顺序检波法频谱分析仪　并列顺序检波法频谱分析仪的工作原理如图13-10所示:输入信号经输入放大器放大后,被送入一组中心频率分别为 $f_{01},f_{02},\cdots,f_{0n}$ 的并列带通滤波器,滤波器的输出信号通过开关 K 顺序地接入输出放大器,再经检波器送至显示屏显示。

通常声级计都采用并列顺序检波法配有倍频程或 1/3 倍频程滤波器,组成便携式频谱分析仪。需要进行频谱分析时,只需将滤波器接入声级计上相应的插孔,声级计的计权网络选择旋钮置于外接滤波器位置,即可进行噪声频谱测量。

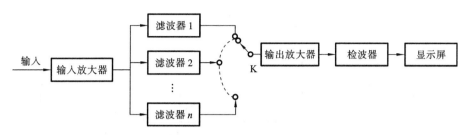

图 13-10　并列顺序检波法频谱分析仪工作原理框图

实际使用时应注意不要使输入放大器出现过载。正确的使用方法是：首先测出被测噪声的噪声级，然后测量各倍频带或 1/3 倍频带声压级。这时如果读数偏低，则只能减小输出衰减器（上层旋钮逆时针转）的衰减量。因为送到滤波器前面的输入放大器的信号与测量总的噪声级时是一样的，只是滤波后送到输出放大器的信号减小了。如果减小输入衰减量，则必然使加到输入放大器的信号增加而出现失真（过载），影响测量的准确度。

并列顺序检波法频谱分析仪用示波器作显示器时，将检波器的输出加到示波管的垂直偏转板，而示波管的水平偏转板加上与开关 K 同步的阶梯波电压。由于开关 K 在滤波器之后，所以换接速度不受滤波器过渡特性的限制。

（2）并列滤波器实时频谱分析仪　并列滤波器实时频谱分析仪的工作原理如图 13-11 所示。该频谱分析仪与并列顺序检波法频谱分析仪的不同点是每个滤波器都紧接一个检波器，并用电子扫描开关进行高速切换，从而实现实时频谱分析。

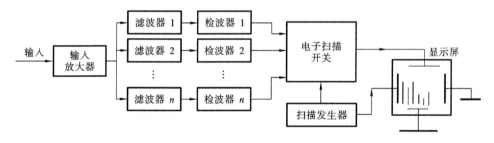

图 13-11　并列滤波器实时频谱分析仪工作原理框图

（3）扫描调谐式频谱仪　扫描调谐式频谱仪采用调谐滤波器（或称谐振放大器），其中心频率可在所需频率范围连续调节，其原理框图如图 13-12 所示。这种频谱仪结构较简单，但滤波器的中心频率的调节速度不能太快，以免由于过渡特性而产生严重的失真，因此分析速度慢。

（4）超外差频谱分析仪　超外差频谱分析仪工作原理如图 13-13 所示。频率为 f_x 的输入信号在混频器中与频率为 f_L 的本机振荡信号进行差频计算，只有当差频信号的频率落入中频放大器的带宽内时，中频放大器才有输出。中频放大器的中心频率 f_0 是固定的，而本机振荡频率 f_L 通过扫描电路实现连续调谐，因而输入信号中的各个频率分量将依次一段段地落入中频放大器的带宽内。中频放大器的输出信号经检波放大后，加至显示屏的垂直通道，同时扫描信号加至水平通道，就可得到输入信号的幅频谱。在一次分析中，中频放大器的带宽是不变动的，因此所得为恒定带宽频谱。

超外差频谱仪对频率为 $f'_x = f_L + f_0$ 的信号同样灵敏，f'_x 称为 f_x 的镜像频率。为避免镜像干扰，输入端设一低通滤波器，以抑制高于 f_L 的干扰信号。

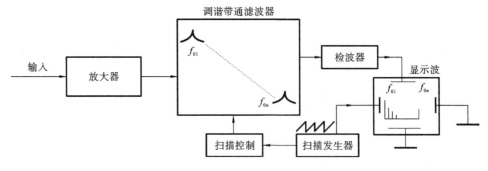

图 13-12　扫描调谐式频谱仪工作原理框图

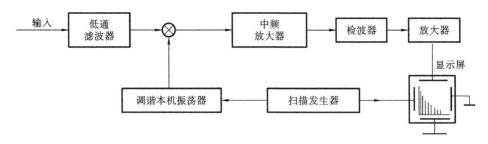

图 13-13　超外差频谱分析仪工作原理框图

超外差频谱分析仪的优点是通过中频放大器可以得到很高的灵敏度,且工作频率范围宽,通过改变中频放大器的带宽就可以改变其分辨率。但超外差频谱分析仍属顺序分析。由于中频滤波器过渡特性的限制,本机振荡的扫描速度不能太快,因此该频谱分析仪分析速度较慢。尽管如此,由于其具有诸多优点,超外差频谱分析仪仍获得了广泛的应用。

2)数字式频谱分析仪

数字式频谱分析仪主要有两种:一种是数字滤波式频谱分析仪;另一种是基于快速傅里叶变换的快速傅里叶频谱分析仪。其中以后者发展尤为迅速。

(1)数字滤波式频谱分析仪。图 13-14 所示为数字滤波式频谱分析仪的工作原理框图。它与模拟式频谱分析仪原理类似,只不过它用数字滤波器代替了模拟滤波器,且在数字滤波器前加入了取样保持电路和 A/D 变换器。数字滤波器的中心频率由控制和时基电路顺序地改变。

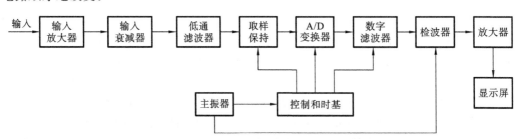

图 13-14　数字滤波式频谱分析仪工作原理框图

(2)快速傅里叶变换频谱分析仪。如果已经知道被测信号 $f(x)$ 的取样值 f_k,则可用电子计算机按快速傅里叶变换的计算方法求 $f(x)$ 的频谱。

信号的频域分析,实质上就是用模拟或数字方法完成信号从时域到频域的傅里叶变换。快速傅里叶变换频谱分析法大大减少了进行傅里叶变换需要的运算次数,可以在通用计算机上利用相应的软件来实现傅里叶变换,也可以利用专用计算机——快速傅里叶变换频谱分析仪来实现傅里叶变换。由于信号处理过程是按照数字形式进行的,因而快速傅里叶变换频谱分析仪能够对信号进行更多方面的分析,具有更加广泛的功能。图13-15为快速傅里叶变换频谱分析仪的工作原理框图,其中低通滤波器、取样电路、A/D变换器和存储器等组成数据收集系统,由该系统将被测信号转换为数字量。这些数据在快速傅里叶变换频谱分析仪中按快速傅里叶变换法算出被测信号的频谱,并显示在显示器上。

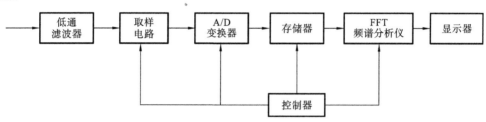

图 13-15　快速傅里叶变换频谱分析仪工作原理框图

快速傅里叶变换频谱分析仪常做成多通道的,这样可同时分析多个信号的频谱,且可以测量各信号之间的关系。它可以实现下列各种计算:傅里叶变换,自功率谱函数、自相关函数、互功率谱函数、互相关函数、传递函数、相干函数计算,卷积和信号平均等等,实际上它已是一种数字信号处理机。

13.3　噪声测量的方法

13.3.1　噪声测量中测点的选择

在工程实际中,由于机械设备辐射的噪声会影响舰艇的隐蔽性和操作人员工作的舒适性,因此必须将噪声控制在符合要求的范围内。为了定量地描述噪声的大小,需要采用声级计进行测量,并计算不同频段内的噪声级。国家标准 GB/T 1859—2015 对噪声源声级测定给出了相关规定。

为了便于确定传感器位置,规定一个假想基准体。该基准体是恰好包络机械设备并终止于反射面的最小可能矩形六面体,如图 13-16 所示。

传声器布置在一个假想矩形六面体(包络机械设备)的测量表面上,矩形六面体的各侧面分别平行于基准体的各侧面,且同侧两平行侧面的间距为 d(测量距离)。一般情况下,测量表面与基准体间的测量距离为 1 m。

以某型空压机噪声测量为例。测点的数目和位置取决于空压机的形状和尺寸,测点应置于距离空压机基准体以外 1 m 的各规定部位,所有测点的距离误差不得超过规定值的±10%(规定值参见对应的标准)。最大尺寸为 2~4 m 的空压机,应按图 13-17 所示的各位置测量声压级。传声器布置方式如下:

(1) 在基准体的每个侧面中心铅垂线上,离安装空压机基础 1 m 的高度处布点,并在

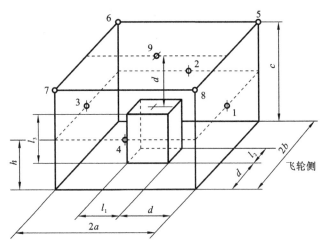

图 13-16 测点(9 个测点)布置及测量表面

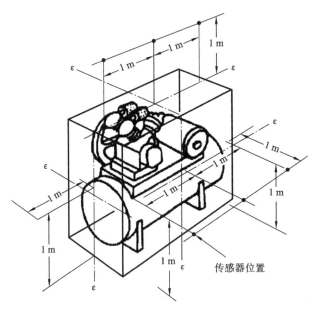

图 13-17 空压机声级测量位置示意图

各侧面以此点为基准向左右间隔 1 m 布点,然后按这些点向上间隔 1 m 布点。

(2)在空压机的基准体顶水平面中心的上方布点,并以此点为基准在基准体顶水平面向左、右间隔 1 m 布点,然后按这些点向前、后间隔 1 m 布点。

(3)空压机有操作人员位时,在操作人员头部位置布点。

(4)若空压机在规定的布点位置有气流,则可避开原测点,在距离原测点不超过 1/3 m 处重新布点。

13.3.2 声源噪声声压级的计算

在现场测量前,应先测量背景噪声级 L_0。然后,在同一位置测量被测噪声与背景噪声的合成噪声声压级 L_1,最后利用 L_1 与 L_0 求得被测噪声源噪声级 L。L 的计算式为

$$L=L_1-10\lg\left[1+\frac{1}{10^{(L_1-L_0)/10}-1}\right]=L_1-\Delta L \tag{13-17}$$

式中：ΔL 为背景噪声声压级修正值。具体修正办法如下：

(1) 合成噪声级 L_1 与背景噪声级 L_0 满足 $L_1-L_0 \geqslant 10$ dB 时，可不计背景噪声影响。

(2) 当 $L_1-L_0 < 3$ dB 时，测量结果无效，应进一步采取降低背景噪声的措施，以保证测量结果的正确性。

(3) 当 3 dB$\leqslant L_1-L_0 < 10$ dB 时，可按式(13-17)进行修正。现场测量时，可将修正值进一步简化：当被测噪声源的 A 声级与背景噪声的 A 声级之差为 $6\sim 9$ dB 时，修正值 ΔL 取 1 dB；当两者之差为 $4\sim 5$ dB 时，ΔL 取 2 dB；当两者之差为 3 dB 时，ΔL 取 3 dB。

13.3.3 声级计的使用及影响

1. 声级计计权网络选择

一般噪声测量使用 A 计权网络。如果是为了比较或对噪声进行粗略分析，可以使用 A，B，C 计权网络。如果用活塞发声器进行校准，则用"线性"挡或频率特性平坦的 C 计权网络。用声级校准器时，可以使用 A，B，C 计权网络及任一"线性"挡。

2. 电池电压下降的影响

便携式声级计为便于流动及野外、现场测量，要求能用电池供电。一般电池电压在 $3\sim 4$ V 范围内时仪器均可正常工作。将开关置于"电池检查"位置，可检查电池电压是否正常。即使是新电池，如超过储存期，电池电压也往往不足。因此，每次使用前均应先对电池进行检查。

3. 环境对测量的影响

1) 气象条件的影响

当风吹到传声器上时，传声器膜片上压力将发生重复变化，从而引起风噪声，这样往往会使声级计过载，造成表头指针摇摆，因此此时要使用风罩。风罩是由多孔的泡沫塑料制成的球，套在传声器上可使风噪声大大衰减，而对所测声音无衰减作用。

当传声器受到高速风影响而产生噪声时，可以用鼻锥代替正常的传声器保护栅，来降低风噪声的影响。鼻锥尤其适用于风向和风速固定的情况，如风洞和固定管子等的内部的噪声测量，以及从行驶车辆的窗口伸出传声器进行测量等场合。鼻锥做成流线型以减小空气阻力，四周用细金属丝网让声波透入，传到传声器膜片上。鼻锥除了降低风噪声的影响外，还可大大改善传声器的方向特性。一般风速大于 6 m/s（四级风）时，就不能进行测量。

现场温度过高或过低都会对传声器灵敏度造成影响。另外，湿度太大，潮气进入电容传声器并凝结时，会使传声器的背板与膜片同时产生放电现象，从而造成强烈的电噪声。因此，应注意保证仪器测量精度所要求的使用温度和湿度范围。

2) 反射声的影响

声场中的任何物体，只要其实际尺寸大于或等于声波波长，就都能够产生反射声波，干扰声场，给测量带来较大的误差。如墙壁、窗、地面、机器设备、家具、人体等都是反射体，测量时应注意。

使用手持式声级计测量时，应尽量使传声器远离身体。可在传声器上加伸长杆来使用。有条件时,最好不用手握,将声级计本体放置在三脚架上,或利用不同长度的屏蔽长电缆把传声器从声级计本体中分离出来。

在室内测量机械噪声时,应当尽可能减少或排除周围的障碍物。在不能排除反射体时,应将传声器放在噪声源和反射体之间的适当位置,并尽量远离反射面,如距墙壁和地面不要太近,最好距离 1 m 以上。车间或实验室大门的开和关,有时可使测量值的差值达 10 dB 之多。

3) 振动和电磁场等的影响

在产生的振动较大的机械附近测量时,应给仪器铺以防振软垫。测量电机设备附近的噪声时,电磁场会对动圈式传声器产生影响,引起测量误差。这种影响力与电磁场方向有关,改变传声器方向时,声级计的指示值也会产生变化。因此,可通过改变传声器方向来减小电磁场影响。

对于具体的工业企业噪声、城市区域环境噪声、机动车辆噪声等,我国已颁布了有关标准,并且对其测量所应用仪器、测量条件、测点选择、测量方法及测量结果表示等均有所规定,测量时应按有关标准执行。对于舰艇装备,则根据《舰艇噪声测量方法》、《舰艇设备噪声、振动测量方法》等国家军用标准来实施。

思考题与习题

13-1　A 计权网络的物理意义是什么?

13-2　在噪声现场测量时应注意哪些问题?

13-3　机舱内有三台设备,单独开机时,测得的噪声是 90 dB,93 dB,95 dB,三台机器同时工作时,总声压级为多少?

13-4　机舱内设备运行时,测得的声压级是 101 dB,停机后的背景噪声是 93 dB,设备本身的声压级是多少?

13-5　某装备试车间内有多台同型号的设备,单独一台设备启动时声压级为 65 dB,多台设备同时启动时声压级为 72 dB,共开启了几台设备?

第 14 章　机械故障诊断技术的应用

14.1　机械故障诊断工作流程

　　机械故障诊断技术是在装备运行过程中或装备基本不拆卸的情况下,运用检测手段,获取装备的运行信息,并运用诊断理论和方法,对装备的运行状态做出判断,从而确定故障产生的原因、部位和性质,预测故障的发展趋势。因此机械故障诊断学是识别机器运行状态的科学,它研究机器或机组运行状态的变化在诊断信息中的反映,包括对装备运行状态的监视、预测和识别。

　　机械故障诊断技术属于信息技术范畴,它包括信息的采集、分析处理(数据处理)和状态识别(包括判断和预报)三个基本环节。为了开展装备故障诊断工作,除了需掌握这三个环节的相关知识,工程技术人员还必须具备装备及其零部件故障、失效机理、结构原理、工作特性等方面的知识。

　　由于信息的多样性,机械故障诊断技术需应用的基础理论非常广泛,涉及数学、物理、化学、机械、电子技术、传感技术、计算机以及数字信号处理、模式识别等学科。因此,机械故障诊断技术是多学科交叉的兴新学科。

　　机械故障诊断的目的是:

　　(1) 能及时、正确地对各种异常状态或故障状态做出诊断,预防或消除故障。对装备的运行进行必要的指导,提高装备运行的可靠性、安全性和有效性,从而把故障损失降低到最低水平。

　　(2) 保证装备发挥最大的设计能力,制定合理的检测维修制度,从而在允许的条件下充分挖掘装备潜力,延长装备服役期限和使用寿命,降低装备全寿命周期费用。

　　(3) 通过检测监视、故障分析、性能评估等,为修改装备结构、优化设计、合理制造及生产提供数据和信息。

　　总的来说,机械故障诊断既要保证装备的可靠运行,又要获取更大的经济效益和社会效益。对舰艇装备而言,进行故障诊断就是要维持和充分发挥舰船的战斗力。随着军队向信息化方向迈进,机械故障诊断显得愈发重要,它不仅是科学管装的重要手段和依据,也是装备信息化建设的重要工具。实施装备故障诊断,是科技兴军的一个重要方面,是实施信息化建设、提高战斗力的一个战略步骤。

　　机械故障诊断的原理是通过对检测装备的有关参数进行检测分析,从而对装备的运行状态、故障原因、部位和趋势做出判断。

　　表 14-1 所示为机械故障诊断工作流程。

表 14.1 机械故障诊断工作流程

步骤	问题	具体问题描述与相关操作	下一步骤
1	机械设备的类型是什么？	了解机械设备的要素(驱动部分、被驱动部分、联轴器、轴承、转速等) 操作人员是否熟悉这种型号的机械设备，是否具有这种设备或者类似设备的操作经验？ 设备安装在哪里使用？数量是多少？	2
2	是否关注设备完整性问题？	设备现在在运行吗？ 建议设备继续运行吗？ 建议重新启动设备吗？ 通过风险分析来评估：当开始进行故障诊断时，机械设备继续运行是否可以保持其完整性？	3
3	设备是否有异常振动？	能够采集到振动数据吗？ 设备正常的振动数值是多少？	4
4	设备的异常现象是怎么发现的？	是否出现振动超标报警？ 在线振动监测数据发生了显著变化吗？ 当前振动数据和之前离线测试的数据偏差明显吗？ 设备是否产生具有明显特征的噪声？ 通过目视观察到了故障(如气体泄漏、油水泄漏和蒸汽泄漏等)吗？	5
5	设备振动数据是有效的吗？	检查信号的时域和频谱特征。这些特征符合期望的故障信号特征吗？ 这些信号可能是无效信号(例如零输出、直流漂移、不稳定低频分量)吗？ 传感器安装是否正确？ 测试电缆是否合格？ 信号调理是否正确？考虑采取非手持式测试，如安装在支座上或者轴的支架上。 检查非振动症状，例如润滑油和轴承的温度变化、轴的位置变化、非正常噪声等等)是否明显。	6
6	振动源和传感器之间是否被异常隔离？	检查相互垂直位置的情况； 检查其他轴向位置的情况； 比较底座的振动和轴的振动大小； 检查传感器以及进行通道测试； 尝试交换一下测试通道或者交换测试环节上的元器件。	7
7	是否关注整机振动烈度？	怎样将整体(宽频带)振动级和相关标准中规定的值进行比较？(是否处于C区域、D区域级等等)； 如果振动级超标，且振动异常，需要迅速采取措施(步骤5,6)如果没有异常，则进行下一步操作	8

续表

步骤	问题	具体问题描述与相关操作	下一步骤
8	对于振动信号,主要需分析哪些参数?	分析整体振动的幅值(宽频带范围),1倍频的幅值和相位,2倍频的幅值和相位,信号中其他频率的幅值和相位,如叶频(如螺旋桨、叶轮机械等的叶频)、转子断条产生的频率,以及旋转轴的位置、中心线、轴心轨迹	9
9	之前观察到过这种异常吗?	获得了哪些关于这种异常现象的经验(如这种异常现象持续了多久)? 是否确定了异常产生的原因? 是否存在设备失效?	10
10	这种异常故障变化的时间尺度是多少?	这种异常什么时候发生的? 这种异常出现多久了? 这种异常情况是否发生了变化(例如:是否发生了剧烈变化,即在短时间内发生了突变;是否为渐变故障,即经过许多分钟或许多小时后才变化)? 信号的振动特征频率是否一直发生变化?	11
11	机械设备运行的状态怎样?	当发现机械设备存在异常现象时,设备工作状态怎样? 当前的工作状态怎样? 工作状态是否正常? 运行参数是否都处于设计参数的包络范围内?	12
12	是否存在操作上的改变?	是否为正常的操作(如工况调整等)? 上一次进行类似的操作是什么时候(追溯到之前的健康状态,即查阅设备在改变运行状态之前或者最近开展的维修活动之前的状态)? 对于这些操作的变化,设备的响应正常吗?	13
13	是否存在导致设备出现异常响应的操作?	设备的异常响应是什么? 这和之前的经验是否一致?	14
14	是否存在和这种异常现象相关联的非振动因素或某些运行参数?	如转速、负载、温度、压力、流量等非振动参数是否和异常现象相关联?	15
15	最近是否进行了维修?	维修工作和异常现象是否相关? 类似的维修工作是什么时候开展的?当时的振动情况怎样?	16
16	设备的振动和运行参数能够复盘到之前类似的、正常的运行状态吗?	进行复盘操作时,检查设备整体1倍频幅值相位、2倍频幅值相位、叶片的通过频率、转子(转条)通过频率等等是否合适。	17
17	振动的主要频率是1倍频和2倍频吗?	如果可能,检查频谱图和阶次图;如果振动的主要频率是1倍频和2倍频,且没有其他新的振动频率成分出现,执行步骤18,否则执行步骤21	18 或 21

续表

步骤	问 题	具体问题描述与相关操作	下一步骤
18	是否存在与运行状态变化不相关的1倍频?	如果存在这方面问题,则进一步展开研究(例如检查突然改变运行状态时,在不同的轴向位置、不同方向、不同底座的振动和轴的振动)。 建议:突然改变平衡状态(如转子上不平衡质量块减少),研究振动频率成分变化情况。 接下来执行步骤27。如果不存在这方面问题,执行步骤19	27或19
19	是否存在显著的2倍频变化?	如果存在这方面问题,则进一步展开研究。 建议:对于裂纹轴(例如,检查1/2倍频的幅值和相位随时间的变化,高阶频率的变化,在共振转速时1倍频至4倍频幅值增加或者减少)。 对于角度不对中的情况,检查联轴器任意一边的轴承上的轴向振动(反相位方向); 对于平行不对中的情况,检查联轴器任意一边的轴承上的径向振动(反相位方向)。 接下来执行步骤27。如果不存在这方面问题,则执行步骤20	27或20
20	是否存在1倍频分量变化?	如果频谱图上的1倍频分量逐步发生改变,可能存在机械设备不对中、碰摩、机械松动、转轴裂纹等(检查1倍频幅值和相位的变化情况,谐波频率成分,检查时域波形中的削波现象或者轴心轨迹形状)	27
21	是否存在1/3次谐波、1/2次谐波或1倍频?	如果存在这方面问题,则进一步展开研究。 建议:判断是否为非线性振动,例如碰摩、机械松动、转轴裂纹(检查频谱图、时域图;检查频谱图上是否存在1/3次谐波;1/2次谐波;时域图上和轴心轨迹上是否存在削波现象);信号采集通道量程设置是否不够(交换测试传感器、电缆等); 接下来执行步骤27。如果不存在此类情况,则执行步骤22	27或22
22	如果能采集数据,在升速或减速的过程中,能否追踪采集0.4~0.47倍频率的振动数据?	如果能采集数据,则对采集的数据进一步展开研究。 建议考虑机械设备是否产生了油膜振荡不稳定故障。检查轴的中心线位置的变化;检查滑动轴承油压、油温的变化对频率的影响。 评估机械设备的设计方案,以及可能导致设备不稳定运行的修订方案,例如滑动轴承的设计、汽轮机气封的设计。 改变可能影响设备稳定性的运行条件(如负载、滑动轴承的温度变化)进行实验,并采集数据。 接下来执行步骤27。如果不能采集数据,则执行步骤23	27或23
23	在共振转速时,是否存在一个单一的频率成分或一个单一的谐波?	如果存在这方面问题,则进一步展开研究。 确定设备的共振转速,如果可以采集数据,检查当转速升高或降低时,频率是否能保持一个固定的值。如果存在这种现象,则可能存在油膜涡动不稳定故障。 检查轴的中心线位置的变化;检查滑动轴承油压、油温的变化对频率的影响。	27或24

续表

步骤	问　　题	具体问题描述与相关操作	下一步骤
23	在共振转速时,是否存在一个单一的频率成分或一个单一的谐波?	评估机械设备的设计方案以及可能导致设备不稳定的修正方案,例如滑动轴承的设计、汽轮机气封的设计。 改变运行条件(如负载、滑动轴承的温度变化),这些可能影响稳定性。 另外一种可能是:结构共振频率在转速升高和降低时,也不会发生变化,因此,如果没有确定共振转速,结构共振频率很容易和油膜涡动时的故障特征搞混淆。 如果存在这方面问题,接下执行步骤27;如果不存在,则执行步骤24	27 或 24
24	是否有低频噪声产生的证据?	检查频谱图和时域波形图。如果有低频噪声产生的证据,表明信号中存在噪声干扰,检查传感器、采集线缆、信号调理设备等等,执行步骤27;如果没有,执行步骤25。	27 或 25
25	是否有证据表明存在与泵浦故障相关的高频振动成分(例如,叶片通过频率或者谐波成分)?	如果泵浦设备的高频振动成分(例如,叶片通过频率或者谐波成分)在运行条件不变或者没有实施维修时发生改变,则表明叶轮等部件可能出现了磨损;或者流道受阻(检查流体性能是否下降)。如果设备在宽频范围内频谱特征开始发生变化,则可能出现空化故障(检查泵浦设备中是否存在隆隆声)。 如果存在这方面问题,接下来执行步骤27;如果不存在,则执行步骤26	27 或 26
26	是否有证据表明存在与电机故障相关的高频振动?	如果存在问题,则进一步展开研究。 进行细化谱分析,如果确定存在关于电机转条通过频率1倍频或2倍频的边频带(带宽为2倍滑差频率),则电机转条可能存在故障。	27
27	给出设备诊断结论时应该考虑哪些问题?	(1)对监测仪器本身故障的考虑: 监测仪器能够修理或者随设备一起更换吗? 能选择使用其他监测仪器吗? 机械设备的状态能够根据采集的数据进行判断吗? 监测仪器的修理/更换工作能够等到设备计划停机的时刻吗? 或者等到机械设备运行存在高风险需要人为介入处理的时刻? (2)对于未确诊的或不太严重的故障的考虑: 在进一步监测过程中,需要考虑改进策略来诊断设备的恶化趋势。 (3)对已经确诊的或非常严重的故障的考虑: 该机械设备承担的责任是什么? 该机械设备失效后带来的安全后果是什么? 机械设备有没有冗余? 如果发生了失效的故障,设备有没有备品备件? 能否采用有效的操作(如降低负载、转速、温度)来减缓故障的发生? 设备下一个计划停机修理或更换的时间是什么时候? 对于同类型的设备,是否有处理相同故障的经验? 是否考虑改进策略来诊断设备的恶化趋势? 能否使设备运行到下一个计划停机时期,但设备不会发生高风险的事故? 机械设备能否停用,以避免故障状态进一步恶化?	

14.2　机械故障诊断知识库

机械故障诊断技术的研究最早起源于美国。早在1967年,美国就成立了机械故障预防小组(machinery fault prevention group,MFPG)。这个小组主要从事故障机理的探索、检验、诊断和预防技术和可靠性理论的研究。之后,有关研究蓬勃兴起,并取得了丰硕的成果。如1985年美国通用汽车公司研制了发动机冷却系统诊断专家系统。后来,美国威斯康星大学李杰(Jay Lee)教授最先提出了旨在保证装备系统的"近零故障"(near-zero breakdown)理念,在此理念下,美国威斯康星大学和密歇根大学、密苏里科技大学、得克萨斯州立大学,联合工业界共同成立了智能维护系统中心(intelligent maintenance systems,IMS)。该中心的成员企业涵盖数十个国家的近百家知名企业,实现了对机械装备系统、制造生产线、风力发电系统、电动汽车等多个领域装备的故障监测、维护和预测。再如美国机械工程师学会(ASME)应用声发射技术对装备故障诊断的研究也取得较大进展,SPIRE公司军用机械的轴和轴承诊断技术都在国际上居领先地位。

在20世纪60年代末期,R.A.Collacott带领英国机器保健中心最先在英国开始故障诊断技术的研究。1982年曼彻斯特大学成立了沃福森工业维修公司(WIMU)。英国的南安普顿大学、莱塞斯特工业学院都成立了类似的专业化维修公司,并开始了机械故障诊断理论与技术的研究。

机械故障诊断技术在欧洲其他国家也有所发展,如瑞典SPM公司的轴承监测诊断技术、挪威的船舶诊断技术、丹麦的B&K、美国ENTEK公司的振动监测诊断和声发射监测技术及仪器都各具特色,并独树一帜。

日本将美国和欧洲的机械故障诊断技术应用于民用工业,取得了巨大成绩。如新日铁公司从1971年起开始开发机械故障诊断技术,1976年该技术达到实用阶段。一些行业学会如机械维修学会、计测自控学会、电气和机械学会以及有关院校也相继设立了自己的专门研究机构。民用企业如三菱重工、川崎重工、日立和东芝电器等企业则针对企业内部需求解决了某些难度较高的应用问题。

20世纪90年代末,以美国为代表的西方发达国家,将机械故障诊断技术不断向前发展,开展了故障预测与健康管理(PHM)技术研究,取得了显著的成绩。如F-35飞机采用PHM技术后,飞机的故障不可复现率减少82%,维修人力减少20%~40%,后勤规模减小50%,出动架次率提高25%,飞机的使用与保障费用比过去减少了50%以上,而使用寿命达8000飞行小时。目前,美国、英国、加拿大、以色列等国已将PHM技术应用于直升机、"阵风"、"鹰"等战斗机和C130"大力神"运输机上,取得了明显的军事经济效益。美国海军开发了综合状态评估系统(integrated condition assessment system,ICAS),陆军启动了"军队诊断改善计划"(army diagnosis improvement plan,ADIP),NASA开发了整车健康综合管理(integrated vehicle health management,IVHM)系统等。除军事领域,PHM技术在航天、民用飞机、汽车、核电和大型水坝等民用领域也得到广泛应用。波音公司开发了飞机健康管理(AHM)系统并在多个航空公司应用,节省了25%因航班延误及取消导致的费用。PHM技术代表了一种维护策略和概念上的转变,从传统基于传感器的故障诊断转变为基于智能系统的故障预测和监控,增强了装备可靠工作的预测能力,借助

PHM故障预测能力，可识别故障，进行维修和供应规划。

诊断技术主要应用于五个领域：

(1) 旋转机械的故障诊断。这是目前应用最广、最为成熟的一个应用领域。这一领域涉及的行业最多，如电力行业中的汽轮发电机组，以及风机、磨煤机等各种辅机；航空工业的各种航空发动机等。

(2) 往复机械的故障诊断。这类装备故障诊断技术的应用也比较成功，特别是油液分析技术的应用。近年来，利用振动及噪声技术开展往复机械故障诊断的研究工作也取得了很大的进展。

(3) 各种流程工业的故障诊断。这一领域的诊断对象包括石化行业中的各种反应塔、压力容器、管道，以及冶金行业中的各种轧机等。在这一领域除应用了各种传统的诊断技术外，目前还广泛开展了红外、超声、声发射、光谱等新技术的研究工作，并取得了令人鼓舞的成果。

(4) 加工过程的故障诊断，主要包括刀具的磨、破损以及机床本身的各种故障的诊断。

(5) 各种基础零部件的故障诊断，包括各种齿轮、轴承以及液压零部件等的诊断。基础零、部件的故障诊断工作已取得相当重要的进展，目前的关键问题是研究适合于工程应用的更可靠的诊断方法与仪器。

在工程实际中的部分故障诊断案例如表14-2至表14-13所示。

表14-2 滚动轴承故障说明

故障描述	测试方法	振动信号特征	故障原因、后果及其他相关说明	劣化阶段
轴承内环、外环与轴之间安装不对中	基带频谱测试	窄带含有2倍转频	由轴承安装时导致的不对中造成	阶段0（无劣化）
径向载荷过大	基带频谱测试	窄带含有1倍转频	由轴承不平衡、安装不对中造成	
内圈滚道打滑	调制的幅频谱	1倍转频和谐波调制	导致过热并迅速出现故障	
间隙过小和滚动体膨胀过大	基带频谱测试或解调谱	2倍BSF（滚动体故障频率）	导致过热	
轴承润滑不足	宽带测试	高频段幅值增加（大约8 kHz）	润滑油不够，导致温度升高	
轴承内污垢增加	宽带测试	高频段幅值增加（大约8 kHz）	轴承滚道表面损坏	
轴承座变形（或轴承松动）	时域、频域、基带频谱、幅值调制谱测试	产生1倍转频和少量谐波成分；高频段中有谐波分量	由几何误差尺寸不正确以及载荷过大造成	
动态不稳定性	时域、频域、基带频谱、幅值调制谱测试	出现1倍频及谐波、外圈故障特征频率、保持架特征频率	载荷不够、间隙过大	

续表

故障描述	测试方法	振动信号特征	故障原因、后果及其他相关说明	劣化阶段
外圈内滚道轻微磨损	碰摩产生的幅值调制谱测试	出现1倍外圈故障特征频率	通常由载荷区产生的疲劳导致	阶段1（轻度劣化）
在内圈外轨道上的轻微磨损	碰摩产生的幅值调制谱测试	出现1倍转频	通常由载荷区产生的疲劳导致	
在外圈内轨道上的剥落或小孔	基带频谱、幅值调制谱测试	线谱、在1倍BPFO（轴承外圈故障频率）处出现调制谱，出现谐波	常见现象，通常是在载荷区发生	阶段2（中度劣化）
在内圈外轨道上的剥落或小孔	时域、时频域、基带频谱、幅值调制谱测试	线谱、在1倍BPFI（轴承内圈故障频率）处出现碰摩力导致的调制谱，在1倍转频处产生调制谱和谐波	通常由外圈滚道故障发展而来；也可能最初是由在加工制造过程中不当的热处理导致的	
保持架磨损	时域、时频域、基带频谱、幅值调制谱测试	在FTF（保持架故障频率）处有由于碰摩力产生的调制谱	保持架破裂的前兆；通常表示载荷不合适或轴承内部运转不适	
保持架断裂	时域、时频域、基带频谱、幅值调制谱测试	在FTF处或者谐波处有冲击谱峰；或在FTF附近以及谐波处有调制谱	对轴承运行有严重的影响，导致灾难性的停机事故	
内圈裂纹	时域、时频域、基带频谱、幅值调制谱测试	线谱、在1倍BPFI处出现碰摩力产生的调制谱，在1倍转频处产生调制谱和谐波	通常在设备启动阶段迅速发生，由于产生太多的热没有散去	阶段3（严重劣化）
滚动体损坏	时域、时频域、基带频谱、幅值调制谱测试	在2倍BSF处产生线谱以及碰摩力导致的调制谱；在FTF频率处产生调制谱以及谐波成分；有时也会产生1倍BSF	滚动体产生了劣化，此后初期的故障将加速扩展	
压痕	时域、时频域、基带频谱、幅值调制谱测试	根据损坏的位置产生间隔一定的线谱（特征频率）	运输、储存、空载时间过长（环境振动）	
电蚀	时域、时频域、基带频谱、幅值调制谱测试	产生间隔一定的线谱（特征频率）以及高频谐波	通常由于轴承静电放电而产生	

续表

故障描述	测试方法	振动信号特征	故障原因、后果及其他相关说明	劣化阶段
滚动轴承大多数接触面严重损坏	宽带测试,消除噪声干扰	测试信号变成完全随机且大小增加超过20 dB	设备停机前轴承故障的最后阶段,必须更换轴承	阶段4(极端严重劣化)
轴承损坏	非常小的随机振动	有小的嘶嘶声	可导致灾难性事故	阶段5(轴承失效)

表14-3 滑动轴承故障说明

设备故障	被测量状态	初始速度的变化	振幅改变的主要频率成分	随后振动变化	对共振转速的影响	注释
间隙增加	1倍频增加;如果在共振频率附近,可能导致1倍频减小	逐步变化	初始的一次谐波的幅值和相位	如果间隙开口很大,谐波和次谐波将出现;系统是否稳定(油膜涡动或油膜振荡)取决于转子系统	减小(很难观察到)	一般会使系统的支承刚度降低;等效阻尼将增加,但可能不会引起注意
巴氏合金损失	温度和振动改变	取决于损失程度	1倍频;但谐波、次谐波的振幅也可能改变	振动增强	减小	巴氏合金的损失恶化和润滑问题相互关联,可能导致轴承发生重大事故
润滑油碳化	轴的相对位置变化	持续数周1倍锯齿行为	1倍频	循环周期出现	加大	由于碳化的润滑油和轴承密封发生碰摩振动加大
轴承在轴承座中松动	轴的相对和绝对位置变化	取决于安装或者维修	1倍频或谐波、次谐波	将导致系统不稳定或者碰摩;具有方向性	响应大小发生显著改变	影响整体的支承动刚度,导致系统不稳定或发生碰摩
歪斜的轴承	振动;温度变化	取决于安装或维修	振动有方向性			轴承周围的间隙是不均匀的,可能导致碰摩
莫顿效应,轴承密封件的碰摩	轴相对变化;特别地,也可以是振荡变化	平稳地改变到1倍频(极坐标图上显示为圆圈)	1倍频和2倍频	振动超过设定值	如果以大于共振转速的转速运转,在减速过程中会产生大的振动	通常认为是轴承问题,但是相关的转子确实对此有影响

表 14-4 设备安装不当导致的故障

故障名称	振动特点	其他描述	注释
不对中/同心度误差	产生 1 倍频振动,或产生 1 倍频和 2 倍频振动;有时会产生 3 倍频振动	产生有方向性的力;在联轴器附近产生 180°相移	调整机械设备,实现对中
机械松动	转频的谐波量减少,产生次谐波和超谐波	松动可能出现在轴承、防滑块、地脚螺栓等处	紧固螺栓
轴承间隙	产生 1 倍频、小幅值谐波振动	振动有方向性	修理或者替换轴承
管路应变	产生 1 倍频振动	振动有方向性;在时域波形上有削波	使管路法兰无抬升
碰摩	时域曲线有削波	产生反进动油膜涡动	减缓碰摩
不平衡	产生 1 倍频振动	联轴器附近 0°度相移	对机器设备做平衡校正
轴弯曲	产生 1 倍频振动(特别是在低转速下易发生)		校正轴
套管变形	产生 1 倍频振动,有时产生 2 倍频振动	产生从端到端 180°相移	采取措施减小套管变形
共振	在特定频率下振动剧烈	共振测试固有频率	改变转速、机器的刚度,增加质量;必要时增加阻尼
基础倾斜	通常产生 1 倍频 ODS(工作变形模态)	ODS 图中振型曲线有明显摆动	重新建造基础
基架调整问题	通常产生 1 倍频 ODS(工作变形模态)	ODS 图中振型曲线有轻微倾斜,并可能呈现出节点	重新调整基架

表 14-5 装备状态监测项目示例

监测项目	机械设备类型								
	电机	蒸汽轮机	舰用燃机	泵浦设备	空压机	发电机	柴油机	风机	航空燃机
温度	是	是	是	是	是	是	是	是	是
压力		是	是	是	是	是	是	是	是
压头				是					
增压比			是		是				是
真空度		是		是					
空气流量			是		是		是	是	是
燃油量			是				是		是
流体流量		是		是					

续表

监测项目	机械设备类型								
	电机	蒸汽轮机	舰用燃机	泵浦设备	空压机	发电机	柴油机	风机	航空燃机
电流	是					是			
电压	是					是			
电阻	是					是			
相位	是					是			
输入功率	是			是	是	是		是	
输出功率	是	是	是			是	是		是
噪声	是	是	是	是	是	是	是	是	是
振动	是	是	是	是	是	是	是	是	是
声发射	是	是	是	是	是	是	是	是	是
油压	是	是	是	是	是	是	是	是	是
耗油量	是	是	是	是	是	是	是	是	是
磨损	是	是	是	是	是	是	是	是	是
热辐射	是	是	是	是	是	是	是	是	是
扭矩	是	是	是			是	是		
转速	是	是	是	是	是	是	是	是	是
角度位置			是	是					是
效率		是	是	是	是	是			是
尺寸变化	是								

注：表中"是"表示某设备须进行对应项目的监测。

表 14-6 电机故障和测试参数

故障示例	参数的改变或故障症状											
	电流	电压	电阻	局部放电	功率	扭矩	转速	振动	温度	滑行时间	轴向磁通	滑油颗粒度
转子绕组故障	是				是	是	是	是	是		是	
定子绕组故障	是								是			
转子偏心	是							是			是	
电刷故障	是	是			是			是				
轴承损坏	是							是	是	是		是
绝缘条件恶化	是	是	是	是								
输入功率相位损失	是	是						是			是	
不平衡								是				
不对中								是				

注：表中"是"表示发生某一故障会引起对应参数的改变或故障症状，否则为空格。表 14-7 至表 14-13 与此处相同。

表 14-7 蒸汽轮机故障和测试参数

故障示例	参数的改变或故障症状									
	蒸汽泄漏	测量尺寸	功率	真空压力	转速	振动	温度	滑行时间	润滑油颗粒度	润滑油泄漏
转子叶片损坏	是		是			是	是	是	是	
气封损坏	是		是	是	是	是	是	是		
转子偏心	是					是		是		
轴承损坏		是	是	是	是	是	是	是	是	是
轴承磨损	是	是				是	是	是	是	是
转轴上拱或下垂	是					是		是	是	
不均匀膨胀	是	是					是			
不平衡						是				
不对中						是				

表 14-8 燃气轮机故障和测试参数

故障示例	参数的改变或故障症状											
	压气机温度	低压压气机后气体压力(或增压比)	空气流量	燃油压力(或流量)	燃气发生器温度	燃烧室后气体压力(或增压比)	动力涡轮温度	排气温度	润滑油颗粒度	润滑油泄漏或异常消耗量	转速	振动
进气口堵塞	是	是	是								是	
压气机弄脏	是	是	是	是	是	是	是	是				是
压气机损坏	是	是		是	是	是	是	是				是
压气机失速						是						
燃油滤器堵塞		是		是								
密封件泄漏					是	是			是	是		
燃烧室穿孔					是			是			是	
燃烧器堵塞					是			是				
动力涡轮变脏	是	是	是			是				是		
动力涡轮损坏	是	是	是			是						是
轴承损坏									是	是		
齿轮损坏									是			
不平衡												是
不对中												是

表 14-9 泵浦故障和测试参数

故障示例	参数的改变或故障症状									
	流体泄漏	尺寸	功率	压力(或真空度)	转速	振动	温度	滑行时间	润滑油颗粒度	润滑油泄漏
叶轮损坏		是	是	是	是	是	是	是	是	
密封件损坏	是	是		是	是	是				
叶轮偏心			是	是		是		是	是	
轴承损坏			是	是		是	是	是		是
轴承磨损			是			是	是	是	是	
安装故障						是				
不平衡						是				
不对中						是				

表 14-10 空压机故障和测试参数

故障示例	参数的改变或故障症状									
	流体泄漏	尺寸	功率	压力(或真空度)	转速	振动	温度	滑行时间	润滑油颗粒度	润滑油泄漏
叶轮损坏		是	是	是	是	是	是	是	是	
密封件损坏	是	是		是					是	
叶轮偏心			是	是		是		是	是	
轴承损坏			是	是		是	是	是		是
轴承磨损			是			是	是	是	是	
冷却系统故障	是			是			是		是	
阀门故障	是			是						
安装故障										
空压机失速			是			是				
不平衡						是				
不对中			是			是				

表 14-11 往复式内燃机故障和测试参数

故障示例	参数的改变或故障症状											
	发动机温度	气缸压力	空气流量	燃油压力	燃油流量	排气温度	排气压力	振动	输出功率	油消耗量	润滑油颗粒度	冷却液泄漏
进气道堵塞	是	是	是				是					
喷油器故障	是	是			是	是		是	是	是		
点火故障	是	是				是		是	是	是		
轴承磨损								是			是	
燃油过滤器堵塞				是	是		是					
密封件泄漏				是	是					是		

续表

故障示例	参数的改变或故障症状											
	发动机温度	气缸压力	空气流量	燃油压力	燃油流量	排气温度	排气压力	振动	输出功率	油消耗量	滑油颗粒度	冷却液泄漏
活塞环故障		是							是	是		
冷却系统故障	是					是				是	是	是
齿轮损坏								是			是	
飞轮损坏								是			是	
安装故障								是				
不平衡								是				
不对中								是				

表 14-12 发电机故障和测试参数

故障示例	参数的改变或故障症状										
	电流	电压	电阻	局部放电	功率	扭矩	振动	温度	滑行时间	轴向磁通	滑油颗粒度
转子绕组故障	是						是	是		是	
定子绕组故障	是										
转子偏心	是						是			是	
电刷故障	是	是			是	是		是	是		
轴承损坏							是	是			是
绝缘条件恶化	是	是	是	是							
输出功率相位损失	是	是					是				
不平衡							是				
不对中		是					是				

表 14-13 风机故障和测试参数

故障示例	参数的改变或故障症状									
	空气泄漏	尺寸	功率	压力(或真空度)	转速	振动	温度	滑行时间	润滑油颗粒度	润滑油泄漏
叶轮损坏		是	是	是	是	是	是	是		
密封件损坏		是		是	是				是	是
波纹管损坏	是									
叶轮偏心			是	是	是	是	是			
轴承损坏		是	是		是	是	是		是	
轴承磨损		是				是	是		是	
安装故障						是				
转子有污垢						是				
不平衡						是				
不对中		是				是				

图 14-1 所示为设备状态监测流程。

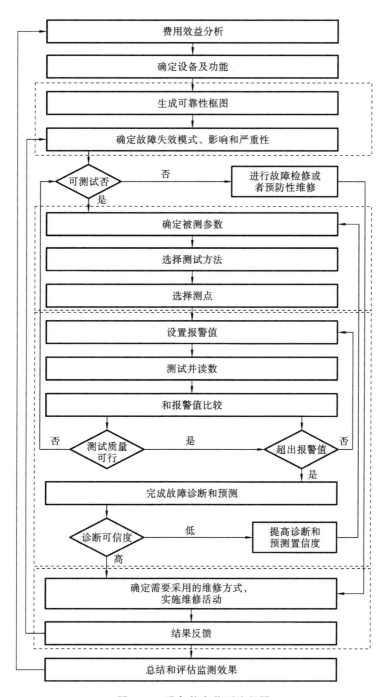

图 14-1　设备状态监测流程图

思考题与习题

14-1 阐述机械故障诊断的定义。
14-2 机械故障诊断的目的是什么?
14-3 机械故障诊断的对象分别包括哪些?
14-4 滚动轴承的故障类型和故障原因有哪些?

附录 A 部分热电偶与热电阻分度表

附表 A-1 铂铑 30-铂铑 6 热电偶分度表(B 型)　　　　(单位:mV)

温度/℃	测量端热电动势									
	0	1	2	3	4	5	6	7	8	9
0	0.000	0.000	0.000	0.000	0.000	−0.001	−0.001	−0.001	−0.001	−0.001
10	−0.001	−0.002	−0.002	−0.002	−0.002	−0.002	−0.002	−0.002	−0.002	−0.002
20	−0.002	−0.002	−0.002	−0.002	−0.002	−0.002	−0.002	−0.002	−0.002	−0.002
30	−0.002	−0.002	−0.001	−0.001	−0.001	−0.001	−0.001	−0.001	−0.000	−0.000
40	−0.000	0.000	0.000	0.000	0.001	0.001	0.002	0.002	0.002	0.002
50	0.003	0.003	0.003	0.004	0.004	0.004	0.005	0.005	0.006	0.006
60	0.007	0.007	0.008	0.008	0.008	0.009	0.010	0.010	0.010	0.011
70	0.012	0.012	0.013	0.013	0.014	0.015	0.015	0.016	0.016	0.017
80	0.018	0.018	0.019	0.020	0.021	0.021	0.022	0.023	0.024	0.024
90	0.025	0.026	0.027	0.029	0.028	0.029	0.030	0.031	0.032	0.033
100	0.034	0.034	0.035	0.036	0.037	0.038	0.039	0.040	0.041	0.042
110	0.043	0.044	0.045	0.046	0.047	0.048	0.049	0.050	0.051	0.052
120	0.054	0.055	0.056	0.057	0.058	0.059	0.060	0.062	0.063	0.064
130	0.065	0.067	0.069	0.069	0.070	0.072	0.073	0.074	0.076	0.077
140	0.078	0.080	0.081	0.082	0.084	0.085	0.086	0.088	0.089	0.091
150	0.092	0.094	0.095	0.097	0.098	0.100	0.101	0.103	0.104	0.106
160	0.107	0.109	0.110	0.112	0.114	0.115	0.117	0.118	0.120	0.122
170	0.123	0.125	0.127	0.128	0.130	0.132	0.134	0.135	0.137	0.139
180	0.141	0.142	0.144	0.146	0.148	0.150	0.152	0.153	0.155	0.157
190	0.159	0.161	0.163	0.165	0.167	0.168	0.170	0.172	0.174	0.176
200	0.178	0.180	0.182	0.184	0.186	0.188	0.190	0.193	0.195	0.197
210	0.199	0.201	0.203	0.205	0.207	0.210	0.212	0.214	0.216	0.218
220	0.220	0.223	0.225	0.227	0.229	0.232	0.234	0.236	0.238	0.241
230	0.243	0.245	0.248	0.250	0.252	0.255	0.257	0.260	0.262	0.264
240	0.267	0.269	0.273	0.274	0.276	0.279	0.281	0.284	0.286	0.289
250	0.291	0.294	0.296	0.299	0.302	0.304	0.307	0.309	0.312	0.315

续表

温度/℃	测量端热电动势									
	0	1	2	3	4	5	6	7	8	9
260	0.317	0.320	0.322	0.325	0.328	0.331	0.333	0.336	0.339	0.341
270	0.344	0.347	0.350	0.352	0.355	0.358	0.361	0.364	0.366	0.369
280	0.372	0.375	0.378	0.381	0.384	0.386	0.389	0.394	0.395	0.398
290	0.401	0.404	0.407	0.410	0.413	0.416	0.419	0.422	0.425	0.428
300	0.431	0.434	0.437	0.440	0.443	0.446	0.449	0.453	0.456	0.459
310	0.462	0.465	0.468	0.472	0.475	0.478	0.481	0.484	0.488	0.491
320	0.494	0.497	0.501	0.504	0.507	0.510	0.514	0.517	0.520	0.524
330	0.527	0.530	0.534	0.537	0.541	0.544	0.548	0.551	0.554	0.558
340	0.561	0.565	0.568	0.572	0.575	0.579	0.582	0.586	0.589	0.593
350	0.596	0.600	0.604	0.607	0.611	0.614	0.618	0.622	0.625	0.629
360	0.632	0.636	0.640	0.644	0.647	0.651	0.655	0.658	0.662	0.666
370	0.670	0.673	0.677	0.681	0.685	0.689	0.692	0.696	0.700	0.704
380	0.708	0.712	0.716	0.719	0.723	0.727	0.731	0.735	0.739	0.743
390	0.747	0.751	0.755	0.759	0.763	0.767	0.771	0.775	0.779	0.783
400	0.787	0.791	0.795	0.799	0.803	0.808	0.812	0.816	0.820	0.824
410	0.828	0.832	0.836	0.841	0.845	0.849	0.853	0.858	0.862	0.866
420	0.870	0.874	0.879	0.883	0.887	0.892	0.896	0.900	0.905	0.909
430	0.913	0.918	0.922	0.926	0.931	0.935	0.940	0.944	0.949	0.953
440	0.957	0.962	0.966	0.971	0.975	0.980	0.984	0.989	0.993	0.998

注:参比端温度为 0 ℃。

附表 A-2　铂铑 10-铂热电偶分度表(S 型)　　　　　　　　(单位:mV)

温度/℃	测量端热电动势									
	0	1	2	3	4	5	6	7	8	9
0	0.000	0.005	0.011	0.016	0.022	0.028	0.033	0.039	0.044	0.050
10	0.056	0.061	0.067	0.073	0.078	0.084	0.090	0.096	0.102	0.107
20	0.113	0.119	0.125	0.131	0.137	0.143	0.149	0.155	0.161	0.167
30	0.173	0.179	0.185	0.191	0.198	0.204	0.210	0.216	0.222	0.229
40	0.235	0.241	0.247	0.254	0.260	0.266	0.273	0.279	0.286	0.292
50	0.299	0.305	0.312	0.318	0.325	0.331	0.338	0.344	0.351	0.357
60	0.364	0.371	0.347	0.384	0.391	0.397	0.404	0.411	0.418	0.425

续表

温度/℃	测量端热电动势									
	0	1	2	3	4	5	6	7	8	9
70	0.431	0.438	0.455	0.452	0.459	0.466	0.473	0.479	0.486	0.493
80	0.500	0.507	0.514	0.521	0.528	0.535	0.543	0.550	0.557	0.564
90	0.571	0.578	0.585	0.593	0.600	0.607	0.614	0.621	0.629	0.636
100	0.643	0.651	0.658	0.665	0.673	0.680	0.687	0.694	0.702	0.709
110	0.717	0.724	0.732	0.739	0.747	0.754	0.762	0.769	0.777	0.784
120	0.792	0.800	0.807	0.815	0.823	0.830	0.838	0.845	0.853	0.861
130	0.869	0.876	0.884	0.892	0.900	0.907	0.915	0.923	0.931	0.939
140	0.946	0.954	0.962	0.970	0.978	0.986	0.994	1.002	1.009	1.017
150	1.025	1.033	1.041	1.049	1.057	1.065	1.073	1.081	1.089	1.097
160	1.106	1.114	1.122	1.130	1.138	1.146	1.154	1.162	1.170	1.179
170	1.187	1.195	1.203	1.211	1.220	1.228	1.236	1.244	1.253	1.261
180	1.269	1.277	1.286	1.294	1.302	1.311	1.319	1.327	1.336	1.344
190	1.352	1.361	1.369	1.377	1.386	1.394	1.403	1.411	1.419	1.428
200	1.436	1.445	1.453	1.462	1.470	1.479	1.487	1.496	1.504	1.513
210	1.521	1.530	1.538	1.547	1.55	1.564	1.573	1.581	1.590	1.598
220	1.607	1.615	1.624	1.633	1.641	1.650	1.659	1.667	1.676	1.685
230	1.693	1.702	1.710	1.719	1.728	1.736	1.745	1.754	1.763	1.771
240	1.780	1.788	1.797	1.805	1.814	1.823	1.832	1.840	1.849	1.858
250	1.867	1.876	1.884	1.893	1.902	1.911	1.920	1.929	1.937	1.946
260	1.955	1.964	1.973	1.982	1.991	2.000	2.008	2.017	2.026	2.035
270	2.044	2.053	2.062	2.071	2.080	2.089	2.098	2.107	2.116	2.125
280	2.134	2.143	2.152	2.161	2.170	2.179	2.188	2.197	2.206	2.215
290	2.224	2.233	2.424	2.251	2.260	2.270	2.279	2.288	2.297	2.306
300	2.315	2.324	2.333	2.342	2.352	2.361	2.370	2.379	2.388	2.397
310	2.407	2.416	2.425	2.434	2.443	2.452	2.462	2.471	2.480	2.489
320	2.498	2.508	2.517	2.526	2.535	2.545	2.554	2.563	2.572	2.582
330	2.591	2.600	2.609	2.619	2.628	2.637	2.647	2.656	2.565	2.675
340	2.684	2.693	2.703	2.712	2.721	2.730	2.740	2.749	2.759	2.768
350	2.777	2.787	2.796	2.805	2.815	2.824	2.833	2.843	2.852	2.862
360	2.871	2.880	2.890	2.899	2.909	2.918	2.937	2.928	2.946	2.956
370	2.965	2.975	2.984	2.994	3.003	3.013	3.022	3.031	3.041	3.050

续表

温度/℃	测量端热电动势									
	0	1	2	3	4	5	6	7	8	9
380	3.060	3.069	3.079	3.088	3.098	3.107	3.117	3.126	3.136	3.145
390	3.155	3.164	3.174	3.183	3.193	3.202	3.212	3.221	3.231	3.240
400	3.250	3.260	3.269	3.279	3.288	3.298	3.307	3.317	3.326	3.336
410	3.346	3.355	3.365	3.374	3.384	3.393	3.403	3.413	3.422	3.432
420	3.441	3.451	3.461	3.470	3.480	0.489	3.499	3.509	3.518	3.528
430	3.538	3.547	3.557	3.566	3.576	3.586	3.595	3.605	3.615	3.624
440	3.634	3.644	3.653	0.663	0.673	0.682	0.692	0.702	3.711	3.721
450	3.731	3.740	3.750	3.760	3.770	3.779	3.789	3.799	3.808	3.818
460	3.828	3.833	3.847	3.857	3.867	3.877	3.886	3.896	3.906	3.916
470	3.925	3.935	3.945	3.955	3.964	3.974	3.984	3.994	4.003	4.013
480	4.023	4.033	4.043	4.052	4.062	4.072	4.082	4.092	4.102	4.111
490	4.121	4.131	4.141	4.151	4.161	4.170	4.180	4.190	4.200	4.210
500	4.220	4.229	4.239	4.249	4.259	4.269	4.279	4.289	4.299	4.309
510	4.318	4.328	4.338	4.348	4.358	4.368	4.378	4.388	4.398	4.408
520	4.418	4.427	4.437	4.447	4.457	4.467	4.477	4.487	4.497	4.507
530	4.517	4.527	4.537	4.547	4.557	4.567	4.577	4.587	4.597	4.607
540	4.617	4.627	4.637	4.647	4.657	4.667	4.677	4.687	4.697	4.707
550	4.717	4.727	4.737	4.747	4.757	4.767	4.777	4.787	4.797	4.807
560	4.817	4.827	4.838	4.848	4.858	4.868	4.878	4.888	4.898	4.908
570	4.918	4.928	4.938	4.949	4.959	4.969	4.979	4.989	4.999	5.009
580	5.019	5.030	5.040	5.050	5.060	5.070	5.080	5.090	5.101	5.111
590	5.121	5.131	5.141	5.151	5.162	5.172	5.182	5.192	5.202	5.212
600	5.222	5.232	5.242	5.252	5.263	5.273	5.283	5.293	5.304	5.314
610	5.324	5.334	5.344	5.355	5.365	5.375	5.386	5.396	5.406	5.416
620	5.427	5.437	5.447	5.457	5.468	5.478	5.488	5.499	5.509	5.519
630	5.530	5.540	5.550	5.561	5.571	5.581	5.591	5.602	5.612	5.622
640	5.633	5.643	5.653	5.664	5.674	5.684	5.695	5.705	5.715	5.725
650	5.735	5.745	5.755	5.765	5.776	5.787	5.797	5.808	5.818	5.828
660	5.839	5.849	5.859	5.870	5.880	5.891	5.901	5.911	5.922	5.932
670	5.943	5.953	5.964	5.974	5.984	5.995	6.005	6.016	6.026	6.036
680	6.046	6.056	6.067	6.077	6.088	6.098	6.109	6.119	6.130	6.140

续表

温度/℃	测量端热电动势									
	0	1	2	3	4	5	6	7	8	9
690	6.151	6.161	6.172	6.182	6.193	6.203	6.214	6.224	6.235	6.245
700	6.256	6.266	6.277	6.287	6.298	6.308	6.319	6.329	6.340	6.351
710	6.361	6.372	6.382	6.392	6.402	6.413	6.424	6.434	6.445	6.455
720	6.466	6.476	6.487	6.498	6.508	6.519	6.529	6.540	6.551	6.561
730	6.527	6.583	6.593	6.604	6.614	6.624	6.635	6.645	6.656	6.667
740	6.677	6.688	6.699	6.709	6.720	6.731	6.741	6.752	6.763	6.773
750	6.784	6.795	6.805	6.816	6.827	6.838	6.848	6.859	6.870	6.880
760	6.891	6.902	6.913	6.923	6.934	6.945	6.956	6.966	6.977	6.988
770	6.999	7.009	7.020	7.031	7.041	7.051	7.062	7.073	7.084	7.095
780	7.105	7.116	7.127	7.138	7.149	7.159	7.170	7.181	7.192	7.203
790	7.213	7.224	7.235	7.246	7.257	7.268	7.279	7.289	7.300	7.311
800	7.322	7.333	7.344	7.355	7.365	7.376	7.387	7.397	7.408	7.419
810	7.430	7.441	7.452	7.462	7.473	7.484	7.495	7.506	7.517	7.528
820	7.539	7.550	7.561	7.572	7.583	7.594	7.605	7.615	7.626	7.637
830	7.648	7.659	7.670	7.681	7.692	7.703	7.714	7.724	7.735	7.746
840	7.757	7.768	7.779	7.790	7.801	7.812	7.823	7.834	7.845	7.856
850	7.876	7.878	7.889	7.901	7.912	7.923	7.934	7.945	7.956	7.967
860	7.978	7.989	8.000	8.011	8.022	8.033	8.043	8.054	8.066	8.077
870	8.088	8.099	8.110	8.121	8.132	8.143	8.154	8.166	8.177	8.188
880	8.199	8.210	8.221	8.232	8.244	8.255	8.266	8.277	8.288	8.299
890	8.310	8.322	8.333	8.344	8.355	8.366	8.377	8.388	8.399	8.410
900	8.421	8.433	8.444	8.455	8.466	8.477	8.489	8.500	8.511	8.522
910	8.534	8.545	8.556	8.567	8.579	8.590	8.610	8.612	8.624	8.635
920	8.646	8.657	8.668	8.679	8.690	8.702	8.713	8.724	8.735	8.747
930	8.758	8.769	8.781	8.792	8.803	8.815	8.826	8.837	8.849	8.860
940	8.871	8.883	8.894	8.905	8.917	8.928	8.939	8.951	8.962	8.974
950	8.985	9.996	9.007	9.018	9.029	9.041	9.052	9.064	9.075	9.086
960	9.098	9.109	9.121	9.123	9.144	9.155	9.160	9.178	9.189	9.201
970	9.212	9.223	9.235	9.247	9.258	9.269	9.281	9.292	9.303	9.314
980	9.326	9.337	9.349	9.360	9.372	9.383	9.395	9.406	9.418	9.429
990	9.441	9.452	9.464	9.475	9.487	9.498	9.510	9.521	9.533	9.545
1000	9.556	9.568	9.579	9.591	9.602	9.613	9.624	9.636	9.648	9.659
1010	9.671	9.682	9.694	9.705	9.717	9.729	9.740	7.752	9.764	9.775

注：参比端温度为 0 ℃。

附表 A-3 铂铑 13-铂热电偶分度表（R 型）

(单位：mV)

温度/℃	0	100	200	300	400	500	600	700	800	900	1000	1100	1200	1300	1400	1500	1600	1700
0	0.00054	0.64776	1.46889	2.40098	3.407104	4.471109	5.582114	6.741119	7.949123	9.203128	10.503133	11.846137	13.224141	14.624141	16.035141	17.445140	18.842139	20.215135
10	0.05457	0.72377	1.55790	2.49898	3.511105	4.580106	5.696114	6.860119	8.072124	9.331129	10.636134	11.983136	13.363139	14.765141	16.176141	17.585141	18.981138	20.350133
20	0.11160	0.80079	1.64791	2.59699	3.61605	4.689110	5.810115	6.979119	8.196124	9.460129	10.768134	12.119138	13.502140	14.906414	16.317141	17.726140	19.119138	20.483133
30	0.17161	0.87980	1.73892	2.695100	3.721105	4.799115	5.925115	7.098120	8.320125	9.589129	10.902133	12.257137	13.642140	15.047141	16.458141	17.866140	19.257138	20.616132
40	0.23264	0.95982	1.83093	2.795101	3.826107	4.910111	6.040111	7.218121	8.445125	9.718130	11.035135	12.394138	13.782140	15.188141	16.599142	18.006140	19.395138	20.748130
50	0.29667	1.04183	1.92394	2.896101	3.933106	5.021111	6.155117	7.339121	8.570126	9.848130	11.170134	12.532137	13.922140	15.329141	16.741141	18.146140	19.533137	20.878128
60	0.36368	1.12484	2.01794	2.997102	4.039107	5.132112	6.272116	7.460122	8.696126	9.978131	11.304135	12.669139	14.062140	15.470141	16.882140	18.236139	19.670137	21.006
70	0.43170	1.20886	2.11196	3.099102	4.146108	5.244112	6.388117	7.582121	8.822121	10.109131	11.439135	12.808138	14.202141	15.611141	17.022141	18.425139	19.807137	
80	0.50172	1.29486	2.20796	3.201103	4.254108	5.356113	6.505118	7.703123	8.949127	10.240131	11.574136	12.946139	14.343140	15.752141	17.163141	18.564139	19.944136	
90	0.57374	1.38088	2.30397	3.304103	4.362109	5.469113	6.623118	7.826123	9.076127	10.371132	11.710136	13.085139	14.483141	15.893142	17.304141	18.703139	20.080135	
100	0.647	1.468	2.400	3.407	4.471	5.582	6.741	7.949	9.203	10.503	11.846	13.224	14.624	16.035	17.415	18.842	20.215	

注：参比端温度为 0 ℃。

附表 A-4 镍铬-镍硅热电偶分度表（K型）

(单位：mV)

温度/℃	-0	-100
-0	0.000392	-3.553299
-10	-0.392835	-3.823289
-20	-0.777379	-4.138272
-30	-1.156371	-4.410259
-40	-1.527363	-4.669243
-50	-1.889354	-4.912229
-60	-2.243343	-5.141213
-70	-2.586334	-5.354196
-80	-2.920322	-5.550180
-90	-3.242311	-5.730161
-100	-3.553	-5.891

温度/℃	0	100	200	300	400	500	600	700	800	900	1000	1100	1200	1300
0	0.000397	4.095413	8.137400	12.207416	16.395423	20.640426	24.902425	29.128419	33.277409	37.325399	41.269388	45.108378	48.828364	52.398349
10	0.394401	4.508411	8.537405	12.623416	16.818423	21.066427	25.327424	29.547418	33.686409	37.724398	41.657388	45.486377	49.192363	52.747346
20	0.798405	4.919408	8.938403	13.039417	17.241423	21.493426	25.751425	29.965418	34.095407	38.122397	42.045387	45.863375	49.555361	53.093346
30	1.203408	5.327406	9.341408	13.456418	17.664424	21.919427	26.174623	30.383421	34.502407	38.519396	42.432385	46.238374	49.916360	53.439343
40	1.611411	5.733404	9.745406	13.874418	18.088425	22.346426	26.599423	30.799415	34.909406	38.915395	42.817385	46.612373	50.239757	53.782343
50	2.022414	6.137402	10.151409	14.292420	18.513425	22.772425	27.022423	31.214415	35.314404	39.310393	43.202383	46.985371	50.633357	54.125341
60	2.436414	6.539400	10.560409	14.712420	18.938425	23.108425	27.445422	31.629413	35.718403	39.703393	43.585383	47.356370	50.990354	54.466341
70	2.850416	6.939399	10.969412	15.132420	19.363425	23.624426	27.867421	32.042413	36.121403	40.096392	43.968381	47.726369	51.344353	54.807
80	3.266415	7.388412	11.381412	15.552422	19.788426	24.050426	28.288421	32.455421	36.524401	40.488391	44.349380	48.095367	51.697352	
90	3.681414	7.737400	11.793414	15.974421	20.214426	24.476426	28.709419	32.866411	36.925400	40.879390	44.726379	48.462366	52.049349	
100	4.095	8.137	12.207	16.395	20.640	24.902	29.128	33.277	37.325	41.269	45.108	48.828	52.398	

注：参比端温度为 0 ℃。

附表 A-5　镍铬-康铜热电偶分度表（E 型）

（单位：mV）

温度/℃	-100	-0	温度/℃	0	100	200	300	400	500	600	700	800	900
-0	-5.237443	0.000581	0	0.000591	6.317679	13.419742	21.033781	28.943801	36.999809	45.085806	53.110797	61.022784	68.783766
-10	-5.680427	-0.581570	10	0.591601	6.996687	14.161748	21.814783	29.744802	37.808809	45.801806	53.907796	61.805782	69.549761
-20	-6.107409	-1.151558	20	1.192609	7.683694	14.909752	22.597786	30.546804	38.617809	46.697805	54.703795	62.588780	70.313762
-30	-6.516391	-1.709548	30	1.801618	8.377701	15.661756	23.838788	31.350805	39.426810	47.502804	55.498794	63.368779	71.075760
-40	-6.907379	-2.254533	40	2.419628	9.078709	16.417761	24.171790	32.155809	40.236809	48.306803	56.291792	64.147777	71.885758
-50	-7.279352	-2.787519	50	3.047636	9.787714	17.178764	14.961793	32.960807	41.045808	49.109802	57.083790	64.924776	72.593757
-60	-7.631332	-3.306505	60	3.683646	10.501721	17.942768	25.754795	33.767807	41.853809	49.911802	57.873790	65.700773	73.350754
-70	-7.963310	-3.811490	70	4.329653	11.222727	18.710771	26.549796	34.574808	42.662808	50.713800	58.663788	66.473772	74.104753
-80	-8.273288	-4.301476	80	4.983663	11.949732	19.481775	27.345798	35.382808	43.470808	51.513790	59.451786	67.235770	74.857751
-90	-8.561263	-4.777460	90	5.646671	12.681738	20.256777	28.143800	36.190809	44.278807	52.312798	60.237785	68.015768	75.608750
-100	-8.824	-5.237	100	6.317	13.419	21.033	28.913	36.999	45.085	53.110	68.022	68.783	76.358

注：参比端温度为 0 ℃。

附表 A-6 铁-康铜热电偶分度表（J 型）

(单位:mV)

温度/℃	0	100	200	300	400	500	600	700	800	900	1000	1100
0	0.000507	5.266544	10.777555	16.325544	21.846551	27.388561	33.096587	39.130624	45.498646	51.875621	57.942591	63.777578
10	0.507512	5.812547	11.332555	16.879553	22.397552	27.949562	33.683590	39.754628	46.144646	52.496619	58.522588	64.355578
20	1.019517	6.359548	11.887555	17.432552	22.949552	28.511564	34.273594	40.382631	46.790644	53.115614	59.121587	64.933577
30	1.536522	6.907550	12.442556	17.984553	23.501553	29.075567	34.867597	41.013634	47.434642	53.729612	59.708585	65.510577
40	2.058517	7.457551	12.998555	18.537552	24.054553	29.642568	35.464602	41.647610	48.076640	54.431607	60.293585	66.087577
50	2.585530	8.008552	13.553555	19.089551	24.607554	30.210572	36.066605	42.287639	48.716638	54.948605	60.876583	66.664576
60	3.115534	8.560553	14.108555	19.640552	25.161555	30.782574	36.671609	42.922641	49.354635	55.553602	61.459580	67.240575
70	3.649537	9.113554	14.663554	20.192551	25.716556	31.356577	37.280613	43.563644	49.989632	56.155598	62.039580	67.815575
80	4.186539	9.667555	15.217554	20.743552	26.272557	31.933580	37.893617	44.207615	50.621628	56.753596	62.619580	68.390574
90	4.725543	10.222555	15.771554	21.295551	26.829559	32.513583	38.510620	44.852646	51.249626	57.349593	63.199578	68.964672
100	5.268	10.777	16.325	21.846	27.388	33.096	39.130	45.498	51.875	57.942	63.777	69.538

温度/℃	−0	−100
−0	0.000501	−4.632404
−10	−0.501194	−5.036390
−20	−0.995486	−5.426375
−30	−1.481479	−5.801358
−40	−1.960471	−6.519340
−50	−2.431461	−6.599322
−60	−2.892152	−6.821301
−70	−3.344441	−7.122280
−80	−3.785430	−7.402257
−90	−4.215417	−7.659231
−100	−4.632	−7.890

注:参比端温度为 0 ℃。

附表 A-7　铜-康铜热电偶分度表（T 型）

(单位：mV)

温度/℃	-200	-100	-0	0	100	200	300
-0	-5.603150	-3.378278	-0.000333	0.000391	4.277472	9.286534	14.860583
-10	-5.753136	-3.656267	-0.383374	0.391398	4.749478	9.820540	15.443587
-20	-5.889118	-3.923254	-0.757364	0.789407	5.227485	10.3605445	16.030591
-30	-6.00798	-5.177242	-1.121354	1.196415	5.712492	10.905551	16.621596
-40	-6.10576	-4.419229	-1.475344	1.611424	6.204498	11.456555	17.217599
-50	-6.18151	-4.448217	-1.819333	2.035432	6.702505	12.011561	17.816604
-60	-6.63226	-4.865204	-2.152323	2.467441	7.207511	12.572565	18.420607
-70	-6.258	-5.069192	-2.475313	2.908449	7.718517	13.13770	19.027611
-80		-5.261178	-2.788301	3.357456	8.235522	13.707574	19.638614
-90		-5.439164	-3.089289	3.813464	8.757529	14.281579	20.252617
-100		-5.603	-3.378	4.277	9.286	14.860	20.869

注：参比端温度为 0 ℃。

附表 A-8 镍铬硅 镍硅热电偶分度表（N型） （单位：mV）

温度/℃	-0	-100
-0	0.000	-2.407
-10	-0.2	-2.612
-20	-0.518	-2.807
-30	-0.772	-2.994
-40	-1.023	-3.17
-50	-1.263	-3.336
-60	-1.509	-3.491
-70	-1.744	-3.634
-80	-1.972	-3.766
-90	-2.193	-3.884
-100	-2.407	-3.99

温度/℃	0	100	200	300	400	500	600	700	800	900	1000	1100	1200	1300
0	0.000	2.744	5.912	9.34	12.972	16.744	20.609	24.526	28.456	32.370	36.248	40.076	43.836	47.502
10	0.261	3.072	6.243	9.695	13.344	17.127	20.999	24.919	28.84	32.760	36.633	40.456	44.207	
20	0.525	3.374	6.577	10.053	13.717	17.511	21.39	25.312	29.241	33.149	37.018	40.835	44.577	
30	0.793	3.679	6.914	10.412	14.091	17.896	21.781	25.705	29.633	33.538	37.402	41.213	44.947	
40	1.064	3.988	7.254	10.772	14.467	18.282	22.172	26.098	30.025	33.926	37.786	41.59	45.315	
50	1.389	4.301	7.596	11.135	14.844	18.668	22.564	26.491	30.417	34.315	38.169	41.966	45.682	
60	1.619	4.617	7.940	11.499	15.222	19.055	22.956	26.895	30.808	34.702	38.552	42.342	46.058	
70	1.902	4.948	8.287	11.865	15.601	19.443	23.348	27.278	31.199	35.089	38.934	42.717	46.413	
80	2.188	5.258	8.636	12.233	15.981	19.831	23.74	27.671	31.590	35.476	39.315	43.091	46.777	
90	2.479	5.584	8.987	12.602	16.362	20.22	24.133	28.063	31.908	35.862	39.69	43.464	47.140	
100	2.774	5.912	9.340	12.972	16.744	20.609	24.526	28.451	32.307	36.248	40.078	43.836	47.502	

注：参比端温度为0℃。

附表 A-9　Pt100 铂热电阻分度表(ZB Y301-85)　　　　　　　(单位:Ω)

温度/℃	-100	-0	温度/℃	0	100	200	300	400	500	600	700	800
-0	60.25	100.00	0	100	138.50	175.84	212.02	247.04	280.90	313.59	345.13	375.51
-10	56.19	96.09	10	103.90	142.29	179.51	215.57	250.48	284.22	316.80	348.22	378.48
-20	52.11	92.16	20	107.79	146.06	183.17	219.12	253.90	287.53	319.99	351.30	381.45
-30	48.00	88.22	30	111.67	149.82	186.82	222.65	257.32	290.83	323.18	354.37	384.40
-40	43.87	84.27	40	115.54	153.58	190.45	226.17	260.72	294.11	326.35	357.42	387.34
-50	39.71	80.31	50	119.40	157.31	194.07	229.67	264.11	297.39	329.51	360.47	390.26
-60	35.53	76.33	60	123.24	161.04	197.69	233.17	267.49	300.65	332.66	363.50	
-70	31.32	72.33	70	127.07	164.76	201.29	236.65	270.86	303.91	335.79	366.52	
-80	27.08	68.33	80	130.89	168.46	204.88	240.13	274.22	307.15	338.92	369.53	
-90	22.80	64.30	90	134.70	172.16	208.45	243.59	277.56	310.38	342.03	372.52	
-100	18.49	60.25	100	138.50	175.84	212.02	247.04	280.90	313.59	345.13	375.51	

注:分度号为 Pt100,$R_{0t}=100.00\ \Omega$。

附表 A-10　Pt10 铂热电阻分度表(ZB Y301-85)

温度/℃	-100	-0	温度/℃	0	100	200	300	400	500	600	700	800
-0	6.025	10.000	0	10.000	13.850	17.584	21.202	24.704	28.090	31.359	34.513	37.551
-10	5.619	9.609	10	10.390	14.229	17.951	21.557	25.048	28.422	31.680	34.822	37.848
-20	5.211	9.216	20	10.779	14.606	18.317	21.912	25.390	28.753	31.999	35.130	38.145
-30	4.800	8.822	30	11.167	14.982	18.682	22.265	25.732	29.083	32.318	35.437	38.440
-40	4.387	8.427	40	11.554	15.358	19.045	22.617	26.072	29.411	32.635	35.742	38.734
-50	3.971	8.031	50	11.940	15.731	19.407	22.967	26.411	29.739	32.951	36.047	39.026
-60	3.553	7.633	60	12.324	16.104	19.769	23.317	26.749	30.065	33.266	36.350	
-70	3.132	7.233	70	12.707	16.476	20.129	23.665	27.086	30.391	33.579	36.652	
-80	2.708	6.833	80	13.089	16.846	20.488	24.013	27.422	30.715	33.892	36.953	
-90	2.280	6.430	90	13.470	17.216	20.845	24.359	27.756	31.038	34.203	37.252	
-100	1.849	6.025	100	13.850	17.584	21.202	24.704	28.090	31.359	34.513	37.551	

注:分度号为 Pt10,$R_0=10.00\ \Omega$。

附表 A-11　Cu100 铜热电阻分度表(JJG22-87)　　　　（单位：Ω）

温度/℃	0	1	2	3	4	5	6	7	8	9
−50	78.49	—	—	—	—	—	—	—	—	—
−40	82.80	82.36	82.04	81.50	81.08	80.64	80.32	79.78	79.34	78.92
−30	87.10	86.68	86.24	85.82	85.38	84.96	84.54	84.10	83.66	83.32
−20	91.40	90.98	90.54	90.12	89.68	89.26	88.82	88.40	87.96	87.54
−10	95.70	95.28	94.84	94.42	93.68	93.56	93.12	92.70	92.36	91.84
−0	100.00	99.56	99.14	98.70	98.28	97.84	97.42	97.00	96.56	96.14
0	100.00	100.00	100.36	101.28	101.72	102.14	102.56	103.00	103.42	103.66
10	104.28	104.72	105.14	105.56	106.00	106.42	106.86	107.28	107.72	108.14
20	108.56	109.00	109.42	109.84	110.28	110.70	111.14	111.56	112.00	112.42
30	112.84	113.28	113.70	114.14	114.56	114.98	115.42	115.84	116.26	116.70
40	117.12	117.56	117.98	118.40	118.84	119.26	119.70	120.12	120.54	120.98
50	121.40	121.84	122.20	122.68	123.12	123.54	123.96	124.40	124.82	125.26
60	125.68	126.10	126.54	126.96	127.40	127.82	128.24	128.68	129.10	129.52
70	129.96	130.38	130.82	131.24	131.66	132.10	132.52	132.96	133.38	133.80
80	134.24	134.66	135.08	135.52	135.94	136.38	136.80	137.24	137.66	138.08
90	138.52	138.94	139.36	139.80	140.22	140.66	141.08	141.52	141.94	142.36
100	142.80	143.22	143.66	144.08	144.50	144.94	145.36	145.80	146.22	146.66
110	147.08	147.50	147.94	148.36	148.80	149.22	149.66	150.08	150.52	150.94
120	151.36	151.80	152.22	152.66	153.08	153.52	153.94	154.38	154.80	155.24
130	155.66	156.10	156.52	156.96	157.38	157.82	158.24	158.68	159.10	159.54
140	159.96	160.40	160.82	161.26	161.68	162.12	162.54	162.98	163.40	163.84
150	164.27	—	—	—	—	—	—	—	—	—

注：$R_0 = 100.007$ Ω，−50～150 ℃的电阻对照。

参 考 文 献

[1] 吴成东. 智能无线传感器网络原理与应用[M]. 北京:科学出版社,2011.
[2] 王桂荣,李宪芝. 传感器原理及应用[M]. 北京:中国电力出版社,2010.
[3] 刘焕成. 传感器与电测技术[M]. 北京:清华大学出版社,2017.
[4] 魏学业. 传感器与检测技术[M]. 北京:人民邮电出版社,2012.
[5] 樊新海. 工程测试技术基础[M]. 北京:国防工业出版社,2007.
[6] 熊诗波,黄长艺. 机械工程测试技术基础[M]. 北京:机械工业出版社,2006.
[7] 张永祥,刘东风. 舰艇装备检测与监用[M]. 北京:国防工业出版社,2009.
[8] 王立吉. 计量学基础[M]. 北京:中国计量出版社,2006.
[9] 仝卫国. 计量测试技术[M]. 北京:中国计量出版社,2006.
[10] 沙定国. 误差分析与测量不确定度评定[M]. 北京:中国计量出版社,2003.
[11] 杜向阳. 机械工程测试技术基础[M]. 北京:清华大学出版社,2009.
[12] 徐可北,周俊华. 涡流检测[M]. 北京:机械工业出版社,2006.
[13] 潘宏侠,黄晋英. 机械工程测试技术[M]. 北京:国防工业出版社,2009.
[14] 史亦韦. 超声检测[M]. 北京:机械工业出版社,2005.
[15] 蔡共宣,林富生. 工程测试与信号处理[M]. 武汉:华中科技大学出版社,2006.
[16] 孔德仁,朱蕴璞,狄长安. 工程测试技术[M]. 2版. 北京:科学出版社,2011.
[17] 王伯雄,王雪,陈非凡. 工程测试技术[M]. 北京:清华大学出版社,2006.
[18] 朴甲哲,张永祥. 舰船机械维修工程[M]. 北京:海潮出版社,2003.
[19] 盛兆顺,尹琦岭. 设备状态监测与故障诊断技术及应用[M]. 北京:化学工业出版社,2003.
[20] 张碧波. 设备状态监测与故障诊断[M]. 北京:化学工业出版社,2004.
[21] 夏新涛,刘红彬. 滚动轴承振动与噪声研究[M]. 北京:国防工业出版社,2015.
[22] 李川,梁明,陈志强,等. 基于振动信号的滚动轴承智能健康管理[M]. 北京:科学出版社,2018.
[23] 彭喜元,彭宇,刘大同. 数据驱动的故障预测[M]. 哈尔滨:哈尔滨工业大学出版社,2016.